Heinz Strebel (Hg.)

Innovations- und Technologiemanagement

2. erweiterte und überarbeitete Auflage

D1664633

facultas.wuv

Die Autoren:

Ulrike Gelbmann
Arnulf Hasler
Elke Perl
Alfred Posch
Gerald Steiner
Heinz Strebel
Stefan Vorbach
Karl-Andreas Zotter

Bibliografische Information Der Deutschen Nationalbibliothek

Die Deutsche Nationalbibliothek verzeichnet diese Publikation in der Deutschen Nationalbibliografie; detaillierte bibliografische Daten sind im Internet über http://dnb.d-nb.de abrufbar.

2. Auflage 2007
Copyright © 2003 Facultas Verlags- und Buchhandels AG
facultas.wuv Universitätsverlag, Berggasse 5, 1090 Wien, Österreich
Alle Rechte, insbesondere das Recht der Vervielfältigung und der Verbreitung sowie der Übersetzung, sind vorbehalten.
Einbandgestaltung: Atelier Reichert, Stuttgart
Satz und Druck: Facultas Verlags- und Buchhandels AG
Printed in Austria

UTB-Bestellnummer: ISBN 978-3-8252-2455-4

UTB 2455

Eine Arbeitsgemeinschaft der Verlage

Beltz Verlag Weinheim · Basel
Böhlau Verlag Köln · Weimar · Wien
Verlag Barbara Budrich Opladen · Farmington Hills
facultas.wuv Wien
Wilhelm Fink München
A. Francke Verlag Tübingen und Basel
Haupt Verlag Bern · Stuttgart · Wien
Julius Klinkhardt Verlagsbuchhandlung Bad Heilbrunn
Lucius & Lucius Verlagsgesellschaft Stuttgart
Mohr Siebeck Tübingen
C. F. Müller Verlag Heidelberg
Orell Füssli Verlag Zürich
Verlag Recht und Wirtschaft Frankfurt am Main
Ernst Reinhardt Verlag München · Basel
Ferdinand Schöningh Paderborn · München · Wien · Zürich
Eugen Ulmer Verlag Stuttgart
UVK Verlagsgesellschaft Konstanz
Vandenhoeck & Ruprecht Göttingen
vdf Hochschulverlag AG an der ETH Zürich

Vorwort zur 2. Auflage

Inzwischen gibt es im deutschen Sprachraum allein an den Universitäten schon um die dreißig Lehrstühle, die das Fachgebiet Innovations- und Technologiemanagement in Forschung und Lehre vertreten, und das Thema gewinnt auch in der Praxis wachsende Bedeutung.

Die 2003 in erster Auflage erschienene Schrift ist auf rege Nachfrage gestoßen, so dass schon deshalb jetzt eine neue Auflage vorgelegt werden muss. Die Anregungen der Leser und die Erfahrungen aus der Lehre haben uns veranlasst, das ursprüngliche Konzept des Buches bei zu behalten. Inhaltlich sind die Beiträge gründlich überarbeitet worden, wobei auch Erkenntnisse aus neueren Publikationen zum Thema und einige weitere Hinweise aus älteren Veröffentlichungen eingeflossen sind.

Alle Autorinnen und Autoren sind oder waren am Institut für Innovations- und Umweltmanagement der Karl-Franzens-Universität Graz tätig, die Autoren Posch, Steiner, Vorbach und Zotter als inzwischen habilitierte Mitglieder der Universität.

Wir sind dem Verlag auch diesmal für die schnelle Vorbereitung der Publikation und Frau Sabina Grobbauer für ihre Arbeit bei der Redaktion verbunden. Wir hoffen wieder auf Anregungen und Verbesserungsvorschläge unserer Leser und danken im Voraus für deren Hinweise.

Inhaltsübersicht

Inhaltsverzeichnis

Kapitel 4:   Strategisches Innovationsmanagement

Kapitel 6: Kreativitätsmanagement: Durch Kreativität zur Innovation

Kapitel 7: Instrumente in der Produkt- und Prozessentwicklung

Kapitel 8: Innovations- und Technologienetzwerke

Abkürzungsverzeichnis

Abb.	Abbildung
DIN	Deutsche Industrienorm
EN	Europäische Norm
F&E	Forschung und Entwicklung
FMEA	Failure Mode and Effect Analysis
HoQ	House of Quality
Kap.	Kapitel
KMU	Kleine und mittlere Unternehmen
NGO	Non-Governmental Organisation
QFD	Quality Function Deployment
QS	Qualitätssicherheit
RPZ	Risikoprioritätszahl
SGE	Strategische Geschäftseinheit
VDI	Verein Deutscher Ingenieure
zfo	Zeitschrift Führung und Organisation
zfwu	Zeitschrift für Wirtschafts- und Unternehmensethik

1 Grundlagen des Innovations- und Technologie-managements

1.1 Grundbegriffe

Da die Grundbegriffe zum Innovations- und Technologiemanagement in der Literatur und Praxis äußerst unterschiedlich verwendet werden und es meist sehr viele verschiedene Definitionen für ein und denselben Begriff gibt (Bullinger/Schlick 2002, 13 ff), werden hier zur Vermeidung von Unklarheiten konsistente Erläuterungen sowie Abgrenzungen untereinander und zu anderen Schlag- und Schlüsselwörtern gezogen.

1.1.1 Theorie, Technik, Technologie

Zu Beginn wird auf den Begriff **Theorie** eingegangen, da dieser zumeist auch am Beginn eines Innovationsprozesses steht. Die Theorie stellt eine Bündelung von Hypothesen dar, die untereinander in Beziehung stehen. Sie ist Hauptinformationsträger von wissenschaftlichen Erkenntnissen, deren Kern Gesetzesaussagen bilden. Theorien sind in der Regel allgemeingültige Aussagensysteme, die unbekannte auf bekannte Phänomene zurückführen und damit Ursachen und Wirkungen zu erklären versuchen (Tschirky 1998, 227). Als Output dieser theoretischen Ursache-Wirkungs-Aussagen können neben Prognosen, Erklärungen, Selbstprüfungen sowie fortfolgenden Theorien neue Techniken bzw. Technologien entstehen.

Unter **Technik** versteht man alle Prozesse und Ausrüstungen, die dazu dienen, die Natur für den Menschen nutzbar zu machen (Steffens 1974, Sp. 3853). Sie umfasst dabei zum einen die Menge der nutzenorientierten, künstlichen und gegenständlichen Gebilde, die sogenannten Artefakte, zum anderen aber auch die menschlichen Handlungen und Einrichtungen, in denen diese Artefakte entstehen sowie auch jene Handlungen, in denen diese Artekfakte verwendet werden (Ropohl 2001, 16 f). Ein Beispiel dafür wäre die Elektrotechnik. Die Technik geht dabei über das bloße Wissen über Zusammenhänge hinaus, also „not simply the possession of knowledge, but rather the ability to apply that knowledge to a particular problem" (Thomas/Ford 1995, 275).

Technologien stellen die anwendungsbezogenen, allgemeingültigen Mittel-Zweck-Aussagen dar (Chmielewicz 1979, 14 f). Man spricht von Technologien auch als naturwissenschaftlich-technische Wirkungsbeziehungen, die für bestimmte Anwendungsbereiche entsprechende Handlungsmöglichkeiten liefern sollen (Brockhoff 1999, 23; Gäfgen 1968, 82).

Ferner kann man sie auch als Lehre über die Gestaltung der Natur verstehen, die ihre Kenntnisse durch entsprechende Naturgesetze, Analysen und Beobachtungen erlangt (Steffens 1974, Sp. 3853). Wichtig ist jedenfalls, dass Produkte und Prozesse nicht mit Technologien gleichgesetzt werden. Vielmehr stellen Produkte und Prozesse eine Kombination von vielen verschiedenen Technologien dar, die in das Produkt bzw. in den Prozess einfließen (Gerpott 2005, 18; Perillieux 1987, 12). In Zusammenhang mit der Produktion von Gütern stellen die Technologien Teilgebiete der Technik dar, mit abgegrenzten Ausschnitten naturwissenschaftlicher Grundlagen zur Wirklichkeitsgestaltung, also auch zur Problemlösung. Doch können die Grenzen zwischen Technologien und Techniken nicht klar gezogen werden. Zudem sind die Zusammenhänge zwischen den Theorien, Techniken und Technologien fließend, es kann immer wieder zu Rückkoppelungen, speziell zu den Theorien kommen. Sowohl Technologien als auch die Technik können neue Fragestellungen und Probleme aufwerfen, die dann zu den vorangegangenen Schritten zurückführen, um dort nach Möglichkeit gelöst zu werden.

1.1.2 Forschung und Entwicklung

Forschung und Entwicklung bedeutet, dass Suchen nach neuem Wissen, Erkenntnissen und Anwendungsmöglichkeiten systematisch, planvoll und nach methodischen Regeln abläuft. Die Forschung ist dabei auf das Finden von neuartigen Kenntnissen ausgerichtet, während die Entwicklung die Anwendung dieser zum Inhalt hat (Schröder 1979, Sp. 627). Somit ist das Sachziel der Entwicklung immer die Innovation. Bezogen auf Unternehmen soll vor allem natur- und ingenieurwissenschaftliches Wissen durch diese F&E-Tätigkeiten generiert werden und technische Problemlösungen, aber auch neue materielle und immaterielle Gegenstände hervorbringen (Specht/Beckmann/Amelingmayer 2002, 16).

Forschung und Entwicklung streben nach neuem technischen Wissen, wobei sich wiederum die Frage stellt, wie Neuheit definiert ist. Spricht man von objektiver Neuheit, so kann darunter nur eine Weltneuheit verstanden werden. Viele Autoren grenzen dies aber ein, in dem sie die industrielle Forschung und Entwicklung auf die subjektive Neuheit beschränken. Dabei sind sämtliche Erkenntnisse der Forschung und Entwicklung zuzuordnen, die für den jeweiligen Entscheidungsträger, in der industriellen F&E die Unternehmungen, neu sind. Detaillierte Abgrenzungen über den Grad der Neuheit geben vielfach Patentämter, die solch neue Erkenntnisse gemäß ihrem Neuheitsgrad dem momentanen Stand der Technik zuteilen

(Schröder 1979, Sp. 628). Eine weitere Untergliederung wird durch das Frascati Handbuch der OECD geliefert. Darin wird klar definiert, welche Bereiche den Neuheitsgraden bzw. den naturwissenschaftlich-technischen Erkenntnissen nicht entsprechen und deshalb von F&E-Tätigkeiten auszuschließen sind. Neben den bereits erwähnten wirtschaftlichen Innovationen sind dies beispielsweise Durchführbarkeitsstudien, Patent- und Lizenzarbeiten, Datensammlung für allgemeine Zwecke, um nur einige zu nennen (OECD 1982, 29 ff; OECD 2002, 30–50). Auf weitere Gliederungen bezogen auf die Neuheit soll aber im Folgenden noch näher eingegangen werden.

In der Literatur wird häufig auch eine geistes- und sozialwissenschaftliche F&E erwähnt. Da diese aber für betriebswirtschaftliche Überlegungen aufgrund des geringen Ressourceneinsatzes nur eingeschränkte Bedeutung besitzt, wird sie hier nur der Vollständigkeit halber genannt und im vorliegenden Werk ausschließlich auf technische und naturwissenschaftliche Erkenntnisse eingegangen. [1]

Eine Unterteilung der Forschung und Entwicklung sieht im klassischen Sinne folgendermaßen aus:

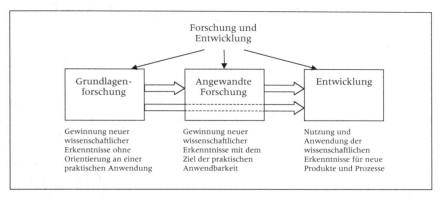

Abb. 1: Gliederung der Forschung und Entwicklung[2]

---

1 Gerpott 1999, 18, 28; Selbiges gilt auch für Technologien. Auch hier gibt es aus dem Gebiet der Sozialwissenschaften die sog. Sozialtechnologien als spezielle Variante, die aber im betriebswirtschaftlichen Innovations- und Technologiemanagement nach herrschender Meinung keine eigene Technologieart darstellt.

2 Die in dieser Abbildung verwendeten Definitionen stützen sich größtenteils auf das Frascati Handbuch der OECD (OECD 2002).

Die Grundlagenforschung soll neue naturwissenschaftliche Erkenntnisse hervorbringen, ohne den Anspruch auf praktische Anwendbarkeit zu stellen. Ziel ist die Schaffung von nicht falsifizierten Hypothesen und Theorieentwürfen. Durch den Mangel an praktischer Umsetzbarkeit ist sie in den Unternehmungen in der Regel nicht vorzufinden. Die hauptsächlichen Träger dieser Form von Forschung sind Universitäten und außeruniversitäre Forschungseinrichtungen.

Die angewandte Forschung, teils auch als Technologieentwicklung bezeichnet (Specht/Beckmann/Amelingmayer 2002, 15), stützt sich im wesentlichen auf die Ergebnisse der Grundlagenforschung und versucht, daraus praktische Anwendungsmöglichkeiten zu schaffen. Ziel ist dabei die Schaffung technologischer Kernkompetenzen (siehe Kap. 1.6.3), wobei es natürlich hier ebenfalls zur Generierung von naturwissenschaftlichen Theorien kommen kann. Diese sind aber nicht das Hauptziel der angewandten Forschung.

Am Ende steht die Entwicklung, welche die Herstellung von Produkten und Prozessen durch die Nutzung neuer naturwissenschaftlich-technischer Erkenntnisse aus der Grundlagenforschung und der angewandten Forschung zum Ziel hat. Wichtig dabei sind die Innovationen, welche die wirtschaftliche Umsetzung und den wirtschaftlichen Erfolg zum Zweck haben.

1.1.3   Invention, Innovation und Imitation

Einer der ersten, die eine klare Abgrenzung zwischen der Invention und der Innovation gezogen haben, war Schumpeter, der dies speziell in seinem 1912 erschienenen Werk „Die Theorie der wirtschaftlichen Entwicklung" erstmals hervorhob (Schumpeter 1997).

Die **Invention** wird darin als eine notwendige Vorstufe für die darauf folgende Innovation beschrieben. Im heutigen Sprachgebrauch versteht man im Allgemeinen darunter die Erfindung, also die erstmalige technische Realisierung einer neuen Problemlösung (Pleschak/Sabisch 1996, 6). Sie ist das Ergebnis der Ideenfindung sowie der Entwicklung und des Aufkommens einer Neuerung (Staudt/Schmeisser 1986, 289). Die Invention kann sowohl geplant als auch ungeplant entstehen. Bei Ersterem erfüllt die Erfindung die zuvor gesteckten Projektziele, bei den ungeplanten Inventionen entstehen Erfindungen aufgrund von Zufällen, in diesem Fall spricht man von einem Serendipitäts-Effekt (Brockhoff 1999, 35).

Erscheint solch eine Erfindung Erfolg versprechend, wird eine Einführung als Produkt in den wirtschaftlichen Kreislauf angestrebt. In diesem Zusammenhang spricht man dann von **Innovation**. Sie ist im Gegensatz zur Invention, bei der die Erfindung bzw. Problemlösung im Vordergrund steht, auf den wirtschaftlichen Erfolg ausgerichtet. Neben der konkreten Anwendung der Erfindung ist somit auch die Umsetzung und Verwertung der Erfindung ein wesentlicher Bestandteil der Innovation. Schumpeter definiert weiters Innovation als „schöpferische Zerstörung" beziehungsweise als neue Kombination von Einsatzfaktoren, demnach bezogen auf Produkte, Prozesse, Absatzmärkte, Bezugsquellen sowie Organisationen (Schumpeter 1997, 100 f). Die Zerstörung dabei bezieht sich auf die Tatsache, dass mit der Einführung von Neuem immer alte Strukturen, Produkte, Prozesse etc. abgelöst und überholt und in diesem Sinne auch „zerstört" werden. Schumpeter versteht weiter unter Innovation eine grundlegende Neuerung, denn „… soweit die neue Kombination von der alten aus mit der Zeit durch kleine Schritte, kontinuierlich anpassend, erreicht werden kann, liegt … Entwicklung in unserem Sinne …" nicht vor (Schumpeter 1997, 100). Da sich aber erfahrungsgemäß ein Wandel oft in kleinen Schritten vollzieht, sind das Ergebnis kleine Verbesserungen, die erst zusammengenommen über längere Zeit den großen Fortschritt ergeben. Aus diesem Grund umfasst der Begriff der Innovation hier auch solche Vorgänge. Schumpeter geht in seiner Definition von Innovation aber auch über den für dieses Buch relevanten Begriff der technischen Innovation hinaus, bei der im Rahmen dieser Innovation das erstmalig verwertete Wissen technischen Ursprungs ist (siehe Kap. 1.1.2).

Der heutigen Auffassung nach unterscheidet man darüber hinaus zwischen der Innovation im engeren und weiteren Sinn. Betrachtet man nur die Invention einer Problemlösung sowie deren Investition und Fertigung, so spricht man vom engeren Innovationsbegriff. Im Gegenteil dazu umfasst der weitere Innovationsbegriff neben dem Anstoß zur Idee und der Forschung und Entwicklung auch die Diffusion sowie die Markteinführung der Innovation.

Unter der **Imitation** als letzten Begriff versteht man die Nachahmung, also eine wiederholte Anwendung einer Problemlösung, die bereits in anderen Unternehmungen eingesetzt wurde. Ebenso wie bei der Abgrenzung des Innovationsbegriffs spielt hier der Systembezug eine wichtige Rolle. Genau genommen handelt es sich hierbei nicht um eine Innovation, aus der subjektiven Sicht der Unternehmung gesehen aber durchaus um eine Neuheit, die somit subjektiv sehr wohl eine Innovation darstellt.

Die Abgrenzung der Imitation zum Begriff der Innovation kann auf drei verschiedenen Ebenen gezogen werden. Betrachtet man den zeitlichen Horizont, ist die Imitation sicherlich nach der Innovation angesiedelt. Bezogen auf Anwendungs- und Verwendungsmöglichkeiten weist die Imitation ähnliche Anwendungen wie die vorangegangene Innovation auf. Wenn man drittens die Ebene der Technologie betrachtet, stellt sich als entscheidendes Merkmal der Imitation heraus, dass sie die Technologien von Innovationen im Großen und Ganzen übernommen hat. Um in diesem Zusammenhang weiter von Imitationen sprechen zu können, muss festgestellt werden, dass Innovatoren und Imitatoren zumindest im gleichen Markt operieren müssen (Schewe 1992, 15, 77).

Die Grenzen für die Imitation werden in weiterer Folge dort gezogen, wo die wirtschaftliche Umsetzung dieser wissenschaftlichen Erkenntnisse rechtlich geschützt ist. Unterschieden werden kann dabei zwischen der kreativen Nachahmung und der bloßen Übernahme der Ideen. Bei ersterer werden Basisinnovationen übernommen und an die entsprechenden Kundenbedürfnisse angepasst. Die reine Übernahme von Ideen hingegen zielt lediglich auf das Ausbessern der Fehler der Basisinnovationen ab (Zahn 1986, 37 ff).

Der Zusammenhang zwischen Invention, Innovation und Imitation wird grafisch in Abb. 2 dargestellt. Ausgehend von einer Projektidee kommt es durch die Forschung und Entwicklung zu geplanten und ungeplanten Inventionen, die bei erfolgreicher Umsetzung und entsprechender Fertigung zur Einführung eines neuen Produktes oder Prozesses führen. Wie man darin weiter erkennen kann, geht der Begriff der Innovation im weiteren Sinne über die Forschung und Entwicklung hinaus. Dabei wird unter Innovation im weiteren Sinne der gesamte Innovationsprozess an sich angesprochen, der sozusagen eine Querschnittsaufgabe darstellt. Diese umfasst neben der Forschung und Entwicklung, einer der Kernbereiche, der maßgeblich für den Erfolg von Innovationen verantwortlich ist, auch die Funktionsbereiche Planung, Beschaffung, Produktion sowie Marketing und Vertrieb (siehe Kap. 2). Als Innovation im engeren Sinn wird hier eingeschränkt auf das Innovationsereignis.

Bezüglich einer Imitation kann man in Abb. 2 erkennen, dass diese überhaupt erst im Anschluss an eine erfolgreiche Umsetzung der Innovationen möglich ist.

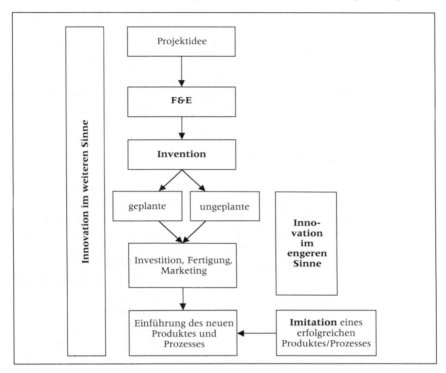

Abb. 2: Zusammenhang zwischen Invention, Innovation, F&E, Imitation; in Anlehnung an Brockhoff 1999, 36

1.2 Innovation und Technologie als Managementaufgabe

Werden Innovation und Technologie als Managementaufgabe gesehen, muss im Vorfeld zuerst abgeklärt werden, was als Management verstanden wird. Dabei kann man grundsätzlich drei verschiedene Aufgaben des Managements unterscheiden. Betrachtet man Management aus funktionaler Sicht, dann umfasst die erste Aufgabe die **Gestaltung** eines institutionellen Rahmens, der die Ausbildung von Entwicklungsfähigkeiten ermöglicht. Bei der **Lenkung** werden Ziele sowie Aktivitäten festgelegt, ausgelöst und kontrolliert. Als letztes Element wird die **Entwicklung** angeführt, bei der die Bewältigung von Veränderungsprozessen im Mittelpunkt steht (Staehle 1999, 81, Bleicher 2004). Dies entspricht im Wesentlichen der funktionalen Bedeutung des Managements. Aus einer institutionalen Sichtweise heraus beschreibt das Management jenen Personenkreis, der sich mit den Managementaufgaben beschäftigt (Specht 2001, 79, Staehle 1999, 82, Vahs 2005, 19, 74f).

Im Folgenden werden die Begriffe Innovations- und Technologiemanagement näher erläutert. In diesem Zusammenhang wird aber auch auf das Wissensmanagement eingegangen, da es in einem sehr engen Verhältnis zum Innovations- und Technologiemanagement steht und eine Abgrenzung für das Verständnis dieses Lehrbuches von Bedeutung ist.

1.2.1 Innovationsmanagement

Nach Hauschildt/Salomo versteht man unter Innovationsmanagement im funktionalen Sinn die „bewusste Gestaltung des Innovationssystems" (Hauschildt/Salomo 2007, 32 f), wobei vorwiegend dispositive Aufgaben miteinander verknüpft werden. Die wesentlichsten Teilfunktionen des Innovationsmanagements sind dabei

- Formulierung und Verfolgung von Strategien und Zielen
- Strategische und organisatorische Ausrichtung des Unternehmens auf Innovationen
- Treffen von Entscheidungen zur Durchführung von Innovationen
- Gestaltung und Aufrechterhaltung eines Informationssystems, um damit den Informationsaustausch im Innovationsprozess zu gewährleisten
- Beherrschung und Koordination der für die Umsetzung der Innovation notwendigen Prozesse
- Aufbau einer innovationsfördernden Unternehmenskultur und Gestaltung sozialer Beziehungen, um in weiterer Folge die Partner in diesen Beziehungen zur Realisierung von Entscheidungen zu beeinflussen.

Vahs/Burmester sehen das Innovationsmanagement als Management, das alle wertschöpfenden Aktivitäten von der Grundlagenforschung bis hin zur Markteinführung einschließt. Es umfasst dabei auch die damit verbundenen unterstützenden Funktionen wie Personalmanagement, Organisation, Rechnungswesen sowie die Finanzierung, insofern diese Teilbereiche mit dem Innovationsprozess in Beziehung stehen (Vahs/Burmester 2005, 49 f). Dabei erkennt man, dass gemäß dieser Definition das Innovationsmanagement weit über das F&E-Management hinausreicht. F&E-Management als Teil des Innovationsmanagements umfasst demnach nur die Grundlagenforschung bis zur Entwicklung, der Übergang in die Produktion mit der Realisierung sowie der Markteinführung wird hier nicht mehr abgedeckt (siehe dazu auch Kap. 1.2.4 und Abb. 7). Somit kann das F&E-Management als integraler Bestandteil des Innovationsmanagements gesehen werden, dessen Hauptaufgabe in der Erarbeitung und Formulierung von operationalen Zielen liegt (Greiling 1998).

1.2.2 Technologiemanagement

Das Technologiemanagement kann als Management technologischen Wissens bezeichnet werden. Es umfasst die Bereitstellung, Speicherung und Verwertung von Wissen, insbesondere aus den Gebieten der Natur- und Ingenieurwissenschaften. In jedem dieser Teilbereiche sind Planungs-, Organisations-, Führungs- und Kontrollaufgaben zu tätigen. Dabei wird – anders als im internen F&E-Management – auch auf externes Wissen zurückgegriffen. Dies wird in Abb. 3 dargestellt. In diesem Sinne stellt das Technologiemanagement auch einen Teil des Wissensmanagements dar (vgl. Brockhoff 2001, 17 ff).

		Technologie-beschaffung Intern	Extern	Technologie-speicherung Intern	Extern	Technologie-verwertung Intern	Extern
Planung	Planung						
	Analyse						
	Ent-scheidung						
Organisation							
Führung							
Kontrolle							

(Vertikale Beschriftung zwischen "Intern" und "Extern" der ersten Spaltengruppe: Interne F&E)

Abb. 3: Aufgaben des Technologiemanagements; in Anlehnung an Brockhoff 1999, 153

Technologiemanagement beschäftigt sich aber nicht nur mit der Generierung, Bereitstellung, Durchsetzung, Speicherung und Verwertung von neuartigen Technologien, sondern darüber hinaus auch mit der Sicherung der strategischen Erfolgsposition einer Unternehmung. Dafür ist die Erhaltung und Weiterführung der vorhandenen Technologien von Bedeutung, um im Wettbewerb bestehen zu können (Gerpott 2005, 57 ff). Auch das wird als eine wichtige Aufgabe des Technologiemanagements angesehen.

Spezifische Aufgabenfelder innerhalb dieser großen Teilbereiche beschreiben Hauschildt/Salomo und in weiterer Folge Specht/Beckmann/

Amelingmayer. Diese sind insbesondere (Hauschildt/Salomo 2007, 34, Specht/Beckmann/Amelingmayer 2002, 62, Gerpott 2005, 59f):

- Erstellung von Technologieportfolios
- Sicherung der Technologiepotenziale mittels Patentierung
- Erstellung von Technologieprognosen, Technologiefolgenabschätzungen
- Strategisches Outsourcing von technologischen Vorleistungen an Lieferanten
- Bewertung und Entscheidung über technologische Allianzen und Kooperationen
- Technologieprojektprogrammplanung und -steuerung
- Steuerung des Übergangs zu neuen Technologien
- Abwägungen der Chancen und Risiken von neuen Technologien
- Sicherung der Arbeitsteilung und Koordination von technologischen Innovationsaktivitäten
- Technologiecontrolling und Budgetentscheidungen

Daraus ist bereits ersichtlich, dass im Technologiemanagement mehr Augenmerk auf bestimmte technologische Entwicklungen und weniger auf einzelne Innovationsprozesse gelegt wird.

Aus Amerika stammt eine weitere Sichtweise des Technologiemanagements. Tschirky verweist dabei auf das US National Research Council, welches das Technologiemanagement als Bindeglied zwischen den Ingenieur- bzw. Naturwissenschaften und den Managementaktivitäten sieht (Abb. 4). In diesem Sinne kommt dem Technologiemanagement die Aufgabe des Managens von technologischem Wissen zu, das sich hauptsächlich auf die Ingenieur- und Naturwissenschaften stützt. Betont wird in diesem Ansatz auch die Wichtigkeit von Technologiemanagement, da dadurch die notwendigen technologischen Potenziale aufgebaut werden können, um die strategischen und operativen Ziele der Unternehmung zu erreichen. Für

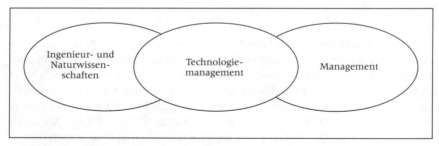

Abb. 4: Technologiemanagment als „Missing Link"; in Anlehnung an Tschirky 1998a, 22

das Bestehen im Wettbewerb ist gemäß dieser Betrachtungsweise das Technologiemanagement aus den Unternehmungen nicht mehr wegzudenken (Tschirky 1998a, 22). Dem Technologiemanagement kommt dabei also nur indirekt die Aufgabe der Generierung, Bereitstellung, Durchsetzung, Speicherung und Verwertung von Technologien zu, es ist aber dennoch wesentlich, um als das oben beschriebene Bindeglied zu agieren.

1.2.3 Wissensmanagement

Da es bei Innovationen und Technologien auch immer um das Management von Wissen geht, wird dieser Teilfunktion ein eigener Abschnitt gewidmet.

Wissen ist für eine Unternehmung generell von großer Bedeutung, aber speziell im Innovations- und Technologiemanagement nimmt das Wissen eine Kernfunktion ein, vor allem, wenn es um die Beschaffung von neuem Wissen geht. Aber nicht nur in der Phase der Ideengenerierung, sondern auch in allen weiteren Phasen bis zur letztendlichen Markteinführung sowie bei der Umsetzung und Anwendung von Technologien ist Wissen eine elementare Ressource (Willfort 2001, 35). Es beeinflusst dabei die Erfolgsposition der Unternehmung hinsichtlich Kosten, Zeit, Qualität, Flexibilität etc. Da Unternehmungen aber teilweise nur einen Bruchteil jenes Wissens nutzen, das ihnen prinzipiell durch die vorhandenen Ressourcen zur Verfügung steht, ist ein Management dieses Wissens aus den Unternehmungen nicht mehr wegzudenken.

Beim Wissensmanagement geht es einerseits darum, die richtige Menge und Qualität des Wissens zum richtigen Zeitpunkt am richtigen Ort in effektiver und effizienter Weise zur Verfügung zu stellen. Nach Möglichkeit sollte so das Wissen aller Mitarbeiter offen gelegt und entsprechend aufbereitet gespeichert werden. Auf der anderen Seite muss durch eine entsprechende Dynamik der Wissensbasis die Zukunftsfähigkeit der Unternehmung sichergestellt bzw. ausgebaut werden (Amelingmayer 2002, 22 f).

Die Definitionen von Wissen im Speziellen reichen sehr weit, sie umfassen insbesondere „die Menge an ... reproduzierbaren Informationen", „das Ergebnis der Verarbeitung von Informationen durch das Bewusstsein", bis hin zur „Gesamtheit der Kenntnisse und Fähigkeiten, die Individuen zur Lösung von Problemen einsetzen" (Amelingmayer 2002, 41 f).

Wichtig sind in diesem Zusammenhang aber die unterschiedlichen Arten des Wissens. Diese werden in Abb. 5 dargestellt. Man unterscheidet speziell im Rahmen des Innovationsmanagements zwischen implizitem und explizitem sowie zwischen individuellem und organisatorischem Wissen. Speziell bei diesem impliziten Wissen, auch „tacit knowledge" genannt, handelt es sich um jene Kenntnisse und Fähigkeiten, die von den Inhabern prinzipiell technisch nicht weitergegeben werden können, da sie nicht begreifbar gemacht werden können. Beispiele dafür sind etwa Erfahrungen und Eindrücke. Die Aufgabe des Wissensmanagements für das Innovationsmanagement ist es nun, diese einzelnen Arten von Wissen möglichst so zu gestalten und zu steuern, dass sich daraus eine explizite, strukturierte Wissensbasis von hoher Verfügbarkeit und Transparenz ergibt. Durch diese Basis sowie durch die Wissensentwicklung und die wechselseitigen Beziehungen dieser zueinander soll neues Wissen generiert und letztendlich dem Innovationsprozess zur Verfügung gestellt werden (Gentsch 2001, 51 f).

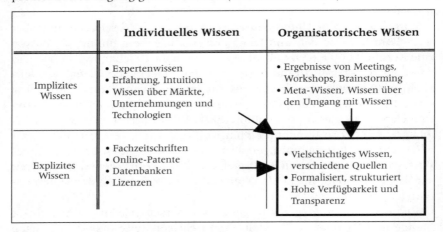

	Individuelles Wissen	Organisatorisches Wissen
Implizites Wissen	• Expertenwissen • Erfahrung, Intuition • Wissen über Märkte, Unternehmungen und Technologien	• Ergebnisse von Meetings, Workshops, Brainstorming • Meta-Wissen, Wissen über den Umgang mit Wissen
Explizites Wissen	• Fachzeitschriften • Online-Patente • Datenbanken • Lizenzen	• Vielschichtiges Wissen, verschiedene Quellen • Formalisiert, strukturiert • Hohe Verfügbarkeit und Transparenz

Abb. 5: Die Wissenbasis im Innovationsprozess; in Anlehnung an Gentsch 2001, 52

Wie sich dieses Wissensmanagement auf Innovationen und in weiterer Folge auf die Wettbewerbssituation auswirkt, wird in Abb. 6 dargestellt. Dabei muss das Wissensmanagement die persönlichen Charakteristiken der Mitarbeiter, Aspekte der Personalentwicklung sowie deren gegenseitige Beziehungen so gestalten, dass sich daraus neues Wissen entwickeln kann bzw. die Voraussetzungen dafür geschaffen werden. Durch dieses intern aufgebaute Wissen und die entsprechenden Potenziale werden Kenntnisse bezüglich des Marktes und der Konkurrenten mit einbezogen. Auf diese muss sich die Unternehmung in weiterer Folge spezifisch einstellen. Am Ende dieses Prozesses stehen erfolgreiche Innovationen, die sich ebenso positiv auf die Wettbewerbsfähigkeit der Unternehmung auswirken (Carneiro 2000, 96).

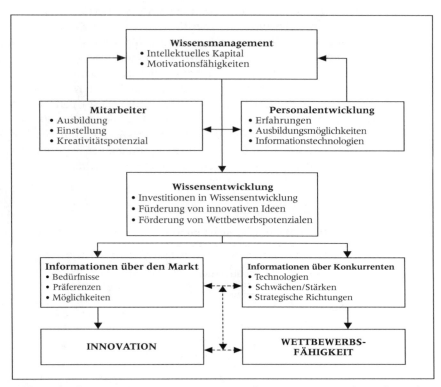

Abb. 6: Einfluss von Wissensmanagement auf Innovationen und Wettbewerbsfähigkeit; in Anlehnung an Carneiro 2000

1.2.4 Abgrenzung und Unterscheidung dieser Teildisziplinen

Wie bereits in Kap. 1.2.1 erwähnt, kann man das Innovationsmanagement
(im weiteren Sinn) als den umfassendsten Teilbereich sehen. Es reicht von
der Grundlagenforschung bis zur Markteinführung, hingegen endet das
F&E Management mit der Entwicklung des Produktes. Nach Meinung vieler Autoren ist das Technologiemanagement noch weiter eingeschränkt, da
es nur die Bereiche Angewandte Forschung und die Vorentwicklung
abdeckt (Vahs/Burmester 2005, Brockhoff 1994 u.a.). Anzumerken ist
jedoch, dass das Technologiemanagement auch den Umgang mit bereits
bekanntem technischem Wissen umfasst (Gerpott 2005, 56).

Wie in weiterer Folge das Wissensmanagement vom Innovations- und
Technologiemanagement abgegrenzt werden kann, ist aus Abb. 7 abzule-

sen. Das Innovationsmanagement im weiteren Sinn definiert den bis dahin in diesem Lehrbuch verwendeten Begriff, während ein Innovationsmanagement im engeren Sinn nur die erstmalige Markteinführung einer Produktinnovation oder die erstmalige Nutzung einer Prozessinnovation mit einschließt. Das Technologiemanagement verknüpft in dieser Systematik die interne (hierunter auch die interne F&E) und die externe Wissensbeschaffung sowie die Speicherung und Verwertung dieses generierten Wissens. Nach der bereits erwähnten Innovation im engeren Sinn existieren am Ende das Management der Diffusionsprozesse, die vom Innovationsmanagement im weiteren Sinn auch noch einbezogen werden. Als unterstützende Funktion zu diesen Teilmanagementbereichen kann das Wissensmanagement angesehen werden.

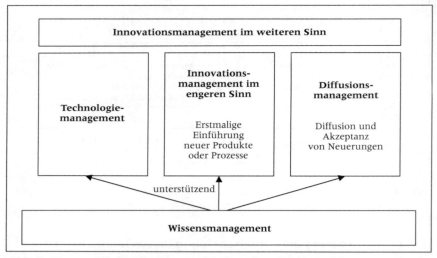

Abb. 7: Konzeptionelle Abgrenzung der Grundbegriffe; in Anlehnung an Brockhoff 2001, 22

Eine weitere Unterscheidung der beiden Gebiete Wissensmanagement und Innovationsmanagement wird durch deren Fokus ersichtlich. Während das Wissensmanagement auf die Generierung, Speicherung und Verbreitung von Wissen ausgerichtet ist, liegt das Hauptaugenmerk des Innovationsmanagements in der Hervorbringung neuer Produkte und Prozesse. Daraus abgeleitet sind die Zielgruppen des Innovationsmanagements die Kunden und der Markt, im Gegensatz zum Wissensmanagements, das sich an den Bedürfnissen des Unternehmens und seiner Abteilungen orientiert

(Schmiedel-Blumenthal 2001, 195f). Darüber hinaus unterstützt das Wissensmanagement nicht nur Innovations- und Technologiemanagementprozesse, sondern alle unternehmensinternen Prozesse.

Wird das Innovations- und Technologiemanagement allgemein gegenüber anderen Managementbereichen abgegrenzt, kann man einige Besonderheiten identifizieren. Erstens beschäftigt sich das Innovations- und Technologiemanagement mit Wissen, also unter anderem auch mit intangiblen Ressourcen. Weiters muss es sich sehr stark an der Zukunft orientieren und frühzeitig auf Indikatoren reagieren. Drittens lässt sich der Erfolg bzw. Output nur schwer messen und oft nicht eindeutig dem Innovations- und Technologiemanagement zuordnen, da es sich hierbei wie bereits oben erwähnt um eine Querschnittsfunktion handelt und verschieden Organisationsbereiche in der Unternehmung davon betroffen sind (Gerpott 2005, 65 f).

Andere Autoren gehen davon aus, dass das Technologiemanagement ein Teil des Innovationsmanagements ist, aber auch darüber hinausgeht. Dies wird durch die Tatsache belegt, dass sich im Gegensatz zum Innovationsmanagement das Technologiemanagement nicht nur mit technologischen Neuerungen befasst, sondern auch mit der Steuerung, Entwicklung, Erhaltung und Anwendung von bereits bestehenden Technologien. Ferner erstreckt sich das Innovationsmanagement über rein technische Aufgaben hinaus und befasst sich auch mit der Stimulierung und Durchsetzung von Neuerungen (Zahn 1995, 15).

1.3 Merkmale der Innovationsaufgaben

Nach Thom (1980) können die Innovationen durch die Merkmale Neuheit, Unsicherheit und Risiko, Komplexität und Konfliktgehalt gekennzeichnet werden. Im Folgenden wird auf diese näher eingegangen.

1.3.1 Neuheit

Die Neuheit einer Innovation ergibt sich bereits aus dem Begriff, da das lateinische „innovatio" Erneuerung, Schaffen von etwas Neuem bedeutet. Für die Innovation ist die Neuheit von besonderer Wichtigkeit, da sie den ganzen Änderungsprozess sowie die innerbetrieblichen und umsystembezogenen Änderungen am stärksten beeinflusst (Willfort 2001, 24; Thom 1980, 26, Henderson/Clark 1990, 9). Dabei muss man, wie bereits bei der Definition der F&E erwähnt, den Bezugsrahmen diese Neuheit festlegen und zwischen subjektiver und objektiver Neuheit unterscheiden. Dies wird als Art der Neuheit bezeichnet. Der Unterschied zwischen subjektiver und objektiver Neuheit wird anhand des folgenden Beispiels deutlich (Hübner 2002, 11 ff). Die Erfindung des Walkmans stellt eine objektive Neuheit dar, da es bisher nicht möglich war, mobil Musik zu hören. Neben dieser neuen Funktion gab es aber auch durch das geringe Gewicht der Geräte sowie durch das neue Design auf physikalischem Gebiet objektive Neuheiten. Betrachtet man die technische Realisierung, so kam es durch den Walkman zu keinen Neuerungen, die Technologien dafür waren bereits vorhanden. Aus diesem Grund waren Imitationen für die Konkurrenz leicht möglich. Daran erkennt man, dass die Frage der Neuheit neben der Abgrenzung durch den Systembezug immer auch in Beziehung zu den Rahmenbedingungen gesehen werden muss, um wirklich über Neuheiten urteilen zu können.

Eine dieser Rahmenbedingungen für Innovationen stellt die Einbettung der Innovation und das Wissen über diese in das Unternehmen dar. Sieht man beispielsweise neue Produkte als ein Set vom Komponenten, benötigt man für die Herstellung dieses Produktes sowohl Wissen über die Komponenten an sich als auch Wissen über die Zusammenstellung, Interaktion und Integration dieser Komponenten. Dies kann auch als „architectural knowlegde" von Unternehmen über Innovationen bezeichnet werden, das häufig den Erfolg einer Innovation maßgeblich beeinflussen kann (Henderson/Clark 1990, 11).[3] Je nachdem also, inwiefern das Wissen über die Integration und Interaktion der Komponenten im Unternehmen bereits vorhanden ist, kann die Neuheit und somit auch weitere Faktoren wie die Komplexität und Unsicherheit beeinflusst werden.

Ferner kann man den Grad der Neuheit festlegen, der zwischen fundamentalen Neuerungen und nur geringfügigen Verbesserungen variieren kann. Dabei ist der Neuheitsgrad einer Innovation besonders hoch, wenn eine Einführung eines Produktes beispielsweise zum ersten Mal auf einem bestimmten Gebiet geschieht (radikale Innovation). Durch den Neuheitsgrad einer Innovation werden Folgedeterminanten wie der Konfliktgehalt, aber auch die Unsicherheit und das Risiko bezüglich eines wirtschaftlichen Erfolges bestimmt (Thom 1980, Hauschildt/Salomo 2007, 14ff). Hohe Neuheitsgrade bewirken im Allgemeinen einen Wettbewerbsvorteil bzw. einen Vorsprung gegenüber der Konkurrenz sowie eine kurzfristige Monopolstellung, auf der anderen Seite aber auch eine größere Unsicherheit und höheres Risiko (Vahs/Burmeister 2005, 51).

---

3 Ähnliches gilt auch für Technologien.

Gemäß einer empirischen Untersuchung von Booz-Allen&Hamilton lassen sich Innovationen bezogen auf ihren Neuheitsgrad wie in Abb. 8 klassifizieren (Booz-Allen&Hamilton 1982). Dabei stellen sämtliche Innovationen im Kreis E nur Kostenverbesserungen dar. Produktverbesserungen gibt es hingegen im Kreis C, und bei D kommt es zu einer Ausdehnung der Produktlinie. Neue Produktlinien hingegen positionieren sich im Kreis B und Weltneuheiten werden als Kreis A dargestellt (Gentsch 2001, 16).

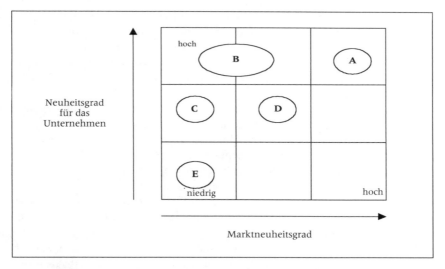

Abb. 8: Klassifikation von Innovationen gemäß ihrem Neuheitsgrad; in Anlehnung an Booz-Allen&Hamilton 1982, in Gentsch 2001, 16

1.3.2   Unsicherheit und Risiko

Bei **Unsicherheit** können für den Eintritt eines bestimmten Ereignisses weder subjektive noch objektive Wahrscheinlichkeiten angegeben werden (Vahs/Burmester 2005, 52). Dies ist typisch für Innovationen, bei denen ex ante über den Erfolg zumindest in den ersten Phasen Unklarheit besteht. Begründet wird diese Unsicherheit von Innovationen prinzipiell durch ihre Neuartigkeit. Je höher der Neuheitsgrad einer Innovation, desto unsicherer ist der Erfolg. Erfahrungen, die mit dem Grad der Neuheit abnehmen, sind in dieser Hinsicht nur bezüglich des formalen Ablaufprozesses einer Innovation möglich, da dieser in den meisten Fällen ähnlich abläuft (Thom 1980, 27). Unsicherheit herrscht meist nicht nur über die technische Realisierbarkeit einer Invention, sondern auch über die Umsetzung in der Unternehmung. Bei der Umstellung vom Prototypen zur Serienfertigung, aber auch bereits bei der Verarbeitung der benötigten Materialien, bei den Maschinen usw. können sich unerwartete Probleme ergeben. Diese können die Einführung der Innovation in den Markt verzögern oder sogar verhindern. Neben diesen internen sind in weiterer Folge auch die externen Aspekte von Bedeutung, beispielsweise die wirtschaftliche Umsetzung und Verwertung oder die Akzeptanz des Produkts durch die Kunden. Ferner können gesetzliche Regelungen über den Erfolg oder Misserfolg von Innovationen entscheiden (siehe Kap. 3).

Die Begriffe **Risiko** und Unsicherheit müssen klar voneinander getrennt werden. Während sich Unsicherheit durch unvollkommene Information ergibt, ist das Risiko ein mögliches Resultat dieser Unsicherheit (Specht/Beckmann/Amelingmayer 2002, 24 f).

Gemäß der formalen Definition ist Risiko messbare Unsicherheit (Eckert 1985, 34 f). Dabei muss das Risiko mit objektiven Wahrscheinlichkeiten belegt sein. Ist dies nicht gegeben oder liegt nur subjektive Wahrscheinlichkeit vor, kann man demnach nur von Unsicherheit sprechen. Über die Objektivität dieser Wahrscheinlichkeiten liegen aber ebenfalls keine genauen Bestimmungen vor. Risiko im materiellen Sinn bedeutet die Vorstellung eines Eintritts eines unerwünschten Ereignisses. So gesehen kann Risiko als Verlustgefahr beschrieben werden, wobei hier nicht nur rein finanzielle Verluste gemeint sind.[4]

Abgesehen von diesen definitorischen Aspekten kann man bezüglich des Risikos zwischen technischem Risiko und ökonomischen Risiken unterscheiden. Beim technischen Risiko können beispielsweise folgende Faktoren Einfluss haben (Eckert 1985, 57):

- Fehler im Systemkonzept hinsichtlich:
  - Funktionsprinzip
  - Funktionsträger
  - Einsatzbedingungen
  - Instandhaltung
- Fehler in der Systementwicklung:
  - Berechnungen
  - Dimensionierung
  - Werkstoff- und Materialwahl
  - Umweltdaten

---

4 Beispielsweise Imageverluste, die indirekt aber wieder materielle Verluste bedingen.

- Fehler in der Systemrealisierung:
  - Prototypenerstellung
  - Prototypentest

Auch beim ökonomischen Risiko sind viele verschiedenen Faktoren von Bedeutung. So sind beispielsweise bei den Kosten nicht nur die Produktionskosten, sondern auch die Faktorpreise maßgebend. Darüber hinaus hat die Produktivität Einfluss auf mögliche Kostenersparnisse bei der Fertigung. Diese werden vielfach in der Literatur als Kostenrisiko zusammengefasst. Outputseitig sind die Faktorpreise sowie die Absatzmenge mit großer Unsicherheit belegt und stellen in weiterer Folge ein großes ökonomisches Risiko für die Unternehmungen dar. Dieses ökonomische Risiko kann als Verwertungsrisiko bezeichnet werden.

Daneben spielt aber auch die Realisierungszeit eine wesentliche Rolle für den Erfolg einer Innovation. Dies ist besonders bedeutend bei der Markteinführung eines neuen Produktes, da allein der Zeitpunkt der Einführung bereits über den Erfolg und Wettbewerbsvor- und -nachteile entscheiden kann. Dies wird im Allgemeinen als Zeitrisiko bezeichnet (Specht/Beckmann/Amelingmayer 2002, 26 f; siehe Kap. 4).

Das Erfolgsrisiko ist ein weiterer Teil dieses ökonomischen Risikos. Es resultiert daraus, dass vorerst keine genauen Aussagen bezüglich Gewinn- und Umsatzsteigerungen gemacht werden, da sich die Forschung und Entwicklung in der Regel dafür „zu weit weg" vom Markt befindet. Etwaige Umsatz- und Gewinnveränderungen können deshalb nicht direkt der Forschung und Entwicklung zugeordnet werden, sondern beispielsweise auch aus erhöhten Marketingaktivitäten resultieren (Thoma 1989, 169).

All diese Faktoren, die in Beziehung zueinander stehen, müssen somit berücksichtigt werden und sind für das Scheitern bzw. Gelingen von Innovationen mitverantwortlich.

1.3.3 Komplexität

Unter Komplexität versteht man grundsätzlich den Grad der Überschaubarkeit, gemessen an der Menge der Elemente sowie der Menge der Beziehungen dieser Elemente zueinander.

Aus der Tatsache heraus, dass Innovationsmanagement eine Querschnittsaufgabe darstellt, können Innovationsprozesse nie isoliert betrachtet werden. Vielmehr sind sie sind mit verschiedenen Teilbereichen in der Unternehmung verflochten (Thom 1980, 29). Aus diesem Grund sind in der Regel an den Innovationsentscheidungen mehrere Personen, meistens auch aus unterschiedlichen Abteilungen, beteiligt. Diese Arbeitsteiligkeit stellt einen wesentlichen Teil der Komplexität von Innovationen dar. Probleme entstehen dabei oft, da diese Entscheidungsträger, aber auch die Handlungsträger dieser Innovationen, ein unterschiedliches Hintergrundwissen besitzen und sich allein deshalb schon innerbetriebliche Absprachen als entsprechend schwierig erweisen können.

Ein weiterer Faktor, der die Komplexität von Innovationen noch erhöht, ist die Tatsache, dass Innovationen und die damit zusammenhängenden Entscheidungen in den meisten Fällen zeitlich nicht linear ablaufen. Sehr oft finden Entscheidungsprozesse parallel statt, teilweise kommt es auch zu Rückkoppelungsschleifen und sequenziellen Entscheidungen. Für den Erfolg von Innovationen können parallel ablaufende Prozesse sogar entscheidend sein. Dies wird vielfach unter dem Begriff „simultaneous engineering" angeführt, bei dem neben der Entwicklung der Technologien und Techniken gleichzeitig an der industriellen Umsetzung gearbeitet wird, also im weiteren Sinn die parallele Abwicklung von Produkt- und Prozessentwicklungen (Boutellier 1998, 180 ff; siehe dazu auch Kap. 3). Den Erfolg von Produkten positiv beeinflussen kann in diesem Zusammenhang aber auch der Beginn der Marktaufbereitung zu diesem Zeitpunkt. Dies würde dann einem umfassenden „simultaneous engineering" entsprechen.

Beim Faktor Zeit spielt ferner auch die Dynamik eine Rolle. So können sich beispielsweise im Laufe eines Innovationsprojektes entscheidende Faktoren wie beispielsweise die Gesetzgebung, relevante Technologien usw. ändern. Dadurch erhöht sich die Komplexität von Innovationen noch weiter.

Darüber hinaus kann man feststellen, dass Innovationen in der Regel schlecht strukturierte Probleme darstellen, was wiederum die Komplexität erhöht.

1.3.4   Konfliktgehalt

Wenn zwei oder mehrere unvereinbare Zustände von Objekten oder Handlungstendenzen bei Personen auftreten, spricht man von einem Konflikt (Rosenstiel 1992, 286). Bei Innovationen sind dies der Neuheitsgehalt, die Unsicherheit sowie die Komplexität, die zwangsläufig zu Konflikten führen. Wie sich die einzelnen Faktoren untereinander beeinflussen, wird in Abb. 9 darstellt. Dabei erhöhen alle Faktoren den Konfliktgehalt.

Bei diesen Konflikten können viele verschiedene Varianten auftreten. Beispiele dafür wären intra- und interpersonelle Konflikte, Konflikte zwischen den bestehenden Produkten und dem innovativen Produkt, ethi-

sche, moralische und rechtliche Konflikte usw. (vgl. dazu in weiterer Ausführung Vahs/Burmester 2005, 54 f; siehe auch Kap. 3, 4). Dass Konflikte
aber nicht nur negativ behaftet sein müssen, kann man in vielen Fällen erkennen. So kann es aus der Situation der Unzufriedenheit heraus zu Innovationen bzw. zu Anregungen zu diesen kommen, aus denen dann in weiterer Folge Innovationen entstehen bzw. Änderungsprozesse eingeleitet
werden können (Rosenstiel 1992, 290). Auch können die positiven Folgen
von Konflikten die Stimulation neuer Ideen, ein Überdenken bestehender
Situationen, Schaffung von klaren Verhältnissen, Entwicklung neuer Energien und Ausgangspunkt für organisatorische Veränderungen sein (Staehle
1999, 393). Wichtig an diesen Konflikten ist aber, dass sie nicht unter-
schwellig existieren dürfen, sondern stets ausgetragen und in der Unternehmung abgebaut werden sollen, um ein innovatives Handeln zu ermöglichen.

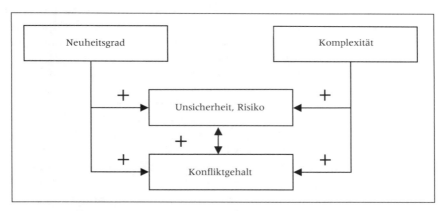

Abb. 9: Merkmale von Innovationen und ihre Beziehungsstruktur: Vahs/Bur-
mester 2002, 56, in Anlehnung an Thom 1980

Anders als bei Thom wird in Abb. 9 noch auf die ambivalente Beziehung
zwischen Konflikten und Unsicherheit/Risiko hingewiesen. So ist es
durchaus vorstellbar, dass sich auch ein hoher Konfliktgehalt auf die Unsicherheit im negativen Sinn auswirkt und diese noch erhöht (Vahs/Bur-
mester 2005, 56).

1.4   Klassifikation der betrieblichen Innovation

Innovationen kann man nach unterschiedlichen Merkmalen unterteilen (Hauschildt, Salomo 2007, 9–25, Vahs/Burmester 2005, 51–56, 73, Stummer/Günther/Köck 2006, 14–19, Gerpott 2005, 38f). Dies ist nicht nur aus formaler Sicht bedeutend, sondern hat auch auf das Management der einzelnen Innovationen großen Einfluss. Im Folgenden wird eine Unterteilung nach dem Gegenstandsbereich, dem Innovationsgrad und den auslösenden Faktoren vorgenommen und die jeweiligen Ausprägungen näher erläutert.

1.4.1   Gegenstandsbereich

Gegenstandsbereich von Innovationen ist grundsätzlich alles, was verändert werden kann. Hinsichtlich einer Klassifizierung gibt es aber unterschiedliche Ansätze. Weit verbreitet ist eine Unterteilung nach Thom, der bei Innovationen zwischen Produkt-, Verfahrens- und Sozialinnovation unterscheidet (dazu und im folgenden Thom 1980, 32 ff).

Produktinnovationen kommen in Unternehmungen sehr häufig vor (Pleschak/Sabisch 1996, 14), wobei hier unter Produkten sowohl materielle Güter also auch Dienstleistungen verstanden werden. Sie sind, bedingt auch durch immer kürzer werdende Produktlebenszyklen, wichtigster Bestandteil in der Produktpolitik und beziehen sich sowohl auf Veränderungen bereits vorhandener als auch auf die Schaffung neuer Produkte. Durch die Markteinführung neuer oder verbesserter Produkte sollen die Wünsche und Bedürfnisse der Nachfrage befriedigt und die Wettbewerbsposition der Unternehmung gestärkt werden. Durch revolutionäre Produktideen können aber auch erst neue Bedürfnisse geschaffen werden. Kommt es nur zu Verbesserungen bei bereits vorhandenen Produkten, spricht man von Produktdifferenzierung. Damit können spezielle Bedürfnisse in einzelnen Marktsegmenten abgedeckt werden. Werden nur einige unwesentliche Veränderungen vorgenommen, liegt eine Produktvariation vor. Hierbei steht weniger eine Leistungsverbesserung des Produktes als eine Repositionierung und damit eine Erweiterung des Produktlebenszyklus im Vordergrund (Vahs/Burmester 2005, 75). Als letztes kann noch eine Produktvereinheitlichung genannt werden, die aber mit Innovationen im eigentlichen Sinn nichts mehr zu tun hat.

Prozess- bzw. **Verfahrensinnovationen** zielen durch eine neue Kombination von Einsatzfaktoren auf eine Umgestaltung bzw. Verbesserung der für die Leistungserstellung der Produkte notwendigen Prozesse ab (Thom 1980, 35 f, Hauschildt/Salomo 2007, 9). Neben der Bearbeitung von physisch realen Objekten, den sog. materiellen Prozessen, zählen dazu auch die informationellen Prozesse, die sich mit dem Austausch und der Aufbereitung von Informationen beschäftigen. Oft steht bei diesen Prozessinnovationen die Erhöhung der Produktivität und somit die Effizienz im Mittelpunkt. Dies kann sowohl durch kürzere Prozess- und Durchlaufzeiten als auch durch verminderte Faktoreinsätze geschehen. Darüber hinaus kann es zu Qualitätssteigerungen bzw. Kostensenkungen durch die verbesserte Leistungserstellung kommen.

Pleschak und Sabisch kritisieren vor allem, dass durch eine Fokussierung der Unternehmungen auf Produktinnovationen die Wettbewerbsfähigkeit erheblich geschwächt werden kann (Pleschak/Sabisch 1996, 20). Durch die Zusammenhänge von Produktinnovationen und der Erfüllung der Kundenbedürfnisse sehen viele Unternehmungen ihre Chancen rein in verbesserten oder neuen Produkten, ohne auf eine unternehmensinterne Effizienz zu achten. In Japan hat man diese Lücke schon frühzeitig erkannt und mit Hilfe von spezifischen Instrumenten die unternehmensinternen Parameter und Faktoren verbessert. Dadurch kann die Position im Markt gefestigt werden (dazu auch Pfeiffer/Weiss 1990, 7 f).

Als weitere Innovationsart definiert Thom **Sozialinnovationen**, die sich auf geplante Änderungen im Human- und Sozialbereich beziehen. Damit sollen humane Ziele wie eine größere Arbeitszufriedenheit, eine höhere Leistungsbereitschaft und gesteigerte Leistungsfähigkeit erreicht werden (Thom 1980, 37 f; Vahs/Burmester 2005, 79). Die Sozialinnovationen stehen in engem Verhältnis zu den bereits angeführten beiden Arten der Innovation und können häufig nicht klar abgegrenzt werden. Teilweise können sie einander beeinflussen bzw. der gegenseitige Auslöser für Innovationen sein. In vielen Fällen ist bei der Prozessinnovation eine einhergehende Sozialinnovation für die Verwirklichung der Innovationsziele notwendig. Problematisch an dieser Innovation ist, dass die erreichten Ziele im Grunde genommen nur sehr schwer messbar sind. Darüber hinaus ist die Durchsetzung von Sozialinnovationen sehr häufig von der Entwicklung einer innovationsfreundlichen Unternehmungskultur abhängig (siehe Kap. 3).

Als letztes wird an dieser Stelle noch kurz auf **Strukturinnovationen** eingegangen. Diese haben eine Verbesserung der Aufbau- und Ablauforganisation zum Inhalt haben (Vahs/Burmester 2005, 79). Da sie sich sowohl auf die Unternehmensprozesse als auch auf die Aufgabenträger konzentrieren, stehen sie in engem Zusammenhang mit den drei oben genannten Innovationsarten. Damit können sowohl Ziele der Prozessinnovationen, wegen ihrer besseren Messbarkeit sog. „harte" Ziele, also auch die Ziele der Sozialinnovationen, „weiche" Ziele, verfolgt werden.

Allgemein kann man feststellen, dass diese Innovationsarten in gegenseitiger Wechselbeziehung zueinander stehen. So ist es häufig der Fall, dass eine Produktinnovation eine Prozessinnovation nach sich zieht, da ohne diese nichts produziert werden könnte. Auch umgekehrt ist dies möglich. Durch neue Prozesse können neue Produkte hergestellt werden. Sozial- und Strukturinnovationen sind in diesem Zusammenhang oft die Folge von Produkt- und Prozessinnovationen (Pölzl 2002, 19 f, vgl. auch Kap. 2).

1.4.2   Innovationsgrad

Innovationen kann man unter anderem auch nach ihrem Innovationsgrad gliedern. Dieser steht in engem Zusammenhang mit dem Neuheitsgrad einer Innovation. Aus Gründen der Übersichtlichkeit wird eine Klassifikation gemäß diesem Kriterium aber an dieser Stelle vorgenommen. Darüber hinaus fließt hier auch der Veränderungsumfang ein. Bedeutung hat diese Unterscheidung vor allem deshalb, da der Neuheitsgrad einer Innovation den Innovationsprozess und das Innovationsmanagement entscheidend beeinflussen kann (Hausschild, Salomo 2007, S. 16).

In diesem Zusammenhang wird prinzipiell zwischen revolutionären und evolutionären Innovationen unterschieden (vgl. dazu und im folgenden Hauschildt/Salomo 2007, 16 ff, Salomo 2003).

Revolutionäre Innovationen, in der Literatur als auch radikale, Pionier-, Basis- oder diskontinuierliche Innovationen bezeichnet,[5] treten in unregelmäßigen Abständen und meist sehr unstrukturiert auf. Sie stellen die höchste Stufe der Innovation dar und werden meist durch Inventionen eingeleitet. Durch ihren hohen Neuheitsgrad beinhalten sie einerseits ein hohes Potenzial bei einer erfolgreichen Markteinführung, andererseits gehen solche Innovationen häufig mit hohen technischen und wirtschaftlichen Risiken einher (Stummer, Günther, Köck, 2006, S. 19). Als Beispiel dazu soll das Snowboard angeführt werden, das auf dem Sektor Wintersport zur damaligen Zeit eine revolutionäre Innovation darstellte.

Im Gegenzug dazu weisen die **evolutionären Innovationen** einen viel geringeren Innovationsgrad auf und sind deshalb grundsätzlich leichter zu managen. In der Literatur werden sie mitunter auch als Verbesserungsinnovationen, adaptive, inkrementale oder Nachfolgerinnovationen bezeichnet. Sie treten anders als die meisten evolutionären Innovationen eher

---

5   Neben diesen Begriffen bestehen jedoch noch viele weitere, die sich auf den Innovationsgrad beziehen. Eine Übersicht dazu findet sich in Hauschildt, Salomo 2007, S. 16.

kontinuierlich auf und beinhalten in den meisten Fällen nur Verbesserungen von bestehenden Produkten oder Prozessen. Knüpft man an das oben genannte Beispiel der Snowboards an, so kann hier die kontinuierliche Entwicklung des Skis, etwa durch die Schalentechnik, als Beispiel für eine evolutionäre Innovation angeführt werden. Für den Kunden bleibt die Funktion – sich mit zwei Brettern gerade auf Schnee fortzubewegen – gleich.

1.4.3 Auslöser

Eine wichtige Unterscheidung von Innovationen, die auch auf das Innovationsmanagement großen Einfluss hat, ist eine Unterteilung nach dem Auslöser. Als Erstes soll hier auf die sogenannten Pull-Innovationen eingegangen werden. Der Auslöser dazu wird vom Markt, das heißt vom Kunden, gegeben („demand pull"). Aus diesem Grund spricht man hier auch von **nachfrageinduzierten Innovationen**. Die Kunden verlangen durch ihre konkreten Bedürfnisse nach neuen beziehungsweise verbesserten Produkten. Dadurch ist die Erfolgswahrscheinlichkeit bei dieser Art von Innovation häufig höher (Vahs/Burmester 2005, 80). Bezüglich der Merkmale lässt sich feststellen, dass es sich hier in den meisten Fällen um Produkt- bzw. Verbesserungsinnovationen handelt. Prozessinnovationen sind bei diesen Innovationsauslösern eher die Ausnahme.

Bei den **technologieinduzierten Innovationen** („technology push") kommt der Anstoß für Innovationen aus den Unternehmungen heraus, sie liefern die Ideen für Technologien (und damit für neue Produkte), aber auch für neue Prozesse. Anstoß für Innovationen sind dabei der technische Fortschritt und die externen und unternehmensinternen Technologieentwicklungen, unabhängig von möglichen Anwendungen. Innovationen sind hier häufig das Resultat der Grundlagenforschung (Wörndl-Aichrieder 1996, 12). Durch diese Entwicklung der neuen Technologien muss aber zunächst die entsprechende Anwendung und in weiterer Folge der aufnahmebereite Markt dafür gefunden werden, da hier ja erst ein latent vorhandenes Bedürfnis geweckt werden muss. Aufgrund dieser unsicheren Determinanten ist hierbei das Risiko für Fehlschläge bedeutend höher als bei nachfrageinduzierten Innovationen. Trotzdem sind diese Innovationen für Unternehmungen von großer Bedeutung, da durch sie oft Basisinnovationen entstehen, die den Wettbewerbsvorteil der Unternehmung erheblich stärken können (Schröder 2002, 32 ff). Der Zusammenhang dieser auslösenden Faktoren auf die Innovationen wird in Abb. 10 dargestellt.

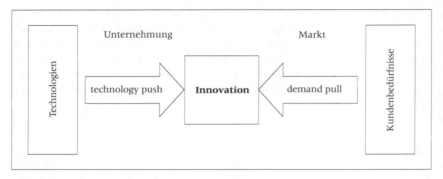

Abb. 10: Wechselspiel zwischen technology push und demand pull

Für Unternehmungen ist es demnach wichtig, eine ausgewogene Zusammensetzung dieser beiden Innovationsarten zu finden. Einerseits, um durch nachfrageinduzierte Innovationen das Risiko von Fehlschlägen zu senken, andererseits, um durch technologieinduzierte und damit Basisinnovationen langfristig die Position der Unternehmung am Markt zu sichern (Specht/Beckmann/Amelingmayer 2002, 32 f). Eine rein einseitige Orientierung an den Kundenwünschen würde zwar eine größere Erfolgswahrscheinlichkeit für die Unternehmung ergeben, auf lange Sicht aber besteht die Gefahr, sich zu sehr auf Einzelheiten zu konzentrieren und langfristige technologische Entwicklungen und Potenziale zu übersehen. Darüber hinaus werden durch das pull-Schema Kundengruppen und Zielmärkte vorausgesetzt, Alternativen bzw. Marktchancen werden häufig nicht in Betracht gezogen. Konzentriert sich die Unternehmung hingegen rein auf push-Innovationen, kann dadurch die Abhängigkeit von bestehenden Technologien reduziert werden. Andererseits kann es aber auch zu einer „Techniklastigkeit" kommen, die dazu führt, dass an den Bedürfnissen der Kunden vorbei entwickelt und dem Markt zu wenig Beachtung geschenkt wird (Schröder 2002, 35).

1.5   Merkmale von Technologien

Vorweg muss auf eines der Hauptmerkmale von Technologien hingewiesen werden, da sie keine freien Güter darstellen, sondern organisational gebundene Ressourcen, für deren Anwendung ein Erschließungs- und Anpassungsaufwand besteht (Gerybadze 1995, 834). Dadurch haben sie den großen Vorteil, dass sie durch eine Nutzung nicht an Wert verlieren, sondern diesen sogar durch etwaige Lerneffekte noch steigern können.

Darüber hinaus können, ähnlich wie bei den Innovationen, auch bei Technologien spezifische Merkmale identifiziert werden. Dazu liefert die bestehende Literatur aber nur wenige Hinweise. Vielfach werden Technologien mit Innovationen zusammen betrachtet und die Merkmale, wie sie in Kap. 1.3 aufgelistet wurden, angeführt. Dabei muss aber auf neue Technologien eingeschränkt werden, bei denen sowohl Neuheit, Unsicherheit und Risiko, Komplexität als auch der Konfliktgehalt bestimmend sind und berücksichtigt werden müssen. Die Faktoren Neuheitsgehalt und Unsicherheit aber würden bei bereits angewandten Technologien, deren Anwendung ebenfalls zum Technologiemanagement gehört, keine Rolle spielen.

Neben den bereits angeführten Merkmalen beinhalten Technologien darüber hinaus noch weitere Besonderheiten, die ebenfalls beachtet werden müssen, da sie das Management von Technologien im weiteren beeinflussen.

1.5.1 Dynamik

Technologien stellen keine statischen Zustände dar, sie unterliegen dynamischen und zugleich hoch komplexen Veränderungen (Specht/Beckmann/Amelingmayer 2002, 63). Diese Veränderungen im Einsatz und in der Leistungsfähigkeit verlaufen zumeist nicht linear, sondern in Sprüngen und diskontinuierlich. Das Managen von solchen Technologiesprüngen stellt eine der wichtigsten Aufgaben des Technologiemanagements dar. Dabei muss die Entscheidung gefällt werden, wann eine alte Technologie durch eine neue ersetzt wird und wann der Aufwand, der damit verbunden ist, auch wirtschaftlich gerechtfertigt ist. Zu den bereits bei den Innovationen genannten Unsicherheiten und Risiken kommen hier vielfach die Probleme anfänglich geringerer Leistungsniveaus hinzu. Zum besseren Verständnis ist solch ein Technologiesprung in Abb. 11 dargestellt. Zum Zeitpunkt X wäre die Leistung der Technologie I dominierend gegenüber der Technologie II (Leistungsniveau L0 gegenüber L1). Mit einem bestimmten Aufwand A1 kann bei der bestehenden Technologie I der Zustand L2 erreicht werden, der bei der substituierenden Technologie nur mit einem Mehraufwand von A2 möglich ist. Dabei muss abgewogen werden, ob dieser zusätzliche Aufwand durch die mögliche zukünftige Leistungssteigerung auf L3 gerechtfertigt werden kann. Dies ist eine der wesentlichen Aufgaben des Technologiemanagements (Tschirky 1998b, 237 ff; zu den S-Kurven im Allgemeinen siehe Kap. 2).

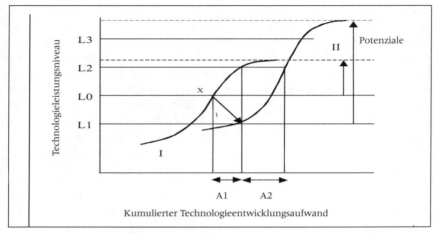

Abb. 11: Das Managen von Diskontinuitäten; in Anlehnung an Foster 1986, 102

1.5.2   Potenzial und Reifegrad

Eine Technologie ist bezüglich Verbesserungen nicht unbegrenzt nach oben hin offen, sondern kann Leistungsgrenzen erreichen. Danach gibt es keine wesentlichen Verbesserungsmöglichkeiten mehr (vgl. Specht/Beckmann/ Amelingmayer 2002, 63). Als ein Beispiel soll wiederum der Wintersport, insbesondere der Alpinbereich, herangezogen werden. Auch noch so große und ausgereifte Konstruktionen der herkömmlichen Schalenbauweise der Alpinschi konnten kaum mehr Verbesserungen hervorbringen. Erst durch die Entwicklung des taillierten Schis in Zusammenhang mit der Carvingtechnik konnten Verbesserungen entstehen. Man musste deshalb erkennen, dass weitere Investitionen in die alte Bauweise der Schier zu keinen wesentlichen Fortschritten und Vorteilen gegenüber den neuen taillierten Schiern führen würde, die Technologie war ausgereift und hatte ihre Leistungsgrenze erreicht.

Inwiefern eine Technologie nun ausgereift ist, erkennt man am Abstand zwischen der Leistungsgrenze und der aktuellen Leistungsfähigkeit, welche als Potenzial einer Technologie bezeichnet wird (Specht/Beckmann/Amelingmayer 2002, 70). Dies wird in Abb. 11 dargestellt. Die Tatsache, dass eine Technologie nur eingeschränkte Verbesserungsmöglichkeiten aufweist, wird auch als begrenztes Leistungssteigerungspotenzial angesehen. Ökonomisch ausgedrückt kann man deshalb sagen, dass ab einem gewissen Reifegrad der Technologie der Grenznutzen von weiteren Investitionen in Verbesserungen der Technologien abnimmt, die Technologien stoßen an ihre Grenzen (Rikli/Hirschbiegel 1998, 739). Dies ist der Grund für Substitutionen von Technologien, die zu den bereits oben genannten Diskontinuitäten und Technologiesprüngen führen. Probleme ergeben sich hierbei nur, da die Leistungsgrenze von Technologien ex ante nie exakt vorhersehbar und vielfach nicht starr ist. Vor allem in der Anfangsphase von neuen Technologien wird das Potenzial neuer Technologien häufig unterschätzt. Am Ende geschieht oft das Gegenteil, eine Überschätzung. Dies zusammen mit Unsicherheit, Widerständen gegenüber Neuem und Risiko sind Gründe, warum Wechsel zu neuen Technologie sehr oft zu spät vollzogen werden und sich dadurch Nachteile gegenüber den Konkurrenten ergeben können.

1.5.3 Substituierbarkeit

In engem Zusammenhang mit dem Potenzial und dem Reifegrad von Technologien steht die Substituierbarkeit. Hierbei wird unter technologischer Substitution allgemein die „Ablösung einer im Unternehmen eingesetzten Technologie durch eine andersartige Technologie verstanden" (Hirschbiegel 1998, 503), um die Unternehmung dadurch wettbewerbseffektiver zu gestalten. Betrachtet man nur die reine Substitution bezogen auf ganze Branchen, findet diese dergestalt statt, dass die Verdrängung einer alten durch eine neue Technologie s-förmig verläuft (siehe Kap. 2.5.2). Zuerst besteht nur die alte Technologie, diese wird aber langsam und stetig von einer neuen abgelöst. Wichtig dabei ist, dass häufig keine vollständige Substitution erreicht werden kann. Wie solch eine Substitution aussehen kann, wird in Abb. 12 dargestellt (Specht/Beckmann/Amelingmayer 2002, 88). Als praktisches Beispiel soll erneut auf den alpinen Schisport zurückgegriffen werden, hierbei im Speziellen auf den Telemark-Schi. Im Rennsport wurde er bereits ab den 20er-Jahren durch die heutzutage bekannte Schitechnik ersetzt, da er hinsichtlich Schnelligkeit nicht mehr mithalten konnte. Trotzdem kam es nie zu einer vollständigen Substitution dieses Schis. Im Rennsportsektor war er zwar bereits nach kurzer Zeit undenkbar, trotzdem gibt es im Freizeitsektor noch immer ein Potenzial für diese Art des Schifahrens. Die Technologie des Telemarks wurde damit vom Breitensport verdrängt, eine vollständige Substitution wurde aber nie erreicht, wie man an den zahlreichen Vereinen, die sich speziell dem Telemarkschifahren widmen, sehen kann.

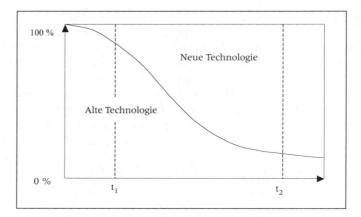

Abb. 12: Verlauf einer Substitutionskurve; in Anlehnung an Specht/Beckmann/ Amelingmayer 2002, 88

In der grafischen Darstellung erkennt man, dass es idealtypischerweise in der Anfangsphase einer neuen Technologie erst zu zögerlichen Substitutionen kommt, die immer stärker werden. Dies wird im Zeitpunkt t_1 dargestellt. Dass es zu keiner vollständigen Substitution kommt, wird durch den Zeitpunkt t_2 gezeigt.

1.5.4   Vernetzung und Hierarchie

Technologien können nie isoliert betrachtet, sondern müssen immer im Kontext mit anderen gesehen werden. In Anwendung stehen sie immer in enger Wechselbeziehung und werden nur zusammen mit anderen Technologien eingesetzt. Es entstehen dabei so genannte Technologiebündel, auch als Systemtechnologien bezeichnet (Zahn 1995, 7). Dies hat zur Folge, dass mit der Entwicklung von neuen Technologien andere, herkömmliche Technologien, ebenfalls beeinflusst werden.

So kann durch den Einsatz von neuen Technologien entweder die alten verdrängt aber auch die Entstehung von neuen induziert werden. In diesem Fall kann man von Komplementärtechnologien sprechen, die wiederum auf die starke Vernetzung zurückzuführen sind.

Im Zusammenhang mit diesen Komplementärtechnologien wird auch die Hierarchie von Technologien angesprochen. Sog. „major technologies" dominieren die jeweils anderen, das heißt bei einer Änderung dieser Technologien müssen die jeweiligen „minor technologies" ebenso angepasst werden (Specht/Beckmann/Amelingmayer 2002, 66 f). Als ein Beispiel soll hier wieder der Schi angeführt werden. Durch die Erfindung der sog. Carving-Technologie kam es in Folge auch zum Einsatz einer neuen Sicherheitsbindungstechnologie mit den sog. Bindungsplatten. Erst dadurch kann die neue Technologie der Carving-Schier richtig angewendet werden. Daran erkennt man gut die Vernetzung von Technologien. Die Sicherheitsbindung allein hätte keine wesentliche Erneuerung erfahren, erst durch die Anwendung der neuen Carving-Technik wurde der Einsatz von neuen Bindungstechnologien erforderlich. Umgekehrt gilt dieser Schluss aber nicht. Es handelt sich hierbei also um eine „minor technology", die im Zuge der Einführung der neuen Carvingtechnologie mitentwickelt wurde, also eine sog. Komplementärtechnologie.

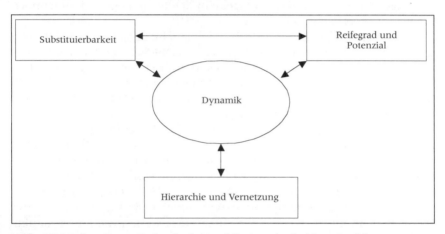

Abb. 13: Merkmale von Technologien und ihre wechselseitigen Beziehungen

Die gegenseitige Beeinflussung dieser Merkmale wird in Abb. 13 dargestellt. Dabei wurde die Dynamik von Technologien in den Mittelpunkt gestellt, um die Wichtigkeit der stetigen Veränderungen zu demonstrieren. Auf diese Dynamik und die Veränderungen von Technologien haben sowohl der Reifegrad und das Potenzial als auch die Hierarchie und Vernetzung der Technologien einen gewissen positiven Einfluss. Dies wurde bereits in den vorangegangenen Abschnitten erwähnt. Darüber hinaus soll damit auch der gegenseitige Einfluss der Substituierbarkeit und des Reifegrads und Potenzials herausgehoben werden.

1.6 Klassifikation von Technologien

Ähnlich wie bei den Innovationen lassen sich auch Technologien in unterschiedliche Klassen einteilen, was wiederum für das strategische Management dieser in der Unternehmung Relevanz besitzt (vgl. zur Klassifikation von Technologien insb. Zahn 1995). Durch solch eine Einteilung von Technologien lassen sich wertvolle Rückschlüsse auf deren Bedeutung sowie auf zukünftige Entwicklungen schließen, Investitionsentscheidungen treffen und mögliche Unsicherheiten in Zusammenhang mit Technologien reduzieren (Rikli/Hirschbiegel 1998, 737 ff; Gerpott 2005, 26f, Spath/Renz 2005, 235). Beachtet muss dabei allerdings werden, dass eine eindeutige Klassifikation von Technologien ex ante nur sehr schwer möglich ist, Empfehlungen in Bezug auf das Management der Technologien sind dennoch möglich (Gerpott 2005, 25).

Oft ist eine Klassifikation jedoch branchenabhängig und muss deshalb spezifisch betrachtet werden. So kann eine Technologie in der einen Branche bereits eine Basistechnologie darstellen, während in anderen Branchen erst die Anwendungspotenziale entdeckt werden müssen und sie deshalb dort noch eine Schrittmachertechnologie ist (Wolfrum 1991, 5 f; zu diesen einzelnen Technologiearten siehe Kap. 1.6.2).

Eine Unterteilung von Technologien erfolgt wie bei Innovationen nach dem Gegenstandsbereich, nach dem Verbreitungs- sowie Neuheitsgrad sowie nach Funktionen. Auf eine Klassifikation nach Auslösern wird verzichtet, da diese bei Technologien im engeren Sinn dem Unternehmen zugeordnet werden können. Der Markt bzw. die Kunden als Anstoß für den Einsatz von zumindest neuen Technologien sind in dieser Art und Weise eher unüblich. Weitere Klassifikationskriterien wie eine Produktbezogenheit oder der Branchenbezug, die in der Literatur unter anderem von Gerpott bzw. Schröder angeführt sind, werden hier nicht näher untersucht (Gerpott 2005, 24 ff; Schröder 1999, 994; Frauenfelder 2000, 5 ff).

1.6.1 Gegenstandsbereich

Nachdem nur auf Realtechniken näher eingegangen wird, können Individual-, Sozial- und Intellektualtechnologien und -techniken zunächst einmal abgegrenzt werden (Schröder 1999, 995).

Spricht man von **Produkttechnologien**, dann sind damit jene Technologien gemeint, die in das Produkt eingehen, damit seine Funktionsfähigkeit gegeben ist (Gerpott 1999, 26).

Prozesstechnologien hingegen werden auch zur Leistungserstellung, also etwa zur Herstellung eines Produkts, verwendet. Sie werden zur Erzeugung eines Produktes benötigt (Tschirky 1998, 228; Gerpott 1999, 26). Bei dieser Unterteilung in Produkt- bzw. Prozesstechnologien muss man immer die Betrachtungsweise mit einbeziehen. So kann für den Hersteller eines Produktes die Produkttechnologie im Vordergrund stehen, für den Anwender aber ist die reine Prozesstechnologie von Bedeutung. Als Beispiel soll hier ein Feuerlöscher genannt werden. Die Detektion des Feuers und die Produkttechnologie, die dazu nötig ist, stehen für den Produzenten im Vordergrund, für den Benutzer hingegen spielt rein die Feuerschutztechnologie, also die Detektion des Feuers als ein Teilprozess des Feuerlöschens, eine Rolle (vgl. Tschirky 1998, 232).

Als Letztes werden in diesem Zusammenhang noch **Informationstechnologien** erwähnt. Sie werden für die Generierung und den Austausch von Information benötigt, repräsentieren aber nicht wie die beiden Erstgenannten technische Prinzipien bzw. stecken direkt oder indirekt in den Produkten. Dennoch können sie mit den Produkt- und Prozesstechnologien kombiniert werden und dadurch sowohl die Leistungsfähigkeit und das Potenzial als auch die Effizienz von bestehenden Technologien erhöhen. Darüber hinaus können sie durch Anstöße zu strukturalen und organisatorischen Innovationen den gesamten Wertschöpfungsprozess in Unternehmungen positiv beeinflussen (Zahn 1986, 31).

1.6.2   Verbreitungs- und Neuheitsgrad

Eine Einteilung nach dem Verbreitungs- und Neuheitsgrad (Sommerlatte/Deschamps 1985, 50 ff; Wolfrum 1991, 5 f; Heyde et al. 1991, 12) kann ähnlich wie für Innovationen auch für Technologien getroffen werden, wobei hier auch wettbewerbspolitische Faktoren, der Verbreitungsgrad und andere ökonomische Kriterien von Bedeutung sind (Schröder 1999, 996).

Basistechnologien stellen im Allgemeinen den Standard einer Branche dar. Sie sind zwar für den Fortbestand des Unternehmens am Markt von Bedeutung und müssen aus diesem Grund auch beherrscht werden, bieten auf der anderen Seite aber keinen wesentlichen Wettbewerbsvorteil. Dabei ist keine strategisch relevante Differenzierung gegenüber den Konkurrenten möglich. Investitionen in diese Technologien, die ihre Wachstumsphase bereits überschritten haben, werden aufgrund des Gesetzes des abnehmenden Grenzertrages nur mehr in geringem Ausmaß getätigt (Tschirky 1998, 234; Frauenfelder 2000, 4).

Schlüsseltechnologien stellen erhebliche Potenziale für Wettbewerbsvorteile dar. Durch ihre unterschiedlich gute Beherrschung kommt es zu Differenzierungen gegenüber den Konkurrenten, die es ermöglichen, Wettbewerbsvorteile aufzubauen. Sie sind nicht allgemein verbreitet, sondern eher auf einen kleineren Anwenderkreis beschränkt, für den Aufbau einer Spitzenposition somit unentbehrlich (Schröder 1999, 996). Die Aufwendungen für die Weiterentwicklung dieser Technologien sind im Gegensatz zu den Basistechnologien relativ hoch, da durch eine weitere technologische Differenzierung auch die Möglichkeit von weiteren Anwendungen besteht.

Schrittmachertechnologien als letzte Technologieklasse in dieser Aufzählung sind die potenziellen Schlüsseltechnologien von morgen, wenn sie konkret das Stadium der Produkt- und Prozessinnovationen erreicht haben (Tschirky 1998, 234). Sie befinden sich noch im Stadium der Entwicklung und sind deshalb für eine breite Anwendung noch nicht ausgereift genug. Dabei umfassen sie ein spezielles, aber noch nicht allgemein verfügbares Know-how. Bezüglich ihrer Potenziale zum Ausbau von Wettbewerbsvorteilen, aber auch hinsichtlich der technischen Realisierbarkeit und Leistungsfähigkeit, herrschen im Allgemeinen noch Unsicherheit.

Schröder (1999) und andere Autoren gehen aber noch einen Schritt weiter und bezeichnen als letzte Technologieklasse dieser Art die **Zukunftstechnologien**[6]. Diese sind von extremer Unsicherheit gekennzeichnet, da sie sich noch im frühen Entwicklungs- bzw. Forschungsstadium befinden. Sie haben aber das Potenzial, die Schrittmachertechnologien von morgen zu werden. Durch eine erfolgreiche Verfolgung dieser Zukunftstechnologien können für die Unternehmung aber zukünftig große Wettbewerbsvorteile entstehen (Frauenfelder 2000, 3 f).

Vielfach wird in der Literatur noch der Begriff der verdrängten Technologien erwähnt, die weder, ähnlich wie die Zukunftstechnologien, einen großen wettbewerbspolitischen Einfluss noch eine hohe Integration in Produkte und Prozesse aufweisen. Sie werden in der Regel durch andere Technologien substituiert.

Den Zusammenhang dieser vier Technologieklassen in bezug auf eine Integration in Produkte und Prozesse sowie die Entstehung von Wettbewerbsvorteilen wird in Abb. 14 dargestellt. Diese ist im Wesentlichen an den Lebenszyklus von Technologien angelehnt. In der Regel entstehen zuerst Visionen über mögliche Zusammenhänge, die in Zukunftstechnologien münden. Daraus können, wie oben bereits beschrieben, Schrittmacher-

---

6 Diese Zukunftstechnologien werden in der Literatur mitunter auch als neue Technologien bezeichnet (vgl. dazu etwa Servatius 1986, 116).

technologien entstehen. Durch eine erfolgreiche Umsetzung im Unternehmen werden in Folge Schlüsseltechnologien abgeleitet. Dies geschieht regelmäßig in den Phasen des Wachstums und der Reife einer Technologie. Erst wenn diese Technologien allgemein gültiger Standard sind und für die Unternehmung keinen Vorsprung mehr bedeuten, spricht man von Basistechnologien.

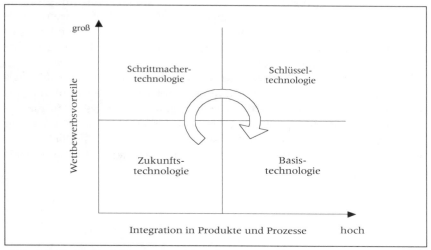

Abb. 14: Technologieklassen gemäß Verbreitungsgrad und Lebenszyklus; in Anlehnung an Servatius 1985, 117

1.6.3 Bedeutung für das Unternehmen

Um Technologien praktisch managen zu können, hat es sich bewährt, diese gemäß ihrer Bedeutung einzuteilen. Damit kann man die wertmäßige Bedeutung der Technologien für die Kunden sowie den strategischen Einfluss dieser auf die Unternehmung selbst identifizieren (Frauenfelder 2000, 5).

Im Mittelpunkt stehen dabei die sog. **Kerntechnologien**. Diese sind am Aufbau von Wettbewerbsvorteilen für die Unternehmung wesentlich beteiligt und entstehen aus einer Kombination von Kernkompetenzen. Am Ende sollen durch diese Kerntechnologien sog. Kernprodukte entstehen, die für den Erfolg einer Unternehmung maßgeblich sind (Sheridan 1998, 583; Mathieu/Brodbeck 1998, 669 ff). Durch sie werden Hauptfunktionen von Marktleistungen und Produktionsprozessen verwirklicht und dadurch hohe Wertschöpfungsbeiträge erzielt.

Komplementärtechnologien als zweite Form sind hauptsächlich an der Realisierung von Nebenfunktionen beteiligt. Bedeutung besitzen sie für die Unternehmung vor allem deshalb, weil sie zur Verbesserung der Anwendung der Kerntechnologien beitragen. Somit besitzen sie einen mittleren Wertschöpfungsbeitrag.

Den geringsten Beitrag zu dieser Wertschöpfung beziehungsweise für den Aufbau von Erfolgspotenzialen liefern die **Zusatztechnologien**, da sie keinen oder nur einen geringfügigen Anteil an der Differenzierung im Wettbewerb haben. Sie dienen der Unterstützung der Kern- und Komplementärtechnologien und sind häufig nicht firmeninternen Ursprungs, sondern werden von außen zugekauft.

Von dieser Systematik ist eine Klassifikation gemäß Interdependenzen abzugrenzen, wie sie etwa von Gerpott genannt wird. Dabei werden Komplementärtechnologien vor allem als ergänzende Technologien für die Lösung desselben Kundenproblems beschrieben. Im Gegensatz dazu werden solcherlei Probleme bei Substitutionstechnologien unterschiedlich gelöst, wobei sich diese in der Regel untereinander ausschließen (Gerpott 2005, 27).

2 Modelle des Innovations- und Technologiemanagements

2.1 Einleitung

Modelle stellen vereinfachende Abbildungen der Realität dar. Sie werden zunächst herangezogen, um beobachtete Sachverhalte darzustellen. Die gewonnenen Beobachtungsaussagen bilden die Basis für die Entwicklung von Erklärungsmodellen, die beobachtete Sachverhalte in einen Ursache-Wirkungs-Zusammenhang setzen.

In diesem Abschnitt soll eine Auswahl an Prozess-, Innovations-, und Adoptionsmodellen vorgestellt werden, welche für das Technologie- und Innovationsmanagement von zentraler Bedeutung sind.

2.2 Technologie- und Innovationsmanagement

„**Management**" kann als Institution (i. S. der Gesamtheit von Personen, die in einer Organisation mit Anweisungsbefugnis betraut sind) und als Aufgabenkomplex zur Steuerung von Systemen (Funktionalansatz) verstanden werden (Steinmann/Schreyögg 1997, 5ff.). Die weiteren Abschnitte behandeln das Technologie- und Innovationsmanagement vor allem aus funktionaler Perspektive; wenn auch vereinzelt (z. B. im Zusammenhang mit dem Machtpromotor, siehe Kap. 3.3.2.2) institutionelle Aspekte einfließen. Die Teilfunktionen (-aufgaben) werden von vielen Autoren (Hopfenbeck 1992, 464ff.) in einem sich ständig wiederholenden Managementzyklus logisch – als kybernetischer Regelkreis – verknüpft (Wild 1982, 33ff.). Der den weiteren Ausführungen zugrunde gelegte Managementzyklus und seine Teilfunktionen sind in Abb. 1 dargestellt. Management umfasst daneben aber auch die Gestaltung der Organisation, in der sich die Funktionen des Innovationsmanagements vollziehen.

In größeren Unternehmungen weisen Managementsysteme einen mehrstufigen Aufbau auf. Die Managementregelkreise sind hierbei über die hierarchischen Ebenen hinweg im Sinne einer vertikalen Differenzierung der Managementaufgaben miteinander verbunden.

Strategien beinhalten „... Handlungsalternativen zur Erreichung der in der Unternehmenspolitik festgelegten obersten Unternehmensziele, welche die Gesamtunternehmung wesentlich beeinflussen ..." (Ulrich/Fluri 1992, 168). Technologie- und Innovationsstrategien bilden ein mit anderen Funktionalstrategien abzustimmendes Partialsystem des unternehmerischen Strategiesystems. Auf Basis einer Analyse des Status und der Ent-

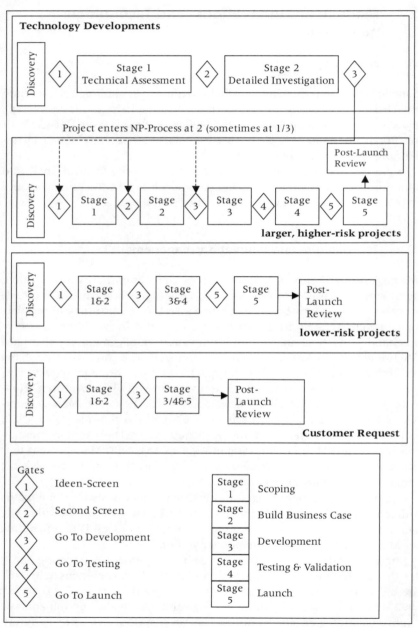

Abb. 1: Der Innovationsmanagementzyklus

wicklung der Unternehmensressourcen und des Unternehmensumfeldes werden Technologie- und Innovationsstrategien festgelegt. Inhaltlich umfassen diese Antworten auf die Fragen: „Which Way to go?" (Welche Innovationen sollen wann realisiert werden? Welche Technologien sollen forciert werden? Etc.), „Make or Buy" und „Keep or Sell" (Welche Technologien/Innovationen will die Unternehmung exklusiv nutzen, welche sollen anderen Unternehmungen zur Verfügung gestellt werden?).

Einflüsse auf die Festlegung dieser Strategiedimensionen ergeben sich aus

- dem näheren Unternehmensumfeld (Hier bestimmt vor allem die unternehmerische Wettbewerbsstrategie, abgeleitet aus erwarteten Kundenbedürfnissen und dem angestrebten Verhalten gegenüber Kunden und Lieferanten, die Wahl der Strategiedimensionen.),
- dem generellen Unternehmensumfeld und
- dem unternehmensinternen Ressourcenpotenzialen.

Aus den Festlegungen der Strategiedimensionen leitet sich das F&E-Programm der Unternehmung ab. Dieses umfasst die Gesamtheit der (geplanten) F&E-Projekte der Unternehmung. Zu definieren sind hierbei, neben Leistungsparametern des Projektergebnisses, die Realisationszeiträume und das Projektbudget (bzw. generell die Ressourcen – dominierend sind hier Humanressourcen – zur Projektrealisation).

Zentrale operative Aufgabe im Managementzyklus ist die Überprüfung der Projekte bzw. Programme auf Basis von Planungsvorgaben. Aus dieser Überprüfung resultieren regelmäßig Anpassungsbedarfe. In analoger Weise sind auch auf strategischer Ebene die Strategiedimensionen hinsichtlich Realisierung und Sinnhaftigkeit zu überprüfen und anzupassen.

Eingebettet sind die Aktivitäten des Innovationsmanagements in eine Unternehmenskultur, die einen wesentlichen Kontextfaktor für erfolgreiche (erfolglose) Innovationsbemühungen darstellt. So bilden Innovationen fördernde Strukturen in Aufbau- und Ablauforganisation, adäquate Anreizsysteme und Kommunikationsstrukturen die Basis eines erfolgreichen Innovationsmanagements (siehe Kap. 3.3).

Schließlich bildet eine Vielzahl von Verfahren und Methoden ein Unterstützungsinstrumentarium zur systematischen Umsetzung der in den Funktionen des Innovationsmanagements definierten Aufgabenstellungen.

2.3 Innovation als Prozess – Prozessmodelle

Die Gesamtheit der Aktivitäten, ausgehend von der F&E über die Markteinführung und -durchsetzung bis zur Imitation einer Neuerung, kann unter dem Sammelbegriff „**Innovationsprozess**" zusammengefasst werden. In Literatur und Praxis wird der Umfang (Inhalt, Ausdehnung) des Innovationsprozesses höchst uneinheitlich gesehen. Es herrscht auch keine Einigkeit darüber, wie die einzelnen Phasen des Innovationsprozesses zweckmäßigerweise inhaltlich untereinander abgegrenzt werden sollen. Eine exakte Abgrenzung scheitert grundsätzlich am Umstand, dass der Innovationsprozess arbeitsteilig, tief gegliedert und in einer Vielzahl von miteinander vernetzten Teilprozessen erfolgt. Es ergeben sich Überlagerungen in den Aufgabeninhalten von Teilprozessen, welche eine exakte Trennung nicht zulassen. Eine Strukturierung des Innovationsprozesses in einzelne Phasen ist aber aus wissenschaftlicher wie auch aus Praxissicht unabdingbar. Grund hierfür ist, dass verschiedenartige Prozesse unterschiedlicher Gestaltung durch das Management bedürfen. Diese Problematik führt dazu, dass Modelle mit einer höchst unterschiedlichen Anzahl an abgegrenzten Phasen und deren Bezeichnung entstanden sind (Thom 1980; Hauschildt/Salomo 2007, 485ff.).

Meistens wird in Unternehmen ein **phasenorientierter Innovationsvorgang** nicht bewusst wahrgenommen. Einzelne Aufgaben werden daher oft keinen spezifischen Innovationsphasen zugeordnet (Pölzl 2002). Aufgrund verschiedenartiger Anforderungen unterschiedlicher Unternehmen ergibt sich die Notwendigkeit, eine Vielfalt an verwendeten Phasenschemata zu entwickeln. Es erscheint daher sinnvoll, nur ein grobes Grundmodell des Innovationsprozesses zu definieren, welches je nach Bedarf von Unternehmen detailliert und modifiziert werden muss (Vahs/Burmester, 82; Thom 1980, 45 f.).

Von Hippel bringt einen wesentlichen Aspekt in die Diskussion über Phasenkonzepte ein. Er weist nach, dass Innovationsaktivitäten zumeist nicht innerhalb einer Organisation abgewickelt werden, sondern mehrere Unternehmen mit wechselnden Anteilen in den verschiedenen Phasen beteiligt sind. Aus der unternehmensübergreifenden, aufgabenteiligen Durchführung von Innovationsprozessen ergeben sich Koordinationsbedarfe, die in der Prozesskonzeption Niederschlag finden müssen (von Hippel 1980).

Weitgehende Übereinstimmung herrscht in Literatur und Praxis darüber, was die **Hauptphasen eines Innovationsprozesses** sind. Diese Hauptphasen wurden von Thom (1980) als
• Ideengenerierung (Ideenproduktion),
• Ideenakzeptierung (Ideenannahme, -entscheidung) und
• Ideenrealisierung (Ideenimplementierung)
bezeichnet.

Thom untergliedert diese drei Hauptphasen weiter, sodass sich das in Abb. 2 dargestellte Gesamtmodell ergibt. Der Ablauf darf hierbei jedoch nicht als linear abzuarbeitende Sequenz verstanden werden. Rücksprünge zu bereits abgearbeiteten Phasen sind regelmäßig durchzuführen. Der Innovationsprozess kann damit auch als iterativer Lernprozess betrachtet werden.

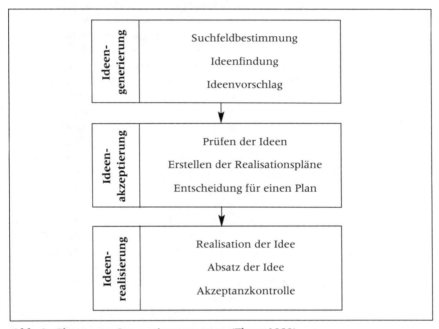

Abb. 2: Phasen von Innovationsprozessen (Thom 1980)

Von hoher Bedeutung für die Anwendung in der Praxis sind „stage-gate-process"-Modelle. Kennzeichnend für diese Modelle ist, dass Folgeprozessschritte erst nach Erfüllung von definierten (Gate-)Kriterien (siehe auch Kap. 5.4.3) begonnen werden dürfen. Die inhaltliche Abgrenzung der Phasen untereinander weist die gleichen Probleme auf wie andere Vorgehensmodelle.

Cooper/Edgett/Kleinschmidt stellen ein solches Phasenmodell vor (Cooper/Edgett/Kleinschmidt 2002a, 2002b). Das Modell umfasst zunächst fünf Phasen der Produktinnovation (siehe Abb. 1). Cooper/Edgett/Kleinschmidt schlagen vor, in Abhängigkeit von Projektrisiko und -umfang, das Modell selektiv anzupassen. So soll der gesamte Prozess nur bei größeren, hoch riskanten Projekten durchlaufen werden. Für Kundenauftragsprozesse, die kaum Risiken aufweisen und mit geringem Ressourceneinsatz und in kurzer Zeit umzusetzen sind, soll das Projekt auf zwei Prozesse und Gates reduziert werden. Für Produktentwicklungsprojekte mittleren Risikos wird ein dreistufiger Ablauf vorgeschlagen.

Zielsetzung, die mit dieser selektiven Ausgestaltung von Projekten verfolgt wird, ist die umfangs- und risikoadäquate Ausgestaltung des Projekt-Formalisierungsgrades. Auch kleine Kundenaufträge werden damit einer Aufwands-Nutzen-Untersuchung unterzogen und nicht als im Ressourcenaufwand zu „vernachlässigende" Projekte gehandhabt. (In Summe binden alle diese „vernachlässigbaren" Kleinstprojekte in Unternehmungen erhebliche Ressourcenkapazitäten.) Die erforderliche Flexibilität der Auftragsabwicklung bleibt durch die geringe Anzahl an Phasen bzw. Gates erhalten.

Umfang- und risikoreiche Projekte werden hingegen stärker in Phasen (bzw. Teilziele) untergliedert, um so sicherzustellen, dass ein Verfehlen von Zielen in einzelnen Phasen zeitgerecht erkannt und ihren Wirkungen adäquat bewertet werden. Das Phasenkonzept kann in diesem Zusammenhang als Teil eines Risk-Management-Systems verstanden werden.

Cooper/Edgett/Kleinschmidt koppeln mit dem Phasenkonzept und seiner projektspezifischen Anpassung auch die Organisation des Entscheidungssystems. So verknüpfen sie mit dem fünfstufigen Phasenkonzept eine im Top-Management angesiedelte Entscheidungsfindung, während bei Projekten mit verkürzten Phasenkonzepten diese auf Middle-Managementebene erfolgt.

Mit der Möglichkeit, das Phasenkonzept an projektspezifische Anforderungen anzupassen, wird von Cooper/Edgett/Kleinschmidt auch die gegenseitige Abstimmung von Projekten verbunden. So ist jedes Gate als zweistufiger Entscheidungsprozess zu verstehen. Im ersten Schritt wird im Sinne eines Meilensteines (siehe Kap. 5.4.3) überprüft, ob die erzielten Phasenergebnisse aus technischer und ökonomischer Perspektive eine Fortführung des Projektes rechtfertigen oder ob das Projekt abgebrochen werden sollte. Der Projektabbruch kann aus in der vorangegangenen Projektphase nicht adäquat realisierten Projektvorgaben aber auch aus veränderten Umfeldentwicklungen resultieren.

Die zweite Teilentscheidung ist im Sinne einer Projektprogrammplanung (unter Zugrundelegung eines Projektportfolios) zu betrachten (siehe Kap. 4.3.3). Projekte, die nach Überprüfung im ersten Schritt weitergeführt werden sollen, beanspruchen zukünftig Unternehmensressourcen. In einem zweiten Entscheidungsprozess sind diese Projekte untereinander in eine Prioritätsreihenfolge zu bringen und entsprechende Ressourcen zuzuteilen. Übersteigt der Bedarf die verfügbaren Ressourcen, sollen Projekte mit niedriger Priorität (temporär) stillgelegt werden.

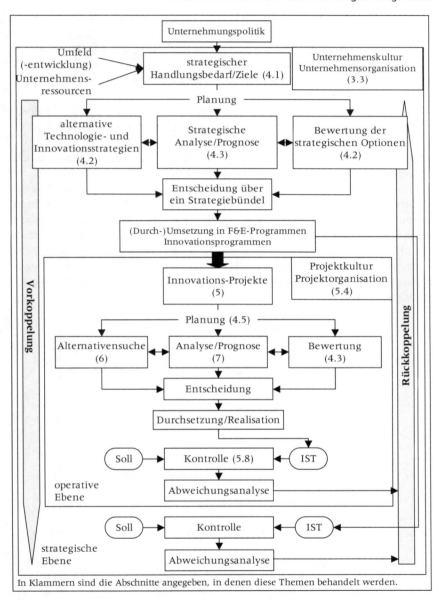

In Klammern sind die Abschnitte angegeben, in denen diese Themen behandelt werden.

Abb. 3: Produkt-Prozess-Zyklus (Cooper/Edgett/Kleinschmidt 2002b, 45)

Eine wesentliche Weiterentwicklung gegenüber Phasenmodellen in der Struktur von Thom ist die explizite Berücksichtigung von Aktivitäten, die zeitlich vor dem Produktinnovationsprozess liegen. Zu unterscheiden ist hier zwischen Aktivitäten

- zum systematischen Sammeln und Verwalten von Ideen, die Produktinnovationen auslösen können und
- der strategisch orientierten Entwicklung von Technologien auf deren Basis eine Vielzahl von Produkten entwickelt werden können.

Ideen, die Produktinnovationsprozesse auslösen, können von Kunden, Lieferanten, Mitarbeitern der Unternehmung etc. kommen. Cooper/Edgett/ Kleinschmidt kanalisieren Sammeln und Verwalten von Projektideen aus unterschiedlichsten Ideenquellen in einer dem Projektinnovationsprozess vorgelagerten (Discovery-)Phase. In dieser werden Ideen zentral gesammelt und für eine Entscheidungsfindung aufbereitet. Ideen, die Vorgaben des „initial Screen"-Gates erfüllen, gehen in den Produktinnovationszyklus über. Ausgeschiedene Projektideen werden systematisch erfasst, regelmäßig gesichtet und als Ideenpool unternehmensintern zur Verfügung gestellt (siehe Abb. 4).

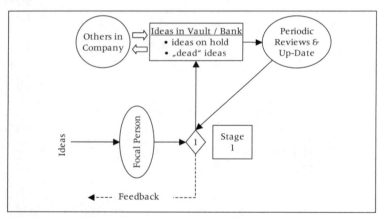

Abb. 4: Ideensammlung und -handling (Cooper/Edgett/Kleinschmidt 2002a, 45)

Mit dem Phasenmodell gekoppelt ist auch hier ein aufbauorganisatorischer Rahmen, in dem sich die Prozesse vollziehen. So wird eine zentrale Sammelstelle (zumeist der Manager von Produktentwicklungen) installiert, das Screening der Ideen wird von einer Gruppe des Middle-Managements durchgeführt und schließlich wird eine Gruppe nominiert, die die Idee in den Produktinnovationsprozess überführt.

Cooper/Edgett/Kleinschmidt weisen weiters auf die strategische Bedeutung technologischer (Grundlagen-)Forschung in Unternehmungen hin. Produkt- bzw. prozesstechnologische Führungspositionen führen in hohem Maße zu relativen Wettbewerbsvorteilen. Es erscheint daher nur logisch, solche Positionen systematisch anzustreben und auszubauen. Cooper/Edgett/Kleinschmidt integrieren auch den Prozess der Technologieentwicklung in ihr Modell (siehe Abb. 2). Der Prozess umfasst zunächst die Suche nach für die Unternehmung relevanten alternativen Technologien sowie die Planung, Durchführung und technische wie ökonomische Auswertung von Experimenten. Im zweiten Schritt werden konkrete Schritte zur Integration der technologischen Entwicklung in Produkte und Prozesse der Unternehmung durchgeführt.

Auch die Gate-Kriterien unterscheiden sich tendenziell von denen des Produktinnovationsprozesses. Sie sind grundsätzlich auf die langfristigen Einsatzmöglichkeiten der entwickelten Technologien gerichtet.

2.4   Produktinnovation und Produktlebenszyklus

Mit der **Markteinführung** beginnt die Marktperiode von Produkten. Während in den Phasen vor der Markteinführung durch F&E-Investitionen in ein zukünftiges Erfolgspotenzial investiert werden muss, können in der Marktperiode positive Zahlungsüberschüsse erwirtschaftet werden. In Abb. 5 ist ein Schema des Produktlebenszyklus mit seinen verschiedenen Phasen dargestellt.

In den einzelnen Produktlebensphasen sind **unterschiedliche Innovationsaktivitäten** erforderlich. So konzentrieren sich in den Phasen „Einführung" und „Wachstum" die Innovationsanstrengungen auf Verbesserungsinnovationen bei Produkten, um so spezielle Kundenwünsche zu erfüllen. Zwecksetzung ist hier, Marktanteile auszubauen bzw. neue Märkte zu erschließen. Prozessinnovationen stehen im Zentrum der Phasen „Reife", „Sättigung" und „Regeneration". Durch Effizienzsteigerung wird in dieser Phase versucht, die Herstellkosten zu senken, um dadurch dem zunehmenden Preisdruck standzuhalten. Anzumerken ist, dass auch Produktinnovationen in den letzten Phasen des Produktlebenszyklus oft wieder an Bedeutung gewinnen. Mit diesen Aktivitäten strebt die Unternehmung die Bedürfnisbefriedigung in Nischenmärkten an.

Werden Verbesserungsinnovationen am Produkt aus ökonomischer Sicht betrachtet, so ergibt sich ein charakteristischer Kosten-Nutzenverlauf (Abb. 6). Sind die Kosten für Veränderungen am Produkt in der Produktentstehungsphase noch relativ niedrig, so steigen diese überproportional

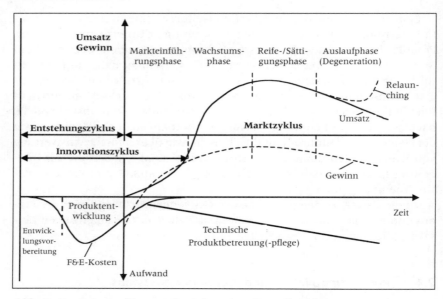

Abb. 5: Der Lebenszyklus von Produkten (aus Herstellersicht)

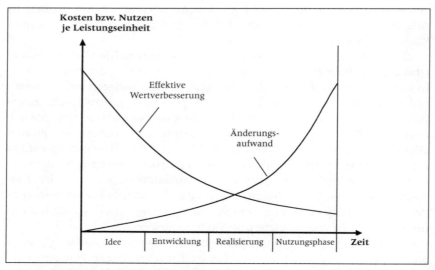

Abb. 6: Kosten-Nutzenbetrachtungen bei Innovationen in Abhängigkeit von der Produktlebensphase (Wohinz 1983)

mit zunehmendem Produktalter. Dem steht ein gegenläufiger Verlauf des generierbaren Nutzenzuwachs gegenüber.

Der Kosten- und Nutzenverlauf ergibt sich aus zunehmenden Restriktionen gegenüber Veränderungen bei Produkten wie Prozessen mit fortschreitendem Produktalter. Während in der Produktentstehungsphase Grundkonzepte, Konstruktionszeichnungen, Prototypen etc. erstellt werden, welche im Allgemeinen relativ geringe Kosten verursachen, existieren in späteren Lebensphasen automatisierte Produktionsanlagen, kaum veränderbare Produktstandards usw. Diese stark präjudizierenden Bedingungen lassen Veränderungen nur mehr in relativ geringem Umfang bei hohen Kosten zu. Daraus resultiert die Forderung nach einer frühzeitigen breiten Analyse des Bedarfsspektrums potenzieller Kunden. Auf dieser Basis können dann Produkte und Prozesse entwickelt werden, welche während des Produktlebenszeitraumes weit geringere Anpassungsmaßnahmen an neue Kundenforderungen verursachen. Vor allem im zunehmend globaler werdenden Wettbewerb weist dieses Vorgehen hohe Bedeutung auf (Coenberg/Prillmann 1995).

Der Zusammenhang des Innovationsprozesses mit den Ergebnissen der Teilaktivitäten ist in Abb. 7 dargestellt. Diese Prozesssicht dient als Ansatz für die Gliederung in diesem Abschnitt.

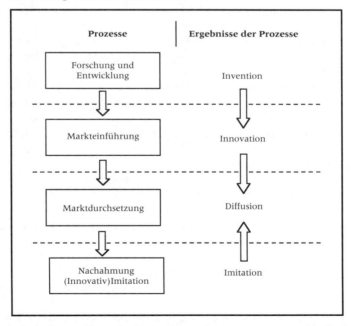

Abb. 7: Aktivitäten und Ergebnisse in Innovationsprozessen (Brockhoff 1999)

Die ökonomische Forschung beschäftigt sich mit der Fragestellung, wie ein neues Produkt bzw. ein neuer Prozess entsteht (Innovationstheorie), wie sich eine Neuerung verbreitet (Diffusionstheorie) und welche Faktoren zu einer Übernahme einer Neuerung durch potenzielle Nutzer führen (Adoptionstheorie).

2.5 Innovationstheorien

Gegenstand von **Innovationstheorien** ist die Entstehung neuer Produkte und Prozesse bis hin zu den ersten Austauschbeziehungen zwischen Herstellern und Nutzern. Die ökonomische Theorie des technischen Wandels reicht etwa sechs Jahrzehnte zurück (Bierfelder 1994).

Vor allem **Schumpeter** brachte in diese Diskussion so nachhaltige Anstöße ein, dass sich auch heute noch eine Vielzahl der Autoren auf ihn beziehen. Schumpeter (1980) entwickelte das Konzept des **dynamischen Unternehmers**, der durch Zerstörung von Gleichgewichtszuständen in der Wirtschaft in evolutionärer bzw. revolutionärer Weise Produktionsstrukturen verändert. Der schöpferische Unternehmer handelt hierbei als Steuermann außerhalb bekannter Gewässer. Um seine Neuerungen durchzusetzen, muss er auftretende Widerstände überwinden und Entscheidungen unter hoher Unsicherheit treffen. Schumpeter nennt in diesem Zusammenhang folgende Aufgabenbereiche, die der schöpferische Unternehmer wahrnimmt:
- eine Erfindung ökonomisch ausschöpfen
- eine unerprobte technische Möglichkeit zur Herstellung eines neuen Produktes wahrnehmen
- eine unerprobte technische Möglichkeit zur Herstellung eines alten Produktes auf neue Weise nutzen
- neue Rohstoffquellen erschließen
- neue Absatzgebiete erschließen
- eine Reorganisation vornehmen

Damit diese Aufgaben wahrgenommen werden, müssen folgende Eigenschaften einem Unternehmen gegeben sein:
- eine individuelle Führerschaft
- die Übernahme persönlicher Verantwortung und
- ein erfolgsabhängiges Einkommen aus monopolistischen Gewinnen

Schumpeter geht von dem Ansatz aus, dass der Unternehmer durch die **schöpferische Zerstörung** alter Strukturen den wirtschaftlichen Wandel trägt. Überflüssig wird der schöpferische Unternehmer, wenn der technische Fortschritt in einen stationären Zustand übergeht.

In weiterer Folge werden einige ausgewählte Modelle vorgestellt, die sich mit der Dynamik des technischen Wandels beschäftigen.

2.5.1 Das Modell von Utterback/Abernathy

Eines der bedeutendsten Modelle zur Erklärung der **Muster von Technologieentwicklungen** ist das Modell von Utterback/Abernathy (Utterback/Abernathy 1975). Betrachtungsobjekte in diesem Modell sind Produkttechnologien und die zu ihrer Erstellung erforderlichen Prozesstechnologien.

Utterback/Abernathy stellen dar, dass zwischen der Entwicklungsdynamik von **Produkt- und Prozesstechnologien** eine wechselseitige Abhängigkeit besteht (siehe auch Kap. 1.1). Als Messgröße der Technologieentwicklung wird die Innovationsrate der Produkt- bzw. Prozesstechnologie herangezogen. Entwickelt wurde das Konzept zur Erhöhung des Verständnisses von Interaktionen zwischen Produkt- und Prozessinnovation und der damit verbundenen Wachstumsmöglichkeiten von Unternehmen.

Grundidee des Modells ist, dass die Charakteristik des Innovationsprozesses und der unternehmerischen Innovationsanstrengungen von deren Umwelt, Wettbewerbs- und Wachstumsstrategien sowie dem „State-of-the-Art" (Dosi 1982) der vom Unternehmen und seinen Wettbewerbern genutzten Prozesstechnologien abhängen (Adner/Levinthal 2001). Utterback/Abernathy heben hierbei vor allem die Bedeutung des technischen Entwicklungsstandes von Produktionsprozessen hervor. Als zentrales Problem werden die präjudizierenden Wirkungen von Produkt- und Prozesskonzepten dargestellt.

Zwischen Produkten und den für ihre Erstellung benötigten Produktionsprozessen bestehen **untrennbare Abhängigkeiten**. So determinieren die im Unternehmen verfügbaren Prozesstechnologien das mögliche Fertigungsprogramm der Unternehmung. Andererseits präjudizieren aber auch Produkttechnologien die zu ihrer Herstellung erforderlichen Prozesstechnologien. Für die Entwicklung von Innovations- und Technologiestrategien ergibt sich daraus die Notwendigkeit, Produkttechnologien und die an sie gekoppelten Prozesstechnologien bei Entscheidungen in deren technologischem Status und Entwicklung als eine Gesamtheit abzuschätzen. Dabei sind wechselseitige Beeinflussungen zu beachten. Auf dieser Informationsbasis sind dann abgestimmte Produkt- und Prozesstechnologiestrategien zu entwickeln.

Grundsätzlich stellt sich für Unternehmungen dann die Frage, ob ihre Forschung und Entwicklung sich stärker auf die Generierung neuen Wissens zur Nutzung in Produkten oder in Produktionsprozessen richten soll. Der Forderung nach Unterstützung dieser strategischen Entscheidungen versucht das Produkt-Prozess-Lebenszyklusmodell nach Utterback/Abernathy nachzukommen. Zur Unterstützung strategischer Entscheidungen stellen Utterback/Abernathy eine Beziehung zwischen

- den Innovationsraten von Produkttechnologien bzw. Prozesstechnologien und
- dem Produkttechnologie- bzw. Prozesstechnologielebenszyklus her.

Zunächst wurden von Utterback/Abernathy zwei isolierte Modelle für die zeitlichen Entwicklungsverläufe von Produkt- und Prozessinnovationsraten entwickelt. In einem weiterem Schritt erfolgte dann die Zusammenführung der beiden Teilmodelle zu einen integrierten Modell. Gestützt auf Daten aus der amerikanischen Automobilindustrie konnte auf dieser Basis die Hypothese verifiziert werden, dass die Innovationsraten von Produkt- und Prozessinnovationen vom Entwicklungsstand der Produkt- bzw. Prozesstechnologien abhängen (Abb. 8).

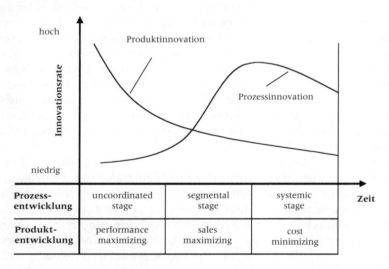

Abb. 8: Produkt- und Prozessinnovationen in Abhängigkeit vom technologischen Entwicklungsstand (Utterback/Abernathy 1975)

Utterback/Abernathy identifizierten in ihren Analysen zunächst drei **Entwicklungsphasen von Prozesstechnologien**:
* uncoordinated stage
* segmental stage und
* systemic stage

Utterback fügte später eine vierte Phase – „discontinuities stage" – hinzu (Utterback 1994). Die ersten drei Phasen sind weitgehend deckungsgleich mit den Produktentwicklungsphasen
* performance-maximizing
* sales-maximizing und
* cost-minimizing

Die erste Phase der Prozesstechnologieentwicklung – **uncoordinated stage** – ist durch hohe Produktinnovationsraten gekennzeichnet. Die Produktkonzepte und -technologien wechseln bei relativ kurzen Zykluszeiten sehr häufig; die Produktvielfalt ist groß. Die Wettbewerber „experimentieren" noch mit den unterschiedlichsten Technologien, um deren Potenziale auszuloten.

Die Wettbewerbsstrukturen sind in dieser Phase noch nicht definiert. Es herrscht aus diesen Gründen ein ausgeprägter Innovationswettbewerb, in dem die Wettbewerber versuchen, ihre Marktpositionen zu sichern bzw. auszubauen. Durch Maximierung der Produktperformance versuchen die Unternehmen, Marktbedürfnisse besser als ihre Wettbewerber zu befriedigen und damit Marktnischen zu öffnen.

Das Marktvolumen ist (noch) relativ klein. Entsprechend niedrig sind auch die produzierten Produkt-Losgrößen. Hohe Aufwendungen in spezialisierte Produktionsprozesse sind aus diesem Grund nicht zu rechtfertigen. Die Innovationsrate bei Produktionsprozessen (und bei deren Inputfaktoren) ist deshalb relativ niedrig.

Zur Erstellung der Produkte werden in dieser Phase – sofern möglich – bereits vorhandene Produktionsprozesse eingesetzt. Ein Merkmal für Produktionsprozesse in dieser Phase der Produktentwicklung ist deren hohe Flexibilität. Nur sehr flexible Systeme gestatten einen raschen Wechsel zwischen Produkttechnologien zur bedarfsgerechten (kundenindividuellen) Produktgestaltung. Die Prozesse sind nicht standardisiert und weisen hohe Anteile an manuellen Arbeitsinhalten auf. Zwischen den einzelnen Produktionsprozesselementen bestehen lose, rasch veränderbare Verbindungen, die bei Neuausrichtungen in der Umwelt schnelle Anpassungen ermöglichen. Sofern möglich wird bei den Prozessinputs ebenfalls auf bereits verfügbare Stoffe und Vorprodukte zurückgegriffen (Abernathy/Townsend 1975).

Mit zunehmenden Produktalter – **segmental stage** – wächst das Marktvolumen, und der Preiswettbewerb wird intensiver. Um den quantitativ wachsenden Produktbedarf zu decken und gegen den Preisdruck zu bestehen, werden die Produktionssysteme zur Effizienzsteigerung zunehmend spezialisiert. Kennzeichnend für diese Phase ist, dass Teilprozesse (etwa durch Automatisierung) in ihrer Effizienz gesteigert werden, daneben aber auch manuell betriebene Prozesse existieren. Weiters werden die Produktionsaufgaben zunehmend formal überwacht. Damit verbunden ist eine abnehmende Flexibilität der Produktionsprozesse gegenüber Produktänderungen. Nicht mehr eine Vielzahl an Produkten, sondern nur einige wenige, klar definierte Produktkonzepte können mit diesen Prozessen erstellt werden. Für die Nutzung spezialisierter Prozesse muss somit das Produktdesign ausreichend stabil sein und darf sich nicht mehr fundamental ändern. So ist in dieser Produktentwicklungphase festzustellen, dass die Produktvielfalt tendenziell abnimmt und sich erste Produktstandards herausbilden. Das mögliche Produktspektrum der Unternehmung wird damit durch die gewählten Prozesstechnologien mittel- bis langfristig präjudiziert. Die Produzenten versuchen nicht mehr durch grundsätzliche (konzeptionelle) Veränderungen, sondern im Wesentlichen durch Produktvariationen oder Integration zusätzlicher Produktkomponenten spezifische Kundenwünsche zu befriedigen.

Mit der Festlegung von Produktstandards legen Unternehmen in dieser Phase den Grundstein für künftige ökonomische (Miss)Erfolge. Von zentraler Bedeutung ist hierbei, in welchem Umfang gegenwärtige und künftige Kundenbedürfnisse Berücksichtigung im Produktdesign finden (Coenenberg/Prillmann 1995). Auch ob und wie Produkttechnologien interagieren, behindern oder fördern, wird in diesem Stadium langfristig fixiert (Anderson/Tushman 1990). Mit dem Entstehen von Produktstandards wächst das Wissen über die Leistungsfähigkeit der Produkttechnologie bei den Produzenten wie auch bei den (potenziellen) Nutzern. Das Wissen, wie konkurrierende Produktdesigns zu vergleichen und zu evaluieren sind, nimmt zu. Folge des Wissenszuwachses ist eine Abnahme der Marktunsicherheit bei Kunden wie Produzenten.

Mit zunehmendem Alter der Produkttechnologie im **systemic stage** nimmt der Preiswettbewerb zu. Gekennzeichnet ist der Markt durch wachsende Konkurrenz, sinkende Preise und Margen bei hohen Produktquantitäten. Diesem Wettbewerb können bzw. wollen sich nur mehr relativ wenige Anbieter widmen; der Wettbewerb nimmt oligopolistische Züge an. Das Produktionssystem wird zum bestimmenden Wettbewerbsfaktor. Aus diesem Grund versuchen die Unternehmen primär durch Prozessinnovationen, mit der Zielsetzung, die Effizienz des Produktionssystems zu steigern, die Gewinnsituation zu verbessern. In dieser Phase des Lebenszyklus wird die Integration der Prozesse fortgesetzt. Sie geht so weit, dass durch Verbesserungen von Teilsystemen das Produktionssystem nicht mehr effizienter gestaltet werden kann. Nur mehr durch Optimierung des Gesamtsystems sind Effizienzsteigerungen möglich. Die Produkte und die zu ihrer Herstellung benötigten Prozesse sind so stark aneinander gekoppelt, dass sie nur mehr als Gesamtsystem verändert werden können. Das heißt, dass bei einer Veränderung des Produktes auch der Produktionsprozess angepasst werden muss und umgekehrt. Folge der weitgehenden Produkt- und Prozessintegration sowie des hohen Entwicklungsstandes der Prozesse und Produkte ist, dass bereits kleine Veränderungen an Prozessen oder Produkten hohe Investitionen erfordern. Systeme in diesem Entwicklungsstadium weisen daher hohe Trägheitswiderstände gegenüber Veränderungen auf (Leonard-Barton 1992; Tripsas 1997).

In der letzten Lebensphase – der **discontinuities stage** – wird die Technologie durch eine neue Technologie, mit anderem Technologieparadigma und Logik der konzeptionellen Systemgestaltung, abgelöst. Das Wissen und die aufgebauten komplementären Assets zur effizienten und effektiven Nutzung der Technologie werden in zunehmenden Maße obsolet. Für Nutzer und Anbieter von Technologien in dieser Lebensphase ergibt sich daraus die Notwendigkeit, neue, Erfolg versprechende Technologien frühzeitig zu identifizieren und die Alttechnologien in geordneten Bahnen zu verlassen. Gleichzeitig ist auch die Um- und Neugestaltung der vorhandenen komplementären Assets (z.B. eine geeignete Vertriebsorganisation), die zur effizienten Ausnutzung von Technologien aufgebaut wurden, vorzunehmen (Rhyne et al. 1997; Teece 1986; Teece/Pisano/ Shuen 1997).

Utterback/Abernathy vertreten die Auffassung, dass das vorgestellte Modell über Fallbeispiele hinausgehend zu verallgemeinern sei. Sie untermauern diese Aussage mit statistischen Ergebnissen. Das Modell ist weiters nicht als Sequenz aufzufassen, die quasi zwingend durchlaufen wird; Rücksprünge auf frühere Entwicklungsstufen oder das Verweilen auf einer Stufe sind möglich.

Pleschak/Sabisch erweitern das Modell von Utterback/Abernathy um den seltenen Fall (Zit), dass durch grundlegende Prozessinnovationen eine Vielzahl an Produktinnovationen in unterschiedlichen Anwendungsbereichen induziert werden. Auch wird darauf hingewiesen, dass häufig Produkt- und Prozessinnovationen parallel verlaufen. Diese Koppelung von Produkt- und Prozessinnovationen lässt sich etwa bei der Chipherstellung und in der Automobilindustrie nachweisen. Die Unternehmungen versuchen hier, durch die frühzeitige Integration der Innovationsanstrengungen

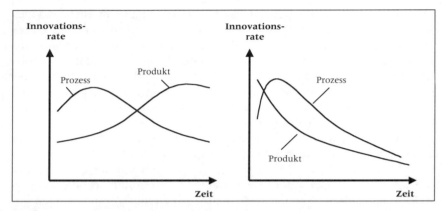

Abb. 9:   Verflechtungen von Produkt und Prozessinnovationen (Pleschak/Sabisch 1996)

des Gesamtsystems „Produkt-Prozesse" dessen Effizienz von vornherein möglichst hoch zu entwickeln (Pleschak/Sabisch 1996).

2.5.2   Das S-Kurvenmodell

Während Utterback/Abernathy in ihrem Produkt-Prozess-Lebensphasen-modell zwischen der technologischen Entwicklung von Produkten und den an diese gekoppelten Produktionsprozessen unterscheiden, setzen sich viele Forscher mit der Entwicklung der Leistungsfähigkeit von Technologien auf einem höherem Aggregationsniveau auseinander. In diesen Untersuchungen werden Produkte und Prozesse als so eng miteinander verbunden betrachtet, dass sie als integrierte Systeme zu betrachten sind (Sahal 1981). Die Analyse technologischer Entwicklungen zeigt dann, dass die Leistungsdaten vieler Technologien über die Zeit (Abb. 10) als auch über den kumulierten Forschungs- und Entwicklungsaufwand betrachtet einen S-förmigen Verlauf aufweisen.

Phasen geringer **technologischer Dynamik** wechselten sich in diesem Modell mit Phasen hoher Dynamik ab. Keinesfalls kann aus den dargestellten S-Kurvenverläufen geschlossen werden, dass die Verläufe unterschiedlicher Technologien identische oder ähnliche Funktionen aufweisen. Die Gründe dafür sind vielfältig. Zunächst sind technologiebedingte Einflüsse zu nennen. Der Beginn des **Lebenszyklus einer Technologie** ist durch geringes Wissen über ihre Nutzungsmöglichkeiten (Leistungspotenziale) und technischen Probleme (z.B. Wechselwirkungen zu anderen Technolo-

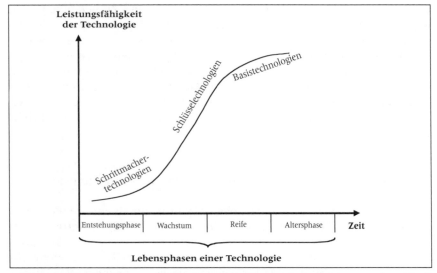

Abb. 10: Lebenszyklus von Technologien in Abhängigkeit von der Zeit (Brockhoff 1999)

gien) gekennzeichnet. Es treten in hohem Maße Probleme bei der Entwicklung und Nutzung der Technologie auf. Auf Erfahrungen mit anderen, bereits weiter fortgeschrittenen Technologien kann aufgrund mangelnder Vergleichbarkeit nicht oder nur in sehr eingeschränkter Weise zurückgegriffen werden. Folge des fehlenden technischen Wissens und der mangelnden Erfahrungen sind hohe Grenzaufwendungen für die Weiterentwicklung der Technologie in den ersten Phasen des Technologielebenszyklus. Hohe **Grenzaufwendungen** ergeben sich aus:

- Fehlentwicklungen beim Produkt- oder Produktionskonzept
- erhöhtem Bedarf an
  - technischen Tests
  - Entwicklung neuer bzw. Suche nach geeigneten Inputfaktoren
  - erforderlichem externen Spezialwissen
  - etc.
- Mehrfachentwicklungen in verschiedenen Unternehmungen

Da das Modell als Betrachtungsobjekt die Technologieentwicklungen über alle forschenden Unternehmen hinweg zum Inhalt hat, sind Mehrfachentwicklungen in den verschiedenen Unternehmen zu berücksichtigen („Jeder erfindet das Rad neu"). Ursache für die mehrfache Erarbeitung identischen technologischen Wissens ist unvollkommener Informationsaustausch zwischen den forschenden Unternehmen. Zu bedenken ist in diesem Zusammenhang, dass von Unternehmen Barrieren zur Behinderung des Informationsflusses gezielt zum Schutz technologischer Wissensvorsprünge aufgebaut werden. Je länger Unternehmen einen technologischen Wissensvorsprung gegen eine Nutzung des Konkurrenten schützen können, umso länger können Monopolgewinne erwirtschaftet werden. Mansfield (1985) zeigte jedoch, dass Informationen über neue Produkt- und Prozessinnovationen von Unternehmen sehr schnell den Konkurrenten zur Verfügung stehen können.

2.5.2.1 Die Phasen der Technologieentwicklung im S-Kurvenmodell

Die erste Phase eines Technologielebenszyklus ist durch eine zunehmende Dynamisierung in der Weiterentwicklung der **Leistungsfähigkeit einer Technologie** gekennzeichnet. Erklären lässt sich diese Entwicklung als Folge eines „Ansteckungsmechanismus". Demnach stellen erarbeitete Lösungen Kristallisationspunkte für weitere, ähnliche Lösungen dar. Mit zunehmender Zahl vorhandener Lösungen beschleunigt sich damit der Technologieentwicklungsprozess; die Zunahme der Leistungsfähigkeit der Technologie steigt progressiv an. Ein weiterer Effekt, der zu einer zunehmenden Dynamisierung führt, ist die im Zeitablauf wachsende Zahl an Unternehmen, die eine Technologie aufgreifen und entsprechend ihren Bedürfnissen und Gegebenheiten weiterentwickeln. Setzt sich eine Technologie als Problemlösungsinstrumentarium durch, so steigt die Geschwindigkeit der Leistungszuwächse weiter an.

Der progressive Kurvenverlauf geht in weiterer Folge in einen degressiven Ast über. Aus technischer Sicht lässt sich der degressive Kurvenverlauf durch eine Annäherung an grundlegende physikalische **Grenzen** erklären. Solche Grenzen sind etwa das absolute Vakuum, der absolute Temperaturnullpunkt, usw. Beispielsweise ist die weitere Zunahme der Leistung von Strahltriebwerken durch die Festigkeit der eingesetzten Stähle im Hochtemperaturbereich limitiert. Faktoren, die die weitere technologische Entwicklung absolut begrenzen, werden als „intensive Faktoren" bezeichnet. Dem gegenüber stehen extensive Variablen. Diese stellen nur eine temporäre Begrenzung für weitere Leistungssteigerungen von Technologien dar (siehe auch Kap. 1).

In den bisherigen Ausführungen wurden nur die technologischen Einflüsse auf den Verlauf der S-Kurve beachtet. Von zentraler Bedeutung für die Entwicklung von Technologien sind jedoch auch **ökonomische Aspekte.** So beeinflusst die Nachfrage nach Technologien die Investitionen in die Technologieentwicklung und damit die Geschwindigkeit der Zunahme an Leistungsfähigkeit einer Technologie (siehe auch Kap. 3.1). Hohe Nachfrage kann die Technologieentwicklung anregen, während Nachfrageverschiebungen die Entwicklung verlangsamen oder zum Erliegen bringen können. In der zeitbezogenen Darstellung des S-Kurvenverlaufs führen forcierte Entwicklungen zu steileren Anstiegen, verlangsamte Entwicklungen zum Abflachen der Kurve. Schmookler (1966) erläutert diesen Sachverhalt wie folgt: "Invention is largely an economic activity which, like other economic activities, is pursued for gain; expected gain varies with expected sales of goods embodying the invention."

Der dargestellte Verlauf der Technologieentwicklung lässt sich mit unterschiedlichen **Technologietypen** in Verbindung bringen. Technologien in der ersten Phase sind demnach den „Schrittmachertechnologien", die in der zweiten Phase den „Schlüsseltechnologien" und schließlich in der letzten Phase der Technologieentwicklung den „Basistechnologien" zuzuordnen (Abb. 12; siehe auch Kap. 1.6). Abgestimmt auf die Technologieentwicklung in den einzelnen Phasen sind unterschiedliche Schwerpunkte in den Innovationsstrategien zu setzen:

Die erste Phase ist durch **Auswahlentscheidungen** über zu verfolgende Schrittmachertechnologien für künftige Geschäftsfelder der Unternehmen geprägt. Es sind Strategien für die betroffenen Geschäftsfelder (Zeitpunkt, Art und Intensität des Markteintritts) festzulegen und ausreichende F&E-Budgets zum Aufbau eines hinreichenden technologischen Wissens bereitzustellen. Das Schwergewicht der Bemühungen in der zweiten Technologielebensphase liegt auf dem raschen **Durchdringen des Marktes** zum Aufbau einer starken Marktposition. Zum Ausbau des technologischen Know-Hows sind weitere Investitionen in F&E-Aktivitäten zu tätigen, um so mit der wachsenden Dynamik Schritt zu halten. Die Innovationshäufigkeit ist bei verkürzten payback-Zeiten zu steigern. In der letzten Technologielebensphase kommt es schließlich zu einer Konsolidierung der Märkte. Reduzierte Innovationshäufigkeit und geringere F&E-Budgets sind hier anzustreben.

2.5.2.2 Konzeptionelle Probleme des Modells

Zentrales Problem bei der Ermittlung der technologischen Entwicklung in Abhängigkeit vom F&E-Aufwand ist, dass sich der kumulative F&E-Aufwand für die Entwicklung einer Technologie kaum feststellen lässt. Zu begründen ist das durch die Vielfalt der Quellen, aus denen Beiträge zur technologischen Weiterentwicklung kommen. Aber auch die verursachungsgerechte Zuordnung von Beiträgen zu einer definierten Technologie ist ein nicht lösbares Problem. So werden Budgetmittel im Regelfall zur simultanen Entwicklung mehrerer Technologien eingesetzt. Da dann eine Technologie betreffende Erkenntnisse auch zur Weiterentwicklung anderer Technologien führen können, ist eine Abgrenzung der Aufwendungen nach Technologien oft nicht möglich.

Weiters ist für einen Vergleich verschiedener Technologielebenszyklen zu beachten, dass sich Technologien hinsichtlich ihrer Komplexität und den aus technischer Sicht erforderlichen Aufwendungen zur Steigerung der Leistungsfähigkeit unterscheiden. Zu beachten ist weiters, dass für unterschiedliche Technologien verschiedene Maße der Leistungsfähigkeit herangezogen werden müssen, und dass bereits die Wahl der Messgrößen die Form des Kurvenverlaufs beeinflusst (Brockhoff 1999).

Weiters weisen Technologien i. A. mehrere verschiedene, oft voneinander abhängige Leistungsmerkmale auf, deren Entwicklung über die Zeit höchst unterschiedlich ausfallen kann. Die Potenziale der Leistungsmerkmale einer Technologie in einer Kenngröße „Leistungsfähigkeit" zu subsumieren ist grundsätzlich nicht möglich. Die Sinnhaftigkeit eines Vergleichs der Entwicklung verschiedener Technologien ist damit aus logischen Gründen anzuzweifeln.

2.5.2.3 Die Eignung des Modells zur ex anten Planung und Mitteldisposition

Für die strategische Technologieplanung in Unternehmen stellen sich drei Hauptfragen (Brockhoff 1999):
- Kann mit dem Modell der Stand und die künftige Entwicklung einer Technologie abgeschätzt werden?
- Lässt das Modell eine technologische Stärken-Schwächen-Analyse und einen Vergleich mit den Wettbewerbern zu?
- Ist es sinnvoll, in die Verbesserung alter Technologien zu investieren oder ist ein Übergang zu einer neuen Technologie lohnender?

Zentrales Problem des S-Kurvenmodells ist im Zusammenhang mit diesen Fragestellungen, dass keine für Entscheidungen ausreichende ex ante-Beurteilung technologischer Entwicklungen möglich ist.

Zunächst ist zu beachten, dass nur der grundsätzliche Verlauf einer isoliert betrachteten Technologie Gegenstand des Modells ist. Der Wettbewerb zwischen konkurrierenden bzw. die gegenseitigen **Abhängigkeiten komplementär genutzter Technologien** bleibt unberücksichtigt. Die Dynamik der Technologieentwicklung wird jedoch wesentlich von der anderer Technologien beeinflusst (siehe Kap. 2.5.4). So kann die Entdeckung neuer, konkurrierender Technologien dazu führen, dass Forschungs- und Entwicklungsanstrengungen bei „alten" Technologien intensiviert werden. Auch kann die Entwicklung neuer komplementärer Technologien zu einer Beschleunigung der Entwicklung bestehender Technologien führen.

Das Modell kann zudem auch keine Unterstützung bei der Abschätzung bzw. Beurteilung von **Technologiesprüngen** liefern. Es stellt sich für Unternehmen die Frage, ob bestehende Technologien weiterentwickelt werden sollen oder ein Wechsel zu einer neuen, aufstrebenden Technologie lohnender wäre. Abb. 11 zeigt beispielhaft eine solche Situation auf. Im Zeitpunkt t_0 sind drei Technologien bekannt. Es ist noch nicht absehbar, welche Technologie sich zu einem späteren Zeitpunkt (t_1) durchsetzen wird. Zwar verspricht die Technologie T_2 in t_0 größere Leistungszuwächse als die anderen Technologien, in t_1 ist aber die Technologie T_3 die Leistungsfähigste mit dem größten Potenzial für weitere Entwicklungen.

Abschließend ist anzumerken, dass das S-Kurven-Modell keine empirische Fundierung aufweist. Zentrales Problem, welches eine solche Stützung des Modells verhindert, sind die mit jeder Technologie verbundenen spezifischen Eigenarten. Das Modell kann daher lediglich als Darstellung einer grundsätzlich plausiblen Entwicklung von Technologien gesehen werden.

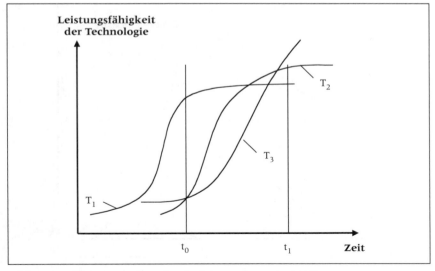

Abb. 11: Substitution von Technologien (Benkenstein 1989)

2.5.3   Das Technologielebenszyklusmodell

Ansoff/Stewart (1967) stellen mit dem Technologielebenszyklusmodell enge Bezüge zum S-Kurvenmodell her. Zentrales Element des Modells ist die Technologiedynamik in Märkten. Die Autoren unterscheiden hierbei drei Typen technologischer Dynamik in Märkten (Abb. 12):
- Stabile Technologieentwicklung
- Dynamische Technologieentwicklung und
- Turbulente Technologieentwicklung.

Bei Märkten, die durch **stabile Technologieentwicklung** gekennzeichnet sind, treten keine gravierenden technologischen Veränderungen über den Marktlebenszyklus auf. Charakterisiert ist die Technologiedynamik durch eine Vielzahl inkrementaler Verbesserungen. Die S-Kurve solcher

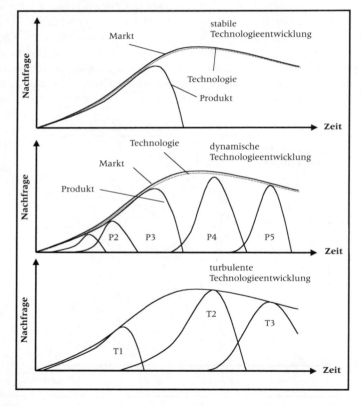

Abb. 12: Typen technologischer Dynamik in Märkten (Benkenstein 1999)

Technologien ist lang gestreckt und verläuft sehr flach. Ein Merkmal solcher Märkte ist der relativ schwach ausgeprägte Innovationswettbewerb. Wettbewerbsvorteile werden primär durch Qualitäts- bzw. Kostenführerschaft erzielt. Strategische Innovationsplanung und Technologiemanagement sind in solchen Märkten von untergeordneter Bedeutung.

In Märkten mit **dynamischer Technologieentwicklung** treten zwar keine Technologiesprünge von einer Technologie zu einer anderen auf, die Geschwindigkeit, mit der sich die Leistungsfähigkeit der eingesetzten Technologien weiterentwickelt, ist aber hoch. In Relation zu stabilen Technologieentwicklungen ist diese S-Kurve steil. Gekennzeichnet sind solche Märkte durch einen starken Innovationswettbewerb. Bei relativ geringem technologischen Risiko ist der Grenzertrag in kurzen Produktlebenszyklen sehr hoch. Als Folge permanenter Weiterentwicklungen der genutzten Technologien sind die Wettbewerber gezwungen, kontinuierlich neue Produkte auf den Markt zu bringen. Das Innovationsmanagement wird zu einem erfolgskritischen Faktor.

Im Gegensatz dazu treten in Märkten mit **turbulenter Technologieentwicklung** laufend Technologiesprünge auf. Technologien können sich hier nur kurzfristig etablieren, bevor sie durch andere substituiert werden. Da Technologiesprünge dazu führen, dass vorhandenes technologisches Wissen kurzfristig obsolet wird, ist es für Unternehmen von existenzieller Bedeutung, welche Technologie wann und wie substituiert wird. Die Trends müssen so frühzeitig erkannt und antizipiert werden, dass das erforderliche Wissen beim Technologiewechsel in ausreichendem Maße im Unternehmen oder bei einem Kooperationspartner verfügbar ist. Für Unternehmen, die in solchen Märkten tätig sind, ist das Risiko technologischer Fehlentscheidungen deutlich höher als in dynamischen Märkten. Die technologische Frühaufklärung erhält unter diesen Wettbewerbsbedingungen zentrale Bedeutung.

Die Eignung des Modells für strategische **Entscheidungen** im Unternehmen ist analog der des S-Kurven-Modells zu sehen. Das Modell bringt also durch die Typisierung der Technologiedynamik in Märkten keine wesentlichen zusätzlichen Erklärungsansätze technologischer Entwicklungen, zumal jederzeit ein Wechsel zwischen verschiedenen Technologieentwicklungen erfolgen kann.

2.5.4 Systemmodelle

Die bisher besprochenen Modelle beschränken sich auf die Darstellung einer isolierten Technologie. Sie versuchen, die Wettbewerbsbedingungen konkurrierender Technologien zu analysieren oder konzentrieren sich auf die Innovationsrate innerhalb eines Produkt- bzw. Prozesslebenszyklus. Außer Acht bleibt dabei, dass in Prozessen wie Produkten eine Vielzahl von Technologien zusammenwirken müssen, um die geforderten Funktionen zu erfüllen (siehe auch Kap. 1). Von Interesse für technologische Entscheidungen ist damit nicht nur die Entwicklung (oder Substitution) einzelner Technologien, sondern in ganz wesentlichem Maße die Folgen solcher Veränderungen auf das gesamte **„technologische System"** von Produkten und Prozessen. Zentrale Fragestellung ist in diesem Zusammenhang: Wie wirkt sich die Weiterentwicklung einer Technologie oder ein Technologiesprung auf andere aus? Müssen mehrere Technologien simultan verbessert werden oder können Technologien in bestehender Weise beibehalten werden? (Benkenstein 1989; Clark 1985; Afuah 1990)

Zunächst können in **Technologiesystemen** (= die Gesamtheit der genutzten Technologien zur Bedürfnisbefriedigung in einem Produkt-Prozess-System) Technologien identifiziert werden, welche sich gegenseitig nicht beeinflussen bzw. bei denen die Veränderung einer Technologie durch entsprechende Systemgestaltung ohne Relevanz für andere Technologien ist. Eine neue oder eine in ihrer Leistungsfähigkeit gesteigerte alte Technologie kann in diesem Fall ohne Anpassung anderer Technologien unmittelbar in Produkten/Prozessen eingesetzt werden. Die Leistungssteigerung einer Technologie kann (muss aber nicht) in solchen Fällen zu spürbaren Produkt- bzw. Prozessverbesserungen führen. Voraussetzungen für eine solche **Entkoppelung von Technologien** sind:

- Die Leistungspotenziale der Technologien müssen voneinander unabhängig sein. Die Leistungssteigerung einer Technologie darf keine Auswirkungen auf die mit ihr verbundenen Technologien aufweisen.
- Die Leistungspotenziale der miteinander gekoppelten Technologien werden durch eine dritte Technologie angeglichen. Eine unmittelbare Koppelung zweier Technologien ist hier zwar nicht möglich, jedoch kann eine dritte Technologie als Ausgleich zwischen diese geschaltet werden (z.B. Digital-Analog-Umsetzer).

Die bislang analysierten Modelle konzentrierten sich ausschließlich auf entkoppelte Systeme mit entkoppelten Technologien. Bei einer Koppelung können die Leistungsentwicklungen der beteiligten Technologien nicht mehr voneinander getrennt behandelt werden. Die Technologien innerhalb eines Produkt-Prozess-Systems sind in diesem Fall so miteinander verbunden, dass durch die Leistungssteigerung einer Technologie die Leistungsanpassung der verbundenen Technologien (bzw. ein Technologiewechsel) erforderlich wird. Je nachdem wie stark die Leistungsreserven der

beeinflussten Technologien durch die veränderte Technologie ausgeschöpft werden, lassen sich folgende Fälle unterscheiden:

- Die Leistungspotenziale beeinflussen sich zwar gegenseitig, jedoch werden die möglichen Leistungspotenziale der beeinflussten Technologien nicht überschritten. Grundvoraussetzung dafür ist, dass die bestehenden Technologien ausreichende „Leistungsreserven" aufweisen, um höhere Anforderungen bewältigen zu können. Kurzfristig können hier die bestehenden Technologien unverändert weitergenutzt werden. Bei weiteren Leistungssteigerungen werden jedoch Leistungsengpässe auftreten, welche durch Verbesserungen oder Substitution der Engpasstechnologien zu beseitigen sind.

- Technologien können aber auch so eng aneinander gekoppelt sein, dass nur deren simultane Weiterentwicklung zu einer Verbesserung von Produkten und/oder Prozessen führen. Die isolierte Weiterentwicklung einzelner Technologien führt in solchen Technologiesystemen eher zu Verzögerungen von Innovationsschüben.

Aus den dargestellten Zusammenhängen ergeben sich hohe Anforderungen an das unternehmerische Technologiemanagement. Nicht die Betrachtung einzelner Technologien ist als Gegenstand des Technologiemanagements zu sehen, sondern vordringliche Aufgabe ist die richtige Einschätzung von Relationen (bzw. deren Veränderungen) zwischen Technologien. Von besonderer Bedeutung ist dies, wenn der Trend einer Fokussierung auf Kernkompetenzen in Unternehmen berücksichtigt wird. Die Wirkungen technologischer Entwicklungen auf Technologiesysteme sind daher in zunehmendem Maße unternehmensübergreifend zu behandeln. Das setzt ein Technologiemanagement voraus, welches effizient und effektiv über Unternehmensgrenzen hinweg agieren kann (Afuah/Bahram 1995; siehe auch Kap. 8).

2.6 Adoptions- und Diffusionstheorien

Aus ökonomischer Sicht ergibt sich mit der Entwicklung einer Invention die Frage, welche Faktoren zu einer **Übernahme oder Ablehnung** durch potenzielle Nutzer führen.

2.6.1 Einleitung

Die Analyse der Faktoren, die zur Übernahme und Verbreitung von Innovationen führen, hat eine lange Tradition (Schmalen/Pechtl 1996). Unterschieden wird je nach Aggregationsniveau zwischen Adoptions- und Diffusionsmodellen. Die **Diffusionstheorie** beschäftigt sich mit der zeitlichen Entwicklung einer erstmaligen Verbreitung von Innovationen innerhalb sozialer Systeme. Die Mehrzahl der Forschungsanstrengungen stellen den Nachfrager einer Neuerung ins Zentrum des Interesses. Nur in Ausnahmefällen (Schewe 1992 und 1994) wird die Produktimitation als spezieller Diffusionsfall von Anbietern behandelt.

Die **Adoptionstheorie** wird oft als Teilgebiet der Diffusionstheorie angesehen. Sie untersucht auf der Ebene des einzelnen Nachfragers (= Adopter) die Adoptions- und Akzeptanzbereitschaft hinsichtlich der erstmaligen Nutzung einer Innovation. Die positive Entscheidung über die Nutzung einer Innovation wird hierbei als „Adoption" (Gerpott 1999), die Ablehnung als „Rejektion" bezeichnet. In weiterer Folge wird die Adoptionstheorie ins Zentrum der Betrachtungen gestellt.

2.6.2 Der Zusammenhang zwischen Adoption und Diffusion

In Abhängigkeit vom Zeitpunkt, in dem sich verschiedene Adoptoren zur Übernahme von Innovationen entschließen, unterscheidet man:

- Innovatoren
- frühe Übernehmer
- frühe Mehrheit
- späte Mehrheit
- Nachzügler

Weiber (1992) und Milling/Maier (1996) konnten in diesem Zusammenhang einen **normalverteilten Adoptionskurvenverlauf** empirisch nachweisen (Abb. 13). Dieser ist jedoch nicht als allgemein gültig anzusehen. So ergaben sich bei Personal Computer und Telefonendgeräten rechtsgipflige Adoptionsverteilungskurven mit negativer Schiefe und temporären exponentiellen Diffusionskurvenverläufen (Weiber 1995). Der Verlauf der Diffusionskurve ergibt sich schließlich aus der kumulierten Darstellung der Adoptionskurve. Bei normalverteiltem Adoptionskurvenverlauf resultiert daraus ein logistischer Verlauf.

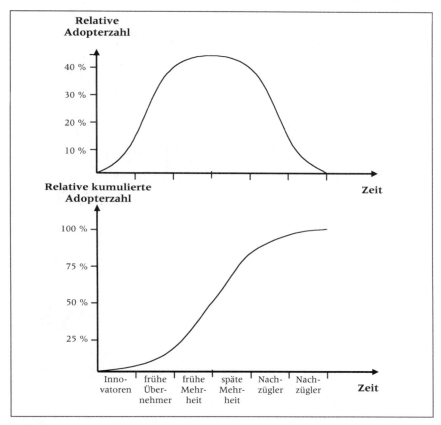

Abb. 13: Der Zusammenhang zwischen Adoptions- und Diffusionskurvenverlauf (Gerpott 1999)

2.6.3 Die Adoptionstheorie

Das Adoptionsverhalten potenzieller Nutzer von Neuerungen hängt von einer Vielzahl von Faktoren ab. Abb. 14 gibt dazu einen Überblick.

Auf diese Faktoren können Unternehmen mehr oder weniger stark gestaltend einwirken. Die Merkmale des **Adoptionssubjektes** sind kaum beeinflussbar. Im Gegensatz dazu sind durch Unternehmensaktivitäten die Faktoren der **Adoptionsumwelt** je nach Unternehmensgröße (bzw. Bedeutung einer neuen oder weiterentwickelten Technologie) prinzipiell gestaltbar. Zu denken ist etwa an von einzelnen Unternehmungen wesentlich

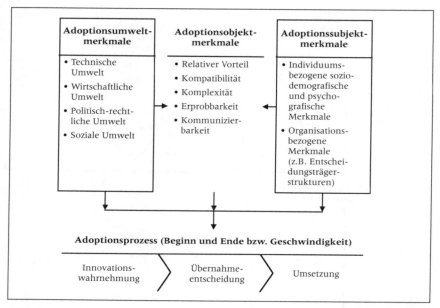

Abb. 14: Determinanten der Adoption technologischer Neuerungen (Gerpott 1999)

weiterentwickelte Technologien und deren Wirkungen auf das generelle technologische Umfeld. Zur Beeinflussung des Adoptionsverhaltens sind aber vor allem die Merkmale des **Adoptionsobjektes** von Relevanz. Auf diese können Unternehmen primär gestaltend einwirken. Die wesentlichsten Merkmale technologischer Innovationen (Adoptionsobjekte) sind:

- **Relativer Vorteil**: Adoptoren beurteilen Innovationen nach deren relativen Nutzen-Kostenvorteilen gegenüber bisher verwendeten oder konkurrierenden Produkten/Prozessen. Gerade bei technologischen Innovationen hat dieses Entscheidungskriterium herausragende Bedeutung. Je größer der relative Vorteil einer Innovation gegenüber anderen Lösungen ist, umso wahrscheinlicher ist eine rasche Adoption.
- **Kompatibilität**: Ein zentrales Problem technologischer Innovationen ist, dass sie in bestehende Produkt-Prozess-Systeme von Adoptoren passen müssen. Die Kompatibilität einer Innovation gibt das Ausmaß an, mit dem die Neuerung mit bestehenden Produkt-Prozess-Systemen, Wertsystemen, Normen und Erfahrungen des Adopters übereinstimmt. Sehr hohe Kompatibilität wird gegeben sein, wenn Innovationen als „Modul" an Produkte/Prozesse „angekoppelt" werden können, ohne das

bestehende System negativ zu beeinflussen. Hohe Kompatibilität führt tendenziell zu einer kurzen Informationssuche.

- **System-Komplexität**: Die System-Komplexität gibt das Ausmaß an, wie schwierig es für den Adopter ist, die (Haupt-)Eigenschaften einer Innovation zu verstehen und die Neuerung bedarfsgerecht zu nutzen. Die System-Komplexität von Innovationen hängt von der subjektiven Einschätzung des Adopters ab und ist primär von seinen Erfahrungen mit ähnlichen Systemen geprägt. Niedrige System-Komplexität führt grundsätzlich zu einer Verkürzung des Meinungsbildungsprozesses.
- **Erprobbarkeit**: Ein zentrales Instrument zur Verringerung des durch den Adopter wahrgenommenen Leistungsrisikos (Weiber/Pohl 1996) ist die Möglichkeit, vor einer verbindlichen Adoption die Innovation in möglichst realitätsnaher Umgebung zu testen. Hohe Erprobbarkeit führt damit zu einer wesentlichen Verkürzung des Meinungsbildungsprozesses und dadurch zu einer rascheren Adoption oder Ablehnung.
- **Kommunizierbarkeit**: Mit diesem Merkmal wird erfasst, wie schwierig es ist, dem potenziellen Adopter die Eigenschaften der Innovationen zu vermitteln. Niedrige Kommunizierbarkeit führt zu geringerem Interesse potenzieller Nutzer und zu tendenziell längeren Adoptionsprozessen.

2.6.3.1 Eigenschaften von Innovationen als Determinanten des Adoptionsverhaltens – Das Strukturmodell von Schmalen/Pechtl

Schmalen/Pechtl (1996) modellieren das Adoptionsverhalten von Nachfragern auf Basis der **wahrgenommenen Eigenschaften** von Neuerungen. Das Modell verknüpft dazu Innovationseigenschaften mit Kontextvariablen der Nachfrager und leitet daraus das **Adoptionsverhalten** ab. Wie sich ein Nachfrager gegenüber einer Neuerung verhält, ist von deren Eigenschaften und der Bewertung in Relation zu Alternativen abhängig. Die Wahrnehmung der Innovationseigenschaften verändert sich hier aufgrund von Informationen von Anbietern, anderen Anwendern und „change agents".

Die **Kontextvariablen** wirken in diesem Modell nicht direkt auf das Adoptionsverhalten, sondern sie beeinflussen die Wahrnehmung von Innovationseigenschaften. Beispielsweise kann die Betriebsgröße als eine solche Kontextvariable gesehen werden. Bei einer Innovation wird das ökonomische Risiko von einer größeren Unternehmung geringer eingeschätzt werden als von einer im Vergleich kleineren Unternehmung. Auch der Kommunikationsprozess wirkt sich auf die Wahrnehmung von Innovationseigenschaften aus. So stützt sich etwa der Konsumententyp des Innovators auf Informationen von Anbietern; Imitatoren beachten vor allem die Informationen aus dem sozialen Umfeld. Die wahrgenommenen Eigenschaften von Neuerungen wurden bereits erläutert.

Traditionelle Präferenzmodelle gehen davon aus, dass wahrgenommene Eigenschaften von Produkten, Prozessen und Dienstleistungen voneinander unabhängig sind. Der Nutzen des potenziellen Adoptionsobjektes lässt sich dann aus der Summe der Teilnutzen jeder Eigenschaft ermitteln (Strebel 1975). Diese restriktive Prämisse ist für die Charakterisierung von Adoptionsentscheidungen bei Innovationen nicht geeignet. Es bestehen vielmehr Interdependenzen zwischen den verschiedenen Innovationseigenschaften. Schmalen/Pechtl unterscheiden hierbei zwischen originären, derivativen und explikativen Eigenschaften von Innovationen.

Originäre Eigenschaften werden als voneinander kausal unabhängig wahrgenommen. Zu dieser Eigenschaftsgruppe zählen relativer Vorteil, Komplexität, Kompatibilität, Adaptabilität sowie Finanzierungsprobleme. Diese beschreiben das Leistungspotenzial einer Neuerung und Problemfelder bei deren Übernahme.

Derivative Eigenschaften werden kausal von anderen Eigenschaften beeinflusst. Je höher die wahrgenommene Eigenschaft A ist, umso höher/ niedriger ist die wahrgenommene derivative Eigenschaft B. Die Eigenschaft A kann eine originäre oder derivative Eigenschaft des betrachteten Objektes sein. So führt etwa die Einschätzung von schwerwiegenderen Anpassungsproblemen in der Anlaufzeit von Prozessen zu größeren Befürchtungen, dass langfristig die erwartete Leistung der Neuerung nicht erreicht werden kann.

Bei Innovationsentscheidungen sind **explikative Eigenschaften** als Hintergrundvariablen der Wahrnehmung zu verstehen. Explikative Eigenschaften können Katalysatoren in der Verarbeitung von Innovationseigenschaften sein. Als eine solche Variable ist der Neuigkeitsgrad zu sehen.

Auf Basis dieser konzeptionellen Dreiteilung der Eigenschaften von Innovationen entwickeln Schmalen/Pechtl ein hierarchisches Strukturmodell zum Adoptionsverhalten (siehe Abb. 15).

In diesem Modell bilden die originären Eigenschaften den Kern eines hierarchisch aufgebauten Kreises. Um diesen Kern liegen die derivativen Eigenschaften. Die Eigenschaften in den Kreisringen können in diesem Modell nur durch Eigenschaften, die dem Kreismittelpunkt näher liegen, beeinflusst werden. Die explikativen Eigenschaften gehören keiner Hierarchiestufe an. Sie können jedoch als Moderatoren bei der Verarbeitung von Innovationseigenschaften dienen. Von einem direkten kausalen Einfluss wird gesprochen, wenn eine Eigenschaft unmittelbar auf den Adoptions-

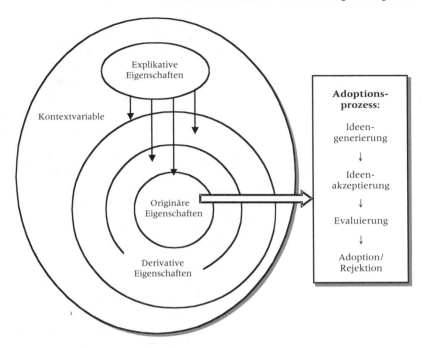

Abb. 15: Strukturmodell zum Adoptionsverhalten (Schmalen/Pechtl 1996)

prozess einwirkt. Wirkt die Eigenschaft nur mittelbar über andere Eigenschaften auf den Adoptionsprozess ein, so spricht man von einem indirekten kausalen Einfluss.

Schmalen/Pechtl stützen ihr theoretisches Modell durch eine empirische Untersuchung. Sie untersuchen hierbei die Verhaltensdeterminanten in Abhängigkeit der Adoptionsprozessphasen:

- Ideengenerierung (der Nachfrager gewinnt in dieser Phase generelles Interesse an der Neuerung)
- Akzeptierung der Innovationsidee (die Neuerung wird in dieser Phase als potenzielle Handlungsalternative eingestuft)
- Evaluierungsphase (hier fällt die Adoptions- oder Rejektionsentscheidung)

Je weniger eine Entscheidungssituation strukturierbar ist, umso stärker stehen technische Grundsatzfragen im Vordergrund. Eine solche Situation ergibt sich etwa in der Phase der Ideengenerierung revolutionärer Innovationen. Bei der Evaluierung treten eher anwendungsorientierte Probleme in den Vordergrund (Adaptabilität, technisches Risiko). Im Laufe des Adoptionsprozesses verschiebt sich generell jedoch die Bedeutung von technischen hin zu kaufmännischen Eigenschaften von Neuerungen. Eine Innovation muss also zunächst technisch überzeugen, bevor die endgültige Entscheidung für oder gegen eine Adoption auf Basis ökonomischer Faktoren getroffen wird. Ein zentraler Aspekt ist hierbei die bedarfsspezifische Dimensionierung einer Innovation. Nicht das technisch beste Produkt hat die größten Adoptionschancen, sondern die nutzerspezifisch adäquateste Lösung.

Von zentraler Bedeutung zur Erklärung des Kaufverhaltens bei technologischen Innovationen ist das mit dem Kauf verbundene Risiko. Weiber/ Pohl (1996) entwickelten auf Basis der Theorie des wahrgenommenen Risikos ein Modell zur Begründung des Verlaufs von Adoptionsprozessen bei technologischen Innovationen.

2.6.3.2 Das Modell des „wahrgenommenen Risikos"

Das Konzept des **wahrgenommenen Risikos** geht auf Bauer (1960) zurück und wurde von Cox (1967) weiterentwickelt. Grundaussage des Modells ist, dass jede Kaufentscheidung des Nachfragers mit Risiken bezüglich möglicher negativer Konsequenzen verbunden ist. Ein Teil der möglichen Risiken wird durch den Nachfrager wahrgenommen, das verbleibende Restrisiko bleibt ihm verborgen.

Die Adoptionsentscheidung bei technologischen Innovationen wird nun ausschließlich in dem Maß beeinflusst, in dem der Nachfrager Risiken wahrnimmt. Das **nicht wahrgenommene Risiko** beeinflusst in diesem Modell die Adoptionsentscheidung nicht. Das wahrgenommene Risiko wird vom Nutzer einem von ihm akzeptierten Risikoniveau gegenübergestellt. Übersteigt das wahrgenommene Risiko das akzeptierte Risikoniveau, so erfolgt keine Adoption. Erst wenn das wahrgenommene Risiko kleiner (gleich) dem akzeptierten Risiko ist, wird eine Adoption vorgenommen.

Wird der Adoptionsprozess – beginnend beim bewussten Wahrnehmen einer Neuerung über die Meinungsbildung bis zur Entscheidung – betrachtet, so zeigt sich, dass wahrgenommenes wie auch nicht wahrgenommenes Risiko nicht konstant sind (siehe Abb. 16).

Nach dem **Wahrnehmen einer Neuerung** und dem Entstehen eines grundsätzlichen Kaufwunsches in der Bewusstseinsphase wird ein gewisses (inhärentes) Risiko wahrgenommen. Das inhärente Risiko wird im Regelfall über dem akzeptierten Risikoniveau liegen. Der potenzielle Adopter kann das von ihm wahrgenommene Risiko in einem Meinungsbildungs-

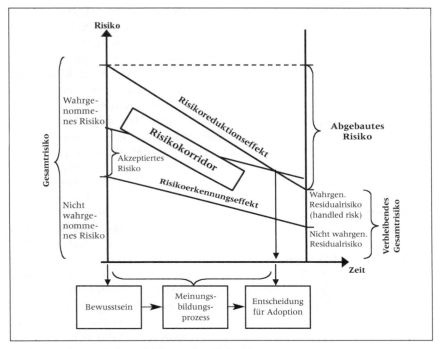

Abb. 16: Der Risikokorridor bei technologischen Neuerungen

prozess durch Informationsbeschaffung und -auswertungen (**Risiko-reduktionsstrategien**) reduzieren. Mit der Anwendung von Risiko-reduktionsstrategien in der Meinungsbildungsphase steigt das technologie-bezogene Wissen des potenziellen Adopters. Dadurch werden ihm in zu-nehmendem Maße bisher nicht wahrgenommene Risiken bewusst. Dieser Effekt wird als „Risikoerkennungseffekt" bezeichnet.

Risikoreduktionseffekt wie Risikoerkennungseffekt werden vor allem dann stark ausgeprägt sein, wenn dem potenziellen Adopter qualitativ hochwertige Informationen zur Verfügung gestellt werden, mit denen er ein hohes produktspezifisches Wissen entwickeln kann. Der Nachfrager er-kennt die Risiken in hohem Umfang und kann diese in ihren Auswirkun-gen auch adäquat beurteilen. Ein hoher Risikoerkennungseffekt bei nur geringem Risikoreduktionseffekt ist zu erwarten, wenn nur geringes pro-duktspezifisches Wissen aufgebaut werden kann. In diesem Fall wird durch zusätzliche Informationen zwar die Problemerkennung, nicht aber die Be-wertungsmöglichkeiten der Probleme durch den Adopter gefördert.

Um eine Aussage über das Adoptionsverhalten des potenziellen Adopters tätigen zu können, sind beide Effekte zu betrachten. In Abb. 17 ist der Risikoreduktionseffekt größer als der Risikoerkennungseffekt. Wahrgenommenes und nicht wahrgenommenes Risiko haben am Ende gegenüber dem Beginn des Meinungsbildungsprozesses abgenommen. Das akzeptierte Risikoniveau des potenziellen Adopters bestimmt nun, zusammen mit dem wahrgenommenen Risiko, über den Zeitpunkt einer Adoption.

Auch das **akzeptierte Risikoniveau** kann über den Meinungsbildungsprozess hinweg Veränderungen unterliegen. Sinkt das Anspruchsniveau des potenziellen Nutzers an die Innovationen (das akzeptierte Risikoniveau steigt), so wird die Entscheidung für eine Adoption zeitlich früher fallen. Das tritt vor allem dann ein, wenn die Dringlichkeit der Anschaffung sehr hoch ist. Erhöht sich das Anspruchsniveau (das akzeptierte Risikoniveau sinkt), so sinkt während des Meinungsbildungsprozesses die Bereitschaft, mit der Adoption Risiken in Kauf zu nehmen. Von diesem Fall ist auszugehen, wenn die Anschaffung mit geringer Dringlichkeit versehen ist. Dass über den Meinungsbildungsprozess hinweg das akzeptierte Risikoniveau unverändert bleibt ist ein Sonderfall, der nur bei sehr starr festgelegten bzw. unbeeinflussbaren Persönlichkeitsstrukturen eintritt.

Zur **Adoption einer Innovation** kommt es, wenn das subjektiv wahrgenomme Risiko auf bzw. unter das akzeptierte Risikoniveau fällt. Der Entscheidungszeitpunkt und damit die Länge des Risikokorridors sind somit keine fest vorgegebenen Größen, sondern hängen von der Entwicklung des wahrgenommenen und des akzeptierten Risikos ab.

Weiber/Pohl erweitern das dargestellte Modell noch um eine nutzentheoretische Sicht. Aus dieser Perspektive wird das Erreichen eines bestimmten **Kosten/Nutzenverhältnisses** als zentrale Voraussetzung für eine Adoption gesehen. Negative Folgen einer Adoptionsentscheidung können sich sowohl auf Kosten als auch auf die Leistungsfähigkeit (Qualität und Zuverlässigkeit der Leistungserbringung) des Kaufobjektes beziehen. Die Adoptionsentscheidung lässt sich dann aus risikotheoretischer Sicht in Abhängigkeit von Kosten-/Nutzenverhältnissen darstellen. Weiber/Pohl zerlegen zur Integration dieser Sichtweise sowohl wahrgenommenes als auch akzeptiertes Risiko in die beiden Komponenten „Kostenrisiko" und „Leistungsrisiko". Bei der Analyse des wahrgenommenen Risikos wird zwischen dem „wahrgenommenen Kostenrisiko" und dem „wahrgenommenen Leistungsrisiko" unterschieden. Analog wird das akzeptierte Risiko in die Komponenten „akzeptiertes Kostenrisiko" und „akzeptiertes Leistungsrisiko" aufgespalten.

Der potenzielle Nutzer einer technologischen Innovation macht bei diesem erweiterten Modell seine Adoptionsentscheidung von einem Vergleich des wahrgenommenen Kosten- und Leistungsrisikos in Relation zu den akzeptierten Kosten-/Leistungsrisikoniveaus abhängig. Zu einer positiven Kaufentscheidung kommt es erst, wenn das wahrgenommene Kosten- bzw. Leistungsrisiko unterhalb des jeweils akzeptierten Niveaus liegt (siehe Abb. 17).

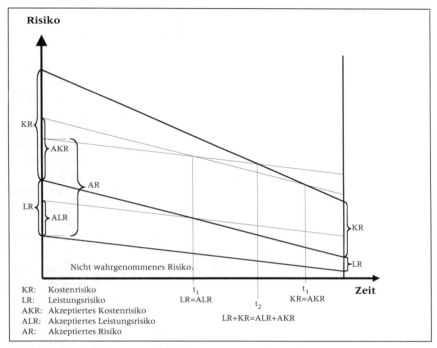

Abb. 17: Die Entwicklung von wahrgenommenem und akzeptiertem Kosten- und Leistungsrisiko im Adoptionsprozess (Weiber/Pohl 1996)

Erfolgt keine Aufspaltung des gesamten Risikos in die Komponenten Kosten- und Leistungsrisiko, würde in t_2 die Innovation adoptiert werden. Hier ist das gesamte wahrgenommene gleich dem gesamten akzeptierten Risiko. Aufgrund der additiven Verknüpfung der wahrgenommenen wie akzeptierten Risiken liegt beim erweiterten Modell jeweils ein Teilentscheidungskriterium (akzeptiertes Teilrisiko > wahrgenommenes Teilrisiko) links bzw. rechts von t_2. So sinkt im dargestellten Fall in t_1 das wahrgenommene unter das akzeptierte Leistungsrisiko. In t_3 wird auch der Anspruch für das wahrgenommene Kostenrisikoniveau erfüllt. Dem Modell entsprechend würde die Neuerung hier adoptiert werden.

In t_3 ist das wahrgenommene Leistungsrisiko aber deutlich unter das akzeptierte Leistungsrisiko gesunken. In t_2 wäre die Übererfüllung des Leistungsrisikos gleich der Untererfüllung des Kostenrisikos. Es stellt sich nun die Frage, ob ab t_2 ein Kompensationsmechanismus zwischen den akzeptierten Kosten- und Leistungsrisikoniveau stattfindet. Im konkreten Beispiel würde das bedeuten, dass das akzeptierte Kostenrisiko zugunsten eines reduzierten Leistungsrisikos erhöht wird. Ob eine Kompensation eintritt, hängt primär von der subjektiven Bedeutung ab, die der Adopter den beiden Kriterien zumisst.

Auf Basis des vorgestellten Modells analysieren Weiber/Pohl die Auswirkungen auf das Adoptionsverhalten bei technologischen Innovationen (siehe Abb. 18). Da technologische Innovationen zumeist als hochkomplex wahrgenommen werden, ist im Regelfall davon auszugehen, dass das inhärente Risiko zu Beginn des Meinungsbildungsprozesses wesentlich höher als das akzeptierte Risiko ist. Informationssuche und -verarbeitung stellen die bedeutendste Risikoreduktionsstrategie dar. Begrenzt wird die Risikoreduktion durch Informationssuche von den entstehenden Informationskosten.

Werden die Kosten für eine weitere Informationssuche im Vergleich zur erwarteten Verbesserung der Entscheidungssituation als relativ hoch eingeschätzt, so wird vom potenziellen Nutzer eine Zwischenentscheidung getroffen. Eine Adoption ist in diesem Fall nicht möglich. Welche Zwischenentscheidung getroffen wird, hängt von Typ und Höhe der verbleibenden wahrgenommenen Risiken ab. Weiber/Pohl unterscheiden zwischen **„Informationssuchern"** und **„Kostenreagierer"** bei eher hohem wahrgenommenen Kostenrisiko und **„Leapfroggern"** bei geringem Kosten-, aber hohem wahrgenommenem Leistungsrisiko.

Informationssuchende nehmen Kosten- wie Leistungsrisiko als sehr hoch wahr und versuchen durch weitere Informationssuche diese zu senken. Der Adoptionsprozess wird hierbei oft nur relativ kurz unterbrochen. Längerfristige Unterbrechungen des Adoptionsprozesses treten auf, wenn weitere Informationen nicht verfügbar sind. Der potenzielle Adopter kann dann durch Zuwarten und Verfolgen der weiteren Entwicklungen bei anderen Käufern zu späteren Zeitpunkten weitere Informationen einholen.

Wird nur das Kostenrisiko als relativ hoch wahrgenommen, stellt die Leistungsfähigkeit der technologischen Innovation den potenziellen Nachfrager aber zufrieden, so erfolgt durch Kostenreagierer keine Adoption. Die Gründe hierfür können bei als zu hoch empfundenen **Switching-Costs**, unzureichenden Garantieleistungen oder generell zu hohem Preisniveau liegen. Liegt die Ursache einer negativen Adoptionsentscheidung in einem als zu hoch empfundenen Leistungsrisiko (bei abgeschlossener Informationssuche), so wird diese Nicht-Adoption als „leapfrogging-behavior" be-

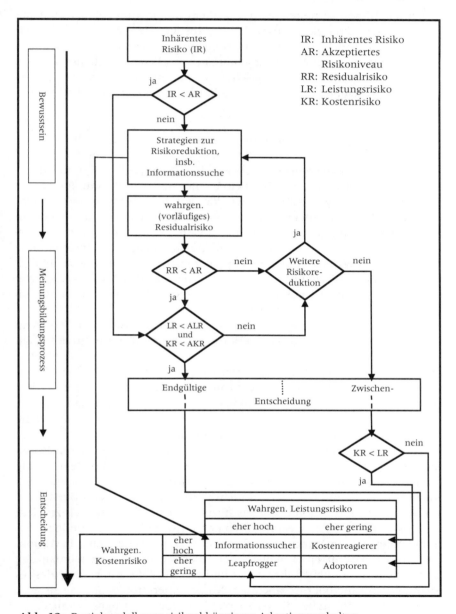

Abb. 18: Partialmodell zum risikoabhängigem Adoptionsverhalten

zeichnet. Dieses Verhalten wird vor allem auf Technologiemärkten mit relativ kurzen Produktlebenszyklen begünstigt. Diese Zwischenentscheidung bedeutet nicht, dass der Adoptionsprozess beendet ist. Konsequenz ist allerdings die zeitliche Verschiebung der möglichen Kaufentscheidung. Der Diffusionsverlauf technologischer Innovation führt aufgrund der dargestellten zeitlichen Verzögerungen zu linksschiefen Kurvenverläufen.

2.6.3.3 Der Nutzer im Innovationsprozess

Die zentrale Rolle der Nutzer – vor allem der „lead user" – im Innovationsprozess wird von vielen Autoren betont. Hier sollen zu diesem Thema von Hippels Ausführungen vorgestellt werden. Von Hippel (1980) stellte in empirischen Untersuchungen fest, dass 60–80 % der von ihm untersuchten innovativen Produkte durch Nutzer erfunden, erprobt und betrieben wurden. Erst wenn diese Neuerungen erfolgreich im eigenem Unternehmen implementiert waren, wurden sie einer kommerziellen Nutzung zugeführt. Auf Basis dieser Ergebnisse kommt er zu dem Schluss, dass Nutzer von Produkten – eher als deren Hersteller – die Entwicklung kommerziell lebensfähiger Produkte vorantreiben.

Man kann in diesem Zusammenhang von einem **nutzerinduzierten Paradigma** der Neuproduktgenerierung sprechen. Die Initiative für ein neues Produkt geht vom Nutzer aus, der Hersteller übernimmt die Ideenauswahl. Der Nutzer erstellt für einen konkreten Problemfall einen Prototypen, nutzt und verbessert diesen. Durch Kommunikation zwischen dem Ersteller und Nutzer eines Neuproduktes werden Informationen über die Lösung weitergetragen. Der Hersteller wird erst hier aktiv. Er verbessert die Lösung weiter, stellt sie her und vermarktet sie.

Nutzer werden eigene Prozesse oder Produkte entwickeln, wenn sie keinen Hersteller zur Erstellung geeigneter Lösungen für ihre Problemstellung finden können oder aus ökonomischen Überlegungen nicht finden wollen. Geeignete Lieferanten sind dann nicht vorhanden, wenn den Herstellern die Kundenbedürfnisse nicht bewusst sind oder sie die Märkte als zu klein und riskant einschätzen. Kann durch den Einsatz einer nutzerinduzierten Problemlösung ein Markt geschaffen werden, treten Hersteller in Aktion. Der innovative Nutzer kann aber auch Interesse an einer Geheimhaltung seiner Bedürfnisse haben. Er vertritt in diesem Fall die Auffassung, dass es ökonomisch sinnvoller ist, alleiniger Nutzer einer Problemlösung zu sein, als über einen Hersteller diese den Wettbewerbern verfügbar zu machen. Dieses Vorgehen wird oft bei Prozessinnovationen gewählt, um schwer imitierbare Kompetenzen im Unternehmen aufzubauen, die Wettbewerbsvorteile gegenüber Konkurrenten begründen können (Prahalad/Hamel 1990; Handlbauer/Hinterhuber/Matzler 1998).

Dem nutzerinduzierten steht ein **herstellerinduziertes Paradigma** gegenüber. Der Hersteller übernimmt die Analyse der Nutzerbedarfe, kreiert Lösungsideen und nimmt die Ideenauswahl vor. Brockhoff (1999) erweitert die nutzer- und herstellerdominierten Typen durch den Typ der kooperativen Innovation. Dieser Typ ist durch die Verteilung der gesamten Innovationskosten auf mehrere Partner sowie die wechselseitige Ausnutzung spezifischer Kenntnisse gekennzeichnet. Bei zunehmender Dynamik und Komplexität der technologischen Entwicklungen rücken gemeinschaftliche Innovationen (in Form von Kooperationen, Allianzen, Mergern, etc.) zur Flexibilitätssteigerung gegenüber Wettbewerbern heute immer mehr in den Vordergrund.

3 Das Innovationssystem

Das Unternehmen kann seine Aktivitäten im Bereich des strategischen Innovations- und Technologiemanagements nicht unabhängig von denen anderer Bereiche entfalten. Es wird vielmehr determiniert von einer Reihe unternehmensinterner und -externer Einflussfaktoren und übt seinerseits wieder Einflüsse auf interne und externe Größen aus (Kleinhückelskoten/ Schnetkamp 1989, 264 f). Dadurch eröffnen sich für das Unternehmen in seiner Umwelt Chancen und Risiken.

Der für das Unternehmen unmittelbar wichtigste Bereich des Umsystems ist seine angestammte **Branche**. Hier liegt sein konkreter Aktionsraum, den es mit Hilfe einer entsprechenden Unternehmenspolitik aktiv mitgestalten und beeinflussen kann. Von der Stellung innerhalb dieses nahen Umsystems hängen Erfolg und Misserfolg des Unternehmens in Bezug auf Innovationen unter anderem ab (Porter 1999, 35).

Dieser Bereich seinerseits ist eingebettet in ein weiteres, **„generelles"** **Umfeld**. Von diesem gehen zwar im Regelfall keine direkten und aktiven Einwirkungen auf das Unternehmen aus, doch stellt es eine wichtige Randbedingung dar. Zu den generellen Faktoren zählen soziodemografische und gesellschaftliche, wirtschaftliche, technologische und politisch-rechtliche Faktoren (Huxold 1990, 51) sowie die natürliche Umwelt (vgl. Abb. 1; Gelbmann 2001, 41; Schwarz 1994, 33 ff).

Im Zentrum der Analyse der externen Gegebenheiten stehen Ansprüche, die von den sog. **Stakeholders** (Anspruchsgruppen) an das Unternehmen herangetragen werden. Der Begriff des Stakeholders ist abgeleitet vom englischen „stockholder" (Aktionär) und „stake" (Anteil) (Staehle 1999, 395) und bezeichnet Personen und Institutionen, die ihre Ziele nur durch das Unternehmen erreichen können oder die umgekehrt wesentlich sind für die Zielerreichung des Unternehmens (Freeman 1984, 41). Zu den Anspruchsgruppen zählen zunächst die Eigentümer (bzw. Aktionäre), die Mitarbeiter, die Lieferanten und die Kunden. In den letzten Jahren wurden im Zuge einer zunehmenden Debatte um Stakeholders aber auch noch andere erkannt, wie etwa die Nachbarn, die lokale Politik, NGOs etc. Für das Innovationsmanagement bedeutsam sind diese, da auch von ihnen massive Innovationsimpulse ausgehen können. So können umweltbezogene Innovationen durch Forderungen der Anrainer oder Auflagen der Politik induziert werden (Freeman 2004, 230f.)

Aus ihren Ansprüchen erwächst das Interesse der Stakeholder am Unternehmen. Die Ansprüche entsprechen dem Nutzen, den sie sich davon erwarten, dass sie Leistungen für das Unternehmen erbringen (Hill/Fehl-

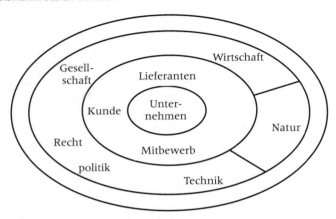

Abb. 1: Einbettung des Unternehmens in seine Umwelt (Gelbmann 2001, 42)

baum/Ulrich 1996, 149 f). Aus diesem Grund ist es nötig, die erwarteten Nutzen und vom Unternehmen zu erbringenden Leistungen im Gleichgewicht zu halten.[1]

Doch gibt es auch Faktoren, aus denen Anforderungen und Ansprüche an das Unternehmen resultieren, für die keine Gegenleistung zu erwarten ist. Diese zusätzlichen Anforderungen ergeben sich einerseits aus dem Tätigwerden von Konkurrenten und anderseits aus dem Vorhandensein von Rahmenbedingungen, die als positive oder negative Anreize das Handeln des Unternehmens beeinflussen. Die **genaue Analyse des Unternehmensumfeldes sowohl aus genereller wie aus branchenspezifischer Sicht** (Chancen- und Risikoanalyse) sowie die Untersuchung **unternehmensinterner Determinanten** (Stärken- und Schwächenanalyse) sind die Voraussetzung für die Entwicklung von F&E-Programmen und Innova-

---

1 Die theoretische Fundierung dieser Verhaltensweisen liefert die Anreiz-Beitrags-Theorie von March und Simon. Diese umfasst eine Reihe von grundlegenden Prämissen, die im Wesentlichen aussagen, dass die vom Individuum für das Unternehmen erbrachten Leistungen (Beiträge) übereinstimmen müssen mit den vom Unternehmen an das Individuum weitergegebenen Anreizen (March/ Simon 1958, 93 ff).

Die Anreiz-Beitrags-Theorie bezieht sich zunächst nur auf die Organisationsmitglieder, im Speziellen die Beschäftigten, wird aber von March und Simon selbst auf die übrigen Systemteilnehmer umgelegt: "Our treatment of employee participation specified two major variables ... Similar major mechanisms operate in other areas. A consumer's decision to switch brands ... A dealer's decicion to change his franchise ..." (March/Simon 1958, 107).

tionsstrategien im Rahmen es strategischen Innovations- und Technologiemanagements.

Die unternehmensexternen Einflussfaktoren stehen im Mittelpunkt des folgenden Unterkapitels.

3.1 Unternehmensexterne Einflussfaktoren aus dem weiteren Unternehmensumfeld

3.1.1 Einflussfaktoren aus der natürlichen Umwelt

Ökologische Indikatoren:
Verfügbarkeit natürlicher Ressourcen
Vermeidungspotenziale für ökologische Belastungen
Recyclingpotenziale
Aufnahmekapazität der natürlichen Umwelt für Rückstände
Fragen der nachhaltigen Wirtschaft
Datenquellen: Marktforschung, Stoff- und Energiebilanzen, Umweltberichte

---

Abb. 2: Ökologische Indikatoren des Innovations- und Technologiemanagements

Die natürliche Umwelt ist die Grundlage allen menschlichen (und somit auch wirtschaftlichen) Handelns, da der Mensch selbst Teil des Ökosystems „Erde" ist. Deshalb müssen Schutz und Erhaltung dieser Lebensgrundlage zu den obersten Prinzipien gezählt werden. Gesellschaftliche, wirtschaftliche, rechtliche und technologische Rahmenbedingungen müssen aus diesem Grund ökologischen Problemstellungen Rechnung tragen (Gelbmann 2001, 43).

Die **natürliche Umwelt** übt neben ihren Auswirkungen auf die globalen Rahmenbedingungen auch direkten Einfluss auf das Unternehmen aus. Sie dient einerseits als Rohstofflieferant, anderseits als Aufnahmemedium für Residuen aus Produktion und Konsum (Strebel 1992, 210).

Auf der Inputseite offenbart sich die Knappheit der natürlichen Rohstoffe dem Unternehmen nur in Form von erhöhten Rohstoffpreisen, ist also wiederum nur indirekt über ihre Auswirkung auf den externen Faktor „Wirtschaft" messbar. Auf diese wirken aber noch eine Fülle anderer Größen ein (wie Spekulationen, Preisabsprachen, Konkurrenzkampf), die oftmals die Preise sogar eher nach unten drücken und die daher im Allgemeinen kein (eindeutiger) Indikator für die Knappheit sind.

Auf der Outputseite tritt ökologische Knappheit vor allem in Form von Engpässen bei der Entsorgung von sog. Rückständen (d.h. „Abfälle" aus Produktion und Konsum) auf.

Aus Sicht des unternehmerischen Innovations- und Technologiemanagements gehen daher viele Überlegungen dahin, Stoffe und Energie sparsamer einzusetzen. Gleichfalls auf der Suche ist man nach Wegen, unvermeidliche Rückstände aus Produktion und Konsum wieder in den Produktions- und Konsumprozess zurückzuführen (Recycling; Strebel 2002, 113–116). Dabei werden Rohstoffe aus der sog. Urproduktion (Bergbauprodukte, Erdöl- und Erdgasderivate etc.) durch sekundäre Rohstoffe (also durch Rückstände oder daraus erzeugte Produkte) ersetzt.

Die Aufdeckung von Möglichkeiten der ökologischen Entlastung ist meist dem Bereich der Forschung und Entwicklung zuzuordnen, zumal das Recycling auch naturgesetzlichen Beschränkungen unterworfen ist. Daher besteht gerade in diesem Bereich noch ein enormes Verbesserungs- und damit Innovationspotenzial.

3.1.2 Technologische Einflussfaktoren

Technologische Indikatoren:
- Technologielebenszyklus, Produktlebenszyklus
- Ausgereiftheit bzw. Weiterentwickelbarkeit von Produkten und Produktionsverfahren
- Dynamik der technologischen Entwicklung
- Technische Reife der Branche
- Verfügbarkeit neuer Materialien
- Wettbewerbsstrategisches Potenzial der Technologien
- Mögliche Verbesserungen der Kosten-Leistungs-Relationen
- Technologiekomplexität
- Technologiequelle

Datenquellen: TLZ-Konzept, S-Kurvenkonzept, Expertenbefragungen, Benchmarks, evtl. Regressionsanalysen

Abb. 3: Technologische Indikatoren des Innovations- und Technologiemanagements

Externe technologische Einflussfaktoren werden am besten im Rahmen der sog. **Technologiefrüherkennung** untersucht. Diese zielt einerseits auf Informationsgewinnung von Entwicklungen im Unternehmen bereits eingesetzter Technologien (Technologieüberwachung) ab und erfolgt anderrerseits losgelöst von bereits eingesetzten Technologien, um Chancen und Risiken zu erkennen, die sich außerhalb von derzeitigen Unternehmensaktivitäten ergeben (Technologieexploration; Gerpott 2002, 101 f). Die Informationsquellen der Technologieüberwachung und Technologieexploration sind dieselben: Beide beziehen Hinweise auf technologische Entwicklungstrends aus Fachliteraturanalysen, Patentanalysen und Analysen über F&E-Anstrengungen aktueller und potenzieller Konkurrenten (Wolfrum 1991, 122 ff). Zur Abschätzung von Auswirkungen, die Veränderungen des technologischen Umfeldes auf die Wettbewerbssituation haben, müssen sich Technologieüberwachung und -exploration sinnvoll ergänzen, denn nur so kann bereits im Unternehmen vorhandenes technologiespezifisches Wissen mit dem für innovative Durchbrüche nötigen Fingerspitzengefühl kombiniert werden.

Das gilt vor allem hinsichtlich von Einflussfaktoren wie der Entwicklung des bzw. der Stellung im Technologielebenszyklus und damit hinsichtlich der Frage, ob man sich mit Basis-, Schlüssel- oder Schrittmachertechnologien auseinander setzt, und der Position auf einer etwaigen S-Kurve, die Auskunft über die Weiterentwickelbarkeit einer Technologie gibt (vgl. Kap. 1 und 2). Auch die Frage, inwieweit Verbesserungen der Produktionsprozesse (Prozessinnovationen) bei an sich unveränderten Produkten etwa zu Kosteneinsparungen führen können, ist im Zusammenhang mit dem Innovations- und Technologiemanagement nicht als externer Einflussfaktor, sondern als zentrale und zu steuernde Tatsache zu sehen.

Ausgangspunkt für die Suche nach neuen technischen Lösungen sind oftmals Anwenderprobleme. Ob diese nun im Bereich der Kunden oder der internen Anwender liegen (d.h. etwa der Mitarbeiter der Produktionsabteilung etwa beim Einsatz eines Verfahrens), ist dabei sekundär. Vielfach ist es so, dass die Produkte selbst ein eher geringes Innovationspotenzial aufweisen. Die Innovation liegt oftmals in den Prozesstechnologien, die zur Produktfertigung dienen. So bleibt ein weißes Blatt Papier im Wesentlichen allemal Papier, obwohl zwischen der herkömmlichen Chlor- und der modernen Sauerstoffbleiche in Bezug auf die eingesetzten Produktionsprozesse beträchtliche Unterschiede bestehen. Essenziell ist schließlich die Frage, wie viele Produkt- und Prozesstechnologien in einem neuen Produkt inkorporiert (enthalten, beteiligt) sind.

Neben diesen zentralen Fragen bleiben als externe Faktoren etwa die Verfügbarkeit von neuen Einsatzstoffen oder extern zu beschaffenden Produktionstechnologien, der Zugang zu Wissen (Schutzrechtsituation in der Branche, vgl. Kap. 4.2.5) sowie die Technologiedynamik in der Branche, die vor allem davon abhängt, ob man sich im Hochtechnologiebereich bewegt oder doch in einem eher „klassischen" Sektor. Dabei ist jedoch zu beachten, dass auch technologisch weniger innovative Sektoren Take-offs machen können und dann einem raschen technologischen Wandel unterliegen. So haben etwa die „Funktionsfasern" der Textilindustrie einen technologischen Boom beschert.

Alle diese Fragestellungen haben Einfluss auf das wettbewerbsstrategische Potenzial der Technologie und damit auf die Frage, ob eine bestimmte Technologie oder ein Bündel von Produkt- und Prozesstechnologien dem Unternehmen bei der Erzielung dauerhafter Wettbewerbsvorteile helfen kann. Es wird deutlich, dass technologische Größen den Aktionsradius des Innovationsmanagements in erheblichem Maße beeinflussen. Genau genommen stellen sie sogar eine conditio sine qua non dar, wenn man bedenkt, dass die Realisierung eines „marktlichen" Erfolgs ohne die Möglichkeit der „technischen" Realisierung in vielen Branchen unmöglich ist.

3.1.3   Gesellschaftliche Einflussfaktoren

Soziokulturelle Indikatoren:
- Bevölkerungsentwicklung
- Regionale Verteilung der Käufer
- Zusammensetzung der Abnehmer
- Produktakzeptanz
- Rationalität des Käuferverhaltens
- Wertdimensionen
- Meinungsführerschaft
- Änderung der Abnehmerpräferenz

Datenquellen: Marktforschung, Umfragen, Statistische Daten

Abb. 4: Soziokulturelle Indikatoren des Innovations- und Technologiemanagements

Erschwerend tritt zu den Problemen der Technologieverfügbarkeit und -wahl hinzu, dass sich die Bevölkerung in Bezug auf Technologie nicht unbedingt nach rationalen Prinzipien verhält, vielmehr lassen sich die Menschen oft von irrationalen Ängsten leiten. In der Diskussion um technologische Fragestellungen ist auch zu bemerken, dass eine starke Fokussierung auf wenige Problembereiche stattfindet. So sind etwa manche Technologien im Bewusstsein der Bevölkerung eher positiv besetzt, ohne mögliche negative Auswirkungen zu beachten (z.B. Brennstoffzellen für

Automobile). Andere Technologien werden prinzipiell als schlecht beurteilt und abgelehnt (Gentechnologie, Kernspaltung). Manche Themen nehmen in den Köpfen der Menschen absolut vorrangige Positionen ein, wie etwa derzeit die CO_2-Problematik.

Da im Mittelpunkt der unternehmerischen Innovationspolitik das langfristige Aufspüren und Erfüllen von Kundenwünschen und sonstigen Stakeholder-Ansprüchen steht, muss auf diese Gegebenheiten besonders Rücksicht genommen werden. Zum Zwecke der genaueren Analyse müssen sozio-kulturelle oder gesellschaftliche Einflussfaktoren in zumindest drei Unterdimensionen aufgeteilt werden:

Zu den **demografischen Faktoren** gehören Alter, Bildungsstand, Einkommen etc. Sie sind für die Aktivitäten des Innovationsmanagement von weniger wesentlicher Bedeutung, wenn man als gegeben annimmt, dass im Allgemeinen jüngere, besser ausgebildete und wohlhabendere Menschen und vor allem Männer technologischen Neuerungen aufgeschlossener gegenüberstehen als andere. Hier sind vor allem im Hinblick auf Konsumgüter entsprechende Marktstudien zu erstellen bzw. zu beschaffen. Wesentlicher sind die Bevölkerungsentwicklung insgesamt und gegebenenfalls die regionale Verteilung der potenziellen Käufer, da davon die Höhe des Absatzpotenzials insgesamt tangiert wird.

Die normative Dimension umfasst Werte und Normen (Nieschlag/ Dichtl/Hörschgen 1997, 617). Als Werte bezeichnet man vom Individuum erlernte, relativ stabile, allgemeine Vorstellungen über wünschenswerte bzw. anzustrebende Lebens- und Verhaltensformen, die als Verhaltensstandards bzw. Bezugspunkte zur Koordination des Zusammenlebens dienen (Schlöder 1993, 112). Jeder Wert ist Teil eines hierarchisch strukturierten Wertesystems, das einem stetigen Wandel unterliegt (Inglehart 1989, 90). Das kann einerseits den Technologie bezogenen Handlungsspielraum des Unternehmens in erheblichem Maße beeinflussen, anderseits beeinflussen aber auch die technologischen Möglichkeiten die Entstehung neuer Werte. So gewannen in den letzten Jahren freizeit- und erlebnisbezogene Werte immer mehr an Bedeutung und eröffneten Einsatzmöglichkeiten für neue Produkttechnologien etwa im Haushalt (gefriergetrocknete Lebensmittel, programmierbare Haushaltsgeräte) oder am Freizeit- und Sportsektor (Gameboys, Microscooter, Inline-Skates). Der Wandel hin zu Informations- und Kommunikationsgesellschaft begünstigte den Durchbruch von Internet und mobiler Telefonie, das angeblich steigende Umwelt- und Gesundheitsbewusstsein wirkt sich positiv auf das Bedürfnis nach „Öko"produkten und biologischen Lebensmitteln aus. Letzteres ist ein Beispiel dafür, dass durch den Wertewandel auch neue Prozesstechnologien gefördert werden, wie im vorangegangenen Kapitel schon erklärt wurde.

Die „**sozio-organisationale**" **Dimension** nimmt Bezug auf die gesellschaftliche Betroffenheit des Unternehmens bzw. auf die Anliegen bzw. Ansprüche, die von außen an das Unternehmen herangetragen werden (Dyllick 1992, 36). Diese Ansprüche sind von großem Misstrauen gegenüber Technik und Technologie gekennzeichnet: Werden diese einerseits als segensreich betrachtet, weil sie z.b. zur Reduktion von Umweltbelastungen beitragen, so ist anderseits mit heftigen Protesten zu rechnen, wenn von ihnen potenziell Umwelt- und Gesundheitsgefährdung ausgehen.

Träger von Protesten sind Stakeholder, die „aus gesellschaftlichen Anliegen … Ansprüche an die Unternehmung ableiten und entweder selbst oder durch Dritte versuchen, auf die Unternehmungsziele oder die Art und Weise der Zielerreichung Einfluss auszuüben", meist indem sie die öffentliche Meinung beeinflussen (Dyllick 1992, 43). Aus Innovationssicht relevante gesellschaftliche Stakeholder können Kammern, Gewerkschaften, Parteien, Behörden oder Medien ebenso sein wie Verbände und Organisationen (z.B. Konsumentenschutzverbände, Umweltorganisationen). Ähnliche Interessen verfolgen auch Bürgerinitiativen, deren Bemühungen auf die Verhinderung konkreter, in irgendeiner Form als bedrohlich eingestufter Vorhaben gerichtet sind (Prisching 1990, 14).

Die Öffentlichkeitsarbeit muss gezielt auf die Informationsbedürfnisse der einzelnen Anspruchsgruppen hin konzipiert werden, um Widerständen gegenüber Projekten mit technologischer Relevanz vorzubeugen oder ihnen entgegentreten zu können. Das Instrumentarium der PR ist auf eine möglichst positive Beziehung zu potenziellen Anspruchsgruppen auszurichten, um durch ein entspanntes Klima die Möglichkeit zum Aushandeln von Problemen offen zu halten (Roloff 2002, 83)

3.1.4   Rechtlich-politische Einflussfaktoren

Rechtlich-politische Indikatoren:
- Wirtschafts- und Konjunkturpolitik
- Staatliche F&E-Politik
- Subventionen und Förderungen
- Gesetze und Rechtssprechung

Datenquellen: Literatur, Gesetzestexte und Kommentare, Informationsveranstaltungen, Verbandsinformationen

Abb. 5: Rechtlich-politische Indikatoren des Innovations- und Technologiemanagements

Die Diskussion von rechtlichen und politischen Einflussfaktoren als Einheit lässt sich dadurch rechtfertigen, dass Gesetze und Vorschriften letztlich durch politische Aktivitäten bedingt werden. Beide gemeinsam bilden eine wesentliche Grundlage für das Innovations- und Technologiemanagement. In aller Regel ist davon auszugehen, dass die Politik dem Innovationsmanagement positiv gegenübersteht, da diese als ein Motor des wirtschaftlichen Erfolges und folglich der Konjunktur gilt. Die Industrienationen sind weiterhin auf raschen Fortschritt angewiesen, da sie bei der Produktion von Standardprodukten mit den weniger entwickelten Staaten in Bezug auf die Produktionskosten nicht mithalten können.

Politiker zögern daher nicht, Bekenntnisse zu einer aktiven staatlichen Innovations- und Technologiepolitik abzulegen. Diese bedient sich als Instrument vor allem der **Förderung bzw. Subventionierung** von F&E-Projekten verschiedener Art, aber auch der vermehrten Gründung von subventionierten Technologie- und Innovationszentren sowie der Förderung von F&E- bzw. technologieorientierten Netzwerken (Pleschak/Sabisch 1996, 317 ff). Dazu ist jedoch anzumerken, dass durch Subventionen an einzelne Unternehmen beträchtliche Wettbewerbsverzerrungen hervorgerufen werden können (Olschowy 1990, 105). Auch besteht unter den kooperierenden Unternehmen erhebliche Unsicherheit darüber, wie die Kooperation nach dem Auslaufen der Förderungen (in der Regel nach spätestens 6 Jahren) weitergehen kann.

Wesentlicher Förderungsgeber ist neben privaten Organisationen und Stiftungen (z.B. Unternehmen bzw. Konzerne, bekannt ist etwa die deutsche Volkswagen Stiftung) die öffentliche Hand durch Bund, Länder und (eher in Ausnahmefällen) Gemeinden. Ein Subventionsgeber für Aktivitäten im Bereich der F&E ist auch die Europäische Union.[2] Auch halböffentliche Einrichtungen wie Kammern, Verbände und Gewerkschaften treten als Förderungsgeber auf.[3]

Es gibt Fördermöglichkeiten für wissenschaftliche (Einzel-)Arbeiten (als Förderstipendien) ebenso wie für Projekte von einzelnen Antragstellern oder, im Hinblick auf mögliche Synergieeffekte, Gruppen von Subventionswerbern, in denen meist Partner aus dem akademischen und dem privatwirtschaftlichen Bereich kooperieren. Schließlich wird an der Schnittstelle zwischen Forschungseinrichtungen und Wirtschaft auch die Neugründung von Unternehmen aus der Wissenschaft gefördert.

---

2 Vor allem durch die jeweils auf mehrere Jahre festgelegten sog. „Rahmenprogramme für Forschung und Entwicklung". Das 6. Rahmenprogramm (2007–2013) ist mit insgesamt rund 50,521 Mrd. € dotiert. Der Rest wird von den Nationalstaaten bereitgestellt.

3 In Österreich etwa die Wirtschaftskammer Österreich.

Eine weite Streuung existiert in Bezug auf die inhaltlichen Vorgaben der Subventionsvergabe. Gibt es einerseits Förderprogramme bzw. -einrichtungen, bei denen formale Vorgaben gemacht werden, die Präzisierung des Inhaltes aber weitgehend dem Förderungswerber überlassen wird, so gibt es als anderes Extrem auch Programme, bei denen neben formalen auch ganz präzise inhaltliche Richtlinien gelten.

Die Art und Anzahl der Einrichtungen und Programme, über die um Förderung angesucht werden kann, ist mittlerweile so umfangreich, dass vor allem kleine und mittlere Unternehmen oft nicht über das nötige Know-how verfügen, um an entsprechende Förderungen heranzukommen. Allerdings existieren schon einige, direkt auf KMUs zugeschnittene Programme, die dort entsprechend beworben werden.

Abgesehen von den Subventionen gibt es aber auch noch andere Möglichkeiten, wie der Staat direkt auf die Innovations- und Technologiepolitik einwirken kann. Eine wesentliche Möglichkeit besteht in der **Setzung von Standards und Normen**, die meist determiniert werden vom sog. „Stand der Technik". Standards und Normen werden auch von halbstaatlichen Einrichtungen oder Verbänden entwickelt. Sehr häufig etablieren sich ohne staatliche Mitwirkung auch „Quasi-Standards". Sie alle bilden aus der Sicht des Innovations- und Technologiemanagements einen Rahmen, innerhalb dessen sich die F&E-Aktivitäten bereits in den ersten Phasen des Innovationsprozesses bewegen müssen.

Auch viele **Gesetze und Verordnungen**, insbesondere aus Bereichen wie Patentwesen, Wettbewerbssystem, Umwelt- und Konsumentenschutz, üben direkten oder indirekten Einfluss auf das Innovations- und Technologiemanagement aus (Olschowy 1990, 105), da von Ge- und Verboten fördernder oder hemmender Einfluss auf die F&E-Tätigkeit zu erwarten ist. So bewirkte etwa die Deponieverordnung (in Österreich seit 2004, in Deutschland seit 2005 in Kraft), die die Ablagerung von Abfällen mit einem Gesamtgehalt von mehr als 5 Masseprozent auf Deponien verbietet, einen massiven Innovationsschub bei der Entwicklung alternativer Formen der (v.a. thermischen) Verwertung. Ein Verbot gentechnisch veränderter Lebensmittel hingegen würde als Innovationsbremse in den entsprechenden Sektoren wirken.

3.1.5 Ökonomische Einflussfaktoren

Wie für alle dem marktwirtschaftlichen Bereich zugehörigen Aktivitäten ist auch für das Innovations- und Technologiemanagement die Analyse der ökonomischen Umwelt von großer Bedeutung. Allgemeine Wirtschaftsdaten wie etwa die Preisentwicklung auf den relevanten, also den bereits bearbeiteten oder angestrebten Märkten, sind von großer Bedeutung für das Innovations- und Technologiemanagement, geben sie doch Hinweise dafür, ob das in die Erforschung und Entwicklung neuer Technologien investierte Kapital wieder durch einen entsprechenden Umsatz zurück gewonnen werden kann. Ein wesentlicher Einflussfaktor ist das erwartete Pro-Kopf-Einkommen im Konsumgüterbereich bzw. die durchschnittliche Ertragslage in den bearbeiteten Branchen, da davon das Einkaufs- bzw. Investitionsverhalten der potenziellen Abnehmer wesentlich beeinflusst wird.

Ökonomische Indikatoren:
- Allgemeine Wirtschaftsdaten
- Unternehmenskonzentration
- Branchenstruktur
- Arbeitskräftepotenzial
- Störungen der Rohstoffversorgung
- Innovationsbezogene Atmosphäre
- Öffentliche Beschaffung

Datenquellen: Wirtschaftsstatistiken, Literatur, Konjunkturdaten, Unternehmensberichte, Erlässe, Seminare

---

Abb. 6: Ökonomische Indikatoren des Innovations- und Technologiemanagements

In konjunkturell schlechten Zeiten sinken infolge des Mangels an freiem Kapital die Investitionsvolumina bzw. die Konsumausgaben der Abnehmer. Zugleich sind in vielen Bereichen die F&E-Budgets nach wie vor an den Umsatz gekoppelt, wodurch in wirtschaftlich schlechten Zeiten weniger Mittel für die F&E zur Verfügung stehen. Dass dadurch eine prozyklische Wirkung auftritt (d.h. die Krise verschärft wird) und gerade in schlechten Zeiten mehr investiert werden müsste, eben um die Krise zu überwinden, liegt auf der Hand. Nichtsdestotrotz hat sich diese Erkenntnis in der Wirtschaft noch nicht völlig durchgesetzt.

Ein weiterer wichtiger Einflussfaktor aus dem Bereich der Ökonomie ist die Verfügbarkeit geeigneter Arbeitskräfte. Dieses Problem stellt sich besonders in entlegenen Regionen, da hoch qualifiziertes F&E-Personal oft nicht bereit ist, sich „auf der grünen Wiese" nieder zu lassen. Auch sind in manchen Branchen wie etwa der Mikroelektronik in ganz Europa zu wenige Experten vorhanden.

Ein ökonomischer Einflussfaktor ist auch die Grundstimmung in einer Region in Bezug auf ihre Zukunftsfähigkeit und die regionalen Perspektiven. Eine innovationsförderliche Aufbruchsstimmung findet man derzeit vor allem in den alten Industrieregionen, die sich mittlerweile damit abgefunden haben, dass neue Sektoren erschlossen werden müssen (so etwa im deutschen Ruhrgebiet, aber auch in der österreichischen Mur-Mürz-Furche). Weitere Einflussfaktoren darauf sind die Art der Zusammenarbeit mit öffentlichen Stellen sowie Synergieeffekte, die sich aus dem Vorhandensein anderer innovativer Partner vielleicht sogar aus derselben Branche ergeben (bis hin zur Ausbildung von sog. Clustern, die in einer Region intensive vertikale Kooperationen betreiben).

Schließlich wird das ökonomische Umfeld auch vom Aufkommen neuer Branchen determiniert, wie etwa in den letzten Jahrzehnten durch den anhaltenden „Wellness-Boom" oder durch die Entstehung der Umwelt- und Entsorgungswirtschaft. Hier bieten sich für Unternehmen Möglichkeiten, innovativ zu sein in Bereichen, in denen man schon bisher technologisch erfolgreich war, etwa durch Veränderung von Aufbereitungstechnologien aus dem Bereich des Bergbaues in Recyclingtechnologien (Gelbmann 2001, 137 f).

3.2   Unternehmensexterne Einflussfaktoren aus dem näheren Unternehmensumfeld

Grundvoraussetzung für alle strategischen Aktivitäten auch im Bereich des Innovations- und Technologiemanagements ist die Abgrenzung des für das Unternehmen relevanten Marktes. Darunter versteht man „alle für die Kauf- und Verkaufentscheidungen bedeutsamen Austauschbeziehungen zwischen Produkten in räumlicher, sachlicher und zeitlicher Hinsicht" (Backhaus 1997, 179). Im Bereich des Verkaufes manifestieren sich hier die Anforderungen der Nachfrager, im Bereich des Kaufes eröffnen sich Möglichkeiten für Einsatz und Anwendung neuer Technologien bzw. (Vor-)Produkte. Beides dient als Rechtfertigung und Beweggrund für Innovations- und Technologiemanagement.

Die Analyse des näheren Umsystems befasst sich mit der/den Branchen, innerhalb deren das Unternehmen agiert, wobei sich ein Unternehmen gleichzeitig oder im Zeitablauf durchaus in mehreren Branchen betätigen kann. Der Bogen reicht dabei von multinationalen Konzernen, die sich in vielen Branchen zugleich betätigen, bis hin zu z.B. Zementwerken, die sich durch ihr Know-how bei der Kunststoffverwertung (vgl. Gelbmann/ Klampfl-Pernold 2006, 87) ein zweites Standbein im Entsorgungsbereich geschaffen haben.

Markttrends:
- Marktentwicklung
- Marktpotenzial
- Marktstruktur
- Konkurrenzverhalten
- Abnehmerverhalten
- Lieferantenverhalten

Datenquellen:
Marktforschung, Kundenbefragungen, Branchenstrukturanalysen

Abb. 7: Marktbezogene Indikatoren des Innovations- und Technologiemanagements

Der Branchenanalyse zugrunde gelegt wird in der Regel das Konzept der Branchenstrukturanalyse von Porter, der neben den Einflussfaktoren „**Lieferanten**" und „**Kunden**" auch die **Wettbewerbsintensität** innerhalb der betrachteten Branche, **neue Marktteilnehmer** und die **Bedrohung durch Substitutionsprodukte** als wesentliche Einflussbereiche identifiziert (Porter 1999b, 29). Letztere werden wegen ihres engen Zusammenhanges im Folgenden gemeinsam diskutiert.

3.2.1 Neue Marktteilnehmer und Substitutionsprodukte

Eine Gefahr aus dem Eintritt neuer Marktteilnehmer ist insbesondere dann gegeben, wenn die Markteintrittsbarrieren sinken. Von **sinkenden Markteintrittsbarrieren** spricht man, wenn die angebotenen Produkte untereinander immer ähnlicher und der Service der einzelnen Anbieter annähernd gleichwertig werden und deshalb keine Anbieterbindung mehr besteht, wenn der Zugang zu Vorprodukten bzw. Rohstoffen, Distributionskanälen sowie spezifischem Know-how im Allgemeinen sehr einfach ist und wenn Erfahrungskurven an Bedeutung verlieren bzw. Technologien ausgereift sind (Porter 1999, 37 ff). Substitutionsprodukte können dann Erfolg haben, wenn sie Funktionen besser als die eingeführten erfüllen oder zumindest billiger sind. Durch die Differenzierung kann daher besser auf Spezialbedürfnisse einzelner Abnehmer eingegangen werden (Scherer 1980, 258).

Vor dem Hintergrund **sich verkürzender Produktlebenszyklen** und wegen der steigenden technischen Perfektionsansprüche immer längerer Entwicklungszeiten ist ein wesentlicher Faktor der eigene Markteintritt, nach dem Motto von Gorbatschow „Wer zu spät kommt, den bestraft das Leben" (vgl. dazu Kap. 4.2.3). Entsprechend können sich auch die Markteintrittszeitpunkte der neuen Mitbewerber auf die Qualität und den Ergebnistransfer eigener F&E-Aktivitäten auswirken.

3.2.2 Lieferantenanalyse

Die Beschaffungsmärkte sind für das Innovations- und Technologiemanagement von großer Bedeutung, wobei hier außer den Beschaffungsmärkten für Einsatzstoffe und Produktionsanlagen auch jene für Kapital und qualifizierte Arbeitskräfte in Betracht gezogen werden müssen. Im Mittelpunkt der Lieferantenanalyse stehen die Ansprüche des beschaffenden Unternehmens an den Lieferanten bzw. die Leistungen, die der Lieferant für das beschaffende Unternehmen zu erbringen hat.

So gewinnen verschiedene Arten der Kooperation **bei der Lösung von Problemen** im Zusammenhang mit dem Innovations- und Technologiemanagement immer mehr an Bedeutung (Eschenbach 1990, 179 ff): Wenn man in der Lage ist, Entwicklungsaktivitäten in Bezug auf Komponenten oder geforderte Eigenschaften von Einsatzstoffen in die Vorstufen auszulagern, setzt dies im eigenen F&E-Bereich sowohl finanzielle wie auch personelle Kapazitäten frei. Beides kann in die bessere/ schnellere Entwicklung des betreffenden oder eines anderen Produktes investiert werden.

Der **Preis** wird maßgeblich von der Verhandlungsstärke des Lieferanten beeinflusst, die ihrerseits von verschiedenen Faktoren gekennzeichnet ist, wie der Lieferantenkonzentration oder der Bedeutung des Auftragsvolumens für den Lieferanten (Porter 1999, 32). Als Einfluss ist davon zu erwarten, dass Unternehmen, deren Zulieferer über große Marktmacht verfügen, nach geeigneten Substituten für deren Produkte suchen werden und daher zu Impulsen für F&E-Aktivitäten kommen.

Fragen der **Lieferzuverlässigkeit** (Koppelmann 1995, 245 ff) sind ebenfalls sehr bedeutsam, da die Verfügbarkeit von Ressourcen zu einem entscheidenden Engpassfaktor in der Produktion werden kann. Sind die nachgefragten Rohstoffe oder Einsatzgüter knapp, kann es zur Herausbildung von Verkäufermärkten kommen (Biergans 1992, 35 ff). In diesem Fall ebenso wie im Fall der Konzentration auf einen einzigen Zulieferer kann eine beträchtliche Abhängigkeit geschaffen werden, weswegen vor allem im High-Tech-Bereich viele Unternehmen nur mehr „Double-Sourcing" betreiben, d.h. jedes zugekaufte Einsatzgut muss von mindestens zwei Lieferanten bezogen werden können. Das bedeutet aber auch, dass bedeutende Entwicklungsdurchbrüche bei den Zulieferern nur dann zu deren Markterfolg beitragen können, wenn sie bereit sind, das gewonnene Wissen mit anderen zu teilen (sei es nun durch Lizenzvergabe oder Zug um Zug gegen Know-how der anderen).

3.2.3 Abnehmeranalyse

Die Abnehmer in ihrer Gesamtheit konstituieren den für eine Innovation relevanten Absatzmarkt. Sie entscheiden letztlich darüber, ob ein F&E-Ergebnis auch zum Markterfolg wird. Eine Marktinnovation kann nur dann erfolgreich sein, wenn das Unternehmen mit der Situation am Absatzmarkt vertraut ist, Verständnis für die Kundenwünsche aufbringt und mit seinem Produkt in der Lage ist, Kundenwünsche zu erfüllen (etwa Hauschildt, Salomo 2007, 266).

Von wesentlicher Bedeutung ist in diesem Fall der **wechselseitige Zusammenhang zwischen dem Markt- und den Produktlebenszyklen**, die ihrerseits wiederum wesentlichen Einfluss auf die Entwicklungs- bzw. Innovationszyklen ausüben. Der Marktlebenszyklus kennzeichnet die Reife eines Marktes: Zu Beginn sind die einzelnen Produktlebenszyklen eher kurz, da ständig – relativ tief greifende – Verbesserungen einer Produktart auf den Markt gebracht werden. Für die technisch „revolutionären" Produkte finden sich innovationsfreundliche Abnehmer, die bereit sind „etwas Neues auszuprobieren". Diese Phase entscheidet oftmals über den Erfolg und Misserfolg von Produkten, denn wenn hier entscheidende Unzulänglichkeiten auftreten, werden die Erstkäufer abgeschreckt und ihr positiver Einfluss auf potenzielle andere Käufer entfällt. Dies ist einer der Gründe, weswegen vor allem die Softwareproduzenten sog. β-Versionen ihrer Programme vorab gratis an ausgewählte Benutzer vergeben, um Fehlerquellen zu finden.

Mit zunehmender technischer Ausgereiftheit der Produkte und zugleich einem höheren Diffusionsgrad (d.h. einer weiteren Verbreitung) nimmt die Dynamik sowohl in Bezug auf die technische Entwicklung als auch auf die Kaufhäufigkeit ab (relativ längere Produktlebenszyklen), der Markt gilt als reif. Je vertrauter die Abnehmer mit dem Produkt werden, desto präziser werden ihre Anforderungen und (auch bedingt durch das Aufkommen von Substituten) desto weniger beachten sie den Preis als Qualitätsmerkmal. Das Hauptaugenmerk der F&E-Aktivitäten liegt nun im Bereich der Rationalisierung und damit bei den Prozessinnovationen.

Je attraktiver daher der angestrebte Markt ist, d.h. je höher das erwartete Marktvolumen und der erwartete Marktanteil und je größer das

Marktwachstum, und je besser die Marktentwicklung bis zur Markteinführung und danach prognostiziert werden kann, desto größer ist die
Chance, dass man mit neuen Produkten und Technologien Erfolg haben
wird und desto eher wird man in entsprechende F&E-Aktivitäten investieren.

Die **Abschätzung der Erfolgsaussichten** hängt jedoch nicht nur mit
der zeitlichen Entwicklung zusammen, sondern auch mit der Komplexität
der Abnehmerstruktur. Diese umfasst Aspekte wie die Vielschichtigkeit der
Anforderungen, komplementäre Produkte und Präferenzen (so war etwa
die Präferenz für IBM-PCs ausschlaggebend dafür, dass Microsoft zum
Standard-PC-Programm wurde) dafür sowie die Arten der Beziehungen
zwischen den Kunden und den Unternehmen.

Gerade hier kann sich eine gewisse Abhängigkeit der Lieferanten von
den Abnehmern entwickeln, die umso stärker ausgeprägt ist, (Olschowy
1990, 121; Porter 1999a, 59 ff)
- je größer die abgenommene Menge im Verhältnis zum Gesamtumsatz
  des Lieferanten ist
- je weniger Abnehmer vorhanden sind
- je weniger bedeutend die gekauften Produkte für den Abnehmer sind,
  und zwar in qualitativer wie quantitativer Hinsicht
- je vollständiger die Informationen sind, über die der Abnehmer in Bezug auf mögliche andere Partner und/oder Substitutionsprodukte verfügt
- je geringer die Modifikationen sind, die der Abnehmer zum Einsatz anderer Produkte an seinen Prozessen/Produkten vornehmen muss, d.h. je
  mehr die abgesetzten Produkte standardisiert sind.

3.2.4   Analyse des Mitbewerbes

Das eigene Agieren auf den Absatzmärkten wird maßgeblich beeinflusst
von der Intensität des Wettbewerbs am relevanten Markt und damit vom
Verhalten der Mitbewerber (Konkurrenten; Görgen 1992, 282 f).

Ist die Wettbewerbsintensität hoch, d.h.
- es existieren Überkapazitäten
- die Produkte sind annähernd standardisiert
- der Markt ist annähernd gesättigt
- es gibt viele Wettbewerber mit schwer überschaubaren Strategien
müssen die Daten der wichtigsten Mitbewerber einer besonders genauen
Analyse unterzogen werden.

Besonders relevant sind die Annahmen der Konkurrenten über die eigene Situation und über die Branche im Allgemeinen (Porter 1999a, 99, auch Kairies 1997, 53). Insbesondere interessieren dabei die Einschätzungen der Konkurrenten bezüglich der Marktentwicklung (vor allem in Bezug auf technologische Trends) und der Preisentwicklung, denn davon hängt ab, ob die Entwicklungsbestrebungen eher im Bereich der Produktverbesserung (Produktinnovation) oder der Produktions-Rationalisierung (Prozessinnovation) konzentriert werden.

3.3 Unternehmensinterne Einflussfaktoren des Innovations- und Technologiemanagements

3.3.1 Innovationsorientierung von Unternehmenskultur und -Philosophie

Unter Unternehmenskultur versteht man im Allgemeinen „Wert- und Glaubensvorstellungen darüber, welche Ziele und welche Verhaltensweisen für die Existenz der Organisation und ihrer Mitglieder von grundlegender Bedeutung sind" (Kieser 1986, 44) sowie das Selbstverständnis oder kollektive Bewusstsein (die Corporate Identity) des Unternehmens (Reiß 1999, 293),

- das nach außen etwa über das Image transportiert wird
- das nach innen an der Identifikation des Einzelnen mit dem Unternehmen oder am Zusammengehörigkeitsgefühl sichtbar wird
- das gekennzeichnet ist durch
  - unternehmenseigene Symbolik (Rituale, Company Language),
  - Verhaltensstandards (z.B. Teamideologie, offene Kommunikationskultur, gelebte Verhaltensmuster etc.)
  - Basiswissen und -werte (Organisationsbild, Menschenbild)
- das als gemeinsame Verhaltensbasis hilft Komplexität zu reduzieren, Solidarität hervorruft und Motivation frei setzen kann.

Niedergeschrieben wird die Unternehmenskultur zumeist in Unternehmensgrundsätzen oder einer -vision, die quasi als Satzung der Corporate Identity anzusehen sind und als oberste Handlungsmaximen alles Unternehmenshandeln, insbesondere die Ableitung untergeordneter Ziele, beeinflussen.

Auch das Bekenntnis zu Innovationen findet in der Corporate Identity ihren Niederschlag, da eine konsequente Orientierung an Innovationen spezielle Anforderungen an den Führungsstil, an das Verhalten der Mitarbeiter und an die Fehlertoleranz und Geduld des Managements sowie an die eingesetzten Anreizfaktoren stellt (Pleschak/Sabisch 1996, 58). Mit anderen Worten muss ein innovationsfreundliches Klima im Unternehmen geschaffen werden, es bedarf einer Innovations-Kultur, die gekennzeichnet ist durch Innovations-Freude, Innovations-Kraft und Innovations-Willen (Bullinger/Schlick 2002, 72).

Der Wandel der Unternehmenskultur von einer „mechanistischen" zu einer „innovationsbewussten" bewirkt eine größere Offenheit für Innovationen quer durch alle Funktionsbereiche und Hierarchieebenen (Hauschildt/Salomo 2007, 115ff). Man will die Vorteile einer wohlgeordneten Welt der Wiederholungsaufgaben mit den Vorzügen einer kreativen und änderungsbereiten Einstellung gegenüber den einmaligen Innovationen verbinden. In einer derartigen Kultur verringert sich vor allem der Widerstand gegen neue Ideen, Produkte und Prozesse bereits im Ansatz.

Alle Faktoren, die ein innovatives Klima im Unternehmen begünstigen, basieren grundlegend auf der im Unternehmen herrschenden Kultur. Es sind dies das Motivationssystem, das Organisationssystem, Qualifikationssystem und das Rekrutierungssystem (Reiß 1999, 224). Die beiden ersteren Konzepte sind von so großer Bedeutung, dass sie im Folgenden noch näher besprochen werden.

Kieser (1986, 46, modifiziert) stellt Regeln auf, wie man erfolgreiches Innovationsmanagement verhindern kann (vgl. Abb. 8).

Auch in einer innovationsbewussten Unternehmung muss jedoch sichergestellt werden, dass Disziplin und Fähigkeit zur effektiven und effizienten Nutzung von Innovationen erhalten bleiben. Es ist zu verhindern, dass aus falschem Innovationsenthusiasmus zu viele Projekte begonnen, zu wenige zu Ende geführt und vor allem zu wenige Ergebnisse in größerem Rahmen genutzt werden.

1. Betrachte jede neue, von unten kommende Idee mit Misstrauen – weil sie neu ist und weil sie von unten kommt.
2. Besteh darauf, dass Personen, die deine Zustimmung für eine Aktion benötigen, auch die Zustimmung mehrerer höherer Ebenen einholen müssen.
3. Fordere Abteilungen oder Individuen auf, ihre Vorschläge gegenseitig in Grund und Boden zu verdammen. Dann brauchst du nichts zu entscheiden, nur den Überlebenden zu belohnen.
4. Drücke Kritik ungehemmt aus und unterdrücke Lob.
5. Behandle die Aufdeckung von Problemen als Fehlleistung, damit die Leute nicht auf die Idee kommen, dir mitzuteilen, wenn etwas nicht passt.
6. Achte auf penible und lückenlose Kontrolle der Mitarbeiter und ihrer Tätigkeiten.
7. Triff Entscheidungen zur Reorganisation heimlich und überfall die Mitarbeiter damit hinterrücks.
8. Stell sicher, dass Informationen nur auf ausdrückliche Nachfrage und jedenfalls nur aus gutem Grund zur Verfügung gestellt werden.
9. Delegiere auf untergeordnete Manager vor allem die Verantwortung für Einsparprogramme und Rationalisierungen. Und bring sie dazu, es schnell zu tun.
10. Und vor allem: Vergiss nie, dass du als Angehörige/r der höheren Ebene schon alles Wichtige über dieses Geschäft weißt.

Abb. 8: Regeln für schlechtes Innovationsmanagement (Kieser 1986, 46; modifiziert)

3.3.2 Rollen in Innovationsprozessen

„Unter einer sozialen Rolle versteht man üblicherweise ein Bündel normativer Erwartungen an den Inhaber einer bestimmten sozialen Position" (Fischer 1992, Sp. 2224). Rollen werden teilweise informell, teilweise auch formal, d.h. durch oder auf Grund organisatorischer Regelungen, zugewiesen. Kernpunkt der Rollentheorie ist die Tatsache, dass das eigene Handeln nicht nur von persönlichen Intentionen geprägt ist, sondern implizit oder explizit auch die Interessen anderer mit einbezieht. In der Innovationsliteratur wird auf die überaus große Bedeutung der unterschiedlichen Rollen für erfolgreiche Innovation hingewiesen.

In Unternehmen mit innovationsfördernder Unternehmenskultur finden sich häufig besonders motivierte, innovationsorientierte Mitarbeiter, die die im Unternehmen existierenden Innovationswiderstände überwinden, indem sie besondere Rollen einnehmen. Die amerikanische Literatur unterscheidet in diesem Zusammenhang den Product Champion, der die Idee für eine technologische Innovation entwickelt oder übernimmt und die erfolgreiche Verwirklichung „seines" Innovationsprojektes unter Einsatz seiner Position und seines Ansehens aktiv anstrebt, und den Executive Champion („Sponsor"), der Verfügungsmacht über wesentliche Unternehmensressourcen besitzt und mit dieser Macht den Product Champion unterstützt. In Deutschland wurde bereits 1973 das Promotorenmodell auf der Basis empirischer Untersuchungen entwickelt, in dem prinzipiell die gleichen Rollen identifiziert werden (vgl. Witte 1973, 17 ff).

3.3.2.1 Funktionen von Innovationsmanagern

Bereits Schumpeter hat darauf aufmerksam gemacht, dass das „Durchsetzen neuer Kombinationen" das Zusammenwirken höchst unterschiedlicher Menschen erfordert. „Die Funktion des Unternehmers und die Funktion des Erfinders sind ganz verschiedene Dinge. Der Unternehmer ist weder prinzipiell selbst Erfinder – wo er es ist, liegt eine zufällige Vereinigung verschiedener Funktionen vor –, noch ist er der Handlanger und Ordonnanzoffizier des Erfinders, sodass der Erfinder der eigentliche Unternehmer wäre" (Schumpeter 1912, 178).

Schumpeter trennt Funktion von Person. Er beeinflusst damit weithin die wissenschaftliche Bearbeitung der personellen Aspekte des Innovationsmanagements. Es wird somit nicht nach Personen oder Positionen gefragt, sondern es wird üblich, Funktionen oder Rollen zu definieren, zu beschreiben, zu suchen und zu erklären (vgl. dazu und im Folgenden Hauschildt / Salomo 2007, 212 ff).

Innovationen sind Arbeitsprozesse, in denen die beteiligten Manager bestimmte „Leistungsbeiträge" erbringen, beispielsweise den Anstoß des innovativen Prozesses, die Entwicklung einer Problemlösung, die Prozesssteuerung, die Entscheidung und schließlich die Realisierung. Sie stützen sich dabei auf bestimmte Eigenschaften oder Verfügungsrechte, die wir zusammenfassend „Machtquellen" nennen. Solche Machtquellen können zum Beispiel objektspezifisches Fachwissen, hierarchisches Potenzial, Verfügungsgewalt über materielle Ressourcen, Organisationskenntnis oder Kommunikationspotenzial sein. In den Rollen oder Funktionsbezeichnungen des Innovationsmanagements werden diese Leistungsbeiträge oder Machtquellen dann gleichsam personifiziert.

Die Literatur zur Kooperation und zur Integration macht darauf aufmerksam, das Innovationsmanagement nicht nur aus dem Blickwinkel einer innerbetrieblichen Personalkonstellation zu sehen. Die genannten Leistungsbeiträge können auch von Externen erbracht, die fehlenden Eigenschaften oder Machtquellen also auch von außen eingebracht werden. So kann das technische Fachwissen durchaus aus einem externen Ingenieurbüro stammen, die Problemlösung von einem Kunden bestimmt werden, die Initiative von einem Lieferanten ausgehen, die Prozesssteuerung von einem Berater übernommen werden, die Ressourcenfreigabe von einer Konzerngesellschaft abhängen. Das Innovationsmanagement soll Entscheidungen über neuartige Projekte fällen und diese durchsetzen – auf dieses Ergebnis kommt es an, nicht darauf, ob es ein „Interner" oder auch ein „Externer" ist, der Beiträge zur Realisierung dieser neuen Lösung liefert (vgl. Hauschildt/Salomo 2007, 215), vgl. Kap. 4.2.4 und 4.2.6.

3.3.2.2 Das Promotoren-Modell

Hinlänglich bekannt sind die Varianten und die Ursachen der Widerstände gegen Innovationen: Barrieren des Nicht-Wissens, des Nicht-Wollens sowie administrative Widerstände. Diese Widerstände haben die Träger des Innovationsmanagements zu überwinden. Diese auf Schumpeter zurück gehende Vorstellung wurde von Witte zum „Promotoren-Modell" ausgebaut. Es enthält drei Elemente (vgl. Witte 1973):

- **Korrespondenztheorem**: Für die Überwindung jeder Variante des Widerstandes wird eine spezifische Energie benötigt. Die Barriere des Nicht-Wollens wird durch hierarchisches Potenzial, die Barriere des Nicht-Wissens durch den Einsatz objektspezifischen Fachwissens überwunden.
- **Theorem der Arbeitsteilung**: Diese Energien werden von unterschiedlichen Personen bereitgestellt. In den Durchsetzungsprozess bringt der Machtpromotor hierarchisches Potenzial und der Fachpromotor objektspezifisches Wissen ein.
- **Interaktionstheorem**: Der Durchsetzungsprozess ist erfolgreich, wenn Machtpromotor und Fachpromotor koalieren und gut koordiniert sind, also im wahren Sinne des Wortes zusammen arbeiten.

Wesentlich ist der Umstand, dass die Promotoren freiwillig und neben ihren übertragenen Aufgaben die Promotorenfunktion erfüllen. Das theoretische Konzept Wittes im Originaltext:

> *„Als* **Machtpromotor** *bezeichnen wir diejenige Person, die einen Innovations-prozess durch hierarchisches Potential aktiv und intensiv fördert. Definitions-merkmale sind also eine bestimmte Position innerhalb der Aufbauorganisation und außerdem eine spezifische Verhaltensweise. Die Position ist dadurch gekenn-zeichnet, dass sie hinreichenden formalen Einfluß verleiht, der es gestattet, die Opponenten des Nicht-Wollens mit Sanktionen zu belegen und die Innovations-willigen zu schützen."* (S. 17)
>
> *„Den* **Fachpromotor** *definieren wir als diejenige Person, die einen Innovations-prozess durch objektspezifisches Fachwissen aktiv und intensiv fördert. Die hie-rarchische Position ist unerheblich. Die prozeßtreibende Energie wird von seinem Fachwissen gespeist, das er ständig weiter vermehrt und gegenüber Innovations-willigen und Opponenten als Argumentationskraft einsetzt. Der Fachpromotor ist nicht nur selbst ein fortlaufend Lernender, sondern auch ein Lehrender. Damit überwindet er die Fähigkeitsbarrieren der Innovation."* (S. 18–19)
>
> *„Die beiden Promotoren können hierarchisch weit voneinander entfernt sein, also etwa unterschiedlichen Hauptabteilungen angehören und auf sehr verschie-denen Rangebenen stehen. Sie haben keine Verpflichtung zur Zusammenarbeit, sondern verbünden sich notwendigerweise, weil sie die Innovation wollen und weil sie wissen, dass sie diese nur gemeinsam bewältigen können. Die Verbin-dung von Machtpromotor und Fachpromotor ist deshalb eher eine Koalition als ein Team. Das Wort* **Promotoren-Gespann** *bezeichnet wohl am besten die Tat-sache der engen gemeinsamen Zugkraft, die keine Vorrangigkeiten kennt, son-dern durch das Aufeinander-Angewiesen-Sein charakterisiert ist."* (S. 21)

Abb. 9: Das Promotorenmodell von Witte (1973)

3.3.2.2.1 Die spezifischen Leistungsbeiträge der Promotoren

Der **Fachpromotor** ist der Träger des objektspezifischen Fachwissens:
- Er ist oft der Erfinder, auf jeden Fall der Kenner der technologisch neuen Materie
- Er weiß um die inneren Gesetzmäßigkeiten, die Leistungspotenziale, die Begrenztheiten der neuen Produkte oder Verfahren. Er kennt sich in allen Details aus
- Er ist in der Lage, Alternativen zu generieren
- Er verfügt über „funktionale Autorität"

Der **Machtpromotor** verfügt über die Ressourcen, um den Entschei-dungs- und Durchsetzungsprozess der Innovation zu ermöglichen:

- Er entscheidet über Budgets, über Kapazitätszuweisungen, über Personalfreistellung zugunsten der Innovation. Der englische Begriff des „Sponsors" bringt noch deutlicher zum Ausdruck, dass er es ist, der die Mittel für den Innovationszweck freigibt
- Der Machtpromotor hat Übersicht, er kennt die Strategie der Gesamtunternehmung
- Er hat eine langfristige Perspektive
- Er ist ein „Macher", kann seine Zusagen einlösen, sein Wort gilt. Er hat Macht, um ranghohe Opposition zu blockieren oder konkurrierende Projekte zurückzustellen. In der Regel verfügt er als Mitglied der Geschäftsführung über hohes hierarchisches Potenzial

Zu den beiden Promotoren von Witte hat Hauschildt nach einer Metaanalyse der Literatur vorgeschlagen, einen zusätzlichen Promotor einzufügen, den sog. Prozesspromotor (Hauschildt/Salomo 2007, 230 ff). Dieser stellt die Verbindung zwischen dem Fachpromotor und dem Machtpromotor her.

Der **Prozesspromotor** verfügt über Organisationskenntnis und hat die Funktion eines Bindeglieds zwischen den beiden vorgenannten Promotoren:
- Er weiß, wer von der Innovation betroffen sein könnte
- Er verhindert Insellösungen
- Er stellt die Verbindung zwischen dem Fachpromotor und dem Machtpromotor her
- Er wirbt für das Neue
- Er kann aus der Idee einen Aktionsplan entwickeln
- Er hat diplomatisches Geschick und weiß, wie man unterschiedliche Menschen individuell anspricht und gewinnt

Der Prozesspromotor spielt die weitaus interessanteste Rolle in diesem Drei-Personen-Konzept. Er hat relativ wenig formale Machtinstrumente, er verfügt umgekehrt auch nicht über die funktionale Autorität des Fachpromotors. Der Prozesspromotor hat die Aufgabe, organisatorische und administrative Widerstände gegen die neue Idee zu überwinden. Das Gespann der Promotoren wird somit um eine weitere Rolle ergänzt. Konsequenterweise verwenden Hauschildt und Salomo nun den Begriff „Troika" (Hauschildt/Salomo 2007, 218).

Was kennzeichnet den Einfluss des Prozesspromotors? Howell/Higgins (1990) nennen drei Bündel von charakteristischen Eigenschaften:
- **Persönliche Charakteristika**: Die Bereitschaft, Risiko zu übernehmen und eine bedingungslose Hingabe an die Innovation

- **Führungsqualitäten:** Charisma, Fähigkeiten zur Inspiration und zur intellektuellen Stimulierung
- **Einflusstaktik:** Vielfalt und Häufigkeit der Mobilisierung von Beeinflussungsinstrumenten, die Fähigkeit, Koalitionen zu bilden, an höhere Autoritäten zu appellieren, Verhandlungsgeschick, Fähigkeit zur Geheimdiplomatie, Präsentationstechnik für rationale Argumente, Nutzung von Freundlichkeit und Schmeichelei bis zur Anwendung von Arroganz und Anmaßung. Der Prozess-Promotor (champion) stellt alle Bedenken hinter seinen Einsatz für die Sache zurück.

Mit zunehmender Unternehmensgröße, Dezentralisierung und steigender Komplexität der Aufgaben steigt auch die Zahl der Promotoren bzw. der zu besetzenden Rollen im Innovationsprozess. Es werden auf den verschiedenen Ebenen der Unternehmensorganisation Promotoren benötigt, die den Innovationsprozess vorantreiben. Speziell der Prozesspromotor muss wesentlich mehr Informationen verarbeiten als in relativ kleinen bzw. zentral organisierten Unternehmen. Der Prozesspromotor kann in diesen Fällen teilweise durch einen sog. Technologischen **Gatekeeper** entlastet werden. Ein Technologischer Gatekeeper ist eine Schlüsselperson in innovationsbezogenen Kommunikationsprozessen (vgl. Domsch u.a. 1989, 7 ff und Bürgel/Haller/Binder 1996, 242 ff):

- Er sammelt und speichert Informationen, die er bei auftretenden Problemen seinen Kollegen gezielt zur Verfügung stellt
- Er hat aber auch die Aufgabe, Informationen problemrelevant in einer verständlichen Sprache aktiv weiterzugeben, auf Informationsquellen zu verweisen und bei Kontaktaufnahme zu internen und externen Experten zu helfen. Dazu verfügt er über eine überdurchschnittliche Zahl an internen und externen Kontakten
- Oft verfügen Gatekeeper auch über ein verhältnismäßig hohes Bildungsniveau. Sie zeichnen sich durch ein intensives Studium der jeweiligen Fachliteratur, häufigeres Halten von Fachvorträgen, eine größere Zahl von Publikationen sowie durch eine hohe Zahl angemeldeter Patente aus

3.3.2.2.2 Informations- und Interaktionsbeziehungen

Die Abb. 10 zeigt die charakteristischen Informationsbeziehungen der Promotoren.

Die Informationspartner des **Fachpromotors** sind in erster Linie technisch Interessierte oder Gleichgesinnte bei Kunden oder Lieferanten. Dort findet er Hilfe und Unterstützung, aber auch Anregung und Herausforderung in der ihm eigenen technischen Materie. Lawless/Price (1992, 342 ff) kennzeichnen ihn als „Repräsentanten" des Kunden im Innovationsprozess.

Entsprechend den Informationswegen der Hierarchie läuft die Kommunikation über innovative Projekte mangels klarer Zuständigkeiten im Zweifel an die Spitze, zum **Machtpromotor**. Bei inner- und außerbetrieblicher Opposition ist er als Vertreter des Top-Managements der „natürliche" Adressat der Opponenten. Bei dem Machtpromotor beschwert man sich. Bei ihm bewirbt man sich mit konkurrierenden Projekten. Er kann außerbetriebliche Berater heranziehen, um fehlendes Fachwissen oder Wissen um Prozesssteuerung zu ersetzen. An ihn muss sich ein Berater wenden, wenn er Zugang zu der Unternehmung sucht. Steigt in einem Unternehmen das Innovationsbewusstsein, sinken gleichzeitig die Ansprüche an den Machtpromotor. Er wird zwar nach wie vor bei der Zielbildung, bei der Bestimmung des strategischen Fit und vor allem bei der Zuweisung von Ressourcen ein gewichtiges Wort mitsprechen. Vorstellbar ist aber, dass er weit weniger damit befasst ist, die Opposition zu blockieren und vor allem den versteckten Widerstand aufzuspüren und zu bekämpfen.

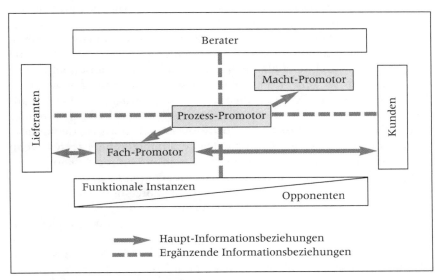

Abb. 10: Informationsbeziehungen des Innovationsmanagements (Hauschildt/ Chakrabarti 1988, 384)

Der **Prozesspromotor** steht im Zentrum der Informationsflüsse (vgl. Hauschildt/Salomo 2007, 232). Er ist nicht nur der Gesprächspartner für den Fach- und den Machtpromotor, er unterhält auch Informationsbeziehungen zu den Marktpartnern, den Beratern und den Opponenten. Er ist in der Lage, den Beteiligten über die technische Problemstellung hinaus die Bezüge zu anderen fachlichen Aspekten – z.B. Absatz, Finanzen, Logistik, Produktion – zu vermitteln. Er kommuniziert mit hierarchisch höherrangigen, weniger spezialisierten Instanzen, hat aber auch Zugang zu untergeordneten, spezialisierten Stellen.

3.3.2.3 Weiterentwicklung des Promotoren-Modells

Die Konzentration auf Kernkompetenzen in einer Unternehmung hat als Folge die Bereitschaft zur Kooperation mit externen, wirtschaftlich selbstständigen Partnern. Besonders erfolgreich sind Kooperationen mit den Kunden und Lieferanten, also mit den „Nachbarn" in der Wertschöpfungskette. Kooperation mindert technische Risiken und reduziert Kosten. Sie verlangt, dass man sich sehr gewissenhaft um die Auswahl der geeigneten Partner bemüht und sodann die partnerschaftliche Zusammenarbeit bewusst fördert.

Die Tatsache, dass Innovation zunehmend in Kooperation mit Kunden und Lieferanten, aber auch mit Beratern und Forschungseinrichtungen erfolgt, hat Auswirkungen auf das Promotorenkonzept. Zwar ist dieses Konzept schon jetzt eher auf einen kooperativen und nicht auf einen autokratischen Umgang der Promotoren miteinander angelegt. Aber ihm sind noch starke hierarchische Elemente eigen, vor allem in der durch hierarchisches Potenzial gekennzeichneten Figur des Machtpromotors. Diese Machtquelle versagt aber ihren Dienst, wenn die Partner wirtschaftlich autonom sind. Damit wird eine neue Rolle erkennbar, die von Gemünden/ Walter (1995, 973 ff) **„Beziehungspromotor"** genannt wird. Gemünden/ Walter orientieren sich am Grundmodell des Promotorenkonzeptes, wenn sie gemäß dem „Korrespondenztheorem" vom Beziehungspromotor verlangen, dass er spezielle Barrieren in der Kooperation mit externen, autonomen Partnern überwinden soll. In der inter-organisationalen Zusammenarbeit bestehen demnach vier **Barrieren**:

- Barriere des „Nicht-Voneinander-Wissens": Man kennt die externen Partner nicht und scheut die Suche
- Barriere des „Nicht-Miteinander-Zusammenarbeiten-Könnens": Man muss erhebliche psychische, soziale, räumliche, sprachliche und interkulturelle Distanzen überwinden und scheut den entsprechenden Arbeitsaufwand

- Barriere des „Nicht-Miteinander-Zusammenarbeiten-Wollens": Man muss mit Motiv- oder Einstellungswiderständen rechnen und scheut den Austragungsprozess
- Barriere des „Nicht-Miteinander-Zusammenarbeiten-Dürfens": Man sieht Verbote, politische, weltanschauliche, sittliche Normen durch die Interaktion berührt und scheut vor konkreten Beziehungen zurück

Beziehungspromotoren überwinden diese Barrieren durch spezifische Leistungsbeiträge: Sie stellen Verbindung zu den Partnern her, unterstützen den Dialog der Kooperationswilligen, agieren als Schlichter bei Motiv- oder Wahrnehmungskonflikten, überbrücken die Distanzen und fördern die sozialen Beziehungen. Sie benötigen dazu eine gewisse Expertise, Netzwerkkenntnisse, soziale Kompetenz und diplomatische Talente.

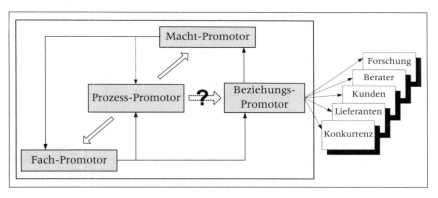

Abb. 11: Wandel der Promotorenrollen bei Kooperationen (Hauschildt 1997, 186)

3.3.3 Förderung von Innovationen innerhalb des Unternehmens

Die Förderung von Innovationen im Unternehmen setzt an mehreren Punkten an. So geht es zunächst darum, Innovationsängste abzubauen, Kreativität und Motivation zu steigern und die Bereitschaft zu stärken, Änderungen herbeizuführen. Zur Innovationsförderung eingesetzt werden können demnach alle institutionalisierten und nicht institutionalisierten Zustände und Maßnahmen, die geeignet sind, Mitarbeiter zur Hervorbringung von Innovationen anzuregen und in der Umsetzung zu unterstützen.

Eine zentrale Rolle spielt in diesem Zusammenhang die Motivation der Mitarbeiter, Neuerungen nicht nur in Kauf zu nehmen, sondern selbst hervorzubringen. Motivation aus der Wechselwirkung der Person selbst und der Situation, in der sie sich befindet: Durch die Wahrnehmung bestimmter Situationsbedingungen (Anreize) werden spezifische überdauernde Persönlichkeitsmerkmale (Motive) aktiviert und damit zur Motivation. Motive nennt man Grundbedürfnisse, die alle Menschen gemeinsam haben (Nieschlag/Dichtl/Hörschgen 1997, 145). Bei diesen Bedürfnissen handelt es sich um physische, soziale und individuelle Mangelzustände, die sich äußern im „Streben nach dem, was man braucht oder haben will, um seine Ziele zu erreichen" (Hondrich 1983, 28 ff).

Motivation beeinflusst menschliches Verhalten in seiner Intensität, Richtung, Form und Dauer. Über die Art des Zusammenhanges zwischen den Motiven und den dadurch bewirkten Verhaltensweisen wurde eine Vielzahl von Theorien entwickelt. An dieser Stelle werden davon nur die beiden bekanntesten dargestellt, die zulassen. Wenn man sie relativ weit interpretiert, lassen diese beiden Konzepte trotz ihrer Einfachheit interessante Rückschlüsse für die Innovationsförderung zu und liefern wertvolle Inputs für deren Gestaltung.

Maslow (1970, 57) ist der Ansicht, dass Bedürfnisbefriedigung als Vorgang der Beseitigung von Mangelzuständen zu sehen ist. Die Bedürfnisse stehen dabei in einem ordinalen Verhältnis zueinander (vgl. Abb. 12).

Bedürfnisse einer jeweils übergeordneten Ebene werden nach Maslow erst verhaltensrelevant, wenn alle darunter liegenden Bedürfnisebenen befriedigt sind, verlieren aber sofort an Verhaltensrelevanz, sobald sie befriedigt sind (ebenda, 97 ff). Wichtig ist, dass in Bezug auf die Bedürfnisse der unteren vier Hierarchieebenen ein Mangel empfunden wird, wenn diese nicht befriedigt sind (Defizit-Motive), während die Wachstumsbedürfnisse

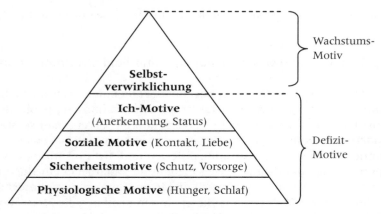

Abb. 12: Maslow'sche Bedürfnispyramide (eigene Darstellung; in Anlehnung an Maslow 1970, 57 ff)

Menschen veranlassen, sich entfalten und selber übertreffen zu wollen. Auf dieser Stufe liegen also die wesentlichen Motive, die ein Individuum dazu treiben, sich innovativ zu verhalten.

Das Modell von Maslow wurde wegen seines deterministischen Ansatzes und seiner Linearität, die das Bestehen mehrerer Bedürfnisebenen nebeneinander negieren, vielfach kritisiert. Legt man das Modell nicht zu streng aus, hilft es gleichwohl beim Verständnis der Zusammenhänge, die zu einer innovationsfreundlichen Atmosphäre führen. Dazu gehören beispielsweise die Bereitstellung von Verpflegungsmöglichkeiten (Kantine, Zustelldienst), transparente Informationen über die Sicherheit des Arbeitsplatzes, die Möglichkeit zu informellen Kontakten (Pausenzonen, Kaffeeautomat), öffentliche Belobigungen („Mitarbeiter des Monats", Prämien für innovative Leistungen). Vor allem aber müssen für die Mitarbeiter Möglichkeiten geschaffen werden, sich selbst zu verwirklichen und einzubringen (Partizipatives Management, Weiterbildungsangebote, Qualitätszirkel, betriebliches Vorschlagswesen).

Von Maslow nicht explizit angesprochen wird eine Einteilung von Motiven (bzw. Motivationsfaktoren) in extrinsische und intrinsische. Extrinsische Motivation umfasst Anreize monetärer und nicht-monetärer Art, die aus Folgen und Umwelteinflüssen der Arbeit befriedigt werden. Dazu gehören im Wesentlichen Faktoren wie Lohn/Gehalt, Beförderung, Belobigung, Arbeitszeit, also Faktoren, die in Maslows Sinne eher den Defizitbedürfnissen zuzurechnen sind.

Demgegenüber werden intrinsische Motivationsfaktoren durch die Tätigkeit selbst befriedigt. Es geht hier darum, eine herausfordernde und anspruchsvolle Tätigkeit ausüben zu dürfen, in deren Rahmen man Probleme lösen, Entscheidungen treffen und dafür auch Verantwortung übernehmen darf, mit anderen Worten seine Wachstumsbedürfnisse befriedigen kann. Eine innovationsfreundliche Organisationsstruktur hat daher darauf zu achten, eine entsprechende Menge an intrinsischen Anreizen zur Verfügung zu stellen.

Herzberg (1966, 71 ff) legt eine ähnliche Struktur seinem Motivationsmodell zugrunde und spricht einerseits von sog. Hygienefaktoren bzw. Context-Faktoren (Staehle 1991, 209 ff; Jakob 1980, 36 ff), vgl. Abb. 13. Die englische Bezeichnung trifft dabei den Inhalt besser, geht es hier doch um Faktoren aus dem Umfeld (Kontext) und somit um extrinsische Motivationsfaktoren. Motivatoren bzw. Content-Faktoren betreffen die inhaltliche Komponente der Arbeit und damit intrinsische Aspekte. Das Neue an Herzbergs Ansatz ist, dass er in den beiden Arten von Motivationsfaktoren – „Hygienefaktoren" und „Motivatoren" – zwei voneinander unabhängige Dimensionen sieht. Demnach führt die Anwesenheit von Hygienefaktoren (z.B. gerechtes Entgelt, flexible Arbeitszeit) nicht zu Zufriedenheit (sondern nur zu „Nicht-Unzufriedenheit"), wohl aber ihre Abwesenheit zu Unzufriedenheit. Umgekehrt führt die Abwesenheit von Motivatoren allein nicht zu Unzufriedenheit, sondern zu Nicht-Zufriedenheit. Die Schlussfolgerung aus diesem relativ komplexen Gedankengang ist, dass das Unternehmen eine ausgewogene Mischung von Motivatoren und Hygienefaktoren bieten muss, da nur zufriedene, nicht-unzufriedene Mitarbeiter auch leistungs- und innovationsfähig sind.

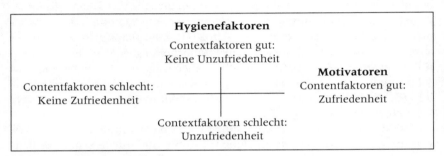

Abb. 13: 2-Faktoren-Modell von Herzberg
(eigene Darstellung; in Anlehnung an Herzberg 1966, 71 ff)

Zu klären ist als Nächstes, wie man vor diesem Hintergrund konkret die Innovationsförderung gestalten kann.

Wesentlicher Einfluss geht sicher vom im Unternehmen umgesetzten **Führungssystem** aus. Dieses ist direktes Resultat der Unternehmenskultur und versteht sich zusammen mit sachbezogenen Funktionen (Planung, Controlling, Informationsmanagement) als Hauptaufgabe des Managements. „Führung umfasst alle interaktionellen und strukturellen Ansätze zur Gestaltung, Koordination und Steuerung des Personalverhaltens" (Reiß 1999, 217). Führungssysteme wandeln sich dem allgemeinen Wertwandel folgend immer mehr von rein hierarchisch-linear strukturierten Interaktionsgebilden hin zu partnerschaftlich ausgerichteten Strukturen, in denen Partizipation und über die hierarchischen Grenzen hinausgehende Kooperation dominieren (Greiling 1998, 100; zu den Führungsstilen vgl. Kap. 5). Davon gehen auch für das Innovationsbewusstsein und die Innovationsbereitschaft der Mitarbeiter wichtige Impulse aus, die sich und ihre Ideen und Vorstellungen auf diese Weise in das Unternehmen einbringen können. Zugleich geht von einer Miteinbeziehung und gegebenenfalls sogar einem Mitentscheidungsrecht bei anspruchsvollen Aufgaben im Innovationsprozess zusätzliche Motivationswirkung aus (Greiling 1998, 134). Wie der für Innovationen ideale Führungsstil genau aussieht, hängt aber auch von den Geführten selber bzw. ihren Fähigkeiten (Wissen, Können) und ihrem Committment, d.h. ihrer Leistungsmotivation und Identifikation mit der Aufgabe ab (Hübner 2002, 163). Wie gut der Führungsstil motivieren kann, hängt somit auch von der Motivation der Geführten ab. Dazu tritt, dass der Führungsstil umso „weicher", partizipativer sein muss, je weiter am Beginn des Innovationsprozesses man sich befindet. Gefordert sind dann Fehlertoleranz, Verminderung der Risiken bei organisatorischen Änderungen für den Einzelnen, Belohnung von Innovationsbestrebungen (auch wenn sie kurzfristig keinen Erfolg zeitigen). In der Realisierungsphase kann die Führung straffer gestaltet sein (Kupsch/Marr/Picot 1991, 1144), dennoch bleibt ein partizipativer, an Zielen ausgerichteter Führungsstil („Management by objectives", Lechner/Egger/Schauer 2001, 121) das Mittel der Wahl.

In zweifacher Hinsicht innovationsfördernd im Unternehmen sind betriebliche Einrichtungen, die den Mitarbeitern erlauben, sich selbst und ihre Ideen und Kenntnisse in den Innovationsprozess einzubringen. Dazu gehören so unterschiedliche Konzepte wie **Betriebliches Vorschlagswesen, KVP und Qualitätszirkel.** Einerseits steigt durch die Möglichkeit des persönlichen Einsatzes die Motivation, anderseits resultieren daraus oftmals erhebliche Verbesserungspotenziale und somit „fortlaufende Innovation in kleinen Schritten" (Thom 1986, 445). Hiermit ist auch der große Mangel solcher Ansätze angesprochen: Sie sind selten Quelle für überragende technologische Innovationen, sondern nur für Verbesserungen bei Abläufen und Prozessen (Schröder 1999, 1019). Ihre Hauptbedeutung kann daher im Bereich der Anreizwirkung angesiedelt werden.

Das klassische dieser Instrumente ist **das betriebliche Vorschlagswesen (BVW).** Dieses dient der Förderung, Prüfung, Akzeptierung und Realisierung von Verbesserungsvorschlägen der Mitarbeiter (Thom 1986, Sp. 2226). Diese können einzeln oder in Gruppen bei einer für das BVW zuständigen Stelle (und nicht beim jeweiligen Vorgesetzten) Verbesserungsvorschläge einbringen, die dann von einer Kommission geprüft und gegebenenfalls realisiert werden. Der Vorschlagende erhält meist bereits für den Vorschlag selbst eine kleine finanzielle Belohnung sowie bei Umsetzung der Idee einen gewissen Prozentsatz des zusätzlichen Gewinnes bzw. der eingesparten Kosten als Prämie. Außerdem werden alle prämierten Vorschläge im Unternehmen veröffentlicht, um durch die so erzielte Anerkennung zusätzliche Motivationswirkung zu erzielen. Das BVW bietet daher eine Kombination von mehreren extrinsischen (monetäre Anreize, Anerkennung und Lob) und intrinsischen (Selbstverwirklichung, Möglichkeit, etwas beizutragen) Anreizen, zieht auf sich aber den Vorwurf, bürokratisch und unflexibel zu sein.

Eine Weiterentwicklung stellt der aus dem japanischen KAIZEN entwickelte **KVP-Ansatz („Kontinuierlicher Verbesserungsprozess")** dar (z.B. Seifert 1995). Auch KVP setzt an einer Verbesserung von Abläufen und Prozessen im unmittelbaren Umfeld der Mitarbeiter an, bezieht dabei aber systematisch alle Mitarbeiter eines bestimmten Bereiches und deren unmittelbare Vorgesetzte ein. Diese treffen sich regelmäßig, um Verbesserungsvorschläge zu erarbeiten. Für deren Umsetzung muss kein übergeordnetes Gremium angerufen werden, sondern die Vorschläge können unmittelbar realisiert werden. Gleichwohl wird die Unternehmensleitung von (realisierten) Verbesserungsvorschlägen in Kenntnis gesetzt und belohnt diese mit kleinen Prämien. Als Ergebnis erhält man „eine Flut an Verbesserungsaktivitäten, vor allem eine bunte Mischung aus kleinschrittig angelegten und scheinbar banalen Veränderungen" (Baethge-Kinsky/Hardwig 1999, o.S.). Für größere Vorschläge wird meist nebenher ein modernisiertes BVW aufrechterhalten, bei dem entsprechende Prämien vergeben werden. Wiederum geht von der Möglichkeit sich selbst einzubringen große Anreizwirkung für die Mitarbeiter aus, desgleichen hilft KVP bei der Bewältigung der steigenden Dynamik im Unternehmen.

Als Letztes seien hier die **(Qualitäts-)Zirkel** genannt, die ebenfalls von japanischen Managementkonzepten übernommen wurden und in gewisser Weise der Idee des KVP ähneln. Man versteht darunter eine auf Dauer angelegte Kleingruppe, in der Mitarbeiter einer hierarchischen Ebene in regelmäßigen Abständen auf freiwilliger Basis zusammenkommen, um Themen des eigenen Arbeitsbereiches zu analysieren. Der Zirkel wird von einem Moderator geleitet, der spezielle Problemlösungs- und Kreativitätstechniken einsetzt (vgl. Kap. 6), um Lösungen für identifizierte Probleme zu erarbeiten (Staudt 1986, 478). Diese Lösungen können dann entweder im Bereich selbst oder gemeinsam mit der Unternehmensleitung umgesetzt und auf ihren Erfolg hin kontrolliert werden. Wichtig ist dabei, dass der Zirkel nicht isoliert da steht, sondern Kommunikations- und Informationsbeziehungen zu den anderen Stellen und Gremien des Unternehmens hält. Qualitätszirkel dienen damit ebenfalls dem Ziel, die Mitarbeiter/innen zu motivieren, die Arbeit zu erleichtern und effektiver zu gestalten. Der aus dem Englischen übernommene Begriff ist daher einigermaßen irreführend, denn eigentlich handelt es sich um Verbesserungszirkel. Wie bei BVW und KVP sind auch hier keine Basisinnovationen zu erwarten, sondern stetige Impulse für Verbesserungsinnovationen und eine Steigerung der Zufriedenheit und der Innovationstätigkeit.

3.3.4 Organisationsbezogene Implikationen des Innovations- und Technologiemanagements

Um im Unternehmen gezielt Innovationen hervorzubringen und eventuelle Entdeckungen nicht dem Zufall zu überlassen, bedarf es neben den bisher besprochenen Faktoren im Unternehmen auch gewisser organisatorischer Strukturen. Diese betreffen die Eingliederung der F&E-Abteilung in das Unternehmen und in größerem Rahmen die internen Determinanten des F&E-Bereiches (Bürgel/Haller/Binder 1996, 154).

Die **Eingliederung der F&E** in das Unternehmen berührt zunächst hierarchische und informatorische Aspekte. Starre, bürokratische Organisationsformen sind nur sinnvoll, wenn stabile Verhältnisse vorliegen. Innovative Herausforderungen generieren aber schon durch ihr Vorhandensein allein Dynamik und Wandel. Sie erfordern daher flache, lose Hierarchiestrukturen (Greiling 1998, 80), die die Möglichkeit der Kommunikation auch außerhalb des Dienstweges vorsehen. Vor diesem Hintergrund stellt sich die Frage, wie der Bereich der F&E in das Unternehmen eingebunden werden soll. Bürgel/Haller/Binder (1996, 152 ff) diskutieren Vor- und Nachteile von verschiedenen Formen der Integration in das Unternehmen (als zentrale Abteilung, dezentralisiert in verschiedene Unternehmensbereiche, als Profit Center u.a.) und kommen zu dem Schluss, dass es keine ideale Form der Integration gibt. Vielmehr hängt von Faktoren wie Unternehmensgröße, Diversifikationsgrad und Innovationsintensität ab, welche Art der Eingliederung sinnvoll ist. Es gibt Organisationsformen, die durch ihre Konstruktion mit sich überschneidenden Einflussbereichen über eine Art „eingebautes Konflikt-Potenzial" verfügen (Matrix-Organisation, Prozessorganisation). Durch den permanenten Zwang zum Umgang mit und zur Lösung von Konflikten müssen sich die Mitarbeiter ständig mit möglichen Problemfeldern auseinander setzen. Auf diese Weise können viele Verbesserungs- und Innovationspotenziale aufgedeckt werden.

Die Teile der Organisation sind auch selbständiger geworden: Viele Geschäftseinheiten innerhalb der Unternehmung werden heute als Profitcenter geführt und verstehen sich damit als quasi unabhängige Leistungsanbieter, die ihre eigenen Gewinn- und Verlustrechnungen erstellen und ihre Mitarbeiter durch individuelle Anreize motivieren können.

Damit schwindet die dominante Rolle der Aufbauorganisation. An ihre Stelle tritt zunehmend das Prozessdenken, das eine Unternehmung als eine Menge von systematisch zu verkettenden Prozessen begreift und weniger als eine starre Struktur von traditionellen Spezialisierungen. Dem entspricht, dass allerorts mehr Projektmanagement gefordert wird. Die Techniken des Projektmanagements sind zudem ausgefeilter, gleichzeitig auch robuster geworden. Sie gehören zum Standardwissen einer Führungskraft. Es ist undenkbar, dass ein Manager Karriere macht, ohne dass er vorher an einem größeren Projekt erfolgreich mitgewirkt hat. Und wo die klassische Aufbauorganisation mit dem Projektmanagement zusammentrifft – vor allem in der Matrix-Projektorganisation – hat man gelernt, mit den Problemen der Doppelunterstellung und der geteilten Verantwortung fertig zu werden. Eine umfangreiche Darstellung des F&E-bezogenen Projektmanagements erfolgt in Kap. 5.

Wie alle betrieblichen Prozesse müssen auch Innovationsprozesse möglichst effizient ablaufen. Die Effizienz der Innovationsprozesse wird durch **interne Determinanten des F&E-Bereichs** bestimmt und kann gemessen werden als sachliche (im Sinne eines möglichst guten Ergebnisses), zeitliche (im Sinn von möglichst schnell) und soziale (im Sinne möglichst befriedigender Zusammenarbeit) Effizienz (Thom 1992, 13 f). Die organisatorischen Strukturen müssen daraufhin überprüft werden, inwieweit sie diese Anforderungen erfüllen. An dieser Stelle werden einige wenige organisatorische Determinanten herausgegriffen und in ihrer Bedeutung für das Innovationsmanagement dargestellt.

Mit dem Begriff **Spezialisierung** bezeichnet man das Maß der Arbeitsteilung in einem Unternehmen, bei der eine komplexe Aufgabe in Teilaufgaben zerlegt wird. Das Extrem der Spezialisierung ist die Verrichtung nur weniger Handgriffe bei der Fließbandarbeit, die zu einer möglichst hohen zeitlichen Effizienz führen soll (diese Ansätze gehen zurück auf Adam Smith und das Taylorsche Prinzip der Arbeitsteilung). Gleichzeitig liegt auf der Hand, dass mit fortschreitender Spezialisierung der Überblick des Einzelnen über die Gesamtaufgabe verloren geht und damit auch die Möglichkeit, Probleme und Fehler(quellen) zu erkennen. Es wird unmöglich, größere Zusammenhänge zu erkennen und daraus Schlussfolgerungen für neue Ideen oder Ansätze zu ziehen. Zugleich sinkt durch die monotone Tätigkeit, die keinen Raum zur Selbstverwirklichung lässt, die Leistungsmotivation, was sich zusätzlich negativ auf die Innovationsbereitschaft auswirkt. Je abwechslungsreicher daher die Aufgabenstellung und je vielfältiger die Anforderungen an den Einzelnen sind, desto eher wird er Ideen für Innovationen hervorbringen (Hage/Aiken, 1970, 33 ff; Thom 1980, 257).

Da im Unternehmen nicht jede Anweisung oder Tätigkeit permanent neu strukturiert werden kann, werden Abwicklungsstrukturen entwickelt, die auf eine Mehrzahl von Projekten mehr oder weniger identisch angewandt werden können. Man spricht in diesem Fall von einer **Standardisierung** der Abläufe und bezeichnet die schriftliche Festlegung der Abläufe, Anweisungen und Arbeitsmittel als **Formalisierung** (Breilmann 1995, 161). Wesentliche Aufgabe der Formalisierung ist die Festlegung der Ablaufstruktur (Programmierung), deren schriftliche Festlegung meist in Flussdiagrammen und zugehörigen Tabellen erfolgt. Zur Formalisierung zählen weiter die Strukturierung von Information und Kommunikation und die Leistungsdokumentation. Für die Prozesse des Innovationsmanagements, die neuartig sind und zum ersten Mal vollzogen werden, können kaum bis ins Detail durchstrukturierte Ablaufplanungen entwickelt werden. Anderseits führt die völlige Abwesenheit von Standards zur Projektauswahl und -abwicklung zu Aktionismus und Improvisation und in der Folge zu mangelnder Nachvollziehbarkeit und zu Effizienzverlusten. Eine Möglichkeit, dem zu begegnen, ist die Festlegung von flexiblen, groben Ablaufstrukturen, die möglichst viele Schleifen (also Sprünge nach hinten, zur Wiederholung einzelner Schritte) zulassen. Fest gelegt werden dabei nicht die in den F&E-Projekten notwendigen Aktionen selbst, sondern vor allem eine logische Abfolge der einzelnen Schritte. In diesen Programmen werden aber auch Verantwortlichkeiten, Informationspflichten gegenüber dem Management und genaue Dokumentationspflichten der Ergebnisse der einzelnen F&E-Prozesse dargestellt und festgelegt. Wichtig ist dabei, einen Mittelweg zwischen Aktionismus und Entwicklung eines starren Standardisierungskorsetts zu finden, da ansonsten den Mitarbeitern nicht genügend Freiraum zur Entfaltung ihrer kreativen Aktivitäten bleibt und die Innovationsanzahl sinkt (Hage/Aiken 1970, 33 ff).

Eine Determinante, die nicht die organisatorische Gestaltung selbst, sondern die Akzeptanz von Überkapazitäten betrifft, ist das Vorhandensein von „**Slack**". Damit bezeichnet man die Bereitstellung von zeitlichen und finanziellen Mitteln über das zur geplanten Leistungserstellung nötige Maß hinaus (Graumann 1994, 397). Diese können von den Mitarbeitern für Aktivitäten aufgewendet werden, die ein Manager eines bekannten Unternehmens einmal als „kreatives Spinnen" bezeichnet hat, d.h. um seinen eigenen Forschungsinteressen nachzugehen, die (im Moment) vom Unternehmen nicht gezielt verfolgt werden, längerfristig aber dazu dienen können, den Unternehmenserfolg zu vergrößern. Desgleichen werden Überkapazitäten benötigt, um etwa den „Kaffeeklatsch" abhalten zu können, bei dem auf informeller Ebene wichtige Neuigkeiten (aus dem Unternehmen bzw. von der eigenen Tätigkeit) ausgetauscht und gleichzeitig die Kohäsion bzw. der Zusammenhalt und in der Folge die Motivation gestärkt werden. All diese Faktoren wirken begünstigend auf das Zustandekommen von Innovationen (dazu schon Cyert/March 1961, 37f). Slack wirkt auf kurze Sicht effizienzmindernd bzw. sogar unwirtschaftlich. Dennoch ist er auf längere Sicht erforderlich, „um die Überlastung einzelner Systemelemente zu verhindern, da notwendiges koordiniertes Verhalten zwischen einzelnen Systemen zeitlichen Slack benötigt" (Greiling 1998, 87). Dies gilt umso mehr, je weniger spezialisiert und formalisiert ein Unternehmen ist und je flacher die Hierarchien. Insbesondere wird Slack notwendig, wenn ein dynamisches Umfeld vorliegt, wie dies in innovativen Bereichen zwangsläufig der Fall ist (Hübner 2002, 173).

Aus diesen Ausführungen wird deutlich, dass sich ein „optimales", für alle Innovationstypen und -phasen gültiges Organisationsmuster dabei schon aufgrund der mit Innovationen verbundenen Phänomene wie Neuerung, Dynamik nicht a priori aufstellen lässt. Vielmehr muss man situationsspezifisch den organisatorischen Anforderungen des jeweiligen Projektes in der jeweiligen Projektphase Rechnung tragen. Damit ist ein Phänomen angesprochen, das für den Innovationsprozess zu einigen Problemen führt: das **organisatorische Dilemma**. Der Innovationsprozess selbst erfordert in seinen unterschiedlichen Phasen unterschiedliche organisatorische Vorgaben, um effizient zu sein (dazu als erster Wilson, 1966, 195 ff). In der kreativen Phase ist möglichst großer Freiraum zu gewähren, um die Kreativität nicht einzuschränken und sachliche Effizienz im Sinne von zukunftsträchtigen F&E-Ergebnissen zu ermöglichen. Hier müssen die Kommunikation offen, die Hierarchie flach, genügend Slack vorhanden und Formalisierung und Spezialisierung möglichst gering gehalten werden. In der Akzeptierungsphase und vor allem in der Realisierungsphase kehren sich diese Anforderungen aber um, damit auch ein hohes Maß an zeitlicher Effizienz gewährleistet ist.

Somit bedarf es innerhalb einer Abteilung möglicherweise gleichzeitig (bei mehreren Projekten in verschiedenen Phasen) unterschiedlicher Organisationsstrukturen (Hübner 2002, 130). Dem entsprechend muss das Innovationsmanagement seine organisatorischen Strukturen und Maßnahmen unter Rücksichtnahme auf die phasenspezifischen Anforderungen entwickeln (vgl. Abb. 14). Dies heißt aber nicht unbedingt, dass es sich permanent verändern muss oder gar dass eine Planung nicht mehr möglich ist (Thom 1980, 323). Vielmehr muss man Vorgaben so entwickeln, dass in den ersten Phasen des Prozesses mehr Freiräume zur Verfügung stehen, während mit zunehmendem Konkretisierungsgrad der Projekte die Führung straffer wird. Der projektorientierte Aufbau von F&E-Abteilungen unterstützt diese Möglichkeit.

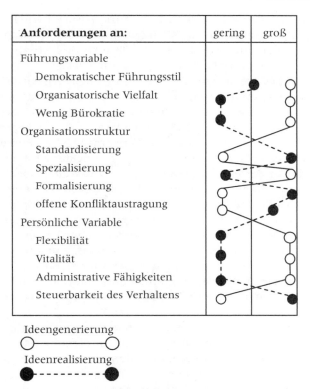

Anforderungen an:	gering	groß
Führungsvariable		
Demokratischer Führungsstil		
Organisatorische Vielfalt		
Wenig Bürokratie		
Organisationsstruktur		
Standardisierung		
Spezialisierung		
Formalisierung		
offene Konfliktaustragung		
Persönliche Variable		
Flexibilität		
Vitalität		
Administrative Fähigkeiten		
Steuerbarkeit des Verhaltens		

Ideengenerierung

Ideenrealisierung

Abb. 14: Organisatorisches Dilemma; in Anlehnung an Greiling 2002, 66

3.3.5 Information und Kommunikation im innovativen Unternehmen

Information und Kommunikation in Innovationsprozessen bedeutet den bewussten Umgang mit der Ressource „Wissen". Diese nimmt bei Innovationsprozessen eine zentrale und grundsätzlich übergeordnete Funktion ein (Albers/Brockhoff/Hauschildt 2001, 21 f). Wichtig sind daher der planvolle Umgang mit der Ressource „Wissen" und deren zielgerichteter Einsatz im Unternehmen.

Die Fortschritte der Informations- und Kommunikationstechnik haben dazu beigetragen, die Selbständigkeit der Teilbereiche und die Interaktionsfähigkeit der Beteiligten enorm zu erhöhen. Man kann heute direkt miteinander kommunizieren, auf vielen Wegen und über unterschiedliche Medien. Die Bedeutung von Herrschaftswissen, das bei wenigen, an der

Spitze stehenden Persönlichkeiten konzentriert ist, schwindet. Die zur Selbststeuerung der autonomen Teileinheiten oder der Projektteams notwendigen Informationen werden ganz selbstverständlich an diejenigen vermittelt, denen die Aufgabe der Selbststeuerung obliegt.

Ziel ist die bessere Nutzung der vorhandenen Wissensreserven in innovierenden Organisationen, die Förderung des Informationstransfers zwischen mit Innovationen beschäftigten Einheiten (z.B. einzelnen Projektteams) und die kontinuierliche Dokumentation der abgewickelten F&E-Projekte. Das selbst entwickelte und erworbene Wissen wird dadurch an allen Stellen einer Organisation verfügbar (Schneider 2001, 19 f).

Die Mitarbeiter der F&E-Abteilung müssen zur Weitergabe ihres intellektuellen Eigentums bereit sein, denn „Wissen an sich" kann nicht einfach in einer Datenbank gespeichert werden. Wissen basiert auf Informationen und entsteht erst durch die richtige Interpretation und Vernetzung von Informationen. Diese wird durch Kommunikation innerhalb der F&E-Abteilung, und auch zwischen der F&E-Abteilung und anderen Unternehmensbereichen sowie zwischen verschiedenen Unternehmen/Institutionen ermöglicht·. Um einen effizienten Informations- und Kommunikationsfluss zu ermöglichen, bedarf es spezieller Informations- und Kommunikationssysteme (Guretzky 2002, 2 f).

Diese Systeme dienen der Aufnahme, Speicherung, Verarbeitung und Verteilung/Koordination von Informationen zur Planung, Steuerung und Kontrolle von Innovationsprozessen und -projekten. Sie dienen dem Informations- und Technologietransfer sowohl innerhalb eines Unternehmens als auch zwischen verschiedenen Unternehmen/Institutionen (Esswein/

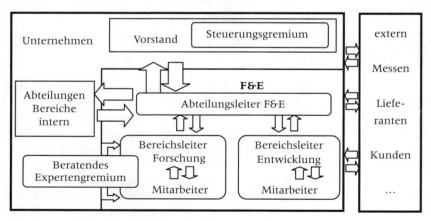

Abb. 15: Beispiel für innovationsbezogene Informations- und Kommunikationsflüsse

Heinatz 1999, 94). Alle wichtigen Ergebnisse und Entscheidungen sind zu dokumentieren und an die entsprechenden Stellen zu verteilen (Specht/Beckmann/Amelingmeyer 2002, 479 f).

Das Kommunikationssystem legt die organisatorische Handhabung des Informationsflusses fest. Die Kommunikationswege können dabei unter Einhaltung des Dienstweges strikt festgelegt oder vom Stelleninhaber frei gewählt werden. Aus der Sicht des einzelnen Stelleninhabers zeigt das Kommunikationssystem also das Ausmaß der Kommunikationsfreiheit.

Grundlegendes Einsatzgebiet von Informations- und Kommunikationssystemen ist zunächst die Gestaltung der Rahmenbedingungen für das Innovationsmanagement. Wiederum zeigt sich, dass in den frühen Phasen des Innovationsprozesses die Kommunikationsstruktur möglichst offen und flexibel gestaltet sein muss, in den späteren Phasen zur Steigerung der zeitlichen Effizienz aber weitgehend straffer strukturiert sein kann (Thom 1980, 282). Anderseits liefern Informations- und Kommunikationssysteme Inputs für den Innovationsprozess selbst, indem sie Informationen zur Unterstützung von Entscheidungsprozessen bereitstellen oder auf eine umfassende Dokumentation der F&E-Ergebnisse achten.

3.3.6   Innovationstransfer – Schnittstellenprobleme im Innovations- und Technologiemanagement

Da der Innovationsprozess in der Regel nicht mit einer Erfindung bzw. der Entwicklung eines Prototypen endet, sondern über die Produktion in eine (erfolgreiche) Markteinführung mündet, bedürfen Innovationsprozesse der Mitwirkung weiterer Abteilungen, um zu einem erfolgreichen Ergebnis geführt zu werden. Die organisatorische Entwicklung hat neue Koordinationsbedürfnisse bewusst werden lassen. Neben die klassische Koordination durch den gemeinsamen Vorgesetzten tritt die bereits dargestellte, kaum noch überschaubare Menge von Techniken eines Schnittstellen-Managements, durch das die kooperierenden betrieblichen Teilbereiche auch dann koordiniert werden, wenn sie keinen gemeinsamen Vorgesetzten haben. Das Aufkommen dieses Schnittstellen-Managements hat damit neue Techniken der Konfliktregulierung bereitgestellt. Die Teilnehmer kennen das Instrumentarium eines rationalen Konfliktmanagements. Der Umgang mit Konflikten ist unbefangener geworden.

Dennoch kommt es an den Schnittstellen immer wieder zu Reibungsverlusten in Form von Änderungsschleifen und unnötigen Zeitverlusten (Bürgel/Haller/Binder 1996, 56 f). Obwohl diese prinzipiell mit allen Bereichen (z.B. Einkauf, Rechnungswesen etc.) bestehen können, interessieren hier vor allem die Schnittstellen mit der Produktion und dem Marketing.

Die Schnittstelle zwischen **F&E und Marketing** ist grundsätzlich gekennzeichnet durch eine gemeinsame Zielsetzung, die Befriedigung von Abnehmerbedürfnissen (zum Folgenden Wolfrum 1996, 366 ff). Deswegen müssten die Abteilungen permanent kooperieren, vor allem in der Phase vor der Markteinführung. Doch bereits aus den Zielen ergibt sich zwischen den beiden Abteilungen erhebliches Konfliktpotenzial: Forscher bevorzugen langfristige Projekte mit hohem Innovationsgrad, während Marketingmanager auf kurzfristig realisierbare Verbesserungen eingestellt sind. Räumliche Distanzen (v.a. bei Einrichtung von sog. Konzernforschungszentren), unklare Definition der Ziele sowie der Kampf um knappe Ressourcen führen ebenfalls zu Konflikten zwischen den Abteilungen. Das wesentliche Problem besteht aber darin, dass die Mitarbeiter der Abteilungen sich auf einer persönlichen Ebene stark unterscheiden: Während sich die Marketingspezialisten in der Regel am Kunden ausrichten, ist die wesentliche Bezugsgruppe der Forscher doch eher die scientific community. Marketingspezialisten gelten als extrovertiert und gesellig, Forscher als eher zurückgezogen mit der Tendenz, starke und lang andauernde Kontakte innerhalb der eigenen Berufsgruppe zu pflegen (zu Forschertypen Higgins / Wiese 1998, 144). Der empirische Beleg für diese einleuchtend erscheinenden Aussagen steht allerdings aus. Vielmehr trifft man in der Realität auf Forschungsleiter mit dem Credo: „Unser Abteilungszweck ist es, den Umsatz zu steigern."

Schnittstellenprobleme findet man ebenfalls im Bereich von **F&E und Produktionsabteilung**. Zwar sind hier wie dort Techniker tätig, weswegen zumindest Persönlichkeitsstrukturen und die sprachliche Verständigung keine Schwierigkeiten bereiten dürften. Im Gegensatz zu F&E/Marketing differieren hier aber die Abteilungsziele: Legt man in der F&E Wert auf ausgereifte, auf die Anwendung zugeschnittene Produkte, so sind der Produktion die identische Reproduzierbarkeit, geringe Rüstzeiten oder schnelle Durchlaufzeiten wichtig. Besonders wichtig ist die Zusammenarbeit, wenn nicht Produktinnovationen im Mittelpunkt der Überlegungen stehen, sondern Verbesserungen bzw. Neuentwicklungen der eigenen Produktionsanlagen.

Zur Überwindung der Schnittstellenprobleme bedarf es in jedem Fall der Identifikation der Unternehmensleitung mit den Innovationszielen und der gezielten Schaffung von gemeinsamen Anreizen. Förderlich sein können regelmäßige gemeinsame Workshops und Seminare, um die persönlichen Beziehungen zu intensivieren und zu verbessern. Auch die Herstellung von räumlicher Nähe kann helfen, die Spannungen abzubauen und das gegenseitige Verständnis zu fördern.

3.4 Instrumentarium zur Analyse des Innovationssystems

Um eine Ziel führende strategische Planung und operative Umsetzung des Innovations- und Technologiemanagements zu ermöglichen, müssen zunächst technologische Trends frühzeitig erkannt werden. Durch den gewonnenen Informationsvorsprung kann die Anpassung von im Unternehmen eingesetzten Technologien (als Gesamtheit der Produkt- und Prozesstechnologien, Specht/Beckmann/Amelingmeyer 2002, 76) an geänderte Bedingungen früher als bei Mitbewerbern erfolgen, woraus die Möglichkeit resultiert, Wettbewerbsvorteile zu erzielen. Es bestehen insofern enge Zusammenhänge und Rückkoppelungen zu den bereits besprochenen unternehmensexternen Einflussfaktoren des Innovations- und Technologiemanagements.

Das Instrumentarium zur Analyse des Innovationssystems umfasst neben der bereits besprochenen Technologiefrüherkennung die Technologieprognose sowie die Bereitstellung, Verarbeitung und Aufbereitung von entscheidungsrelevanten Informationen aus dem unternehmensinternen und -externen Bereich (Gerpott 2002, 99; Wolfrum 1991, 119). Schließlich müssen die Ergebnisse der Analyse zusammengeführt, Ziele geplant und konkrete Strategien entwickelt werden.

Das Instrumentarium, das zur Analyse und Planung des Innovationssystems eingesetzt werden kann, ist beinahe so vielfältig wie die Betriebswirtschaftslehre selbst. Aus diesem Grund wird im Folgenden, um einerseits den Rahmen eines Lehrbuches nicht zu sprengen, anderseits aber doch konkrete Hinweise geben zu können, nur eine Auswahl von Instrumenten vorgestellt, die unserer Meinung nach zu den wesentlichen für das Innovations- und Technologiemanagement zählen.

Dazu gehören zunächst die zur externen Analyse eingesetzten **Prognoseverfahren** der Szenariotechnik und der Delphi-Studie sowie die Cross-Impact-Analyse. Als **zur unternehmensinternen Analyse eingesetzte Verfahren** werden behandelt: Checklisten, Wertketten, Gap-Analyse und die Produkt-Markt-Matrix nach Ansoff. **Verfahren zur Integration der Analyseergebnisse und ersten Bewertung** sind Stärken-Schwächen-Profile, SWOT-Analyse und das sog. Benchmarking.

3.4.1 Technologieprognose

Basis zur Erstellung technologischer Prognosen, mit denen Aussagen über zukünftige Entwicklungen von Wissenschaft und Technik und somit auch die eigenen F&E-Bemühungen getroffen werden, ist die Technologiefrüherkennung. Das Ziel technologischer Prognosen ist, zu erkennen, welche technologischen Entwicklungen aufgrund geänderter Umweltbedingungen in Zukunft zu erwarten sind (Wolfrum 1991, 136 f). Zum Einsatz kommen dafür sowohl quantitative als auch qualitative Verfahren.

Bei den **quantitativen Verfahren** erfolgt die Prognose mittels mathematisch-statistischer Verfahren unter Annahme der Hypothese, dass vergangene Einflussfaktoren und Zusammenhänge von Variablen auch künftig weiter bestehen werden (Hübner/Jahnes 1998, 32). Angesichts der Dynamik des technologischen Fortschritts ist die Fortschreibung bisheriger Entwicklungstrends in die Zukunft nicht mehr ausreichend. Zu viele Diskontinuitäten und Unwägbarkeiten beeinflussen die technologische Entwicklung, weswegen eine lineare Extrapolation in die Zukunft keine ausreichend genauen Daten in Bezug auf die tatsächliche Entwicklung liefern kann, zumal sich diese Verfahren meist auf die Fortschreibung einer einzigen Größe beschränken und die Miteinbeziehung von Störfaktoren nicht erlauben. Auf die Beschreibung einzelner quantitativer Verfahren der Regressionsanalyse wird deshalb hier verzichtet (dazu etwa Hübner/Jahnes, 1998, 308 ff).

Zur Aufdeckung nicht vorhersehbarer Struktur- und Entwicklungsbrüche müssen Verfahren herangezogen werden, die die Beschäftigung mit Zukunftsfaktoren ermöglichen (Micic 2006, 63ff). In Bezug auf die Durchführung von in verschiedenen Zusammenhängen und Umfeldern durchführbaren **primär-statistischen Erhebungen** (also die klassische „Marktforschung") sei auf die Literatur verwiesen (z.B. Berekoven/Eckert/Ellenrieder 2001; Hammann/Erichson 2000).

Abgesehen von der Marktforschung im engeren Sinne ist eines der bekanntesten und auch (vor allem in der Industrie, vgl. Lichtenthaler 2005, 71) eingesetzte Verfahren die **Szenariotechnik**. Sie bezieht verschiedene Variablen in die Abschätzung der zukünftigen Entwicklung mit ein. Unter einem Szenario versteht man „ein als plausibel angesehenes Modell der nahen Zukunft für einen problemorientiert abgegrenzten Wirklichkeitsausschnitt" (Wilms 2006, 47). Ausgehend von einer Analyse der Gegenwart werden verschiedene Entwicklungsmöglichkeiten aufgezeigt und zu einem Gesamtbild für den Prognosehorizont zusammengefügt (Hansmann 1995, 272). Voraussetzung für die Entwicklung von Szenarien ist neben einer gründlichen Analyse der Ist-Situation die Beschaffung ausreichender Informationen über wesentliche Einflussfaktoren, die eine zukünftige Entwicklungsrichtung bestimmen.

Am besten kann die Szenario-Methode mit Hilfe eines Trichters dargestellt werden, an dessen Ausgangspunkt die Gegenwart liegt. Je weiter sich der Trichter öffnet, desto weiter in der Zukunft liegen die betrachteten Ereignisse und desto mehr nehmen Komplexität und Unsicherheit der weiteren Entwicklung zu. Störeinflüsse werden dabei explizit berücksichtigt und können zu völlig neuen Zukunftsbildern führen (Abb. 16).

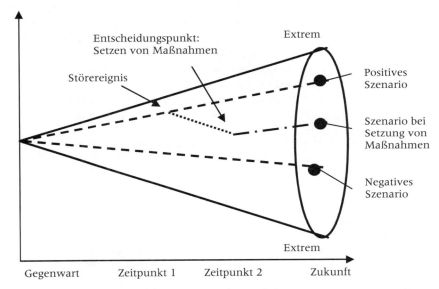

Abb. 16: Darstellung eines Szenario-Trichters; in Anlehnung an Pölzl 2002, 174; von Reibnitz 1989, 27

Entscheidend bei der Szenariotechnik ist, aus der Kombination zukünftiger Entwicklungen Chancen und Risiken abzuleiten, um dann durch entsprechende Maßnahmen besser auf Veränderungen in der Zukunft reagieren zu können.

Es wurden diverse Verfahren entwickelt, eine Szenario-Analyse durchzuführen (Gaßner/Steinmüller 2006, 145ff; Heinecke 2006 1996, 252 ff; Helm/Satzinger 1999, 963 f). Eines der gängigsten wird in Abb. 17 beschrieben.

Dabei werden ausgehend von einer genauen Abgrenzung des Untersuchungsgegenstandes (z.B. eine Technologie insgesamt oder nur ein einzelner Prozess) jene externen und internen Bereiche identifiziert, die bei der zukünftigen Entwicklung hinsichtlich des Untersuchungsgegenstandes eine Rolle spielen werden (von Reibnitz 1997, 29). Die im Rahmen der Einflussanalyse identifizierten Bereiche werden (jeder mit jedem) miteinander in Beziehung gesetzt und so mögliche Vernetzungen identifiziert. Dazu wird in aller Regel eine Matrix verwendet, die jener ähnelt, wie sie auch im Rahmen der Cross-Impact-Analyse verwendet wird. Im nächsten Schritt werden die Indikatoren bestimmt, die die Einflussbereiche repräsentieren sollen (z.B. die durchschnittliche Produktlebensdauer) und ihre Entwicklungen in die Zukunft fortgeschrieben. Die verwendeten Daten können dabei zum Teil mit Hilfe quantitativer Analysemethoden ermittelt werden, die teilweise aus externen Quellen und subjektiven Überlegungen stammen. Teilweise kann man die Entwicklung der einzelnen Indikatoren auch in Form von Gruppendiskussionen ausarbeiten. Alle in die Zukunft projizierten Indikatoren werden zu konsistenten Annahmenbündeln über alternative zukünftige Entwicklungen zusammengefasst und auf ihre Konsistenz (d.h. die innere Widerspruchsfreiheit) untersucht.

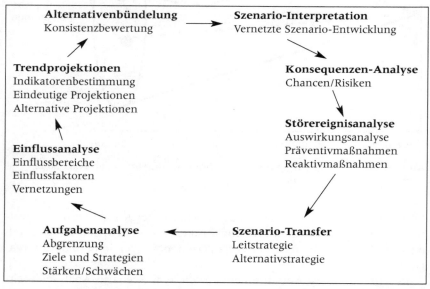

Abb. 17: Modellhafter Ablauf eines Szenarios; in Anlehnung an Pfnür 1996, 252 ff

Sodann erfolgt daraus die Szenarioentwicklung, indem die unterschiedlichen Szenarien, d.h. zukünftigen Situationen und Gegebenheiten, mit mehreren Zwischenstufen, auf denen ein Abgleich stattfindet, erstellt und verbal anschaulich dargestellt werden. In der Regel werden zwei bis drei Szenarien ausgearbeitet, bei denen eines eher von einer positiven, das andere von einer negativen und das dritte eventuell von einer wahrscheinlichen Entwicklung ausgeht. Dabei besteht die Gefahr, dass das wahrscheinliche Szenario aufgrund subjektiver Hoffnungen und Erwartungen erstellt und akzeptiert wird, ohne mögliche Chancen und Gefahren zu bedenken, die sich aus den anderen Szenarien ergeben.

Im nächsten Schritt werden Störereignisse eingeführt, die jedenfalls außerhalb der erwarteten Entwicklung sind (wie etwa Hochwasser, Terroranschläge, politische Krisen etc., die jedenfalls auch Einflüsse auf die ökonomische Entwicklung haben), und auf ihren Einfluss auf die erwartete Entwicklung hin untersucht. Gleichzeitig wird versucht, mögliche Präventiv- oder Reaktionsstrategien auszuarbeiten. Schließlich werden aus den Szenarien Ziele und Strategien für die zukünftige Vorgangsweise abgeleitet, die die wahrscheinlichste der erarbeiteten zukünftigen Situationen zur Grundlage haben, sich aber der Implikationen der anderen Alternative(n) bewusst sind.

Die Szenario-Technik ist eine sehr umfassende, langfristige und aufwändige Analysemethode. Sie steht auch keinesfalls für sich allein, sondern greift auf andere Methoden zurück, wie verschiedene Kreativitätstechniken, Checklisten, Prognosemethoden oder sogar Portfolio-Techniken zur Programmbestimmung. Ihr Erfolg hängt daher stark von der Fach- und Methodenkompetenz der Beteiligten ab. Ebenso ausschlaggebend ist aber deren Fähigkeit, komplex und vernetzt zu denken, um möglichst viele Ausprägungen relevanter Faktoren in die Analyse mit einbeziehen zu können. Die Qualität des Szenarios hängt in erheblichem Maß auch von der Qualität der verwendeten Daten ab, die insbesondere bei langen Planungszeiträumen durch eine hohe Unsicherheit gekennzeichnet sind.

Den Vorteilen des strukturierten Vorgehens, der team-orientierten Arbeitsweise, des systematischen Durchdringens zukünftiger Zustände stehen somit die Nachteile großen personellen, finanziellen und zeitlichen Aufwandes sowie hoher Ergebnisunsicherheit gegenüber. Eine Abwägung, wann ein solches Unterfangen gerechtfertigt ist, kann letztlich nur dem Management überlassen bleiben.

Ein weiteres Instrument, das zur Prognose zukünftiger technologischer Entwicklungen eingesetzt wird, ist die **Delphi-Studie**. Dabei handelt es sich um eine mehrstufige, strukturierte Expertenbefragung, die auf der Annahme beruht, dass eine komplexe Problemstellung durch eine Gruppe von Experten besser bewältigt werden kann als von einem Individuum (Hansmann 1995, 229 ff). Nach der Ermittlung zu erwartender technologischer Erfindungen und der Prognose der Zeitpunkte ihres Auftretens werden mögliche Auswirkungen auf das Unternehmen und die gesamte Branche abgeschätzt (Wolfrum 1991, 143). Charakterisiert ist die Delphi-Methode durch eine Gruppe von Experten (Welters 1989, 262 f),

- die nicht voneinander wissen

- die in Einzelbefragungen mittels standardisierter Fragebögen und in mehreren Befragungsrunden befragt werden
- die technologische Entwicklungen vorhersagen.

Die konkrete Vorgangsweise ist aus Abb. 18 ersichtlich: Ausgehend von einem Informationsgewinnungsproblem werden die abzutestenden Fragestellungen sehr konkret, unmissverständlich und möglichst neutral ausgearbeitet und Experten für die Teilnahme an der Studie ausgewählt.

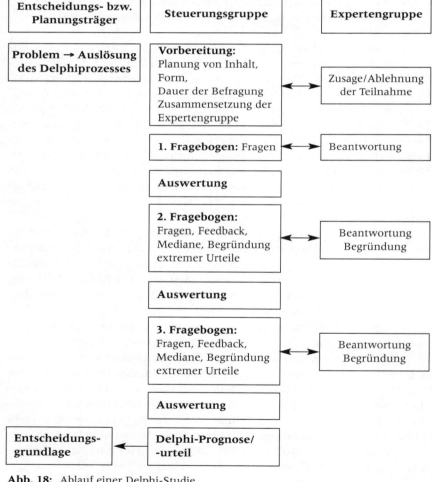

Abb. 18: Ablauf einer Delphi-Studie

Diese Experten müssen über genügend Fachwissen und Einfühlungs-vermögen verfügen, zukünftige Entwicklungen abzuschätzen und zu be-werten (Pölzl 2001, 171) und sie müssen zur Teilnahme bereit sein. In der ersten Befragungsrunde werden die Experten unabhängig voneinander gebeten, ihr Urteil über die interessierenden Sachverhalte abzugeben und zu begründen. Die Antworten werden einer statistischen Auswertung unterzogen, bei der die Mediane (Messwert, der die Menge der gereihten Messwerte in zwei gleich große Hälften teilt) ermittelt und die Begrün-dungen für die Beurteilungen zusammengefasst werden. Diese Daten wer-den gemeinsam mit einem neuerlichen Fragebogen wiederum den Exper-ten übersandt, die auf der Basis der neuen Informationen wiederum ein Urteil abgeben müssen. Dieser Zyklus kann so oft wiederholt werden, bis sich die Urteile im Wesentlichen nicht mehr verändern, in der Regel geht man von zwei bis drei Befragungsrunden aus (Hübner/Jahnes 1997, 300 f). Abb. 19 zeigt Teilergebnisse einer Delphi-Befragung zum Thema „Ökologie und Umwelttechnik".

Auch die Delphi-Studie muss nicht für sich allein eingesetzt werden, sondern kann ein Instrument etwa bei der der Erstellung eines Portfolios oder einer Szenario-Analyse sein. Vorteile der Delphi-Technik sind die Nut-zung einer breiten Erfahrungs- und Wissensbasis sowie die Überwindung gruppendynamischer Prozesse (wie Konformitätszwang, Meinungsführer-schaft, Einigung auf den kleinsten gemeinsamen Nenner) und damit ver-bundene objektive Meinungsäußerung (Welters 1989, 263 f).

Problematisch sind hingegen die Einflussnahme der Interviewer auf die Qualität der Ergebnisse über die Expertenauswahl und Fragenformulie-rung sowie die aufwändige und lange (bis zu einem Jahr) Durchführung (Grupp 1995, 38 ff). Kosten-Nutzen-Überlegungen werden daher aus-schlaggebend für die Entscheidung zum Einsatz der Delphi-Methode sein. Die Methode kommt aber sicherlich eher für längerfristige bzw. strategi-sche Zwecke in Frage (z.B. welche Technologien die Telekommunikation in den nächsten fünf Jahren bestimmen werden).

Als letztes Instrument zur technologischen Prognose wird an dieser Stelle die **Cross-Impact-Analyse** beschrieben, mit deren Hilfe Wechsel-wirkungen in komplexen Systemen verständlich gemacht und so ein Überblick über die Zusammenhänge möglicher zukünftiger Entwicklungen geschaffen werden können. Bei der Cross-Impact-Analyse werden potenzi-elle Umweltentwicklungen in Bezug gesetzt zu Unternehmenszielen und -strategien (Steger 1993, 246). Berücksichtigt wird dabei nur die relevante Umwelt, d.h. jene Ausschnitte der Umwelt, die ein bestimmter Entschei-dungsträger als für seine Entscheidungen relevant erachtet (Strebel 1994, 752).

Nr.	Frage	Wich-tigkeit (Index)	Zeitraum Median (25 %–75 %)
	Für FCKW und Halone werden Ersatzstoffe eingesetzt, die die Ozonschicht nicht zerstören und zu keiner Erwärmung der Erde führen.	96	1999 (1997–2003)
12	Die weltweiten jährlichen CO_2-Emissionen werden um bis zu 20 % des heutigen Wertes reduziert.	96	2009 (2003–2020)
13	Es wird möglich, die zum Treibhauseffekt füh-rende Konzentrationszunahme von Gasen (ausgenommen CO_2) in der Atmosphäre zu ver-langsam oder zu stoppen.	90	2007 (2003–2012)
26	Die Auswirkungen der Vernichtung tropischer Regenwälder auf Klima und Wetter werden geklärt.	90	2003 (1999–2008)
38	Eine Technik zur Produktplanung findet allge-meine Anwendung, bei der die Produkte nach dem Ende ihrer Lebensdauer einfach als Res-sourcen gesammelt und sortiert werden können.	90	2004 (2001–2010)
28	Es wird eine wirksame Methode zur Wiederher-stellung der zerstörten Ökosysteme der tro-pischen Regenwälder entwickelt.	89	2017 (2010–2022)
32	Für nahezu alle Kraftfahrzeugtypen findet eine Technik allgemeine Anwendung, die die Konzen-tration von Stickoxiden im Abgas auf 0,1–0,2 g/km begrenzt.	88	2003 (2000–2007)

Abb. 19: Delphi-Befragung zum Thema „Ökologie und Umwelttechnik" (Deut-sches Bundesministerium für Forschung und Technologie 1993, 374)

Die dabei verwendete Matrixform beinhaltet in der Kopfzeile die unter-suchten Parameter und in der linken Spalte die interessierenden The-menbereiche. In den Matrixfeldern wird mit Hilfe von Punkten oder Symbolen der wechselseitige Einfluss der beiden betreffenden Felder mar-kiert (Orwat 1996, 104). Auch die Cross-Impact-Analyse erfordert daher zu ihrer Anwendung Expertenwissen.

Die Cross-Impact-Analyse kann für alle Arten von Untersuchungen an-gewendet werden und eignet sich auch als Grundlage für die Erstellung von Szenarien (Götze 2006, 146). Ein Beispiel für eine innovationsbezoge-ne Anwendung ist in Abb. 20 ersichtlich. Sie zeigt eine Cross-Impact-Ana-lyse für die Substitution von mineralischem Diesel durch „Ökodiesel" (Altfett-Methyl-Ester, AME) im städtischen Bussystem von Graz, wobei der Rohstoff Altfett zuerst in Graz gesammelt werden und dafür eine eigene Logistik entwickelt werden soll (Hermann 2002).

Ein Problem in der Anwendung der Cross-Impact-Analyse besteht jedoch in der Schätzung von Eintrittswahrscheinlichkeiten der Ereignisse. Diese Schwierigkeit kann jedoch als sekundär gewertet werden, wenn man

Ziele der Stadt Graz			höhere Teilnehmeranzahl an Gastronomiebetrieben	verringerte Preisdifferenz zwischen Öko- und fossilem Diesel	Verweigerung der Freigabe von Ökodieselbussen	Kampagne zur Erhöhung des Bekanntheitsgrades durch das Umweltamt
relative Umweltschonung		Forcierung des Kreislaufprinzips	+	0	-?	+
		Emissionsminderung	0	-?	-	+
		Nachhaltigkeit	+	0	-/+	+
		erhöhtes Energiebewusstsein	+	0	-?	+
wirtschaftliche Aspekte		Entlastung des Kanalsystems	+	0	0	+
		Schaffung neuer Arbeitsplätze	+?	0	0	0
		Geringere Abhängigkeit vom Rohölmarkt	0	-	-	0
		zusätzliche Ersparnis	+	-	0	-/+
sonstige Ziele		Mitarbeitermotivation	+ -	?	-	+
		Umweltfreundliches Image	+	-?	-?	+
		Vorbildfunktion	+	0	0	+

(Spaltenüberschrift oben: **Potenzielle Umweltentwicklung**)

Legende:
+ = positiver Einfluss ? = Einfluss mit unbekannter Wirkungsrichtung
- = negativer Einfluss 0 = neutral +/- = widersprüchlicher Einfluss
?! = unbekannt, ob Einfluss und ggf. in welcher Wirkungsrichtung
-? = fraglich, ob negativer Einfluss

Abb. 20: Beispiel für eine Cross-Impact-Analyse für den Einsatz von AME-getriebenen Bussen in der Stadt Graz (Hermann 2002, im Auftrag des Umweltamtes der Stadt Graz)

sich vor Augen hält, dass das Instrument nur der Grobabschätzung zukünftiger Zustände und vor allem ihrer Zusammenhänge dient (Pölzl 2001, 183). Im Gegensatz zu den vorher beschriebenen Instrumenten der Szenariotechnik und der Delphi-Studie kann dieses Instrument auch eher kurzfristig eingesetzt werden, wenn man auf im Unternehmen vorhandenes Wissen (z.b. der Mitarbeiter der F&E-Abteilung) zurückgreifen kann.

3.4.2   Technologieorientierte Unternehmensanalyse

Die bisher beschriebenen Instrumente setzen sich mit der Analyse der unternehmensexternen Einflussfaktoren des Innovationssystems auseinander. Die Aufgabe der Technologie orientierten Unternehmensanalyse bezieht sich auf die Analyse der unternehmensinternen Einflussfaktoren des Innovationssystems und befasst sich damit, die technologische Position des Unternehmens zu analysieren und Stärken und Schwächen in Relation zu seinem Umfeld zu bestimmen (z.b. Gerpott 2002, 142 f).

Es sei hier nochmals darauf verwiesen, dass die Technologieposition des eigenen Unternehmens durch interne technologische Ressourcen (Mitarbeiter und deren Wissen, vorhandene maschinelle Ausstattung), durch den Zugang zu externen Technologiequellen sowie die gegenwärtige Position bei den wettbewerbsrelevanten Technologien beschrieben wird (Specht/Beckmann/Amelingmeyer 2002, 89). Die Ermittlung technologischer Stärken und Schwächen erfordert einen Vergleich der Unternehmensressourcen nicht nur mit gegenwärtigen, sondern auch mit zukünftigen Umfeldbedingungen (Hinterhuber 1996, 121 f). Die Resultate einer technologiebezogenen Unternehmensanalyse werden mittels Stärken-Schwächen-Profilen dargestellt. Diese werden im nächsten Unterkapitel vorgestellt, ermöglichen sie doch in Kombination mit der externen Chancen-Risiken-Abschätzung die erste Ableitung erster grober Hinweise für die unternehmerische Innovations- und Technologiestrategie.

Ein einfaches und variables Instrument für die technologische Analyse im Unternehmen stellen **Checklisten** dar (vgl. Abb. 21). Mit ihrer Hilfe können wichtige Problembereiche rasch und umfassend erfasst werden. Da sich Checklisten leicht abwandeln lassen, können auf diese Weise erste Grobanalysen ebenso vorgenommen werden wie mit fortschreitendem Konkretisierungsgrad auch detailliertere Probleme untersucht werden können. Fragen des Innovations- und Technologiemanagements können als Unterpunkt einzelner Funktionsbereiche, aber auch als eigenständiges Analyseobjekt in die Checkliste aufgenommen werden (Wolfrum 1991, 180 ff). Wichtig ist dabei, dass die Checklisten den interessierenden Sach-

Checkliste für die Analyse des F&E-Bereiches	
Arbeitsgebiete	• Anteil Grundlagenforschung, angewandter F&E • In der F&E vertretene wissenschaftliche Disziplinen • Gegenwärtige Arbeitsschwerpunkte • Anteil und Eigen-/Fremd-F&E
Aufwands- bzw. Kostenstruktur	• Höhe des Gesamt F&E-Aufwandes • F&E-Aufwand pro Mitarbeiter, • Verhältnis von F&E zum Umsatz • Entwicklung des F&E-Aufwandes im Zeitablauf • Kostenstruktur im F&E-Bereich (Kostenarten, Kosten pro Projekt, Kosten pro F&E-Schwerpunkt)
F&E-Budget	• Höhe und Entwicklung im Zeitablauf • Verteilung des Budgets auf die einzelnen Projekte • Anteil des durch laufende Projekte gebundenen Budgets in den kommenden Perioden • Kriterien für Bestimmung des F&E-Budgets
Personal-struktur	• Anzahl der Mitarbeiter in der F&E • Verteilung auf die wissenschaftlichen Disziplinen • Verteilung nach der Qualifikation
Organisations-struktur	• Interne Organisation der F&E-Abteilung • Einbindung in die Unternehmensstruktur • Schnittstellenprobleme
Projektstruktur/ -mix	• Anzahl der laufenden Projekte • Verhältnis Produkt-/Prozessinnovationen • Verhältnis von Verbesserungen zu Basisinnovationen
Technologische Position	• Basis- und Schlüsseltechnologien in der Branche • Beherrschung von Schlüsseltechnologien im Vergleich zu den Mitbewerbern • Kostenvorteile durch alternative Technologien • Identifikation von zukünftig wettbewerbsentscheidenden Technologien
Kooperationen/ Kontakte	• Möglichkeiten des Zugangs zu neuen Technologien • Bestehende F&E-Kooperationen • Kontakte zu externen wissenschaftlichen Institutionen
Schutzrechts-situation	• Anzahl und Art der erteilten Patente • Möglichkeit zum Lizenzerwerb für laufende Projekte • Erworbene Lizenzen und ihre Nutzbarkeit

Abb. 21: Checkliste für die Analyse des F&E-Bereiches

verhalt einerseits möglichst genau abdecken, damit sichergestellt ist, dass tatsächlich das erfasst ist, was für die Analyse von Interesse ist. Anderseits muss auf Vollständigkeit der Checkliste Bedacht genommen werden, um daraus entstehende Verzerrungen zu vermeiden. Schließlich müssen die einzelnen aufgelisteten Items (Argumente) möglichst überschneidungsfrei vorliegen, damit es nicht zu doppelten Erfassungen kommt.

Der Hauptvorteil von Checklisten liegt in ihrer Anschaulichkeit. Weitere Vorteile bestehen darin, dass sie rasch, unkompliziert und leicht adaptierbar eingesetzt werden können, ohne dass umfassende Methodenkompetenz vonnöten ist. Die größte Gefahr ist darin zu sehen, dass an die Anwendung von Checklisten zu große Erwartungen gestellt werden: Checklisten sind weder imstande detaillierte Handlungsempfehlungen zu geben, noch Querverbindungen oder Zusammenhänge näher zu untersuchen. Einen weiteren Nachteil stellen aber auch unvollständige Checklisten dar, die möglicherweise wesentliche Aspekte des betrachteten Gegenstandes vernachlässigen.

Die Auswirkungen von Technologien auf das Wettbewerbsgeschehen versucht Porter mit Hilfe der (**technologieorientierten**) **Wertkette** zu erklären (Porter 1999b, 224 ff). Er geht davon aus, dass alle Aktivitäten des Unternehmens mit dem Einsatz von Technologien verbunden sind und technologische Veränderungen durch ihre Auswirkungen auf praktisch jede Wertaktivität die Wettbewerbsfähigkeit beeinflussen (Porter 1999b, 226). Der Technologieeinsatz kann sich nun entweder auf die Schaffung neuer Differenzierungspotenziale und damit auf die Hervorbringung von technologiebasierten Produktinnovationen / -verbesserungen beziehen oder auf Änderungen der Kostenpositionen, die unter anderem mit der technologischen Verbesserung / Rationalisierung von Produktionsprozessen verbunden sein können (vgl. Abb. 22).

Diese Betrachtungsweise basiert auf einer Aufsplittung der Unternehmensaktivitäten. Sie „gliedert ein Unternehmen in strategisch relevante Tätigkeiten, um dadurch Kostenverhalten sowie vorhandene und potenzielle Differenzierungsquellen zu verstehen" (Porter 1999b, 63). Dadurch

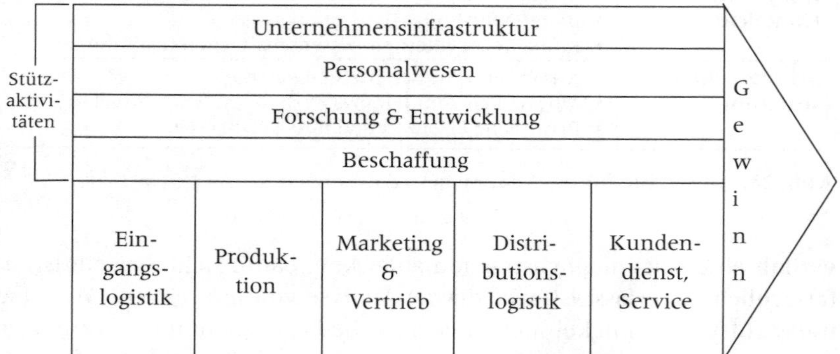

Abb. 22: Ein Wertkettenmodell; in Anlehnung an Porter 1999b, 66

können „Einzelkomponenten, aber auch Verknüpfungen und Verflechtungen dieser Aktivitäten untereinander einer ... Analyse unterzogen werden" (Görgen 1992, 166).
Diese Tätigkeiten untergliedern sich in sog. primäre Aktivitäten, die sich mit der Herstellung und dem Verkauf von Produkten befassen, sowie unterstützende Aktivitäten, die dafür sorgen, die primären Aktivitäten aufrechtzuerhalten (vgl. dazu und zum Folgenden Porter, 1999b, 70 ff; vgl. auch Görgen, 1992, 166).

Zu diesem Zweck werden auch technologiebezogene materielle Inputs, Know-how und menschliche Arbeitskraft und andere Funktionen sowohl für einzelne primäre Aktivitäten als auch für die ganze Kette bereitgestellt. Der in dieser Kette dargestellte (Gesamt-)Wert entspricht dem Betrag, den die Kunden bereit sind, für die ihnen vom Unternehmen bereitgestellten Leistungen zu bezahlen. Jedes der Elemente der Wertkette lässt sich in Unterkategorien teilen, anhand derer die im Unternehmen gesetzten Aktivitäten untersucht werden können. „Die Einordnung einer Aktivität in die richtige Kategorie erfordert Urteilsvermögen und ergibt sich oft aus dem konkreten Zusammenhang" (Porter 1999b, 73).
Mit Hilfe der Wertkettenanalyse können die Beiträge einzelner Technologien zur Erreichung bzw. Sicherung der Wettbewerbsposition ermittelt und Entscheidungen bezüglich technologischer Schwerpunktsetzungen, Timing von Innovationen, technologischer Führer- oder Folgerschaft etc. unterstützt werden (Wolfrum 1991, 195).
Eine Untersuchung der Ressourcen eines Unternehmens hinsichtlich ihrer Verfügbarkeit für strategische Entscheidungen unternimmt die **Potenzialanalyse** (in der Literatur auch als Ressourcenanalyse bezeichnet, z.B. Bea 1995, 61). Unter Potenzial versteht man dabei die „sachlich, räumlich und zeitlich definierten Möglichkeiten eines Systems zur Leistungserbringung in einem bestimmten Umfeld" (Pleschak/Sabisch 1996, 63). Konkret geht es also darum, ausgehend vom Basisgeschäft, dem gegenwärtigen Stand, die maximale zukünftige Entwicklungsgrenze auszuloten. Es liegt auf der Hand, dass in dieser Analyse alle in der Zukunft verfügbaren und alle alternativ und/oder zusätzlich vorhandenen Möglichkeiten berücksichtigt werden müssen. Der Verlauf der Entwicklungsgrenze wird daher konkret etwa durch Extrapolation der gegenwärtigen Situation ermittelt, und verschiedene Szenarien der zukünftigen Entwicklung werden miteinbezogen (Hübner/Jahnes 1998, 362).
Die Potenzialanalyse hat eher hypothetischen Charakter. Ihre Erstellung macht aber dennoch Sinn, da einerseits der Vergleich zwischen dem erkannten Potenzial und dem Basisgeschäft das Erkennen von gegen-

wärtigen Stärken und Schwächen ermöglicht wird. Anderseits hat die Potenzialanalyse kreativ-visionären Charakter, denn die aktive Auseinandersetzung mit zukünftigen Zuständen öffnet möglicherweise die Augen für bislang noch nicht bedachte strategische Alternativen. Schon aus diesem Grund erweist sie sich – ähnlich wie die Szenario-Technik für die Analyse externer Gegebenheiten – als zur Früherkennung im strategischen Innovationsmanagement geeignetes Instrument. Von der Potenzialanalyse gehen aber auch Impulse für konkrete Möglichkeiten zur Schließung der Lücke zwischen dem Basisgeschäft und der Entwicklungsgrenze aus (Innovationsanstöße). Damit bildet die Potenzialanalyse aber auch den Ausgangspunkt für eine weitere strategische Analysemöglichkeit, die strategische Lücken- (Gap-)Analyse.

Bei der **Gap-Analyse** zeigt sich durch eine Gegenüberstellung der erwarteten Prognosewerte bei Beibehaltung der bisherigen Strategie auf der einen Seite und der geplanten Ziel- bzw. Soll-Werte (den Ergebnissen einer Potenzialanalyse) auf der anderen Seite eine Abweichung. Anhand der Darstellung in Abb. 23 ist ersichtlich, dass sich die Abweichungen mit den Jahren immer mehr vergrößern, wenn nicht konkret gegengesteuert wird.

Ziel der strategischen Lückenanalyse (Gap-Analyse) ist die Formulierung neuer Unternehmensstrategien, falls mit vorhandenen Produkt-/ Marktkombinationen geplante monetäre Zielgrößen nicht erreichbar sind.

Die dabei entstehenden Lücken lassen sich durch zwei Arten von Maßnahmen schließen (Thommen 2000, 750). Die einfache Lösung besteht in der Setzung sog. operativer Maßnahmen: Hier erfolgen unterstützende

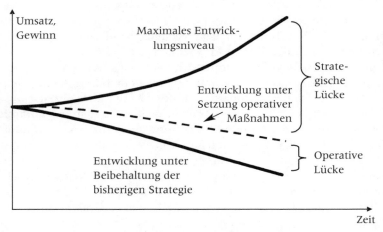

Abb. 23: Schematische Darstellung der Gap-Analyse

Maßnahmen zu den bisherigen (oder auch neuen) Strategien, die vor allem in der Erreichung von Kostensenkungszielen durch Rationalisierung zu sehen sind. Aus Sicht des Innovationsmanagements kommen hier vor allem potenzielle Prozessverbesserungen in Betracht. Im Rahmen der strategischen Maßnahmen erfolgt die Entwicklung neuer Strategien. So kann zum Ausgleich einer entstandenen Ziellücke unter anderem die Entwicklung und Verwertung neuer/verbesserter Produkte beitragen. In diesem Zusammenhang ist wiederum zu prüfen, wie weit vorhandene Technologien zur Produktion neuer bzw. Verbesserung alter Produkte geeignet sind, oder ob der Einsatz neuer Technologien erforderlich ist (vgl. auch Hübner/Jahnes 1998, 365).

Ein schon in Richtung Strategiebildung führendes Instrument, das auch bei der Zusammenführung der externen und internen Analyse verwendet werden kann, ist die Produkt-Markt-Matrix, auch **Ansoff-Analyse** genannt. Dieses klassische Instrument der Strategieentwicklung eröffnet Wege zur Schließung ungedeckter Lücken, wie sie etwa im Rahmen der Gap-Analyse identifiziert wurden. Es erlaubt eine grundlegende Strukturierung der zukünftigen Betätigungsfelder unter Ausnützung vorhandener Synergien und zeigt grundsätzliche Entwicklungsrichtungen für Erfolg versprechende Handlungsmöglichkeiten auf. Allerdings dürfen die Ergebnisse der Ansoff-Analyse nicht als absolut zwingend angesehen werden, vielmehr handelt es sich nur um Strategiehinweise.

In Abb. 24 sind die möglichen Entwicklungsrichtungen dargestellt, die sich wie folgt charakterisieren lassen (Becker 2006, 148 ff).

- **Marktpenetration** (-durchdringung) bezeichnet den (verstärkten) Absatz schon vorhandener Produkte auf vorhandenen Märkten sowohl bei eigenen Kunden als auch durch Gewinnung von Neukunden, Erschließung neuer Gebrauchsmöglichkeiten, künstliche Alterung der Produkte oder Preisnachlässe
- **Marktentwicklung** (-ausweitung) meint den Absatz vorhandener Produkte auf neu geschaffenen oder erschlossenen Märkten durch regionale, nationale oder internationale Expansion, Erschließung neuer Absatzkanäle oder Teilmärkte
- **Produktentwicklung** (-ausweitung) umfasst die Erweiterung des jetzigen Produktsortiments auf den bestehenden Märkten. Möglichkeiten hierfür sind die Anpassung der Produktpalette an geänderte Anforderungen, das Eingehen auf differenzierte Bedürfnisse (Produktdifferenzierung), die Entwicklung unterschiedlicher Qualitäten oder völlig neuer Produkte
- **Diversifikation** schließlich nennt man das Eindringen mit neuen Produkten in neue Märkte. Dabei wird unterschieden in vertikale Diversifi-

kation als Eindringen in der eigenen Stufe vor- oder nachgelagerte Bereiche (Vorwärts- bzw. Rückwärtsintegration), horizontale Diversifikation als Erweiterung des Leistungsprogrammes um Produkte, die mit dem urprünglichen Produktionsprogramm in Zusammenhang stehen (z.b. durch Einsatz verwandter Werkstoffe oder Technologien oder eine ähnliche Bedürfnisbefriedigung beim Verwender) sowie laterale Diversifikation als Eindringen in völlig neue Bereiche und Sektoren.

Märkte/ Produkte	gegenwärtige Märkte	neue Märkte
gegenwärtige Produkte	Marktdurchdringung	Marktentwicklung
neue Produkte	Produktentwicklung	Diversifikation

Abb. 24: Produkt-Markt-Matrix nach Ansoff (1966, 13 ff)

Voraussetzung für die Durchführung der Ansoff-Analyse ist die genaue Analyse des bisherigen Produktprogrammes und der Marktgegebenheiten. Sodann wird geprüft, in welchen der einzelnen Strategiefelder Positionen besetzt werden (können). Das Risiko und der Aufwand zur Realisierung der Strategien nimmt in der Produkt-Markt-Matrix nach Ansoff von links oben nach rechts unten überproportional zu. Während die Erfolgswahrscheinlichkeit bei Marktdurchdringungsstrategien noch bei 50 % liegt, sinkt sie bei der Programmerweiterung auf 33 %, bei der Markterweiterung auf 30 % und bei der Diversifikation sogar auf 5 %. Gleichzeitig nimmt der Realisierungsaufwand von 100 % bei der Marktdurchdringung auf 400 % bei der Markterweiterung, auf 800 % bei der Programmerweiterung und auf 1200–1600 % bei der Diversifikation zu (Seibert 1998, 94 ff). Damit ist die Marktdurchdringung die (kosten)günstigste, risikoärmste, aber auch am wenigsten langfristig zukunfsträchtige Variante, während die Diversifikation als hochriskant, teuer und zukunftsorientiert einzuschätzen ist. Sinnvoll scheint daher ein Mix aus mehreren Produkt-Markt-Feldern zu sein.

3.4.3   Zusammenführung der externen und der internen Analyse

Sind die externen Chancen und Risiken ebenso wie die internen Stärken und Schwächen hinreichend analysiert, bedarf es zunächst der Aufarbeitung und übersichtlichen Darstellung der Ergebnisse. In der Regel verwendet man dazu die Form der **Stärken/Schwächen- bzw. der Chancen/ Risiken-Profile**.

Zur Profilerstellung werden die ermittelten Stärken und Schwächen in der Regel mithilfe von Rating-Skalen (z.B. nach einem Schulnoten-System oder mittels der Kriterien gut-mittel-schlecht) beurteilt, wobei sowohl Faktenwissen als auch Expertenurteile zur Bewertung herangezogen werden können. Letzteres birgt jedoch die Gefahr einer subjektiven Verzerrung in sich. Auch die Beurteilung mit Schulnoten selbst genügt eigentlich wissenschaftlichen Anforderungen nicht immer, da die einzelnen betrachteten Kriterien oftmals auf verschiedenen Skalen bzw. Skalenniveaus messen (z.B. kann die Produktivität metrisch gemessen werden, die Produktgestaltung kann bestenfalls ordinal skaliert werden.) Zudem entsteht durch die Aggregation mehrerer subjektiver Urteile der Eindruck einer Quasi-Objektivität und Differenzierung der Beurteilung, der keineswegs den tatsächlichen Verhältnissen entspricht (Strebel 1978, Sp. 2183 ff). Für die hier angestrebte grobe Analyse ist das leicht handhabbare und anschauliche Verfahren jedoch als ausreichend zu qualifizieren.

Die Visualisierung selbst erfolgt dann in einem sog. Stärken-Schwächen-Profil, das sehr anschaulich und übersichtlich die ermittelten Stärken und Schwächen darstellt (vgl. Abb. 25).

Ein Stärken-Schwächenprofil zeigt, ob ein Unternehmen in Bezug auf seine Fähigkeiten und Ressourcen in der Lage ist, eine bestimmte Strategie durchzuführen (Pölzl 2001, 129). Dazu werden die erkannten Einflussfaktoren bzw. internen Erfolgspotenziale anhand von für das Unternehmen spezifisch auszuarbeitenden, funktional gegliederten Checklisten ermittelt, wobei aber auch Synergien und zukünftige Potenziale einfließen müssen (Strebel 1975, 33f). „Technologie" als Analyseobjekt kann dann einzelnen Funktionsbereichen (z.B. der F&E oder der Produktion) zugeordnet sein oder als eigenes Analysefeld betrachtet werden (Wolfrum 1996, 181).

Der Begriff der **SWOT-Analyse** ist ein Akronym gebildet aus den Anfangsbuchstaben der Wörter „strengths, weaknesses, opportunities, threats" und setzt folglich die Ergebnisse der Analyse der internen Stärken und Schwächen sowie der externen Chancen und Risiken in Beziehung zueinander. Sie geht allerdings insoweit über eine reine Gegenüberstellung hinaus, als aus der Konfrontation der beiden Dimensionen bereits erste Hinweise darauf abgeleitet werden, welche strategischen Maßnahmen das Unternehmen aus der jeweiligen Konstellation von Stärken bzw. Schwächen zu Chancen bzw. Risiken ableiten soll. Die SWOT-Analyse ähnelt damit einer vereinfachten Portfolio-Analyse, wie sie in diesem Kapitel dargestellt wird (Pepels 1999, 22).

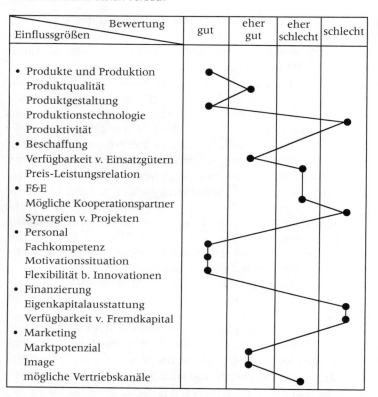

Einflussgrößen / Bewertung	gut	eher gut	eher schlecht	schlecht
• Produkte und Produktion				
Produktqualität				
Produktgestaltung				
Produktionstechnologie				
Produktivität				
• Beschaffung				
Verfügbarkeit v. Einsatzgütern				
Preis-Leistungsrelation				
• F&E				
Mögliche Kooperationspartner				
Synergien v. Projekten				
• Personal				
Fachkompetenz				
Motivationssituation				
Flexibilität b. Innovationen				
• Finanzierung				
Eigenkapitalausstattung				
Verfügbarkeit v. Fremdkapital				
• Marketing				
Marktpotenzial				
Image				
mögliche Vertriebskanäle				

Abb. 25: Beispiel für ein innovationsbezogenes Stärken-Schwächen-Profil

Konkret werden die Ergebnisse der zuvor durchgeführten Stärken-Schwächen-Analyse in checklistenartiger Form in eine Vier-Felder-Matrix eingetragen, in deren zweiter Dimension ebenfalls nach Art einer Checkliste die Ergebnisse der Chancen-Risiken-Analyse aufgeführt werden. Im Matrixkern werden die strategischen Implikationen dargestellt (vgl. Macharzina 1999, 253), vgl. Abb. 26.

Die aus den einzelnen Konstellationen heraus empfehlenswerten Strategien lassen sich folgendermaßen charakterisieren:

- **Chancen-Stärken-Strategien** (SO, strengths-opportunities): Ermöglichen einen starken Ausbau der Aktivitäten im jeweiligen Bereich, hier liegen die größten momentanen Wettbewerbsvorteile.
- **Chancen-Schwäche-Strategien** (WO, weaknesses-opportunities): Er-

	Liste der Schwächen	Liste der Stärken
Liste der Chancen	Strategie: **Aufholen**	Strategie: **Forcieren**
Liste der Risiken	Strategie: **Meiden**	Strategie: **Absichern**

Abb. 26: Systematik der SWOT-Analyse; in Anlehnung an Macharzina 1999, 254

fordern ein Aufholen des Rückstandes auf die Mitbewerber, um nicht eventueller Chancen verlustig zu gehen.

• **Risiken-Stärken-Strategien** (ST, strengths-threats): Bedingen den Versuch, bereits Erreichtes abzusichern, um die erreichte Position halten zu können.

• **Risiken-Schwächen-Strategien** (WT, weaknesses-threats): Erzwingen ein Ausweichen aus dem betreffenden Bereich, um Gefahrenpotenziale zu umgehen.

Für die Anwendung der SWOT-Analyse sind einige Punkte zu beachten. Zunächst gilt, dass aus den Konstellationen nur grobe Strategietrends abgeleitet werden können. Keinesfalls dürfen die Ergebnisse deterministisch interpretiert werden. Dabei gilt, dass die Ergebnisse umso genauer und konkreter werden, je besser die einzelnen Stärken/Schwächen/Chancen/Risiken zuvor analysiert und dargestellt wurden und je genauer die daraus gezogenen Schlussfolgerungen nachvollziehbar sind. Diese Forderung deckt sich im Übrigen mit der Forderung, dass Checklisten (und als solche kann man die Dimensionen der SWOT-Analyse bezeichnen) vollständig sein sollen (Vahs/Burmester 2005, 124 f).

Ein Nachteil der SWOT-Analyse wie aller strategischen Analyse-Instrumente ist, dass zwangsläufig zur Komplexitätsreduktion teilweise rigorose Vereinfachungen vorgenommen werden müssen bzw. dass nicht alle Zusammenhänge restlos in die Betrachtung mit einbezogen werden können. Zudem gibt die SWOT-Analyse dem Anwender keinen Hinweis darauf, wie konkret ein identifizierter Zusammenhang konkret in eine Strategie umgesetzt werden kann (Macharzina 1999, 254).

Benchmarking ist ein relativ neues Bewertungssystem, das auf einem systematischen Vergleich von Produkten, Dienstleitungen und Unternehmensprozessen des eigenen Unternehmens mit den „Branchenbesten" aufbaut. Es wird ein externer Maßstab (der Benchmark) entwickelt, anhand dessen die Analyse der internen Stärken und Schwächen vorgenommen wird. Auf diese Weise werden die externe und die interne Analyse miteinander verknüpft.

Das Benchmarking versteht sich als kontinuierlicher Prozess über einen längeren Zeitraum hinweg, bei dem Vergleiche mit den Branchenführern erstellt werden, um unternehmerische Potenziale zu erkennen, das Leistungsspektrum (Produkte und Dienstleistungen) des Unternehmens zu analysieren und einzelne Prozesse miteinander zu vergleichen (Schäfer/ Seibt 1998, 366), wie beispielsweise die Ideenfindung im Rahmen des Innovationsprozesses. Ziel ist es, erfolgreiche Konzepte, Methoden und Instrumente anderer Unternehmen zu erkennen und zu verstehen, um daraus die eigene Situation besser zu verstehen, Leistungslücken sowie Verbesserungspotenziale ableiten zu können (Pölzl 2001, 143).

Die Informationsgewinnung in Bezug auf die „Besten" kann sich schwierig gestalten, da deren Unterlagen nicht ohne weiteres zugänglich sind. Leicht zugänglich sind Unternehmensberichte bzw. teilweise Bilanzen; weiters können genutzt werden: In den Medien kolportierte Daten (Berichte in Tageszeitungen und Fachpresse, Interviews etc.), gemeinsame Kunden oder Lieferanten oder eine genaue Analyse von Produkten der Konkurrenz. Zu detaillierteren Informationen gelangt man über Patentrecherchen, Marktstudien oder Interviews mit den Mitarbeitern (Esswein/ Heinatz 1999, 97 f). In die Analyse fließen meist auch subjektive Eindrücke und Vorstellungen mit ein, wodurch das Bild allerdings auch einigermaßen verzerrt werden kann (Pölzl 2001, 127). In der Praxis setzt es sich auch durch, Benchmarking-Netze zu bilden, in die mehrere Unternehmen freiwillig ihre Daten einbringen, um so zu Daten über das eigene Leistungspotenzial zu gelangen.

Die gewonnen Daten werden zu (Konkurrenz-)Profilen verdichtet und sodann den eigenen Daten gegenübergestellt. Dabei leisten einfache (wissenschaftlich eigentlich nicht haltbare, zur Grobeinschätzung aber ausreichende) Bewertungsmodelle einen großen Dienst, bei denen anhand subjektiver Einschätzungen die eigene Leistung und die des größten (und eventuell auch eines kleineren, dafür innovativen) Konkurrenten eingetragen werden.

Die Anwendbarkeit für das Innovations- und Technologiemanagement ist ambivalent: Zwar kann die Auseinandersetzung mit den Branchenbesten als Impuls für eigene Innovationsprojekte dienen oder zu Verbesserungen der eigenen Produkte und Prozesse anregen. Den kreativen Prozess im eigentlichen Sinne kann das Benchmarking aber nicht ersetzen. Erschwerend tritt hinzu, dass im Hinblick auf technologische Innovationen sehr strikte Geheimhaltung betrieben wird, daher die Informationen sehr schwer zugänglich und wegen des per definitionem ein- und erstmaligen Charakters von Innovationen auch nur bedingt übertragbar sind (Schröder 1999, 1037). Dies gilt insbesondere für das Benchmarking mit direkten Mitbewerbern: Analysiert man etwa ausschließlich deren Produkte, um die daraus gewonnenen Erkenntnisse auf das eigene Produktprogramm zu übertragen, so läuft man Gefahr, auf dem Branchenniveau stehen zu bleiben und mögliche Innovationspotenziale nicht zu erkennen. Aus diesem Grund schlagen Specht/Beckmann/Amelingmeyer (2002, 492) vor, jedenfalls branchenübergreifendes Benchmarking zu betreiben.

4 Strategisches Innovationsmanagement

Im Management von Innovationen hat sich in den letzten Jahrzehnten ein dramatischer Wandel vollzogen. Galten Innovationen noch in den 80er-Jahren als hochriskante, extrem komplexe, von politischen und ökonomischen Spitzeninstanzen distanziert betrachtete, in Forschungs- und Entwicklungsabteilungen konzentrierte Aufgabenstellungen, so ist die Innovation heute unstrittig ein Ziel von hoher gesellschaftspolitischer und unternehmenspolitischer Priorität geworden, das die gesamte Unternehmung als strategisches Postulat betrifft. Die Innovationsimpulse (Vahs/Burmester 2005, 137) können dabei ausgehen von externen Faktoren, wie einer erhöhten Änderungsdynamik in einer Branche, einer steigenden Wettbewerbsintensität, speziellen Trends oder fundamentalen Neuerungen. Die Innovationsimpulse können aber auch von innerhalb des Unternehmens aus Bereichen wie neuartigen Ideen, identifizierten Problemen oder einer generelle Innovationsneigung des Unternehmens stammen. Schließlich bergen auch Krisensituationen erhebliches Innovationspotenzial in sich. Innovationsmanagement im weiteren Sinne zieht sich daher durch das gesamte strategische Management des Unternehmens.

Dort, wie auch im strategischen Innovations- und Technologiemanagement im engeren Sinne, also der Festlegung des F&E-Programmes und der Auswahl und Umsetzung der F&E-Projekte, werden langfristig wirksame Entscheidungen getroffen und umgesetzt.

Aus externen Chancen und Risiken und internen Stärken und Schwächen können **Ziele für das Innovations- und Technologiemanagement** sowie für das F&E-Management entwickelt werden. Daraus werden sodann generelle Vorgangsrichtlinien („**Strategien**") abgeleitet hinsichtlich der angestrebten Technologieposition (Technologieführerschaft vs. Technologiefolgerschaft), des Entwicklungszeitraumes/Markteintrittszeitpunktes (des sog. Timing), der Zusammenarbeit mit Partnern (horizontale und vertikale Kooperation), des Outsourcing von F&E-Aktivitäten (Fremdforschung, Lizenznahme) sowie des Erwerbs von Schutzrechten. Als neuer Ansatz im Bereich der F&E-Strategien wird hier das Konzept der Open Innovation dargestellt.

Im Rahmen des strategischen F&E-Managements erfolgt weiter die Festlegung des F&E-Programmes, mithin die Auswahl der zu behandelnden F&E-Projekte. Dieser Bereich stellt das Bindeglied zwischen der strategischen und der taktisch-operativen Planung dar (vgl. Kap. 5).

Um die skizzierten Anforderungen zu erfüllen, bedarf es einer Reihe von Informationssammlungs- und -analyseinstrumenten, denen im folgenden Kapitel ebenfalls einiges Augenmerk gewidmet wird.

Aufgaben des strategischen Innovationsmanagements

- Sicherstellung der Versorgung mit strategisch relevanten Informationen, insbesondere mit Früherkennungssystemen
- Ermittlung von Zielgrößen des Innovationsmanagements
- Entwicklung integrativer strategischer Analyse- und Planungssysteme für den Aufbau von Leistungspotenzialen
- Entwicklung von Strategien für den Innovationsbereich, z.b. Timing, Make-or-Buy-Entscheidungen
- Entwicklung von Innovationsprogrammen und zugehörigen Bewertungsverfahren

---

Abb. 1: Aufgaben des strategischen Innovations- und Technologiemanagements

4.1 Ziele im strategischen Innovations- und Technologiemanagement

Als Ziele bezeichnet man im Allgemeinen „Aussagen mit normativem Charakter, die einen vom Entscheidungsträger gewünschten, von ihm oder anderen anzustrebenden, jedenfalls aber zukünftigen Zustand der Realität beschreiben" (Hauschildt 1977, 9). Im Rahmen der Zielbildung werden aus mehreren Alternativen diejenigen bestimmt, deren „Zielbeitrag" als sehr hoch und deren Anstrebung daher als sinnvoll angesehen wird. Unternehmen verfolgen in der Regel keine rein gewinnorientierte Zielsetzung, sondern streben mehrere Ziele gleichzeitig an, die in vielfältiger Beziehung zueinander stehen und gemeinsam das Zielsystem des Unternehmens bilden (Ulrich 1970, 190). In diesen Rahmen lassen sich auch die F&E-, technologie- und innovationsbezogenen Ziele einordnen. Die Ziele ihrerseits sind Ausgangspunkt für die Festlegung der konkreten lang- und kurzfristigen innovations- bzw. technologiebezogenen Aktivitäten des Unternehmens.

Um zu gewährleisten, dass erwünschte zukünftige Zustände erreicht werden können, müssen Ziele folgende Aufgaben erfüllen (Koppelmann 1995, 83):

- Erkennen von (zukünftigen) Soll-Ist-Zustandsabweichungen als Ausgangspunkt für unternehmerische Aktivitäten
- Auswahl alternativer Maßnahmen zur Behebung des Soll-Ist-Defizites
- Definition von Kriterien zur Messung des Erfolges der gesetzten Maßnahmen
- Bewertung der Wirksamkeit der gesetzten Maßnahmen anhand der definierten Kriterien.

In diesem Unterkapitel wird zunächst untersucht, welche Aspekte F&E-, technologie- und innovationsbezogene Ziele umfassen. Sodann werden die Ziele des Innovations- und Technologiemanagements auf ihre Wertigkeit im Rahmen des unternehmerischen Zielsystems untersucht.

4.1.1 Die Festlegung F&E-, technologie- und innovationsbezogener Ziele

Die Festlegung von Zielen hat für das Unternehmen den Zweck, die Auswahl aus alternativen Handlungsmöglichkeiten zu erleichtern (Strebel 1981, 458). Das Unternehmen muss dabei zwei Kategorien von „Zielen" erfüllen: Einerseits die vom Unternehmen für sich selbst gesetzten, anderseits aber auch die Erwartungen, die von außen an das Unternehmen herangetragen werden. Das Unternehmen darf somit nicht nur die eigenen Ansprüche zu Maßstäben seiner Ziele machen, sondern muss bei der Zielformulierung auf die Bedürfnisse der Stakeholder Rücksicht nehmen (Ulrich 1970, 114).

Übergeordnete Ziele im Unternehmen sind die sog. Systemziele. Dazu zählen Unternehmensgrundsätze und die Corporate Identity sowie als oberstes Ziel der Zweck, den das Unternehmen für sein Umfeld erfüllen soll (Business Mission, Meffert 1998, 67 f). Das Bekenntnis zu Innovation findet seinen Niederschlag in den Unternehmensgrundsätzen. In manchen Fällen können Innovation bzw. Technologie sogar Unternehmenszweck werden, wenn ein Unternehmen etwa auf die Erbringung Innovation fördernder Dienstleistungen oder auf technologische Beratung bzw. Leistungen (z.B. Labors) spezialisiert ist.

Den Systemzielen nachgeordnet sind die Basisziele des Unternehmens, zu deren wichtigsten Innovationsbereitschaft und -fähigkeit zählen. Denn abnehmende Produktlebensdauer und zunehmende Marktdynamik sowie die Auslagerung der Produktion etablierter Produkte mit etablierten Technologien in Billiglohnländer machen ständigen Fortschritt überlebensnotwendig.

Ziele des Innovations- und Technologiemanagements betreffen mit ihrem Schwerpunkt die F&E-Abteilung (etwa die Verfolgung einer maximalen Anzahl von F&E-Projekten mit einem gegebenen F&E-Budget), lassen sich aber keinem Funktionalbereich eindeutig zuordnen, sondern sind allen Bereichen gemeinsam. So manifestieren sich wesentliche innovationsbezogene Ziele zumindest in Bezug auf Produktinnovationen auch im Marketing, das dafür verantwortlich ist, entwickelte Produkte in Markterfolge zu transformieren. Weitere Berührungspunkte gibt es mit der Produktion, in deren Bereich die erfolgreiche Umsetzung von Prototypen in die Serienfertigung liegt. Die Materialwirtschaft ist zuständig für die Beschaffung von Roh- und Einsatzstoffen, die für die Realisierung der Ideen der F&E-Abteilung nötig sind. Nicht zuletzt muss die Qualitätssicherung dafür sorgen, dass auch in der F&E-Abteilung die von den Stakeholders geforderten Qualitätsnormen eingehalten werden. Das macht die Überlegung plausibel, dass diese auf einer höheren Hierarchieebene verankert werden müssen und zu ihrer Erreichung jedenfalls das Commitment der Unternehmensleitung nötig ist.

Damit das Ausmaß der Zielerfüllung intersubjektiv überprüft werden kann, müssen Ziele operational formuliert, d.h. nach ihrem Inhalt, ihrem Ausmaß und ihrem zeitlichen Bezug präzisiert werden (Heinen 1977, 59 ff). Der zeitliche Bezug wird näher im Zusammenhang mit der Frage der Fristigkeit von Zielen behandelt.

4.1.2   Zielinhalte des Innovations- und Technologiemanagements

Zielinhalte nennt man „die sachliche Festlegung dessen, was angestrebt wird" (Strebel 1981, 459). Das bedeutet jedoch nicht, dass der Weg zu ihrer Erreichung (das Wie) von vornherein festgelegt wird. Vor allem Formalziele geben nur ein Bewertungskriterium, nicht aber den konkreten Weg zur Zielerreichung an (Böcker/Thomas 1981, 92). Anhand der Formalziele wird gemessen, welchen Beitrag die Erfüllung der Sachziele für die Erreichung des Unternehmenszwecks leistet (Strebel 1992, 212). Sachziele beziehen sich auf die Bereiche, in denen ein Unternehmen agiert, und sind daher leistungsbezogene Ziele.

Die Ziele im Innovations- und Technologiemanagement lassen sich teilweise entweder den Formal- oder den Sachzielen zuordnen: So kann man die Ziele „Erreichung von Technologieführerschaft" oder „Erzielung eines x-prozentigen Umsatzzuwachses durch eine Innovation" als Formalziele definieren. Sie geben jedoch keinen Aufschluss darüber, wie die angestrebte Position erreicht werden soll.

Operationale Ziele des Innovations- und Technologiemanagements weisen in der Regel Sachzielcharakter auf. Deren oberste (sog. Basisziele) umfassen die Schaffung oder Erhaltung von Wettbewerbsvorteilen, anderseits aber auch die Einhaltung rechtlicher Vorschriften bzw. genereller Normen (v.a. im Hinblick auf ökologieorientierte Innovationen).

Untergeordnete Ziele des Innovations- und Technologiemanagements hängen von der angestrebten Wettbewerbsposition ab. So wird etwa ein Unternehmen, das eine Kostenführerschaft (zufrieden stellende Produktqualität, geringere Kosten bzw. günstigerer Preis als die Konkurrenz) anstrebt, seine Ziele eher im Bereich der Prozessinnovationen/Rationalisierung festlegen. Im Gegensatz dazu wird ein Unternehmen, das als Innovationsleader auftreten und/oder überragende Qualität liefern möchte, sich verstärkt Ziele im Bereich der Produktinnovation setzen. Nach diesen Festlegungen müssen sich auch die Sachziele im Bereich der F&E richten.

Bei der Formulierung des Zielinhaltes ist darauf zu achten, dass einzelne Ziele in ihren Bedeutungen klar definiert und voneinander unabhängig sein müssen. Ein einzelnes Ziel muss auch in sich widerspruchsfrei formuliert werden. Typische Zielinhalte des Innovations- und Technologiemanagements könnten daher sein:

- Markteinführung einer neuen Handygeneration als Pionier
- Entwicklung einer neuartigen Widerstandstechnologie auf Leiterplatten
- Reduktion des Treibstoffverbrauches eines Autos durch Verwendung leichterer Materialien

4.1.3 Das Zielausmaß im Innovations- und Technologie-management

Das „Ausmaß" der Zielerreichung gibt an, um wie viel sich der Wert einer Zielgröße im Vergleich zu seinem derzeitigen Wert verändern soll. Das Zielausmaß kann im Wachstum, der Schrumpfung oder der Erhaltung eines Zustandes liegen. Beispiele aus dem Bereich Innovations- und Technologiemanagement wären die Schaffung eines neuen Produktes oder die Senkung der Produktionskosten durch Materialeinsparung.

Große Probleme bereitet im Bereich des Innovations- und Technologiemanagements die mangelnde Quantifizierbarkeit der Ziele. Das grundlegende Problem besteht darin, dass sich für viele Bereiche des Innovations- und Technologiemanagements nicht einmal Risiken quantifizieren lassen, zu deren Festlegung man über Eintrittswahrscheinlichkeiten Bescheid wissen müsste.

Eine Lösung für dieses Dilemma der Unsicherheit und die damit einhergehende mangelnde Quantifizier- und Operationalisierbarkeit gibt es nicht. Allerdings muss das angestrebte Ausmaß der Zielerreichung nicht in der Erreichung eines Optimalwertes liegen, wesentlich ist die Erreichung eines aus der Sicht des Unternehmens sog. zufrieden stellenden Anspruchsniveaus (Staehle 1999, 488). Dieses wird bestimmt von den Kenntnissen, den Einstellungen (dem Wertsystem) und der Motivationsstruktur des Unternehmens. Allerdings stellen realisierte Ansprüche keine Herausforderung mehr dar, das Anspruchsniveau wird nach oben korrigiert (Koppelmann 1997, 153).

4.1.4 Zeitlicher Bezug von Zielen im Innovations- und Technologiemanagement

Die temporale Analyse des unternehmerischen Zielsystems fragt nach den zeitlichen Zusammenhängen verschiedener Unternehmensziele (z.b. Hauschildt 1977, 13 f). Langfristig ist oberstes Ziel die Sicherung des Unternehmensüberlebens und eine langfristige Gewinnerzielung, da nur dann die Kapitalgeber Interesse an der Fortführung des Unternehmens haben.

Aus einer langfristigen Perspektive hat die kontinuierliche Hervorbringung von Innovationen einen wesentlichen Stellenwert, da Innovationen die Grundlage für den wirtschaftlichen Erfolg des Unternehmens bilden. Aufgrund der langen Zeitspanne von der Idee zu einer Innovation bis zur Markteinführung bzw. der Erzielung von Rückflüssen und dem daraus folgenden Investitionscharakter von Innovationen sind viele der Ziele des Innovationsmanagements als langfristig zu bezeichnen. Das bedeutet aber nicht, dass alle Ziele in diesem Bereich strategischen Charakter aufweisen müssen. Gerade innerhalb einzelner F&E-Projekte können die Ziele durchaus auch eher kurzfristiger Natur sein, wie etwa die Generierung möglichst vieler Ideen zu einem bestimmten Problem oder die Erreichung des nächsten Meilensteines.

4.1.5 Wechselwirkungen von Zielen im Innovations- und Technologiemanagement

Unternehmen sind bestrebt, möglichst konsistente Zielbündel zu verfolgen, bei denen untergeordnete Ziele jeweils auf die Erfüllung der ihnen übergeordneten gerichtet sind. So ist das Unterziel „Generierung eines erfolgreichen neuen Produktes" förderlich für das Oberziel „Erhöhung des Unternehmensgewinns". Neben dieser sog. Zielkomplementarität ist die Zielkonkurrenz von praktischer Relevanz (Strebel 1981, 460). Als Zielkonkurrenz bezeichnet man eine Situation, in der ein Ziel nur auf Kosten zumindest eines anderen erreicht werden kann. Eine Lösung ist nur möglich, wenn die Ziele in mehrdimensionalen Entscheidungsprozessen selbst einer Bewertung unterzogen werden. Zum Zwecke der Komplexitätsreduktion kann auch eines der Ziele als das wichtigste Ziel bzw. Hauptziel festgesetzt werden, Nebenziele erhalten in diesen Fällen den Charakter von Restriktionen.

Im Innovations- und Technologiemanagement können Zielunverträglichkeiten im strategischen Bereich auftreten, wenn etwa an zwei Projekten gleichzeitig gearbeitet wird, die einander später am Markt konkurrieren. Das ist zu vermeiden oder man versucht, diese Konkurrenz über eine zeitliche Steuerung zu beheben (d.h. ein F&E-Ergebnis wird „in die Schublade gelegt", bis der Lebenszyklus des anderen sich dem Ende nähert).

Gröbere Unverträglichkeiten kann es zwischen den Zielen des F&E-Bereiches und den Produktions- oder Marketingzielen geben: Liegen die Ersteren eher im Bereich der Schaffung möglichst perfekter Produkte, sehen die Zweiten ihre Hauptziele in einer möglichst effizienten Produktion und die Letzten in einer möglichst vollständigen Befriedigung der Kundenansprüche. Hier bedarf es einer sorgfältigen Zielkoordination.

Zielkonkurrenz gibt es schließlich auch innerhalb einzelner Projekte, durch die Unvereinbarkeit von möglichst geringer Entwicklungszeit, höchstmöglicher Qualität und möglichst geringen Kosten. Dieser Sachverhalt, als „Magisches Dreieck" bezeichnet, wird in Kap. 5 näher dargestellt.

4.1.6 Instrumentarium zur Zielbildung und -bewertung

Zur Bildung und Bewertung von Zielen können zunächst auch den Kreativitätstechniken zurechenbare Methoden eingesetzt werden (etwa die 6-Hüte-Methode). Hier wird beispielhaft nur eine Methode angeführt, wie Ziele ausgewählt werden können.

Die **Balanced Scorecard (BSC)** setzt eine genau definierte Vision und Strategie des Unternehmens voraus, die auf einer genauen Analyse des Unternehmens und seines Umsystems aufbaut. Sie versteht sich als Bindeglied zwischen Zielen und Kennzahlen vergangener Leistungen, ergänzt um nichtfinanzielle Kennzahlen sowie zukünftige Leistungspotenziale (Kaplan/Norton 1996, 10). Beurteilt werden die Unternehmensleistungen aus der Sicht seiner Stakeholder, wobei vier Perspektiven zugrunde gelegt werden (siehe Abb. 2).

Dabei stehen finanzielle und nichtfinanzielle Messgrößen nicht einfach nebeneinander, sondern sie ergänzen sich. In der BSC stecken Kurzfristziele und Langfristziele, gewünschte Ergebnisse und die Treiber dieser Ergebnisse. Einen besonderen Stellenwert nehmen dabei die Verbindungen der vier Perspektiven durch die Entwicklung von kausalen Ursache-Wirkungsbeziehungen ein, wobei davon ausgegangen wird, dass „Lernen&Entwicklung" kausal auf die „internen Geschäftsprozesse" wirkt, diese wiederum auf die „Kunden" und letztere auf die „Finanzen". Mit die-

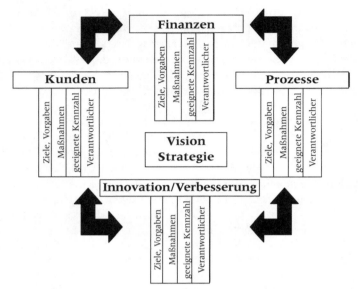

Abb. 2: Systematik der Balanced Scorecard (in Anlehnung an Kaplan/Norton 1996, 9)

sem Ansatz unterscheidet sich die Balanced Scorecard grundlegend von anderen Kennzahlensystemen (Friedag/Schmidt 2002, 21 f).

Die verwendeten Kennzahlen sind dabei eine Mischung aus allgemeinen, die Performance vergangener Aktivitäten messenden Kennzahlen („Lagging-Indicators", z.b. Zufriedenheit der Anspruchsgruppen) und die zukünftige Aktivität beeinflussenden sog. Werttreiber-Kennzahlen („Leading-Indicators", z.b. Planungszeitraum, Anzahl neuer F&E-Projekte etc.; vgl. Kaplan/Norton 1996, 32).

Der Vorteil der Balanced Scorecard für das Innovations- und Technologiemanagement besteht darin, dass hier für schwer quantifizierbare bzw. qualitative Ziele geeignete Indikatoren entwickelt werden können, mit Hilfe deren die „Messung" erfolgen kann (Friedag/Schmidt 2002, 12). So kann beispielsweise die Messung des F&E-Erfolgs fest gemacht werden an der Anzahl der F&E-Projekte insgesamt innerhalb einer Periode, dem Verhältnis erfolgreicher Markteinführungen zu Summe aller Projekte oder dem Verhältnis von erfolgreichen Markteinführungen des eigenen Unternehmens zu denen der Mitbewerber.

Die Festlegung der vier Perspektiven „Finanzen", „Kunde", „interne Prozesse" sowie „Lernen und Entwicklung" sind als Vorschläge anzusehen, die entsprechend den Bedürfnissen des Unternehmens abgeändert oder

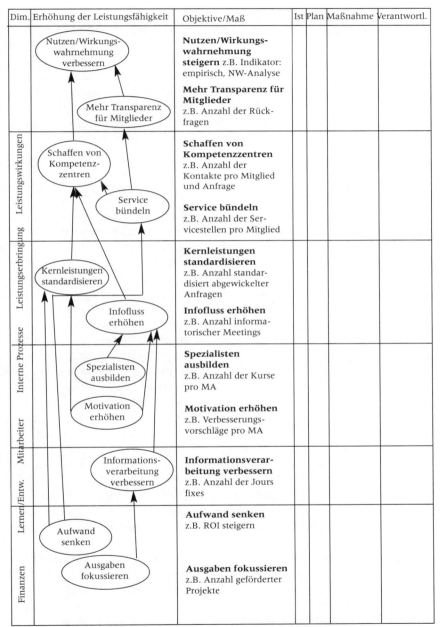

Dim.	Erhöhung der Leistungsfähigkeit	Objektive/Maß	Ist	Plan	Maßnahme	Verantwortl.
Leistungswirkungen	Nutzen/Wirkungs-wahrnehmung verbessern Mehr Transparenz für Mitglieder Schaffen von Kompetenz-zentren Service bündeln	**Nutzen/Wirkungs-wahrnehmung steigern** z.B. Indikator: empirisch, NW-Analyse **Mehr Transparenz für Mitglieder** z.B. Anzahl der Rück-fragen **Schaffen von Kompetenzzentren** z.B. Anzahl der Kontakte pro Mitglied und Anfrage **Service bündeln** z.B. Anzahl der Ser-vicestellen pro Mitglied				
Leistungserbringung · Interne Prozesse	Kernleistungen standardisieren Infofluss erhöhen Spezialisten ausbilden Motivation erhöhen	**Kernleistungen standardisieren** z.B. Anzahl standar-disiert abgewickelter Anfragen **Infofluss erhöhen** z.B. Anzahl informa-torischer Meetings **Spezialisten ausbilden** z.B. Anzahl der Kurse pro MA **Motivation erhöhen** z.B. Verbesserungs-vorschläge pro MA				
Mitarbeiter · Lernen/Entw. · Finanzen	Informations-verarbeitung verbessern Aufwand senken Ausgaben fokussieren	**Informationsverar-beitung verbessern** z.B. Anzahl der Jours fixes **Aufwand senken** z.B. ROI steigern **Ausgaben fokussieren** z.B. Anzahl geförderter Projekte				

Abb. 3: Beispiel für das Vorgehen beim Erstellen einer Balanced Scorecard

auch erweitert werden können. Das Beispiel in Abb. 3 zeigt den Versuch, eine sinnvolle Balanced Scorecard für Innovationen im Leistungsbereich einer im Consulting tätigen Non-Profit-Organisation zu entwickeln. Wegen der besonderen Bedeutung der Mitarbeiter im Beratungsbereich wurden diese in einer eigenen Dimension behandelt. Zusätzlich wurde eine Perspektive für die Qualität der Leistungen eingeführt. Da hier der Profit im Hintergrund steht, wurde die finanzielle Perspektive als die am wenigsten bedeutsame definiert, wohingegen die Kundenzufriedenheit an der obersten Stelle steht.

4.2   Innovationsstrategien

Aus der Definition der innovationsbezogenen Ziele folgt nicht zwingend ein bestimmter Weg zu deren Erreichung. Vielmehr gibt es meist mehrere Möglichkeiten, aus denen das Unternehmen die für sich geeignete auswählen muss. In der Theorie werden diese Handlungsalternativen meist mit dem Begriff Strategien gekennzeichnet. Das Wort **„Strategie"** leitet sich vom griechischen „stratos" (etwas Weites, Ausgebreitetes, Allumfassendes) und vom griechischen „agein" ((aus-)führen) ab (Kreikebaum 1997, 25). Strategien beziehen sich daher auf das gesamte unternehmerische Handeln, sie stellen den grundlegenden Handlungsrahmen des Unternehmens dar (Pepels 1999, 203). Mit anderen Worten spricht man von einer Strategie dann, wenn ihre Umsetzung die Wettbewerbsposition des Unternehmens verändert oder die Erfolgspotenziale des Unternehmens sichert. Ziel jeder Strategie ist die Stärkung sog. Kernkompetenzen des Unternehmens. Das sind jene Bereiche, in denen das Unternehmen dauerhaft stärker oder besser ist als die Mitbewerber und die für die Abnehmer von großer Bedeutung sind (Specht/Beckmann/Amelingmeyer 2002, 42 f).

Im Rahmen der eigentlichen Strategien des Innovationsmanagements werden Entscheidungen darüber getroffen, wie die einzelnen Innovationsprojekte im Unternehmen zu handhaben sind. Jede Strategie setzt sich dabei aus mehreren Elementen zusammen, die jeweils geplant werden müssen. Im Konkreten umfassen Innovationsstrategien vor allem die Entscheidung,

- welche Arten und welcher Grad von Innovationen angestrebt wird
- ob Qualitäts- oder Kostenführerschaft angestrebt wird
- wann Innovationen zu tätigen sind (das sog. Timing)
- über Make or Buy, d.h. ob Eigenforschung/-entwicklung betrieben oder ob und inwieweit F&E-Arbeiten fremd vergeben werden und im Zusammenhang damit Entscheidungen über anzustrebende Kooperationen

- wie das geistige Eigentum geschützt werden kann
- inwieweit zur Ideengenerierung und zur Vermarktung von Innovationen Partner von außen in das Unternehmen geholt werden.

Den genannten Teilaspekten wird im Folgenden kurz nachgegangen.

4.2.1 Die Innovationsausrichtung

Zunächst ist die Art und Weise festzulegen, in der der Markt bearbeitet wird. Dabei geht es um die Frage, wie „innovativ" ein Unternehmen auftreten will bzw. ob die Entwicklung von Basisinnovationen oder nur von Verbesserungen im Zentrum der Innovationsbemühungen stehen soll. Außerdem muss festgelegt werden, ob Neuerungen nur einen schon bekannten Markt betreffen oder ob auch der Eintritt in neue Märkte in Erwägung gezogen wird. In Anlehnung an eine von Ansoff (Ansoff 1966, 13, vgl. auch Kap. 3.7.2) entwickelte Vier-Felder-Matrix wird dabei von **Marktfeldstrategien** gesprochen. Die Festlegung von Produkt/Markt-Kombinationen ist eine grundlegende Aufgabe der Unternehmenspolitik, auf der andere Strategien, wie vor allem die Innovationsstrategien, aufbauen (Becker 2006, 148).

Da die Ansoff-Analyse auch ein wesentliches Instrument zur Bestimmung des Unternehmensumfeldes ist, werden ihre näheren Implikationen und die Vorgangsweise im Kap. 3.4.3 beschrieben.

4.2.2 Qualitäts- und Kostenführerschaft

Ein wesentlicher Punkt bei der Ausarbeitung von innovationsstrategischen Optionen ist die Frage der Abhebung vom Mitbewerb. Ziel ist die Festlegung einer generellen Richtung dafür, in welcher Art und Weise Wettbewerbsvorteile gegenüber der Konkurrenz realisiert werden können. Diese Frage geht schon weit in den Bereich des Marketing hinein. Wendet sich die Unternehmung primär an „Preis-Käufer", wird sie im Sinne eines Diskontkonzeptes die „Preis-Mengen-Strategie" verfolgen. Bemüht sich die Unternehmung dagegen um eine Etablierung in qualitäts- und prestigebewussten Segmenten, so liegt eine Präferenzstrategie („Hochpreis-" und/oder „Markenartikelkonzept") zugrunde.

Diese Entscheidung hat auch weit reichende Konsequenzen für die Belange des Innovationsmanagements, da hier die Entscheidungen darüber getroffen werden, ob ein Produkt höchsten Anforderungen genügen soll oder eine zufrieden stellende Qualität bei einem möglichst günstigen Preis angestrebt wird.

Porter (1999a, 71) unterscheidet nach der Art des angestrebten Wettbewerbsvorteils sowie dem Grad der Marktabdeckung drei Strategietypen: die umfassende Kostenführerschaft, die Qualitätsführerschaft und die Konzentration auf Schwerpunkte, entweder im Hinblick auf hohe Qualität oder auf einen niedrigen Preis. Die Konzentration auf Schwerpunkte bleibt im Folgenden aus der Diskussion ausgeschlossen, da es sich hierbei weniger um eine innovationsstrategische als um eine strategische Entscheidung des gesamten Unternehmens handelt.

Unter **Qualitätsführerschaft** versteht man die Schaffung eines in der ganzen Branche einzigartigen Wettbewerbsvorteils dadurch, dass die eigenen Produkte qualitativ „besser" (zur Bedürfnisbefriedigung bei den Abnehmern) geeignet sind (Porter 1999a, 73). Wesentliches Merkmal dieser Strategie ist, dass die Nachfrager das angebotene Produkt gegenüber den Produkten der Mitbewerber aufgrund von nicht-preislichen Kriterien vorziehen sollen. Zu diesen zählen die Übereinstimmung von Produkt und Kundenbedürfnissen, Unverwechselbarkeit des Produktes, Attraktivität und Kommunizierbarkeit dieser Vorteile sowie die sog. Vertrauensqualitäten (etwa ein etablierter Firmenname).

Das Merkmal, auf das aus dieser Sicht das größte Augenmerk gelegt werden muss, ist somit die Qualität des Produktes in den Augen der Abnehmer (Nieschlag / Dichtl / Hörschgen 1997, 126 ff). Die Aufgabe des Innovationsmanagements besteht hier darin, darauf zu achten, dass genau diese Abnehmer-Anforderungen erfüllt werden können. Im Mittelpunkt stehen ständige Verbesserungen und Modifikationen, mithin relativ schnelle und kurze F&E-Zyklen. Insbesondere im Hinblick auf Konsumgüter spielen Merkmale wie Design und Funktionalität eine große Rolle, um ein möglichst perfektes Produkt zu entwickeln. Dabei haben die Kosten nicht nur der Produktentwicklung selbst, sondern auch der (Serien-) Produktion keine vorrangige Bedeutung, da bei dieser Strategie das Preisbewusstsein der Abnehmer nicht besonders stark ausgeprägt ist.

Im Gegensatz dazu beruht die **Kostenführerschafts- oder Preis-Mengen-Strategie** (Porter 1999a, 71) darauf, durch ständig verringerte relative Produktionskosten einen komparativen Preisvorteil zu erzielen und so einen hohen Absatz bzw. Marktanteil zu erlangen. Im Mittelpunkt dieser Strategie steht die Erzielung eines möglichst hohen Umsatzes an Stelle einer hohen Gewinnspanne. Für das Innovationsmanagement bedeutet das, dass das einmal ausgereifte Produkt nur mehr wenigen bis gar keinen Modifikationen unterzogen wird. Die Innovationsbestrebungen richten sich darauf, durch Nutzung von Erfahrungskurveneffekten die zur

Produktion eingesetzten Prozesse zu verbessern und zu rationalisieren, um weitere Kostensenkungen zu ermöglichen.

Definitionsgemäß ist die Verfolgung einer Preis-Mengen-Strategie weniger innovativ als die Strategie der Qualitätsführerschaft. Der Unterschied besteht vor allem darin, dass sich die Bestrebungen im Rahmen der Qualitätsführerschaft vor allem auf die Verbesserung der im Produkt selbst steckenden Technologien (die sog. Produkttechnologien) richten. Bei einem Auto wären das etwa Technologien wie elektronische Bremskraftverstärkung, Stabilitätskontrolle oder die Verstärkung der Fahrgastzelle. Bei der Kostenführerschaft steht der Prozess der Fertigung selbst im Mittelpunkt. Beim Auto geht es daher darum, möglichst viele Prozesse zu automatisieren und die hierfür nötigen Anlagen zu entwickeln. Neuere Konzepte im Bereich der F&E gehen dahin, die Entwicklung von Produkt- und Prozesstechnologien gleichzeitig voranzutreiben. Dabei wird versucht, eine permanente Abstimmung zwischen den mit der Produktentwicklung und den mit der Prozessentwicklung betrauten Technikern herbeizuführen. Man spricht in diesem Zusammenhang auch von Simultaneous Engineering (vgl. Specht/Beckmann/Amelingmeyer 2002, 145 ff).

Die Entscheidung für Qualitäts- oder Kostenführerschaft ist nicht unabhängig von anderen strategischen Entscheidungen. Insbesondere Timing- und Make-or-Buy-Entscheidungen stehen damit in engem Zusammenhang.

4.2.3 Timing-Strategien

Als Timing bezeichnet man die Festlegung und Umsetzung des Markteintrittszeitpunktes für Innovationen. Dabei gilt es zunächst, drei grundlegende Strategiealternativen zu unterschieden, und zwar (Becker 2006, 379; vgl. Abb. 4)
- die Pionier-Strategie („First-to-Market")
- die Strategie des frühen Folgers („Second-to-Market") sowie
- die Strategie des späten Folgers („Later-to-Market")

Pioniere (auch „first movers") zeichnen sich dadurch aus, dass sie das hohe Risiko auf sich nehmen, als Erste einen Markt mit einer (technischen) Innovation zu bearbeiten und damit einen neuen Produktlebenszyklus zu beginnen (Wolfrum 1991, 273 ff). Dadurch können sie – in Ermangelung von Mitbewerbern – für einen meist begrenzten Zeitraum den Preisspielraum eines Angebotsmonopolisten nutzen. Das ist auch nötig, da für den „first" in der Regel sehr hohe Aufwände sowohl für Forschung bzw. Entwicklung als auch für das Marketing anfallen, die amortisiert werden müssen. Als Folge ihrer großen F&E-Anstrengungen verfügen die Pioniere meist über eine hohe technologische Kompetenz in allen von ihnen bearbeiteten Bereichen. Auch die Zusammenarbeit zwischen den an Innovationen beteiligten Abteilungen F&E, Produktion und Marketing klappt hier meist überdurchschnittlich gut.

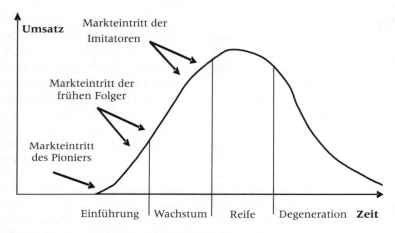

Abb. 4: Timing in Bezug auf den Produktlebenszyklus

Vorteile der Pionierstrategie (Vidal 1995, 45 ff) sind neben der Erzielung von Pioniergewinnen die Möglichkeit, Erfahrungskurvenvorsprünge gegenüber der Konkurrenz zu erzielen und ein fortschrittliches Image und vor allem gute Kontakte zu den Kunden aufzubauen. Diese helfen auch beim eventuellen Markteintritt von Mitbewerbern, die Führerposition zu halten. Schließlich besteht für den Pionier die Möglichkeit, Standards zu etablieren und so eventuelle Folger, die vielleicht sogar mit einem höheren technologischen Niveau aufwarten können, aus dem Rennen zu werfen (so gelang es etwa Polaroid, einen Standard im Bereich von Sofortbildkameras zu setzen).

Als Nachteile stehen den Vorteilen zweifellos die oft sehr hohen F&E-sowie Markterschließungskosten und das hohe Risiko gegenüber. Zu diesem Zeitpunkt ist in der Regel noch keineswegs geklärt, ob sich die neue Technologie auf dem Markt überhaupt durchsetzen kann, da vielfach hohe Akzeptanzbarrieren bei den potenziellen Abnehmern überwunden werden müssen (wie in Europa z.B. in Bezug auf gentechnisch veränderte Lebensmittel). Eine besondere Gefahr ist darin zu sehen, dass das angebotene Produkt die Erwartungen der Abnehmer nicht erfüllt oder technische oder funktionale Mängel aufweist. Damit gehen dem Pionier goodwill und Vertrauen verloren, und es eröffnen sich gute Möglichkeiten für den **frühen Folger („second")**.

Dieser tritt relativ bald nach dem Pionier noch in der Einführungs- und frühen Wachstumsphase des Produktlebenszyklus in den Markt ein (Wolfrum 1991, 281 ff). Auch er muss eine relative hohe, technologische Kompetenz aufweisen, da in der Regel der Zeitraum zwischen dem Markteintritt des Pioniers und dem eigenen Eintritt nicht ausreicht, um die technologischen Feinheiten des Pioniers „zu kopieren". Eine hohe Reaktionsfähigkeit und -bereitschaft vorausgesetzt hat der frühe Folger aber die Möglichkeit, eventuelle Fehler und Fehleinschätzungen des Pioniers zu beobachten und zu vermeiden. Dadurch können in der Regel sowohl die Kosten als auch das Risiko gesenkt werden. Wegen des relativ kurzen zeitlichen Abstandes zum Pionier wird die Kostenreduktion weniger die F&E-Kosten selbst als die Kosten der Markterschließung betreffen, da auch der frühe Folger hohe F&E-Anstrengungen unternehmen muss. Auch wenn es vielfach dem Pionier noch nicht vollständig gelungen ist, sich zu etablieren und daher für den Folger noch sehr gute Erfolgsaussichten bestehen, liegt doch bereits meist ein guter Überblick über den Markt, die genauen Bedürfnisse der Abnehmer und mögliche Problempotenziale vor. Gerade weil frühe Folger die Fehler der Pioniere erkennen und vermeiden können, sind es oft sie, die Marktstandards setzen (wie etwa Boeing als Folger von De Havilland bei Düsenflugzeugen).

Diesen Vorteilen steht als Nachteil vor allem die „Sandwich-Position" zwischen den Pionieren und den späten Folgern gegenüber, da der Pionier durch Abnehmerbindung und Setzung erster Standards bereits Markteintrittsbarrieren aufbaut und gleichzeitig schon weitere Konkurrenten „in den Startlöchern scharren" und so erheblichen Zeit- und Kostendruck bewirken. Daher muss es kurzfristig gelingen, eigenständige Kernkompetenzen zu entwickeln.

Der **späte Folger (Imitator)** tritt in den Markt erst in der späten Wachstums- oder frühen Reifephase ein (Wolfrum 1991, 284 ff). Zu diesem Zeitpunkt sind sowohl der Markt selbst als auch die eingesetzten Technologien schon gut überblick- und durchschaubar und es haben sich Standards herausgebildet, die man übernehmen kann. Der späte Folger greift auf bereits vorhandenes Know-how (etwa über Lizenzen oder auch über bereits abgelaufene Patente) zurück und imitiert unter möglichst geringem F&E-Aufwand am Markt erfolgreiche Produkte, die in großen Mengen zu günstigen Preisen abgesetzt werden. Der Imitator verfolgt daher in der Regel im Gegensatz zum Pionier und auch dem frühen Folger eine Preis-

Mengen-Strategie, bei der vor allem rationelle Produktionsprozesse im Vordergrund stehen und weniger eine überdurchschnittlich hohe Produktqualität oder Markenführung. Alternativ kann gerade der späte Folger bereits von den Fehlern und Nachteilen seiner Vorgänger profitieren und so auf überlegene Produktqualität setzen.

Nachteile können dabei entstehen, wenn die Markteintrittsbarrieren sehr hoch sind und es nicht gelingt, sich gegen etablierte Mitbewerber durchzusetzen oder (bei Eintritt von zu vielen Imitatoren) Preiskämpfe entstehen. Zudem muss sich der Imitator bewusst sein, dass er in Bezug auf Know-how hinter den Konkurrenten herhinkt, die möglicherweise schon längst an neuen Technologien arbeiten.

Welche Timing-Strategie für welches Unternehmen „passt", hängt vor allem von seinen charakteristischen Merkmalen bzw. seiner strategischen Ausrichtung und von seinem Umfeld ab (Perillieux 1987, 167). Wie bereits angedeutet existieren auch immanente Zusammenhänge zwischen der Innovationsausrichtung und der Wettbewerbsorientierung und der zu wählenden Timing-Strategie. Pionierstrategien setzen meist bei Produkt- und lateralen Innovationen an und verfolgen eine Qualitätsführerschaftsstrategie, während Imitatoren auf Kostenführerschaft und dabei auf weitestgehende Marktdurchdringung setzen.

	F&E-Führer	**F&E-Folger**
Marktführer	Sicherung des Wettbewerbsvorsprunges durch hohen F&E-bezogenen Aufwand	Überholen des F&E-Pioniers durch stärkeren/klügeren F&E-Ressourcen-Einsatz
Marktfolger	F&E-Führer wartet auf Markterschließung durch Folger: • Geringere Einführungskosten • Eigenes Produkt ausgereift	Geringerer F&E-Aufwand, dennoch rechtzeitiger Markteintritt

Abb. 5: Vorteile verschiedener Timingvarianten (in Anlehnung an Booz-Allen& Hamilton 1991, 37)

Bei genauerer Analyse reicht eine Dreiteilung in Pioniere, frühe und späte Folger nicht aus. Vielmehr muss eine weitere Unterteilung in Technologie- (bzw. Entwicklungs-)Führer und -Folger sowie Marktführer und -folger vorgenommen werden (Booz-Allen&Hamilton 1991, 35 ff). Denn es kommt öfter vor, dass Unternehmen bereits fertige Entwicklungen zurückhalten („schubladisieren") und einem anderen den Vortritt bei der

Markteinführung überlassen. Der Marktpionier trägt dann Risiko und Kosten der Markterschließung, während der Technologieführer nach kurzer Zeit den Markt mit überlegener Technologie betritt und Fehler des Marktpioniers vermeidet. So war der i-pod keineswegs der erste mp3-Player, etablierte jedoch 2001 einen Quasi-Standard. Der genauere Zusammenhang dieser Faktoren wird in Abb. 5 wiedergegeben.

4.2.4 Make-or-Buy im Innovations- und Technologiemanagement

Eine weitere Frage, die im Zusammenhang mit der Entwicklung einer Innovationsstrategie geklärt werden muss, ist, inwieweit das Unternehmen in der Lage und willens ist, eigene Ressourcen für die F&E aufzubringen. Dabei geht es nicht nur um die oft sehr hohen Kosten, mit denen F&E-Projekte verbunden sind. Vielmehr sind auch der personellen Kapazität in den Entwicklungsabteilungen Grenzen gesetzt, da gerade in diesem Bereich hoch qualifizierte Mitarbeiter nicht nach Belieben aufgenommen und entlassen werden können. Dazu kommt vor allem in kleineren Unternehmen oft, dass das benötigte Know-how und/oder die benötigte technische Ausstattung nicht vorhanden sind und kurz- bis mittelfristig auch nicht angeschafft werden können. Schließlich sind dem Unternehmen zeitliche Grenzen gesetzt, da aufgrund der kontrahierenden Markt- und Produktlebenszyklen Innovationsprojekte nicht immer verschoben werden können, wenn die Kapazitäten kurzfristig knapp werden.

Grundsätzlich stehen zur Bewältigung von Innovationsanforderungen drei Möglichkeiten zur Verfügung: Man kann interne F&E-Anstrengungen unternehmen, F&E-Aufgaben fremd vergeben oder quasi als Mittelweg Kooperationen mit Partnern anstreben. Mit den Letzteren befasst sich Kap. 8 dieses Buches, hier wird darauf nicht näher eingegangen.

Im Rahmen der **internen F&E** werden eigene Ressourcen (Kapital, Personal und Anlagen) eingesetzt, um neue Erkenntnisse zu erzielen und diese in Produkten und/oder Prozessen umzusetzen. Es handelt sich um die am weitesten verbreitete Form des Know-how-Erwerbs für Innovationen. Interne F&E wird vor allem in jenen Bereichen betrieben, in denen das Unternehmen seine Hauptbetätigungsfelder und seine (zukünftigen) Wettbewerbsvorteile sieht, da in diesen Bereichen eine Auslagerung des Know-how-Erwerbs zur Schwächung der eigenen Position führen kann. Als weitere Vorteile der Eigen-F&E sind zu sehen (Wolfrum, 1991, 295 ff; Seibert 1998, 146 ff):

• Der F&E-Prozess wird eigenständig kontrolliert
• Das erworbene Know-how bleibt exklusiv

- Die F&E-Aufgabe kann genau auf die eigenen Erfordernisse zugeschnitten werden
- Der Aufbau einer (temporären) Monopolstellung wird durch die Möglichkeit zu Patentierung und Geheimhaltung ermöglicht
- Es ergeben sich Prestige- und Imagevorteile bei den Abnehmern
- Das Unternehmen begibt sich nicht in Abhängigkeit von externen Partnern

Als Nachteile stehen dem vor allem ein höherer zeitlicher und finanzieller Aufwand sowie eine höhere Ressourcenbindung durch hoch qualifiziertes Personal oder Beschaffung von spezifischen Anlagen gegenüber. Letztlich aber muss das Unternehmen auch die hohen Risiken für den Erfolg einer Innovation allein tragen, was etwa durch das Eingehen von Kooperationen gemildert werden kann. Aus diesen Gründen muss die Entscheidung über Eigen- oder Fremd-F&E sorgfältig abgewogen werden. Nicht empfehlenswert ist die Auslagerung von Aufgaben (Wolfrum 1991, 295 ff; Seibert 1998, 146 ff; Bürgel/Haller/Binder 1996, 335)

- bei denen das Unternehmen über eine hohe technologische Kompetenz oder
- ein hohes Differenzierungs- oder Kostensenkungspotenzial oder
- große Weiterentwicklungschancen oder
- hohe Synergiepotenziale in Bezug auf andere Anwendungsbereiche und Einsatzgebiete im Unternehmen verfügt und die zudem
- aus Sicht des Unternehmens eher geringe technische Risiken aufweisen,
- vom Unternehmen in dieser oder ähnlicher Form häufig gebraucht werden und
- nicht zeitkritisch sind

Liegen diese Kriterien nicht vor, so sind eine F&E-Kooperation oder ein externer Know-how-Erwerb ins Auge zu fassen.

Für die **Entscheidung zum externen Erwerb von Know-how** sind mehrere Gründe ausschlaggebend (Wolfrum 1991, 293). Ein wesentlicher Grund ist oft, dass Bereiche betroffen sind, in denen das Unternehmen keine oder nur geringe Kompetenz aufweist. Weiters können durch die Inanspruchnahme von externem Know-how (insbesondere entlang der Wertschöpfungskette etwa mit Lieferanten oder auch mit zukünftigen Abnehmern) Kosten und teilweise auch die Entwicklungszeit gesenkt und die Qualität des zu entwickelnden Produktes gesteigert werden. Schließlich kommt die Fremdvergabe von F&E vor allem dann in Betracht, wenn Innovationen schnell und ohne oder mit wenig Einsatz unternehmenseigener F&E-Kapazitäten realisiert werden sollen.

Im Wesentlichen kann die Auslagerung von F&E-Aktivitäten erfolgen durch (Wolfrum 1991, 299 ff; Bürgel/Haller/Binder 1996, 335)

- **Vergabe von F&E-Aufträgen** (Auftrags- oder Vertragsforschung): Hier wird ein anderes Unternehmen (z.b. ein Lieferant), ein Forschungs- institut (z.b. ein Universitätsinstitut) oder ein anderer privater oder öffentlicher Spezialist beauftragt, im Namen und auf Risiko des Auftrag- gebers ein Produkt oder Verfahren gegen Bezahlung zu erforschen, zu entwickeln oder zu überprüfen und die Ergebnisse dem Auftraggeber zur Verfügung zu stellen. Dieses Vorgehen wird vor allem für einmalige Entwicklungen mit geringem Bezug zur sonstigen F&E-Tätigkeit des Un- ternehmens angewandt, insbesondere wenn im vergebenden Unterneh- men keine entsprechende technische Ausrüstung vorhanden ist.
- **Lizenznahme:** Hier wird ein meist zeitlich beschränktes Recht erwor- ben, bereits vorhandenes, oft durch Patente geschütztes technisches Know-how zu nutzen (vgl. Kap. 4.2.5). Ausschließliche (Exklusiv-)Li- zenzen räumen dem Erwerber ein uneingeschränktes Nutzungsrecht ein; es gibt aber auch die Möglichkeit einer eingeschränkten Lizenzie- rung (einfache Lizenz), die dem Lizenzgeber das Recht lassen, das Know-how entweder selbst zu nützen oder auch anderen Lizenzneh- mern zu übertragen. Lizenzierung zum Erwerb fremden Wissens kommt vor allem dann in Betracht, wenn ein sehr schneller Markteintritt ange- strebt wird und das Unternehmen nur geringe eigene Kompetenz auf- weist. Das ist insbesondere der Fall, wenn ein Produkt sich in seinem Produktlebenszyklus schon in der Wachstumsphase befindet und das Unternehmen als später Folger in den Markt eintreten möchte (vgl. Kap. 4.2.3).
- **Kauf bzw. Übernahme fremder Unternehmen**: Hier wird ein frem- des Unternehmen angekauft, das bereits über das gewünschte techno- logische Know-how verfügt. Durch eine gezielte Akquisitionspolitik können die eigenen Kompetenzen sowohl in technischer als auch in marktbezogener Hinsicht beträchtlich erweitert werden. Vielfach ist die Akquisition die einzige Möglichkeit, um die oben beschriebenen Strate- gien der Markterweiterung und Diversifikation zu verfolgen.

Weiters ist externer Know-how-Erwerb möglich durch Analyse von Wett- bewerbsprodukten, Abwerben von Personal und Know-how-Trägern, Be- such von Fachmessen, Pflege von (informellen) Kontakten zu externen Wissenschaftlern und Technikern und durch Kooperationen verschiedens- ter Art (vgl. Kap. 8). Mit Ausnahme der Kooperationen handelt es sich aber dabei um eher operative Maßnahmen, die keine explizite strategische Konzeption erfordern.

Generell liegen die Vorteile der externen Beschaffung von Know-how in folgenden Bereichen (Bürgel/Haller/Binder 1996, 336):
- Bessere Risikostreuung
- Konzentration der eigenen Ressourcen auf Schwerpunkte
- Nutzung von Wissensvorsprüngen der Partner
- Erhöhte Flexibilität in technologisch instabilem Umfeld
- Beschleunigung von F&E-Vorhaben
- Vergrößerung des eigenen Know-how
- Verminderung von Fixkosten durch Umwandlung in flexibel handhabbare Fremdbezugskosten.

Als Nachteile stehen dem gegenüber:
- Technologische Abhängigkeit von den Partnern
- Schwierigkeiten beim Know-how-Transfer vom Partner ins eigene Unternehmen
- Ablehnung des fremden Wissens (psychologischer Effekt, „Not-invented-here"-Syndrom)
- Zeitliche Abhängigkeit von den Ergebnissen der Partner
- Preisgabe von Know-how
- Hoher Koordinationsaufwand (Transaktionskosten)

Insgesamt stellt die Frage von Eigen- oder Fremd-F&E einen wesentlichen Bestandteil der Entwicklung der Gesamtstrategie dar, dessen Bedeutung keineswegs unterschätzt oder nur dem operativen Bereich zugesprochen werden darf.

4.2.5   Schutzrechtsstrategien

Die Generierung von Ideen und daraus erwachsenden Erfindungen ist für Unternehmen in der Regel einerseits mit hohen Kosten und einem hohen Risiko verbunden, anderseits aber auch geeignet, für das Unternehmen über einen bestimmten Zeitraum einen Wettbewerbsvorteil in Form einer temporären Monopolstellung zu schaffen. Unternehmen werden daher nur dann bereit sein, in die Hervorbringung und Umsetzung von Erfindungen zu investieren, wenn sie diese Investitionen in der Folge auch wieder amortisieren können.

Aus diesem Grund liegt es nahe, neues (technisches) Wissen zu schützen. Zu diesem Zweck bieten sich mehrere Vorgangsweisen an. Im Rahmen so genannter **faktischer Schutzstrategien** (Gassmann/Bader 2007, 34) ist es am einfachsten, wenn auch nicht immer leicht umsetzbar, Prozesse,

Rezepturen oder Quellcodes geheim zu halten (z.b. Coca Cola). Auch eine kurze Time-to-Market schafft einen zeitlichen Vorsprung insbesondere bei Produkten mit hoher zeitlicher Attraktivität (etwa Designermode). Gute Ergebnisse liefern weiter der Aufbau hervorragender Distributionskanäle (z.B. Tupperware), der Aufbau eines starken Markenimages, die Erzielung von Pioniergewinnen (z.b. Swatch) oder die Schaffung starker Kunden- oder Lieferantenbindungen.

Daneben gibt es jedoch auch die Möglichkeit, Wissen mithilfe so genannter Schutzrechte zu schützen. Als **Schutzrechte** bezeichnet man gesetzlich verankerte Bestimmungen, die Wissen im weitesten Sinne (v.a. geistiges Eigentum oder technische Entwicklungen) schützen. Da Schutzrechte der landesspezifischen Gesetzgebung unterliegen, erfolgt an dieser Stelle nur eine allgemeine Einführung. Außer dem Urheberrecht zählen dazu im Wesentlichen gewerbliche Schutzrechte in Form von Patenten, Gebrauchsmustern, Geschmacksmustern und Marken. Im Innovations- und Technologiemanagement spielen Schutzrechte in mehreren Bereichen eine Rolle. Neben der Möglichkeit, andere (v.a. die Mitbewerber) von der Nutzung des geschützten Wissens auszuschließen und so für den eigenen Gebrauch zu sichern, besteht der Hauptzweck von Schutzrechten darin, das geschützte Wissen Dritten gegen Entgelt zur Nutzung zu überlassen (eine Lizenz zu vergeben).

Wesentliche Schutzrechte sind:

- Urheberrecht: Werke im Sinne dieses Gesetzes sind eigentümliche geistige Schöpfungen auf den Gebieten der Literatur, der Tonkunst, der bildenden Künste und der Filmkunst (§ 1 UrhG)
- Patent: „Für Erfindungen, die neu sind (§ 3), sich für den Fachmann nicht in nahe liegender Weise aus dem Stand der Technik ergeben und gewerblich anwendbar sind, werden auf Antrag Patente vergeben. (§ 1 PatG)
- Gebrauchsmuster: Als Gebrauchsmuster werden auf Antrag Erfindungen geschützt, die neu sind (§ 3), auf einem erfinderischen Schritt beruhen und gewerblich anwendbar sind. (§ 1 GMG). Im Gegensatz zu Patenten (vgl. unten) wird hier keine Prüfung der Neuheit durch das Patentamt vorgenommen
- Geschmacksmuster: Für Muster, die neu sind und Eigenart haben (§ 2a) und weder gegen die öffentliche Ordnung noch die guten Sitten verstoßen, kann nach diesem Bundesgesetz Musterschutz erworben werden (§ 1 MuSchG)
- Marke: Marken können alle Zeichen sein, die sich graphisch darstellen lassen, insbesondere Wörter einschließlich Personennamen, Abbildungen, Buchstaben, Zahlen und die Form oder Aufmachung der Ware, soweit solche Zeichen geeignet sind, Waren oder Dienstleistungen eines

Unternehmens von derjenigen anderer Unternehmen zu unterscheiden. (§ 1 MSchG)

Von besonderer Bedeutung für das Innovations- und Technologiemanagement sind in erster Linie **Patente**. Wie in §1 PatG angegeben erfordert die Vergabe eine Patentes vier grundlegende Voraussetzungen (Ensthaler/ Strübbe 2006, 31):

- Die Erfindung muss neu sein, d.h. sie darf vor der Anmeldung auch vom Erfinder selbst weder schriftlich, noch mündlich noch durch Benutzung publiziert worden sein
- Die Erfindung muss eine Neuerung gegenüber dem „Stand der Technik" aufweisen bzw. darf sich nicht aus dem einschlägigen Wissen eines Durchschnittsfachmanns direkt ergeben
- Die Erfindung muss in der Anmeldung vollständig erklärt und dargelegt sein, damit ein Fachmann sie nachvollziehen kann
- Das Ergebnis einer Erfindung muss entweder gewerblich oder landwirtschaftlich produzier- und/oder benutzbar sein

Patente werden in Österreich für einen Zeitraum von 20 Jahren vergeben und haben zunächst die Funktion, geistiges Eigentum zu schützen. Daneben gibt es aber noch eine Reihe von Funktionen, die Patente im strategischen Rahmen erfüllen können (Schramm/Ludwig/Töpfer 1997, 49f).

- Die **Absicherungsfunktion** ist dann vonnöten, wenn eine neue technische Lösung auf mehreren, sich wenig unterscheidenden Wegen erreicht werden kann. Mehrere eng miteinander in Verbindung stehende Patente (Patentnetze) bewirken dann, dass das eigentliche Patent nicht umgangen werden kann und schränken Konkurrenten in ihrer technologischen Bewegungsfreiheit ein.
- Die **Angriffsfunktion** zielt darauf ab, dass Patente die Konkurrenz von der Nutzung von Wissen ausschließen, den Marktanteil zu erhöhen und in manchen Fällen sogar zu Quasi-Standards zu führen (z.B. die VHS-Norm bei Videorekordern).
- Die **Motivationsfunktion** zielt darauf ab, innovationsfreudige Mitarbeiter stärker an das Unternehmen zu binden, indem ihnen durch die Anmeldung von Patenten auf ihre Erfindungen Wertschätzung erwiesen wird.
- Die **Reputationsfunktion** wird relevant, wenn ein Unternehmen gewerbliche Schutzrechte anhäuft, da es dann das Image bekommt, hochinnovativ und technisch überlegen zu sein. Das wirkt sich nicht nur auf die Absatzmöglichkeiten aus, sondern auch auf die Kreditwürdigkeit und insgesamt auf das Ansehen.

Neben diesen Funktionen, die eigene Patente im Unternehmen erfüllen, gibt es auch noch Funktionen, die von den Patenten anderer für das eigene Unternehmen erfüllt werden. Von besonderer Bedeutung ist hier die **Informationsfunktion** (Schramm/Ludwig/Töpfer 1997, 50ff): Sowohl vor der Ideengenerierung als auch vor der Umsetzung von Ideen macht es Sinn, sich über bereits bestehende Patente anderer zu informieren. So können Impulse für gewinnbringende eigene Ideen entstehen und Trends frühzeitig erkannt werden. Anderseits kann für eigene Ideen geprüft werden, ob es dafür oder für ähnliche technische Lösungen bereits Patente gibt, die den eigenen Aktivitäten im Wege stehen. Zur Patentrecherche stehen umfangreiche Patentdatenbanken und speziell ausgebildete Patentberater zur Verfügung, derer sich vor allem kleinere und mittlere Unternehmen bedienen können, um sich in der enormen Vielfalt des Vorhandenen zurecht zu finden. Schließlich kann aus fremden Patenten bereits generiertes Wissen genutzt werden. Bei bereits abgelaufenen Patenten erfolgt diese Nutzung ohne Entgelt. Bei Wissen, das noch unter Patentschutz steht, kann in vielen Fällen das Wissen durch Lizenzierung für das eigene Unternehmen nutzbar gemacht werden (vgl. Kap. 4.2.4).

Umgekehrt kann ein Unternehmen eigene Patente Dritten durch **Lizenzvergabe** nutzbar machen. Dieses Nutzungsrecht muss nicht uneingeschränkt gelten, sondern kann sachlich, räumlich oder zeitlich beschränkt eingeräumt werden. Der Lizenzvertrag bestimmt den genauen Umfang des Nutzungsrechtes. In aller Regel erfolgt die Lizenzvergabe gegen Entgelt. Es gibt aber auch die Möglichkeit des so genannten Cross-Licensing, bei dem zwei Unternehmen jeweils wechselseitig den Patentschutz aufheben und so quasi ihr Wissen tauschen.

Patente haben daher in folgenden Bereich strategischen Einfluss auf das Innovations- und Technologiemanagement:

* Patente schützen Erfindungen
* Patente liefern Impulse für Innovationen
* Patente ermöglichen dem Unternehmen eine zeitweise Einzelstellung auf dem Markt durch Ausschluss Dritter von der Nutzung technischen Wissens
* Patente können über Lizenzierungen vermarktet werden
* Patente helfen, neues technisches Wissen durch die Schaffung von „Netzen" zu schützen

4.2.6   Open Innovation und Lead User Ansatz

Geheimhaltung spielte im Bereich der betrieblichen F&E von jeher eine große Rolle: Mit Hilfe rechtlicher (Patente) und organisatorischer Maßnahmen wurde versucht zu verhindern, dass eigene Erfindungen von den Mitbewerbern übernommen und in erfolgreiche Produkte umgesetzt wurden. Kürzere Produktlebenszyklen und längere Entwicklungszyklen machten jedoch schon vor einiger Zeit eine Abkehr von diesem Paradigma nötig – F&E-Aktivitäten wurden deswegen (teilweise) ausgelagert (vgl. 4.2.4) oder in Kooperationen mit anderen durchgeführt (vgl. 8).

Eine noch weiter gehende Veränderung erfuhr dieses Konzept durch die zunehmende **Integration von sowohl Firmenkunden als auch Endkunden bzw. Konsumenten in die Entwicklungstätigkeit** (dazu und zum Folgenden Reichart 2002, 24). Kundeneinbindung erfolgt in den klassischen Ansätzen zunächst über passive Mitwirkung der Kunden: Durch Kundenbefragungen oder bestenfalls Workshops werden Kundenbedürfnisse erhoben und eventuell berücksichtigt. Im Rahmen der so genannten „aktiven Mitentscheidung" treffen Kunden zusammen mit dem Produzenten wesentliche Entscheidungen über die wesentlichen Parameter des Produktes. Das geschieht etwa bei Lohnfertigung, wenn der Auftraggeber dem Auftragnehmer die Produktkonfiguration vorgibt, der Auftragnehmer nur mehr über die Produktionsprozesse determiniert.

Doch erst die aktive Partizipation der Kunden im Innovationsprozess führt hin zu vollkommen neuen Konzepten, wie sie etwa bei der Open Source-Entwicklung von Software auf die Spitze getrieben wird: Hier generieren die späteren User ihre eigene Entwicklungsumgebung, was spezifische Organisationsregeln und eigene „Gesetze" einschließt (vgl. Piller 2003, 114).

Chesbrough (Chesbrough 2006), der als Begründer des Open Innovation Ansatzes gilt, geht davon aus, dass Unternehmen sowohl interne als auch externe Quellen nutzen müssen, um an Innovationsideen heranzukommen. Des Weiteren müssen Unternehmen sowohl interne als auch externe Vermarktungswege ins Auge fassen. Interne und externe Ideen bekommen daher die gleiche Relevanz und Bedeutung für das Innovationsmanagement (Chesbrough 2006, 423) Im weitesten Sinne bezeichnet der Begriff „Open Innovation" daher „einen sich vollziehenden Paradigmenwechsel von geschlossener Innovation hin zu einem offenen, von partnerschaftlichen Aktivitäten bestimmten Innovationsprozess" (Gassmann / Sandmeier / Wecht 2004, 23). Das Neue an diesem Ansatz ist die Öffnung des Unternehmens im Hinblick auf seine Stakeholder, die nunmehr in das Unternehmensgeschehen und namentlich in den Innovationsprozess integriert werden. Damit ist auch einer der Ansprüche ökonomisch nachhaltiger Unternehmensentwicklung erfüllt: Aktives Innovationsmanagement ist ohnehin eine dort verlangte Forderung – ebenso wie die Integration von Stakeholderinteressen (Gelbmann 2006, 98f).

Open Innovation umfasst neben den neuen, im Folgenden noch näher darzustellenden Konzepten auch die schon bekannten Konzepte der Fremdvergabe von Aufträgen und Kooperation, doch steht hier eine neue Denkweise im Vordergrund, nämlich die dezidierte Abgrenzung zur so genannten „Closed Innovation".

Diese basiert auf klassischer Massenproduktion. Kundenfeedback wird über Absatzdaten, Kundenbefragungen oder Marktstudien erarbeitet und fließt mit entsprechender Zeitverzögerung in die F&E-Prozesse ein. Zur Deckung der Kundenbedürfnisse wird eine breite Produktpalette angeboten.

Einen Schritt weiter geht die so genannte „Mass Customization". Sie nutzt die Vorteile der Massenfertigung, integriert aber das Bedürfnis der Kunden nach Individualität (dazu und im Folgenden Berger/Piller, 2003, 43). In einem Designprozess wird die grundlegende Produktspezifikation bzw. die Angebotspalette von Seiten des Unternehmens entwickelt bzw. festgelegt. Im zweiten Schritt werden die Bedürfnisse des Kunden von diesem selbst in Kooperation in einem interaktiven und mittels besonderer Tools unterstützten (meist via Internet) Prozess direkt in ein spezifisches Produkt umgesetzt. An die Stelle nachträglicher Kundenbefragungen tritt direkte Interaktion und Integration der Kundenbedürfnisse über einen modularen Aufbau des Produktes. Ein Beispiel dafür ist etwa das DELL Computer-Baukasten-System.

Kann der Kunde mithilfe spezieller „Toolkits" einzelne Elemente seines Produktes oder das ganze Produkt sogar selbst entwerfen, so spricht man von „Co-Design" (Piller/Walcher, 310). So kann man beim Amerikanischen T-Shirt-Produzenten Spreadshirt eigene T-Shirts online entwerfen und sodann kaufen.

Bei Open Innovation Prozessen im engsten Sinne leistet der Kunde einen direkten kreativen Beitrag zur Schaffung von Produkten, ohne dadurch das Eigentum am Design zu erwerben. Ein extremes Beispiel ist dabei die Computer-Spiele-Industrie: Hier zahlen die Kunden teilweise sogar eine Gebühr dafür, dass sie neue Spiele entwickeln dürfen, die dann von den Unternehmen vermarktet werden (Piller 2003, 114).

Eine Klassifikation von Open Innovation Ansätzen unternehmen Gassmann/Enkel (2006, 134ff), die drei idealtypische Open Innovation Prozesse unterscheiden:

- Beim **Outside-in-Prozess** werden externe Wissensquellen erschlossen und für das Unternehmen nutzbar gemacht. Wissensquellen sind dabei

Kunden, Lieferanten sowie Kooperationspartner entlang der Wertschöpfungskette und außerhalb (wie Universitäten und andere Forschungseinrichtungen). Eine wichtige Technologiequelle ist auch der Erwerb von Lizenzen auf bereits bestehende Patente. Auch die oben beschriebenen „typischen" Open Innovation Prozesse gehören in diese Kategorie.

- Beim **Inside-out-Prozess** werden interne Ideen und bereits vorhandenes Wissen bewusst nach außen getragen, insbesondere, wenn diese nicht zu den Kernkompetenzen des Unternehmens zählen. Auf diese Weise können interne Potentiale und neues Wissen effizienter genutzt werden. Möglichkeiten hierzu sind die Vergabe von Lizenzen oder Kooperationen in den Bereichen Produktion oder Vertrieb.

- Beim **Coupled-Prozess** geht es um eine Kombination von Internalisierung und Externalisierung von Wissen zur Erzielung von Wettbewerbsvorteilen. Die Instrumente dieses Bereiches werden ebenfalls schon seit längerer Zeit unter Begriffen wie (Strategische) Allianzen, Joint Ventures und Innovationsnetzwerken diskutiert.

Als ein wesentlicher Beitrag zum Outside-in-Prozess hat sich in den letzten Jahren das so genannte **Lead User Konzept** etabliert (v. Hippel 1986). Hierbei handelt es sich um Kunden, die überdurchschnittlich an den F&E-Ergebnissen des Produzenten interessiert bzw. davon abhängig sind (Reichwald/Piller 2006, 126) und über eine hohe Innovationsbereitschaft, hervorragendes Problembewusstsein, überdurchschnittliche Kooperationsbereitschaft sowie über sehr gute Markt- und Branchenkenntnis verfügen (Nohr 2004, 20).

Bei den herkömmlichen Methoden der Kundenintegration kommt es zu tendenziell sehr konservativen Innovationsentscheidungen, da nur die bereits geäußerten Kundenbedürfnisse im Mittelpunkt der Entwicklungsbestrebungen stehen, nicht aber visionär nach neuen Kundenbedürfnissen gesucht wird. Im Gegensatz dazu verspüren Lead User neue Trends und Entwicklungen früher als andere Kunden und streben von sich aus nach völlig neuartigen, radikalen Lösungen.

Wesentliche Voraussetzung für die Integration von Lead Usern in den Innovationsprozess ist deren Identifikation. Am ehesten zu finden sind Lead User zunächst innerhalb des eigenen Zielmarktes, jedoch bringt gerade die Miteinbeziehung von Lead Usern in ähnlichen Branchen und vor allem in extremen Anwendungsbereichen besonders gute Ergebnisse (z.B. Autoindustrie sucht Impulse in der Flugzeugindustrie, v. Hippel 2005, 134 ff.).

Es ist Ziel führend, die Lead User zu einem gemeinsamen Workshop zu bitten, in dem Probleme bestehender Lösungen intensiv diskutiert und neue Lösungswege mithilfe von Kreativitätstechniken gesucht werden. Wesentliche Vorgabe von Lead User Prozessen ist, dass letztlich externe Ideen mit internen Ideen verschmolzen werden. Die Ergebnisse dieser Aktivitäten können dann in den klassischen Produktentwicklungsprozess überführt werden.

In jedem Fall sind Lead User Prozesse eine zusätzliche Variante des Innovations- und Technologiemanagements. Die klassischen Prozesse können damit ergänzt, aber keinesfalls ersetzt werden.

4.2.7 Portfolio-Analyse

Die Portfolio-Analyse bzw. die Portfolio-Technik wurde mit dem Ziel entwickelt, Auswahlentscheidungen methodisch zu unterstützen (vgl. Specht/Beckmann/Amelingmeyer 2002, 95). In der Unternehmenspraxis hat die Portfolio-Technik eine weite Verbreitung gefunden, da sie in anschaulicher Weise einen Überblick über den gesamten Bestand der Geschäfte von Unternehmen liefert und die Ableitung von Normstrategieempfehlungen zum Zweck der strategischen Orientierung des Unternehmens gestattet.

Die Portfolio-Technik hat ihre Herkunft in der finanzwirtschaftlichen Portefeuille-Theorie, die Modelle bereitgestellt hat, die eine Aufteilung des Vermögens von Individuen oder Unternehmen auf verschiedene Anlageformen wie Geldvermögen, Wertpapiere und Sachgegenstände zum Zweck der Ertragsmaximierung und Risikominimierung für den Anleger sicherstellen sollen. Dabei unterscheiden sich die Anlageformen in ihrem Risikogehalt und ihren Gewinnchancen. Das finanzwirtschaftliche Portefeuille-Konzept kann, entsprechend abgewandelt, auf den Produkt-Markt-Bereich, den Beschaffungsbereich, den personalwirtschaftlichen Bereich und andere Entscheidungsfelder der Unternehmensführung, wie beispielsweise das Innovations- und Technologiemanagement, das hier besonders interessiert, übertragen werden (vgl. Macharzina 1999, 259 f). Im Rahmen des Innovations- und Technologiemanagements können damit beispielsweise Auswahlentscheidungen zwischen neuen Produkt- und Dienstleistungsideen oder zwischen zukünftig relevanten Technologiefeldern getroffen werden.

Die methodische Umsetzung der Portfolio-Konzeption erfolgt trotz ihrer Variantenvielfalt in relativ einheitlicher Weise. Zum Zweck der Analyse und der darauf aufbauenden Strategieformulierung werden die unternehmensinternen und -externen Informationen über die Geschäftseinheiten in einer zumeist zweidimensionalen Matrix zusammengefasst. Im Koordinatensystem werden in aller Regel die Umfeldinformationen und -beurteilungen auf der vertikalen und die unternehmensbezogenen Informationen und Bewertungen auf der horizontalen Achse abgebildet. Jede einzelne Geschäftseinheit hat deshalb eine zum Analysezeitpunkt für sie spezifische Positionierung im Portfolio, die im Wesentlichen die Strategiewahl bestimmt (vgl. Macharzina 1999, 262).

Im Innovations- und Technologiemanagement versucht die strategische Portfolio-Analyse, eine aus der Sicht des Unternehmens möglichst vorteilhafte Gestaltung der verschiedenen Investitionsalternativen herbeizuführen. Dazu bedarf es zunächst einer Abgrenzung der Planungseinheiten, die als so genannte strategische Geschäftseinheiten (SGE) bezeichnet werden und einzelne Produkte, Produktgruppen oder Technologiefelder repräsentieren (vgl. dazu und nachfolgend Vahs/Burmester 2005, 125f). In Abbildung 6 repräsentiert die Fläche eines jeden Kreises die Größe der entsprechenden Geschäftseinheit (z.B. gemessen am Umsatz).

Nachfolgend werden die wesentlichen Einflussgrößen auf die Chancen und die Risiken jeder SGE eines Unternehmens in einer Matrix dargestellt und hinsichtlich ihrer Wirkungen auf die zukünftige Entwicklung der SGE beurteilt. Bei zwei Ausprägungen je Umwelt- und Unternehmensvariable ergeben sich somit Matrizen mit vier Feldern. Ein Beispiel dafür ist die so genannte **McKinsey-Matrix**, in der Marktattraktivität und Wettbewerbsvorteil bzw. Branchenattraktivität und Geschäftsfeldstärken gegenüber gestellt werden. Bei drei Ausprägungen je Variable ergeben sich in der Matrix neun Felder, wie etwa bei der so genannten **Boston Consulting Group-Matrix**. Hierbei werden Marktanteil und Marktwachstum gegenüber gestellt.

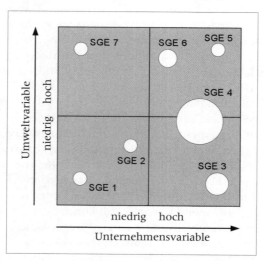

Abb. 6: Grundaufbau der Portfoliotechnik (Macharzina 1999, 262)

Werden nun alle gegenwärtigen und erwünschten Produkte, Produktgruppen, Märkte, Technologiefelder, etc. in die Matrix eingetragen, können fundierte Aussagen über die derzeitige und die angestrebte strategische Positionierung der SGE getroffen werden, die letztendlich über die Ressourcenallokation entscheiden. Diese Aussagen lassen sich in Form von so genannten Normstrategien formulieren, die angesichts der jeweils gegebenen Bedingungen typische strategische Stoßrichtungen aufzeigen (z.B. Investitions-, Desinvestitions- oder Selektionsstrategie).

4.2.7.1 Technologie-Portfolien

Bereits seit Anfang der achtziger Jahre wurden sog. Technologie-Portfolio-Ansätze entwickelt. Als Objekte werden hier zumeist sämtliche Technologien untersucht, die in den Produkten oder Verfahren von einzelnen Geschäftsfeldern oder des gesamten Unternehmens eingesetzt werden (vgl. Gerpott 2005, 155). **Beispiele für Technologie-Portfolien** sind

- das Technologiepositions-Technologielebenszyklus-Portfolio der Unternehmensberatung Arthur D. Little (vgl. Servatius 1985),
- das Technologieattraktivität-Ressourcenstärke-Portfolio von Pfeiffer/ Metze/Schneider/Amler (1987),
- das Technologieattraktivität-Technologieposition-Portfolio von Tyll (1989),
- das Technologieattraktivitäts-Ressourcenstärken-Portfolio von Pfeiffer/ Weiß (1995),
- das Technologievorteil-Kundennutzen-Portfolio von Hsuan/Vepsäläinen (1999),
- das Technologieattraktivität-Technologieentwicklungsstärke-Portfolio von Specht/Beckmann/Amelingmeyer (2002) oder
- das Technologieposition-Wettbewerbsposition-Portfolio von Gerybadze (2004).

Das **Technologieportfolio-Konzept von Pfeiffer et al.** (1987) (Abb. 7) bildet die für ein Endprodukt und die dazu notwendigen Fertigungsprozesse relevanten Technologien in einer multifaktoriellen Matrix mit den beiden Hauptdimensionen Technologieattraktivität und Ressourcenstärke ab. Die Technologieattraktivität als weitgehend unbeeinflussbare unternehmensexterne Größe erfasst die Gesamtheit der wirtschaftlichen und technischen Vorteile, die im Zuge der Realisierung der strategischen Weiterentwicklungspotenziale des jeweiligen Technologiegebiets erwartet werden. Die Ressourcenstärke als unternehmensinterne Handlungsvariable beschreibt die technische und wirtschaftliche Beherrschung des technologi-

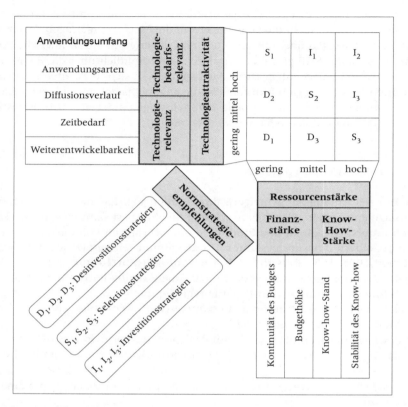

Abb. 7: Technologieportfolio (in Anlehnung an Pfeiffer et al. 1987, 88 ff)

schen Gebiets im Vergleich zum stärksten Konkurrenzunternehmen. Ressourcenstärke ist notwendig zur Durchsetzung der Technologie (vgl. Sabisch 1991, 153).

Die im Portfolio dargestellten Positionen der angewandten Technologie werden mit den möglichen Positionen zukünftiger Substitutions- und Komplementärtechnologien verglichen, um auf dieser Basis Handlungsempfehlungen bezogen auf Ressourcenzuweisungen für F&E-Projekte abzuleiten. Ähnlich wie beim McKinsey-Portfolio reichen die **Handlungsempfehlungen** von Investieren über Selektieren zu Deinvestieren.

Investitionsstrategien werden für Technologien mit mittlerer bis hoher Technologieattraktivität und Ressourcenstärke empfohlen. Für Technologien mit geringer bis mittlerer Attraktivität und Ressourcenstärke sind Desinvestitionen angebracht. Auf den Diagonalfeldern ist selektiv vorzugehen: „Im Fall hoher Technologieattraktivität und geringer Ressourcenstärke hängt die Entstehung vor allem davon ab, ob der diagnostizierte Rückstand gegenüber der Konkurrenz in annehmbarer Zeit und mit akzeptablem Aufwand aufzuholen ist" (Wolfrum 1991, 202). Bei niedriger Technologieattraktivität und hoher Ressourcenstärke sollten nur geringe Investitionen zum Halten des Know-how-Vorsprungs oder stufenweise Desinvestitionen getätigt werden.

Der wesentliche Vorteil des Technologieportfolios von Pfeiffer et al. ist die damit verbundene Systematik zur Ableitung von Gestaltungsempfehlungen für die Innovationstätigkeit. Sie bezieht sich nicht auf bestimmte Produkte oder Produktgruppen, wie in den klassischen Modellen, sondern setzt an den ihnen zugrunde liegenden Technologien an und erfasst einen beträchtlich längeren Zeitraum (vgl. Vahs/Burmester 2005, 128). Kritisch muss angemerkt werden, dass sich mit dem dargestellten Portfolio nur bedingt Bezüge zur Marktwirksamkeit von Technologien herstellen lassen. Auch ist die systematische Analyse der beiden Dimensionen Technologieattraktivität und Ressourcenstärke recht komplex, was eine aufwändige Identifizierung und Betrachtung aller relevanten Einflussgrößen erforderlich macht.

4.2.7.2 Integrierte Technologie-Markt-Portfolien

Von Michel, Ewald, Specht und Schlegelmilch ist speziell zur Integration der traditionellen strategischen Geschäftsfeldanalyse bzw. Marktplanung und Technologiefeldanalyse das so genannte **Darmstädter Portfolio-Ansatz** entwickelt worden. Dabei ist darauf geachtet worden, dass im Unternehmen bereits vorhandene Analysesysteme beibehalten werden können, sofern sie voneinander unabhängig erstellt werden können. Eine Zusammenführung markt- und technologiebezogener Analysen erfolgt in einer gesonderten Innovationsfeldanalyse (vgl. Michel 1990).

Bei der Technologiefeldanalyse werden strategische Technologiefelder voneinander abgegrenzt, die jeweils einen Ausschnitt aus dem aktuellen und potenziellen technologischen Betätigungsfeld des Unternehmens darstellen. Diesen werden unternehmensinterne strategische Technologieentwicklungseinheiten zugeordnet, die das technologische Leistungspotenzial des Unternehmens erfassen. Auf der Basis einer Chancen-Risiken- und Stärken-Schwächen-Analyse (SWOT-Analyse) werden die Technologiefelder in einem Technologiefeldportfolio mit den Dimensionen Technologiefeldattraktivität und relative Technologieentwicklungsstärke positioniert (vgl. Specht/Beckmann/Amelingmeyer 2002, 98).

In der Geschäftsfeldanalyse werden demgegenüber aktuelle und potenzielle strategische Geschäftsfelder im traditionellen Sinne von Kundengruppen-/Kundennutzen- bzw. Produkt-Kombinationen sowie die zugeordneten strategischen Geschäftseinheiten untersucht. Auch in diesem Fall sind einerseits Chancen und Risiken und andererseits Stärken und Schwächen zu erfassen, um zu einem marktorientierten Geschäftsfeldportfolio zu gelangen. Die Bewertung der Geschäftsfelder erfolgt mit Hilfe eines Multifaktorenansatzes anhand der Hauptdimensionen „Marktattraktivität" und „relative Wettbewerbsstärke", die primär durch marktbezogene Kriterien beschrieben werden. Bei der Bestimmung der Marktattraktivität spielen das erwartete Marktwachstum, die Marktgröße, die Marktqualität (Risiko, Eintrittsbarrieren, Wettbewerbsintensität, Branchenumsatzrendite, Kapitalumschlag, Rohstoffsituation), die Umweltsituation und andere die Quantität bzw. Qualität der Nachfrage beeinflussende Faktoren eine Rolle. Die Bewertung der relativen Wettbewerbsstärke einer strategischen Geschäftseinheit in ihren Geschäftsfeldern erfordert einen Vergleich mit dem stärksten Wettbewerber oder den stärksten Wettbewerbern hinsichtlich Marktanteil, Produktqualität, Produktionspotenzial, Marketing und Vertriebspotenzial, Absatzkanalpotenzial, Qualifikation der Mitarbeiter, Kostensituation sowie sonstiger für den Markterfolg relevanter Unternehmensfaktoren (vgl. Specht/Beckmann/Amelingmeyer 2002, 98).

Kern des Darmstädter Ansatzes und zugleich die Besonderheit gegenüber anderen Portfolio-Ansätzen ist die Innovationsfeldanalyse, die mehrere **Arbeitsschritte** aufweist (vgl. Specht/Beckmann/Amelingmeyer 2002, 100 ff):

- **1. Schritt: Abgrenzung der Innovationsfelder.** Ausgangspunkt der Analyse ist die Bestimmung relevanter strategischer Innovationsfelder, die in mindestens einer der drei Dimensionen Kundengruppen, Kundenfunktionen und verwendete Technologien für das Unternehmen neu sind. Die Suche nach strategischen Innovationsfeldern kann sowohl marktinduziert als auch technologieinduziert verlaufen.
- **2. Schritt: Positionierung der Innovationsfelder im Innovationsfeldportfolio.** Das Innovationsfeldportfolio stellt die Innovationsfeldattraktivität (vorwiegend extern bestimmte Chancen/Risiken) der relativen Innovationsfeldstärke (hauptsächlich unternehmensintern determinierte Stärken/Schwächen) gegenüber. Dabei werden die Innovationsfeldattraktivität durch das Problemlösungs- und das Diffusionspotenzial beschrieben und die relative Innovationsfeldstärke durch das Differenzierungs- und das Implementierungspotenzial (vgl. Abb. 8).
- **3. Schritt: Portfoliotransformation.** Die vorangegangenen Arbeitsschritte ergeben ein Innovationsfeldportfolio, in dem jeweils die für ein

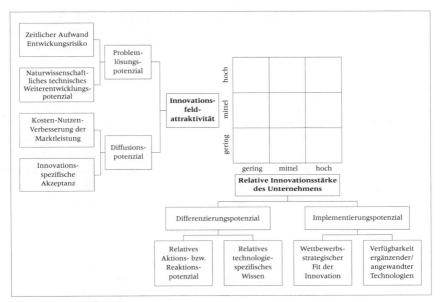

Abb. 8: Innovationsfeldportfolio (in Anlehnung an Michel 1990, 198)

spezielles Geschäftsfeld relevanten Technologien positioniert sind. Es wird deshalb von einem geschäftsfeldspezifischen Technologieportfolio gesprochen. Ein Unternehmen besitzt in der Regel jedoch mehrere Geschäftsfelder, deren technologieorientierte Analyse dementsprechend zu mehreren Innovationsfeldportfolios führt. Die Menge dieser Portfolios für alle strategischen Geschäftsfelder ergibt die sog. Geschäftsfeld- oder Marktliste.

• **4. Schritt: Auswahl von Innovationsfeldern.** Auf der Basis der Geschäfts- und Technologiefeldliste kann eine Auswahl von Innovationsprojekten durchgeführt werden. Die in den Portfolio-Matrizen verdichteten Informationen werden dann als Input einer situations- und unternehmensangepassten Auswahl verwendet.

4.2.7.3 Kritik an Portfolien

Die Arbeit mit Portfolien als Analyseinstrumente hat verschiedene Vorteile: Managern wird dazu verholfen, zukunfts- und strategieorientierter zu denken, die Strukturen und Funktionsweisen ihrer Unternehmen besser zu verstehen, die Qualität ihrer Pläne zu steigern, eine effizientere Kommunikation zwischen der Unternehmensleitung und den Geschäftsbereichen sicherzustellen, Informationslücken und anstehende Probleme schneller auszumachen, die schwachen Geschäftseinheiten zu eliminieren und die vielversprechenden durch gezieltere Investitionen zu fördern (vgl. Kotler/Bliemel 2001, 124f; Bürgel/Haller/Binder 1996, 98).

Andererseits muss die Portfolio-Methode mit Vorsicht angewendet werden. Sonst kann es geschehen, dass das Unternehmen sich z.b. allzu sehr auf die Beobachtung des Marktanteilwachstums und den Einstieg in wachstumsintensive Branchen konzentriert und dabei das Management der vorhandenen Geschäftseinheiten vernachlässigt. Die Ergebnisse, die eine Portfolio-Analyse liefert, hängen stark von den Bewertungen und Gewichtungen einzelner Faktoren ab; man kann also eine SGE auf eine gewünschte Position in der Matrix hin manipulieren. Hinzu kommt, dass bei der Indexberechnung ein Durchschnittswert über viele Faktoren erarbeitet wird. Es ist also durchaus möglich, dass mehrere Geschäftseinheiten im selben Feld auftauchen, obwohl sie sich in den zugrunde liegenden Bewertungen und Gewichtungen der einzelnen Faktoren stark voneinander unterscheiden. Viele strategische Geschäftseinheiten sind in der Mitte der Matrix zu finden, weil man sich bei der Beurteilung der zahlreichen Faktoren auf Kompromisse einigen musste. Dadurch wird es schwieriger, die jeweils angemessene Strategie zu finden. Und schließlich bleiben in einer Portfolio-Konzeption synergetische Wechselwirkungen zwischen den einzelnen Geschäftseinheiten völlig unberücksichtigt, so dass es riskant sein kann, für eine SGE unabhängige, von den übrigen Bereichen „losgelöste" Entscheidungen zu treffen. Jedoch werden durch die Portfolio-Methoden die analytischen und strategischen Fähigkeiten der Führungskräfte geschärft, und es wird möglich, schwerwiegende Entscheidungen datenorientiert und härtnäckig auszudiskutieren und sich nicht auf Gefühle und Eindrücke zu verlassen (vgl. Kotler/Bliemel 2001, 124 f).

Die allgemeine Kritik an den Portfolio-Ansätzen lässt sich also folgendermaßen zusammenfassen (vgl. dazu auch Specht/Beckmann/Amelingmeyer 2002, 103):

- Die Segmentierung des gesamten Aktionsfeldes des Unternehmens in einzelne strategische Geschäftsfelder ist stark von subjektiven Einflüssen geprägt und stellt ein zentrales Problem der Portfolioanalyse dar. Diesem Problem kann aber durch eine methodische, strukturierte Vorgehensweise sowie durch iterative Rückkoppelungsprozesse begegnet werden.
- Bei Verdichtung der möglichen relevanten strategischen Erfolgsfaktoren auf die beiden Hauptdimensionen des Portfolios werden die Faktorausprägungen nivelliert, so dass sich unter Umständen schwache Signale durchsetzen, was zu falschen Strategien führen kann.

- Die Trennung zwischen Gegenwartswerten, die die aktuelle Situation der strategischen Felder beschreiben, und zukünftigen, erwarteten Trendwerten ist nicht immer eindeutig. Dies kann dazu führen, dass eine qualitative Bewertung durch die gegenseitige Beeinflussung von Gegenwarts- und Zukunftswerten verzerrt wird.
- Die schematische Vorgehensweise bei der Ableitung von „Normstrategien" steht vielfach in der Krititk. Aus den obigen Ausführungen geht jedoch hervor, dass diese Kritik zum Teil unbegründet ist, da die Portfolioanalyse nur Hinweise zur Strategieentwicklung geben kann und will.

4.3   Strategische Planung im Innovations- und Technologiemanagement

Die F&E-Strategie gibt den inhaltlichen, zeitlichen und intensitätsmäßigen Rahmen für die Planung des strategischen F&E-Programms vor. Das **F&E-Programm** selbst umfasst die Menge aller F&E-Projekte eines Unternehmens (vgl. Kern/Schröder 1977, 224). Im Sinne einer rollierenden Planung umfasst die F&E-Programmplanung sowohl bereits laufende als auch neu zu beginnende Projekte.

Idealerweise sind diese Projekte unter Berücksichtigung der wechselseitigen Abhängigkeiten zwischen Projekten und hinsichtlich ihres Beitrags zur Erfüllung der jeweiligen strategischen Ziele bewertet und zusammengestellt. Insbesondere neue Projektideen müssen grundsätzlich auf ihre Machbarkeit hin beurteilt werden bevor sie in das F&E-Programm des Unternehmens aufgenommen werden können (Kap. 4.3.1).

Sodann müssen potentielle Projekte vor dem jeweiligen Projektstart bzw. laufende Projekte auch während der Projektlaufzeit einem Bewertungsverfahren hinsichtlich ihrer Sinnhaftigkeit unterzogen werden. Dabei wird untersucht, ob und inwieweit das jeweilige Projekt zur Umsetzung der F&E-Strategie und damit auch der Unternehmensstrategie beitragen kann. Zu den Bewertungskriterien zählen sowohl quantitative (z.B. monetäre, kapazitäts- und zeitdauerbezogene) Größen als auch qualitative Kriterien (z.B. Technologie-, Markt-, Kunden- und Umweltkriterien). Hierzu existiert in der Praxis eine Vielzahl unterschiedlicher Kriterienkataloge und Bewertungsmethoden. Eine vollständige und allgemeingültige, d.h. für alle Unternehmen gültige Bewertungsmethode aufzustellen, ist aber weder möglich, noch sinnvoll (vgl. Bürgel/Haller/Binder 1996, 102 f). Eine Übersicht über Bewertungsverfahren zur Beurteilung von Projekten findet sich in Kap. 4.3.2.

Schließlich ist im Rahmen der strategischen Planung neben dem Programm auch das **F&E-Budget** zu bestimmen (vgl. Kap. 4.3.3). Unter einem Budget ist die verbindliche Zuweisung finanzieller Mittel für eine bestimmte Entscheidungseinheit für eine bestimmte Periode zu verstehen (vgl. Horváth 1994, 255). Bei der Budgetierung des F&E-Bereichs ist zu berücksichtigen, dass meist mehrere F&E-Projekte unterschiedlicher Laufzeit gleichzeitig bearbeitet werden. F&E-Projektbudgets, die sich auf eine bestimmte Projektlaufzeit und Meilensteintermine beziehen, müssen daher mit dem im Unternehmen periodisch laufenden Budgetierungsprozess abgestimmt werden.

4.3.1   Analyse der Machbarkeit von Innovationsprojekten

Die Analyse von Innovationsprojekten hinsichtlich ihrer technischen und wirtschaftlichen Machbarkeit erfordert unternehmensinterne und –externe Informationsbeschaffung. Dieser Schritt ist jedenfalls vor einer möglichen Bewertung bzw. Auswahl des Innovationsprojektes zu realisieren, da andernfalls die Qualität einer Projektentscheidung in Frage zu stellen ist. Informationen betreffen einerseits das Marktumfeld des zukünftigen Produkts und andererseits die Leistungsfähigkeit des Produkts oder der Dienstleistung. Ziel der Analyse muss es sein, Produktmerkmale zu erhalten, die eine hohe Beachtung durch den Kunden erfahren – sei es, weil sie entscheidend zum Kundennutzen beitragen oder wichtige Bedürfnisse befriedigen – und die Kaufentscheidung wesentlich beeinflussen. Diese Merkmale ergeben sich in der Regel aus der Prinziplösung des Produkts. Sie stehen im engen Wechselspiel mit der Produktfindung und der Produktkonzipierung (vgl. Gausemeier et al. 2001, 164).

Kunden- und Umweltanforderungen sind frühzeitig und systematisch zu erfassen und in Form einer Produktdefinition umzusetzen. Innerhalb einer marktorientierten Produktkonzeptfindung werden Zielgruppen für die Produkte definiert und deren Anforderungen mit geeigneten Methoden erhoben. Für diese Erhebung stehen sowohl qualitative als auch quantitative Marktforschungsmethoden zu Verfügung. Zur Berücksichtigung langfristiger Trends aus dem Unternehmensumfeld werden Frühinformationssysteme eingesetzt (vgl. Kapitel 3.4). Ziel ist die frühzeitige Einbindung strategisch bedeutsamer Informationen in die Unternehmensplanung, sodass ein ausreichender Grad an Flexibilität erhalten bleibt, um auf neu auftretende Entwicklungen rechtzeitig reagieren zu können (vgl. Eversheim et al. 2005, 13).

In der Regel sind folgende Fragen im Rahmen einer ökonomischen Machbarkeitsstudie zu klären:
• Was/wo sind Absatzmarkt/Branche?

- Wer sind potenzielle Kunden?
- Welche Kundenanforderungen sollen erfüllt werden?
- Wie wurde die Kundenanforderung bisher erfüllt?
- Wodurch wird der Kundennutzen gesteigert?
- Welches Marktsegment soll beliefert werden?
- Wer sind potenzielle Wettbewerber?
- Wie entwickelt sich der Markt (wachsend, stagnierend, rückläufig)?
- Wie entwickeln sich Absatz, Preis und Umsatz?
- Welche Marktanteile werden angestrebt?
- ...

Neben der Kundenanalyse sind in der Regel auch Konkurrenz- und Lieferantenanalysen zu erstellen. Darüber hinaus hat eine Analyse der (eigenen) Produktionskapazitäten und eine Analyse der notwendigen Marketing- und Vertriebstätigkeiten zu erfolgen.

Auf technischer Seite sind hinsichtlich der Machbarkeit folgende Fragen zu klären:

- Wie sah die bisherige Lösung aus?
- Wie sieht die Wettbewerbslösung und wie die Lösung bei ähnlichen Funktionen in anderen Branchen aus?
- Worin liegt eigentlich das Problem?
- Wie könnte das Problem gelöst werden?
- Welche Verbesserung ergibt sich durch die neue Lösung?
- Ist die praktische Machbarkeit geklärt oder sind Versuche zu planen?
- Ist ein Prototyp vorhanden oder muss er gebaut werden?
- Welche vorhandenen Teile können genutzt werden?
- Mit welchem Entwicklungsaufwand (Investitionen, Personal, zeitliche Dauer) ist zu rechnen?
- Welche Unternehmensbereiche müssen mit eingebunden werden?
- Wie stellt sich die Patentsituation und die Gesetzessituation dar?
- ...

In der Regel münden die gewonnenen Informationen in ein Produktanforderungskonzept, das die Entscheidungsgrundlage für die Beurteilung im nächsten Schritt bildet (vgl. Kapitel 4.3.2). Darin sind bei technischen Produkten beispielsweise Aussagen über die geometrischen, elektrischen, physikalischen, chemischen, biologischen, etc. Eigenschaften des Produkts enthalten (vgl. Lindemann 2005, 86). Diese Informationen des Produktanforderungskonzepts sind auch Basis für die Projektplanung, die in Kapitel 5 näher erläutert wird. Eine sorgfältige Analyse der technischen und wirtschaftlichen Machbarkeit beeinflusst den Erfolg von Innovationsprojekten jedenfalls bereits in frühen Phasen. Schließlich kann empirisch belegt werden, dass ein positiver Zusammenhang zwischen der frühen Reduzierung von Marktunsicherheit bzw. von technischer Unsicherheit und Projekterfolg in Innovationsprojekten besteht (vgl. Verworn 2005, 72 ff).

4.3.2   Beurteilung von Innovationsprojekten

Nicht alle Ideen zu Innovationsprojekten sind es wert, auch weiter verfolgt zu werden, weil etwa daraus hervorgehende Produkte nicht genügend Nachfrage finden werden. Außerdem bedingen in der Regel beschränkte finanzielle und personelle Kapazitäten, dass auch nicht alle Erfolg versprechenden Projektideen umgesetzt werden können. Aus diesem Grund ist eine Bewertung nötig, die eine Auswahl der „wichtigsten, sinnvollsten" Projektideen ermöglicht. Ziel ist die Erstellung einer Rangliste aller interessierenden Projekte nach ihrer Bedeutung für das Unternehmen.

Diese Bewertung muss systematisch und möglichst wenig von subjektiven, persönlichen Präferenzen geleitet sein und eine „weitgehend widerspruchsfreie, vergleichbare und sachlich zutreffende Bewertung" von Ideen zu Innovationsprojekten möglich machen (Specht/Beckmann/Amelingmeyer 2002, 220). Aufgrund der Unsicherheit, die für den Bereich des Innovationsmanagements kennzeichnend ist, können sich einzelne Parameter des Projektes ebenso wie seine technischen und wirtschaftlichen Erfolgsaussichten oder sogar die strategische Ausrichtung des Unternehmens ändern. Daher reicht eine einmalige Bewertung auf Basis der in Kapitel 3.4 gewonnenen Informationen (vor allem bei längerfristigen Projekten) in der Regel

Abb. 9: Möglichkeiten der Beurteilung von F&E-Projekten (in Anlehnung an Thoma 1989, 167)

nicht aus, um die Zielerreichung sicherzustellen. Vielmehr muss jedes Projekt in regelmäßigen Abständen (mindestens einmal pro Jahr, z.B. aus Anlass der F&E-Budgetplanung) erneut daraufhin geprüft werden, ob es weitergeführt, verändert, vorerst zurückgestellt oder abgebrochen werden soll.

Da die an die Bewertung gestellten Anforderungen so komplex sind, wurde im Laufe der Zeit eine Vielzahl von Instrumenten zu ihrer Bewältigung entwickelt (vgl. Abb. 9), die selbst entweder komplex und aufwändig sind oder eben nicht immer allen Anforderungen der Bewertung von Innovationsprojekten gerecht werden können. Ein „ideales" Bewertungsinstrument gibt es nicht, zumal Innovationen als „Neuerungen" ohnehin eine Adaption der verwendeten Instrumente erfordern (vgl. dazu z.B. Thom 1989, 167 f; Specht/Beckmann/Amelingmeyer 2002, 216 ff).

Eindimensionale Verfahren zur Beurteilung von Innovationsprojekten legen nur ein monetäres Kriterium zu Grunde – sieht man von bloßen „Bauchentscheidungen" des/der Entscheidenden ab, bei denen qualitativ oder quantitativ die Erfolgswahrscheinlichkeit abgeschätzt wird, ohne mehrere Kriterien in die Entscheidung mit ein zu beziehen. Eindimensionale monetäre Verfahren tragen dem investiven Charakter von Innovationen Rechnung: Sie sind in aller Regel **Investitionsrechnungsverfahren**. Allerdings können diese für die Bewertung von Innovationsprojekten nur in sehr beschränktem Ausmaß eingesetzt werden, da, wie bereits erörtert, die benötigten monetären und auch zeitlichen Größen nur bedingt oder gar nicht zur Verfügung stehen. Für Projekte im Rahmen der Grundlagen- und auch angewandten Forschung ist der Einsatz beinahe unvorstellbar, da weder über die zeitlichen Voraussetzungen noch über die benötigten finanziellen Ressourcen ausreichend genaue Daten zur Verfügung stehen. In der Realisierungsphase von Entwicklungsprojekten, wenn bereits Vorstellungen über die Dauer bis zum Markteintritt und die dazu nötigen Schritte sowie über das zukünftige Umsatzpotenzial bestehen, ist der Einsatz einiger dieser Verfahren in beschränktem Ausmaß möglich (Thoma 1989, 168).

Wie in der klassischen Investitionsrechnung unterscheidet man auch hier statische und dynamische Verfahren. Der Unterschied besteht in beiden Fällen darin, dass die dynamischen Verfahren den Faktor Zeit berücksichtigen, wohingegen sich die statischen Verfahren nur auf eine (durchschnittliche) Wirtschaftsperiode beziehen.

Zu den statischen Investitionsrechnungsverfahren zählen **die Kosten-, die Gewinn- und die Rentabilitätsvergleichsrechnung** sowie **die statische Amortisationsrechnung**. Die wesentliche Kritik an diesen Verfahren richtet sich ganz allgemein gegen die mangelnde Berücksichtigung der zeitlichen Struktur der anfallenden Zahlungen sowie die Errechnung eines Durchschnittsperiodensatzes für die anfallenden Kosten/Gewinne/ Renditen bzw. Rückflüsse (Drosse 1999, 28 f). Diese Annahmen stimmen schon für eher regelmäßig verlaufende Anlageninvestitionen nur in sehr beschränktem Ausmaß. Für Innovationsprojekte, bei denen keinesfalls von einer gleichmäßigen Verteilung der anfallenden Kosten ausgegangen werden kann (Seicht 2001, 71), sondern die Kosten zumindest bis zur Markteinführung in überproportionalem Ausmaß anwachsen, kann diese Hypothese keine Anwendung finden. Dazu kommt, dass a priori überhaupt nur sehr vage Aussagen über die im Rahmen eines Projektes anfallenden Kosten getroffen werden können. Gewinn- und Rentabilitätsvergleich sind im Rahmen der Innovationsbewertung kaum einsetzbar. Zunächst fallen im Rahmen von Innovationsprojekten Rückflüsse erst spät an, von einer Gleichverteilung der Gewinne über die Betrachtungsperiode kann daher nicht ausgegangen werden. Außerdem entzieht sich der Umsatz, der durch ein Innovationsprojekt (zusätzlich) erzielt werden kann, teilweise völlig einer vorherigen Abschätzung, wodurch die Errechnung von Gewinnen und Rentabilität sehr schwer möglich wird. Statische Methoden sind daher für die Beurteilung von F&E-Projekten im Allgemeinen nicht geeignet (Thoma 1989, 169).

Das Argument mangelnder Abschätzbarkeit des zusätzlichen Umsatzes und fehlender Vorhersehbarkeit von Kosten ist auch einer der Hauptkritikpunkte der Anwendung von dynamischen Investitionsrechnungsmethoden im Rahmen der Innovationsprojektbewertung: Die zur Bewertung nötigen Daten sind vor allem in den ersten Phasen des Innovationsprozesses und insbesondere im Rahmen der Grundlagen- und angewandten Forschung nicht vorhanden.

Bei den dynamischen Investitionsrechnungsverfahren werden Ein- und Auszahlungen über die Zeit hinweg in Form einer Zahlungsreihe abgebildet und finanzmathematischen Berechnungen unterworfen („abgezinst"; Drosse 1999, 39). Damit hängt der Wert, den zukünftige Ein- oder Auszahlungen haben, außer von der tatsächlichen Höhe auch vom Zeitpunkt ihres Anfalles ab: Einzahlungen, die später anfallen, sind somit aus heutiger Sicht auch weniger wert als Einzahlungen, die zu einem früheren Zeitpunkt anfallen. Aus der Sicht der Bewertung von Innovationsprojekten wiegen bei dieser Betrachtungsweise die Auszahlungen, die jetzt stattfinden, naturgemäß schwerer als die Einzahlungen, die erst nach längerer Zeit stattfinden, wenn das F&E-Ergebnis in einen wirtschaftlichen Erfolg umgewandelt worden ist. Legt man der Bewertung von Innovationsprojekten eine dynamische Investitionsrechnung zugrunde, werden daher längerfristige Projekte zugunsten von kurzfristigen benachteiligt (was aber in Abhängigkeit von der Unternehmensphilosophie auch ein Vorteil sein kann). Zusätzlich zu den bereits diskutierten Problemen der mangelnden Datenverfügbarkeit tritt im Gegensatz zu den statischen Verfahren erschwerend hinzu, dass auch eine Aussage über den genauen Zeitpunkt von Ein- und Auszahlungen nötig wäre, die ebenfalls nicht gemacht werden kann. Die bekannteste dynamische Investitionsrechnungsmethode ist das **Kapitalwertverfahren**, bei dem alle Aus- und Einzahlungen unter Zugrundelegung eines Kalkulationszinsfußes auf den Bewertungszeitpunkt abgezinst werden (Barwert). Grundsätzlich sind alle Investitionen mit einem Kapitalwert größer als Null vorteilhaft. Je höher aber der Barwert eines Projektes, desto vorteilhafter ist seine Realisierung. Zusätzlich zu den oben genannten Problemen dynamischer Investitionsrechnungsverfahren bei Innovationsprojekten tritt hier die Bestimmung des geeigneten Kalkulationszinsfußes. Dieser soll „die Finanzierungskosten für ein Investitionsobjekt bei der Beurteilung seiner Vorteilhaftigkeit erfassen" (Olfert 1998, 95). Er orientiert sich in der Regel entweder am Fremdkapitalzinssatz oder an der Rendite einer alternativen Anlagemöglichkeit (Seicht 2001, 84). Dieses Vorgehen ist notwendig, weil die Ergebnisse der Kapitalwertmethode nur unter der Prämisse gelten, dass alle nicht ausdrücklich in die Rechnung einbezogenen Zahlungen mit dem Kalkulationszinsfuß verzinst werden – deren Kapitalwert ist dann 0, und dies ist der Grund, warum sie nicht explizit in die Rechnung einbezogen werden müssen. Ähnlich wie alle anderen Daten ist ein geeigneter Kalkulationszinsfuß für Innovationsprojekte schwer festlegbar. Bei einer Projektpriorisierung nach der Kapitalwertmethode kommt hinzu, dass der Kapitalwert kleinerer Projekte wegen der kleineren Projektsumme in der Regel geringer ist als der großer Projekte, weswegen kleinere Projekte benachteiligt werden. Einen Ausweg aus diesem Dilemma findet man, indem man den Kapitalwert in Beziehung setzt zu den Entwicklungskosten (Kapitalwertrate, vgl. Thoma 1989, 169).

Die gleichen Kritikpunkte wie an der Kapitalwertmethode sind auch an der **internen Zinsfußmethode** anzubringen. Einzig die Bestimmung des Kalkulationszinssatzes entfällt, da hier der interne Zinsfuß als derjenige Zinssatz im Mittelpunkt der Betrachtung steht, bei dem der Kapitalwert gleich Null wird. Vorteilhaft sind hier alle Alternativen mit einem Zinssatz größer als eine geforderte Mindestverzinsung bzw. mit möglichst hohem internem Zinsfuß (Olfert 1998, 203). Als Erschwernis tritt hier im Vergleich zur Kapitalwertmethode hinzu, dass für Planungszeiträume, die – wie bei Innovationsprojekten durchaus üblich – mehr als drei Perioden umfassen, nur eine näherungsweise Lösung möglich ist. Zudem ist die Prämisse der Internen Zinssatzmethode, dass alle nicht explizit in die Rechnung einbezogenen Zahlungen sich mit dem internen Zinsfuß verzinsen, völlig unrealistisch, denn nur per Zufall könnte dies der Realität entsprechen. Bei der Kapitalwertmethode ist dies anders. Durch Wahl eines realistischen Kalkulationszinsfußes wird die dortige Prämisse eingehalten.

Da offensichtlich ein einzelnes ökonomisches Bewertungskriterium allein zur Beurteilung der Sinnhaftigkeit von Innovationsprojekten nicht ausreicht, werden mehrheitlich mehrdimensionale Methoden eingesetzt, bei denen mehrere Bewertungskriterien gleichzeitig berücksichtigt werden können. Dabei richtet sich vor allem gegen die sog. ganzheitlichen Verfahren die Kritik mangelnder Objektivität und Nachvollziehbarkeit. Die Qualität der Ergebnisse hängt dabei von der Erfahrung, dem Engagement und auch von den subjektiven Präferenzen der Bewertenden ab. Einen Ausgleich kann man hier schaffen, indem man mehrere Personen, die aus verschiedenen Bereichen des Unternehmens und eventuell auch von außerhalb kommen, in die Bewertung mit einbezieht. Die Beurteilung selbst findet dann am besten im Rahmen einer gemeinsamen, von einem Moderator geleiteten Sitzung statt.

Konkrete Verfahren in diesem Bereich sind vor allem **intuitive Einzelbewertungen.** Dazu gehören (Vahs/Burmester 2005, 200 ff):

- Die von den einzelnen Beurteilenden durchgeführte Vergabe von Rangziffern oder Aufteilung eines Punktebudgets (Konstantsummenverfahren) auf die Alternativen, wobei aus den Bewertungen aller Beurteilenden ein Durchschnittswert errechnet wird. So könnten z.B. 50 Punkte auf fünf alternative Projekte aufgeteilt werden.
- Der systematische paarweise Vergleich, bei dem jeweils nur zwei mögliche Alternativen zur Auswahl stehen und die jeweils bessere mit einer zusätzlichen Alternative verglichen wird, wobei wiederum die bessere Alternative ausgewählt wird.

Die Darstellung der Verfahren macht klar, dass hier rein aufgrund der Präferenzen der Beurteilenden entschieden wird, die Beurteilungskriterien werden weder überlegt noch in irgendeiner Form transparent gemacht.

Eine weitere Form der ganzheitlichen Analyse sind an analytisch-deduktive Kreativitätstechniken angelehnte **Diskussionsrunden (diskursive Verfahren).** Angewendet werden können hier:

- Einzelne Kreativitätstechniken wie etwa die 6-Hüte-oder die Walt-Disney-Methode, bei denen eine Person ganz bewusst einen bestimmten Betrachtungsstandpunkt einnimmt (vgl. hierzu Kap. 6)
- Die Pro-und-Contra-Diskussion, die in ähnlicher Weise funktioniert und insbesondere dann spannende Ergebnisse liefern kann, wenn die diskutierenden Personen den ihrer tatsächlichen Meinung gegenteiligen Standpunkt einnehmen (Specht/Beckmann/Amelingmeyer 2002, 218)
- Die 6-W-Fragetechnik (Diskussion der Fragen wer-was-wie-wann-wo-wieso)

Bei all diesen Verfahren werden Argumente, die für oder gegen eine Idee/ ein Projekt sprechen, ausdiskutiert. Abschließend wird eine gemeinsame Auswahl getroffen, wobei allgemein das Aushandeln eines Vorschlages, dem alle zustimmen können, Priorität vor einer Abstimmung mit einfacher oder qualifizierter Mehrheit hat. Hinzuweisen ist dabei aber darauf, dass die Diskussion langwierig und konfliktträchtig sein kann und die Ergebnisse im schlechtesten Fall letztlich nur als kleinster gemeinsamer Nenner aller Vorstellungen anzusehen sind.

Die ganzheitlichen Beurteilungsverfahren eignen sich offensichtlich vor allem dann, wenn noch sehr wenige konkrete Informationen über ein Projekt vorliegen und die Intuition der Beurteilenden eine große Rolle spielt. Das ist im Allgemeinen bei radikalen Innovationen der Fall, aber auch bei Entwicklungsprojekten, die sich erst am Anfang des Innovationsprozesses in der Ideengenerierungsphase befinden.

Die zweite Variante der eher qualitativen, mehrdimensionalen Beurteilung stellen die offen-analytischen Verfahren dar.

Die beiden Techniken der **Checkliste** und des **Projektprofils** wurden bereits oben im Rahmen der Umwelt- und Unternehmensanalyse eingehend dargestellt. Die Vorgehensweise im Rahmen der Projektbewertung ist im Wesentlichen dieselbe, nur dass hier Entscheidungen im Mittelpunkt der Überlegungen stehen. Überdies können hier grobe Bewertungen etwa mithilfe von Schulnotenskalen oder zumindest – bei nicht graduierbaren Abstufungen – mithilfe der Ausprägungen „ja – nein" vorgenommen werden (Strebel 1975, 31), vgl. Abb. 10 und Abb. 11.

Checkliste zur ökonomischen Projektbewertung
- Ist eine Forschungsförderung möglich?
- Wird der Markt wachsen oder schrumpfen?
- Wie groß ist das Marktvolumen?
- Welche Auswirkungen auf den eigenen Marktanteil werden erwartet?
- Muss ein neuer Markt erschlossen werden und wie hoch sind die Kosten dafür?
- Welche Markteintrittsbarrieren gibt es?
- Wann ist der Markt reif für die Einführung der Technologie?
- Wie viele potenzielle Abnehmer interessieren sich für die Innovation?
- In welchem Rahmen bewegt sich der erwartete (zusätzliche) Umsatz?
- Welche Lieferanten gibt es?
- Wie stabil sind die Lieferantenbeziehungen?
- Arbeitet der Mitbewerber am gleichen Problem, wie weit ist man dort?
- Sollen zusätzliche Dienstleistungen wie Service angeboten werden?

Abb. 10: Checkliste zur ökonomischen Projektbewertung

Checkliste zur wissenschaftlich-technischen Projektbewertung
- Passt das neue Projekt zur geplanten Innovations-Strategie?
- Passt das Projekt zu den anderen Projekten und welche Überschneidungen/Synergien gibt es?
- Wie hoch sind Innovationsgrad und Technologiereife?
- Wie ist die eigene Technologieposition im Vergleich zur Konkurrenz einzuschätzen?
- Welche technischen Lösungsansätze gibt es?
- Gibt es Technologien, die die eingesetzte ersetzen oder durch sie ersetzt werden können?
- Inwieweit unterscheidet sich die neue Lösung von bisherigen?
- Welche Technologien sind nötig, um die angestrebte Technologie realisieren zu können?
- Welche Normen müssen übernommen werden?
- Sollen neue Anwenderstandards geschaffen werden?
- Werden bestehende Sicherheitsnormen erfüllt?
- Müssen neue Sicherheitsstandards geschaffen werden?
- Welche anwenderbezogenen Funktionen müssen erfüllt werden?
- Wird der Kunde neue Produkteigenschaften wahrnehmen?
- Können bisherige Materialien/Werkstoffe/Betriebsstoffe verwendet werden oder stehen neue zur Verfügung?
- Sind die verwendeten Materialien/Prozesse umweltverträglich?
- Welche Verfahren/Prozesse sind möglich?
- Welche Personalressourcen werden benötigt?
- Welche Personalressourcen müssen beschafft werden?
- Sind Patente intern und/oder extern vorhanden?
- Werden bestehende Patent- oder Lizenzrechte verletzt?
- Welche F&E-Kapazitäten (Fertigung, Labor, ...) – intern und extern – werden benötigt?

Abb. 11: Checkliste zur wissenschaftlich-technischen Projektbewertung

Die anspruchvollste der offen-analytischen Techniken ist aber sicherlich die Portfolio-Methode. Diese wird in Kap. 4.2.7 ausführlich besprochen.

Eine semi-quantitative Methode, die in Ansätzen auch für die Erstellung von Portfolien vonnöten ist, ist die sog. **Scoring-Technik**. Darunter versteht man „entscheidungstheoretische Ansätze, die es erlauben, alle Phasen eines Entscheidungsprozesses bewusst und überschaubar zu machen und unter Berücksichtigung der verfolgten Ziele und Präferenzen so zu formalisieren, dass dieser (Entscheidungsprozess) einer Nachprüfung zugänglich gemacht wird" (Strebel 1975, 36). Mithilfe von Scoring-Methoden können explizit ausformulierte Zielvorstellungen direkt in Form von Messkriterien operationalisiert werden. Wichtig ist dabei, dass einem Ziel nur ein eindeutig messbares Kriterium entsprechen darf und umgekehrt, damit Doppelbewertungen und in der Folge Ergebnisverzerrungen vermieden werden.

Innovationsprojekte werden hier also nicht nur anhand einer einzelnen, wirtschaftlichen Dimension beurteilt, sondern es werden mehrere Kriterien zur Bewertung herangezogen. Den einzelnen Kriterien werden dabei anhand von vordefinierten Skalen, z.B. von 1–5, Nutzenbeiträge („Bewertungen") zugeordnet. Diese werden auch als Nutzwerte bezeichnet, daher auch die Bezeichnung von Scoring-Modellen als Nutzwertanalyse (z.B. Olfert 1998, 273 ff).

Obwohl auch in Scoring-Modelle quantitative Daten einfließen können, sind hier im Gegensatz zu den klassischen Investitionsrechnungsmethoden keine genauen Punktwerte erforderlich. Vielmehr reicht die Einordenbarkeit in ein – vordefiniertes – Intervall von Wertintensitäten, innerhalb dessen das beurteilende Individuum den Nutzen als „gleich" empfindet (z.B. Umsatzzuwachs 10' bis 29' GE erhält die Bewertung 1 zugewiesen, 30' bis 60' GE die Bewertung 2 etc.). Für die Planung von Innovationsprojekten erwächst daraus der Vorteil, dass, wenn keine genauen Daten etwa in Bezug auf den Umsatz vorliegen, nur mehr Größenordnungen abgeschätzt werden müssen (Strebel 1975, 34). Treten dabei Schätzfehler auf, so spielen diese innerhalb der jeweiligen Intervalle keine Rolle.

In Scoring-Modellen können auch rein qualitative Daten erfasst werden (sog. Imponderabilien, Strebel 1986, 172). Ihnen wird ebenfalls ein Nutzwert zugewiesen. Hier droht eine der großen Gefahren der Nutzwertanalyse: Wenn hier die einzelnen Klassen von Merkmalsausprägungen (d.h. die Höhe der einzelnen Nutzwerte) nicht genau definiert werden, ist einer subjektiven Bewertung Tür und Tor geöffnet.

Weiter sollten Bewertungsskalen nicht mehr als maximal vier bis fünf Abstufungen umfassen, da die Beurteilenden in der Regel nur imstande sind, ordinale Präferenzen zu vergeben („Alternative A ist besser als B"), nicht aber, diese Unterschiede genau graduell einzustufen. Durch zu differenzierte Bewertungsskalen erreicht man daher eine Scheingenauigkeit (Strebel 1978, Sp. 2184).

Um eine Aggregation einfach möglich zu machen, müssen die zu beurteilenden Kriterien (dazu und zum Folgenden Strebel 1978, Sp. 2182 ff; Strebel 1986, 176 ff)

- in ihrem Inhalt operational und präzise definiert sein
- in Bezug auf das zu beurteilende Projekt vollständig erfasst sein (vgl. dazu die Ausführungen im nächsten Absatz)
- überschneidungsfrei sein (z.B. sind „Ästhetik" und „Form" einer Küchenmaschine nicht überschneidungsfrei)

- technologisch voneinander unabhängig sein, d.h. ohne Konkurrenz- oder Komplementaritätsbeziehungen untereinander definiert werden (z.b. dürfen nicht Umsatz und Gewinn in der Bewertung enthalten sein, da der Umsatz zur Gewinnermittlung herangezogen wird)
- in ihren Nutzenausprägungen voneinander unabhängig sein (z.b. darf man bei der Beurteilung des Kriteriums „Wirtschaftlichkeit" eines Autos nicht zugleich implizit das Kriterium „Höchstgeschwindigkeit" in die Bewertung mit einbeziehen)

Nimmt man auf diese Forderungen Rücksicht, lässt sich auch die ursprünglich meist sehr große Anzahl als wichtig erachteter Kriterien reduzieren, indem man immer nur das oberste Glied einer in Mittel-Zweck-Relation stehenden Kette als Kriterium in das Bewertungsschema aufnimmt (wenn etwa externe Konkurrenz und die Kundenakzeptanz Einfluss auf den Umsatz haben, nimmt man nur den Umsatz auf; Strebel 1978, Sp. 2183). Eine zu große Anzahl zu bewertender Kriterien überfordert die Beurteilungsfähigkeit des einzelnen Beurteilenden: Einzelne Für und Wider werden nur mehr grob abgewogen, die Bewertung erhält damit eine Scheingenauigkeit. Daher sollte die Zahl von 5–6 Kriterien nicht überschritten werden.

Als Ergebnis der Bewertung der Alternativen anhand der einzelnen Kriterien erhält man ein Set von partiellen Präferenzordnungen. Diese können in Bezug auf verschiedene Kriterien unterschiedliche Alternativen bevorzugen und daher wiederum nicht zulassen, dass ein eindeutiges Ergebnis erzielt wird. Wenn man unterstellt, dass die einzelnen Kriterien auf Verhältnisskalen mit übereinstimmenden Nullpunkten messen, wird eine Bewertung durch die Aggregation der einzelnen gewichteten Kriterien entsprechend einer bestimmten Vorschrift („Amalgamierungsregel") möglich (Strebel 1986, 175 ff). Specht/Beckmann/Amelingmeyer (2002, 220 f) schlagen vor, die Kriterienwerte durch Multiplikation zu verknüpfen, wenn die verwendeten Kriterien alle etwa den gleichen Einfluss auf das Ergebnis haben, weil bei der Multiplikation auch einzelne hohe oder niedrige Bewertungen das Ergebnis signifikant verändern und das Ergebnis durch unterschiedliche Kriteriengewichte zusätzlich verzerrt würde. Additive Amalgamierung empfiehlt sich, wenn die Nutzeneinheiten aller Skalen quasi über „Wechselkurse" miteinander vergleichbar sind (Strebel 1978, Sp. 2184).

Jedenfalls können die einzelnen Kriterien vor der Amalgamierung noch im Hinblick auf ihre Bedeutung für das Ergebnis gewichtet werden. Der Gewichtungsfaktor ist ein Maß für den relativen Beitrag eines Kriteriums zum gesamten Nutzwert eines F&E-Projektes (Strebel 1975, 31). Diese

Gewichtung wird in der Regel durch die Vergabe eines Prozentwertes ausgedrückt, die Summe aller Kriteriengewichte ergibt dann 100%. Wichtig ist hier wiederum zu beachten, dass die Gewichtung maßgeblichen Einfluss auf den Gesamtnutzwert haben kann und eine subjektiv verzerrte Gewichtung den Aussagewert der Bewertung zunichte machen kann.

Projektbewertung mithilfe von Scoring-Verfahren

- **Definition von Bewertungskriterien**
  Jedes Kriterium muss einen Ausschnitt der zielrelevanten Konsequenzen des bewerteten Projektes darstellen. Die Kriterien müssen überschneidungsfrei definiert sein.

- **Festlegen der möglichen Ausprägungen der Bewertungskriterien**
  Den zielrelevanten Konsequenzen werden positive oder negative Nutzenbeiträge zugewiesen. Die Nutzenbeiträge müssen möglichst genau operationalisiert (notfalls verbal beschrieben) werden.

- **Überführen der zielrelevanten Konsequenzen in Nutzengrößen**
  Den Bewertungskriterien werden Nutzenindizes zugewiesen.

- **Gewichtung der Kriterien**
  Falls nicht alle Kriterien gleich wichtig sind.

- **Aggregation („Amalgamierung") der positiven und negativen Nutzenbeiträge zu einem Gesamtnutzwert**

Abb. 12: Zusammenfassende Darstellung der Erstellung von Scoringmodellen

Wie alle Bewertungsmodelle sind auch Scoringmodelle mit einer Reihe von Vor- und Nachteilen verbunden. Als größter Vorteil ist zu nennen, dass sie im Prinzip ein Abbild von tatsächlichen Bewertungsvorgängen darstellen, weil sie explizit auf Zielvorgaben zurückgreifen. Ein zweiter Vorteil besteht in der Möglichkeit der gleichzeitigen Berücksichtigung von quantitativen und qualitativen Kriterien. Im Unterschied zu den oben besprochenen intuitiven Methoden müssen hier außerdem sowohl die Kriterien selbst als auch die Bewertungsskalen, die Gewichte und die Amalgamierungsregeln explizit ausgearbeitet und dargestellt werden, was die Transparenz und Nachvollziehbarkeit gewährleistet.

Als Nachteil steht diesem Vorgang gegenüber, dass Nutzwertanalysen oftmals ohne große Reflexion und unsachgemäß aufgrund sehr subjektiver Einschätzungen erstellt werden. Eine solche Anwendung der Modelle kann naturgemäß auch zu verzerrten und unzutreffenden Entscheidungen führen.

4.3.3 Zusammenstellung des F&E-Programms

Die Zusammenstellung der bewerteten F&E-Projekte zu einem zielgerichteten F&E-Programm muss in einer Vor- und Endauswahl möglichst zweistufig erfolgen (vgl. Kern/Schröder 1977, 244 ff).

Eine Vorauswahl kann bereits bei der Bewertung der Projektalternativen erfolgen, wenn z. B. festgestellt wird, dass in bestimmten Projekten bestimmte Nebenbedingungen nicht erfüllt werden. Hierbei kann es sich auch um Ausschluss-Kriterien in Form von Mindesterfolgswahrscheinlichkeiten oder bestimmte Absolutwerte für die Erfüllung von Bewertungskriterien handeln. Die Erfüllung solcher Kriterien ist Grundvoraussetzung für die Aufnahme eines Projektvorschlags in das F&E-Programm. Die Nichterfüllung führt automatisch zu einer Nichtberücksichtigung des Vorschlags bei der endgültigen Zusammenstellung des F&E-Programms.

Für die Endauswahl werden meist vereinfachende Projektauswahlverfahren herangezogen. Eine Verbesserung der Entscheidungsqualität wird häufig nicht durch hoch komplizierte Rechenverfahren erreicht, sondern nur durch die systematische Gewinnung, Aufbereitung und Darstellung entscheidungsrelevanter Informationen. Für die Bewertung und Auswahl von Projekten, die relativ unabhängig voneinander sind und nur wenigen Restriktionen unterliegen, wird folgende Vorgehensweise empfohlen: Mit den Ergebnissen der qualitativen und quantitativen Projektbewertung werden Rangfolgen für die Projekte gebildet. Die ranghöchsten Projekte werden in das F&E-Programm aufgenommen, bis die jeweiligen gegebenen Kapazitäts- oder Budgetgrenzen erreicht sind. Stehen danach noch weitere attraktive Projekte zur Disposition, so ist eine Entscheidung dahingehend zu treffen, ob die Kapazitäten und/oder das Budget erweitert werden.

In der Praxis stellt sich also nicht nur das Problem, die richtigen Projekte auszuwählen, sondern zuvor auch problemadäquate und praktikable Verfahren für die Bewertung und Auswahl von F&E-Projekten zu bestimmen (vgl. dazu ausführlich Bürgel/Haller/Binder 1996, 101 ff). Bestehen zwischen Projekten zudem hochgradige Abhängigkeiten, so empfiehlt sich die Anwendung entsprechender Scoring-Verfahren oder von Verfahren der linearen oder binären Optimierung.

4.3.4 Grundlagen der F&E-Budgetplanung

Die F&E-Budgetplanung dient zum einen der Bestimmung der benötigten Finanzmittel für F&E und zum anderen der Verteilung gegebener Finanzmittel auf die einzelnen Innovationsvorhaben, wobei unterschiedliche Verfahren zum Einsatz kommen können. Die in der Praxis nach wie vor dominierende, auf einem ex ante festgelegten, vergangenheitsorientierten F&E-Budget basierende Verteilung der finanziellen Ressourcen auf Projekttypen und einzelne Projekte entspricht nicht den Anforderungen eines integrierten F&E-Managements. Die Umsetzung der Leitideen erfordert vielmehr, die strategische und operative Wirkung sowie den sich daraus ergebenden langfristigen Nutzen der Projekte funktions- und bereichsübergreifend zu verbessern. Dies sicherzustellen ist zentrale Aufgabe der Projektprogrammplanung im Unternehmen.

Die F&E-Budgetplanung ist der integrierten F&E-Projektprogrammplanung im Unternehmen unterzuordnen. Diese hat zum Ziel, die strategische und operative Wirkung sowie den sich daraus ergebenden langfristigen Nutzen der verschiedenen F&E-Projekte funktions- und bereichsübergreifend zu gestalten. In diesem Zusammenhang empfiehlt sich, die F&E-Budgetplanung in einem Gegenstromverfahren, das Top-Down- und Bottom-Up-Elemente integriert, mit den Projektprogrammplanungsprozessen zu verknüpfen (vgl. Specht/Beckmann/Amelingmeyer 2002, 501 ff).

Einschränkend zu beachten ist allerdings, dass die tendenziell funktionale Sichtweise eines definierten F&E-Budgets auf der funktionsübergreifenden Ebene der integrierten Projektprogrammplanung ohnehin von untergeordneter Bedeutung ist. In integrierten Produktentwicklungsprojekten wird ein großer Teil der Arbeitspakete von interfunktionalen Teams bearbeitet oder von anderen Funktionsbereichen übernommen. Die feste Zuordnung eines Projekts zu einem funktionalen Budget stößt hier an ihre Grenzen. Eine auf der Prozesskostenrechnung aufsetzende objektorientierte Budgetierung bietet hier interessante Ansatzpunkte. Allerdings steht die operationale Formulierung entsprechender Planungsmethoden für integrierte Forschungs- und Entwicklungsprozesse bisher noch weitgehend aus.

4.3.4.1 Top-Down-Ansätze der F&E-Budgetplanung

Kennzeichnendes Merkmal der Top-Down-Ansätze der F&E-Budgetplanung ist, dass sie die Höhe der in einer Periode für Forschung und Entwicklung bereitgestellten finanziellen Mittel aus übergeordneten aggregierten Daten wie Umsatz oder Gewinn ableiten. Dabei kann zwischen isolierten Verfahren, die auf Budgetierungsregeln beruhen, und integrierten Verfahren, die auf mathematisch-formalen Ansätzen basieren, unterschieden werden. Die Planungsrichtung ist als Idealtypus zu verstehen.

Bei der isolierten F&E-Budgetplanung anhand von Budgetierungsregeln bleiben Interdependenzen innerhalb der F&E sowie zwischen der F&E und anderen Unternehmensbereichen weitgehend unberücksichtigt. Praktisch relevante **Budgetierungsregeln zur Planung des F&E-Budgets** sind (vgl. z.B. Specht/Beckmann/Amelingmeyer 2002, 501 f; Bürgel/Haller/ Binder 1996, 320 f):

- **Fortschreibung des vorangegangenen F&E-Budgets:** Das F&E-Budget ergibt sich in diesem Fall durch Fortschreibung des letzten F&E-Budgets. Im Rahmen der Fortschreibung kann eine Anpassung an die erwartete Inflationsrate, eventuell differenziert nach Personal- und Sachkosten, oder eine pauschale Senkung oder Erhöhung der F&E-Aufwendungen um einen bestimmten Prozentsatz erfolgen.
- **Konkurrenzorientierter Ansatz:** Die Höhe des F&E-Budgets orientiert sich an den F&E-Ausgaben der Wettbewerber. Sofern entsprechende Daten verfügbar sind, kann ein bestimmter Konkurrent oder eine Gruppe als Maßstab dienen. Alternativ erfolgt die Orientierung am Branchendurchschnitt, eventuell ergänzt durch Zu- oder Abschläge (z.B. 25 % über dem Branchendurchschnitt).
- **Umsatzorientierter Ansatz:** Im Rahmen des umsatzorientierten Ansatzes wird das F&E-Budget als prozentualer Anteil am Umsatz ermittelt. Als Bezugsgröße dienen das jeweils letzte Jahr, ein gleitender Durchschnitt mehrerer Jahre oder der geplante Umsatz in der Planungsperiode.
- **Gewinnorientierter Ansatz:** Beim gewinnorientierten Ansatz wird das Budget wie im umsatzorientierten Ansatz ermittelt, jedoch mit einem Gewinnindikator als Bezugsgröße.

Die dargestellten Budgetierungsansätze sind überwiegend vergangenheitsorientiert, und strategische Erfordernisse der F&E bleiben weitgehend unberücksichtigt. Dennoch ist die praktische Bedeutung dieser Verfahren hoch, da sie einfach einzusetzen sind und zudem die geringe Flexibilität der F&E-Budgets berücksichtigen, die sich vor allem aus dem hohen Anteil der Personalkosten am F&E-Budget ergibt.

Mathematisch-formale Ansätze der F&E-Budgetplanung

Bei den mathematisch-formalen Ansätzen der F&E-Budgetplanung werden Interdependenzen innerhalb der F&E und mit anderen Unternehmensbereichen berücksichtigt. Daher werden sie auch als integrierte Budgetierungsansätze bezeichnet. Im Detail sind der produktions- und der finanzierungstheoretische Ansatz zu unterscheiden.

Beim **produktionstheoretischen Ansatz** werden F&E-relevante Produktionsfunktionen nach einzelnen Produktionsfaktoren partiell abgeleitet. Die Ableitungen der Produktionsfunktionen werden gleich Null gesetzt, und durch Auflösen dieses Gleichungssystems wird die bestmögliche Faktoreinsatzmenge für alle Produktionsfaktoren ermittelt. Das zu deren Finanzierung erforderliche Kapital bestimmt den Umfang des F&E-Budgets. Die Programmstruktur der F&E bleibt bei diesem Ansatz unberücksichtigt.

Der **finanzierungstheoretische Ansatz** berücksichtigt die Folgekosten von F&E (z.B. neues Fertigungsverfahren) explizit durch die Bildung unternehmens- und branchenspezifischer Erfahrungswerte für den Zeitpunkt und die Höhe der Folgeinvestitionen. Schrittweise wird ein vorläufig festgelegtes F&E-Budget dahingehend überprüft, ob der zukünftige Finanzbedarf den in Zukunft vorhandenen Finanzmitteln entspricht. Liegt der Bedarf über/unter den zur Verfügung stehenden Mitteln, so wird das vorläufige F&E-Budget so lange verringert/erhöht, bis sich beide Größen decken.

Schon die skizzenhafte Darstellung der mathematisch-formalen Budgetierungsansätze lässt die einer praktischen Anwendung entgegenstehenden Probleme erkennen. Die benötigten Informationen liegen in der Regel nicht in der geforderten Qualität vor, und ihre Beschaffung verursacht, wenn überhaupt möglich, einen kaum vertretbaren Aufwand. Dennoch enthalten beide Ansätze wichtige Anhaltspunkte für die Projektprogrammplanung. So wird die Frage nach den finanziellen Konsequenzen eines Projekts für die Liquidität in der Zukunft häufig unterschätzt. Gerade bei radikalen Neuerungen mit hohem Innovationsgrad stellt sich die Frage, ob das Unternehmen überhaupt in der Lage ist, neben den hohen Kosten für die Entwicklung und Produktion auch die erfolgreiche Einführung am Markt ohne akute Liquiditätsengpässe zu überstehen. Auch funktionell überlegene innovative Lösungen stoßen bei den potenziellen Kunden nicht selten auf unerwartet geringe Akzeptanz. In dieser Phase stehen hohen Investitionen in die Markterschließung geringe Umsätze und Erträge gegenüber. Der sich ergebende negative Cash Flow erfordert zusätzliche Liquidität.

4.3.4.2 Bottom-Up-Ansätze in der F&E-Budgetplanung

Zu den Bottom-Up-Ansätzen der F&E-Budgetplanung zählen projektorientierte Ansätze zur Ermittlung des F&E-Budgets sowie das Zero-Base-Budgeting.

In **projektorientierten Ansätzen zur Ermittlung des F&E-Budgets** wie in allen Bottom-Up-Ansätzen ergibt sich die Höhe des F&E-Budgets durch Summierung der Kosten für laufende und geplante F&E-Projekte. Im Gegensatz zu den Top-Down-Ansätzen, wo das F&E-Budget der Projektprogrammplanung als zu verteilendes Fixum fest vorgegeben ist, bildet das F&E-Budget in Bottom-Up-Ansätzen ein Ergebnis der Projektprogrammplanung. Diese orientiert sich allein an den strategischen Anforderungen und initiiert die zur Umsetzung der Ziele notwendigen Projekte. Zur strategieorientierten Bewertung und Auswahl werden in diesem Zusammenhang häufig Projekt-Portfolios vorgeschlagen (vgl. Kap. 4.2.7).

Die Stärken der projektorientierten Bottom-Up-Ansätze liegen in der konsequenten Ziel- und damit Zukunftsorientierung sowie in der Berücksichtigung der Interdependenzen zwischen den verfolgten Projekten. Des Weiteren spricht der positive Einfluss auf die Motivation und die Strategieorientierung der F&E-Mitarbeiter für einen Bottom-Up-Ansatz in der F&E-Budgetplanung. Als gravierender Nachteil steht dem die mangelnde Berücksichtigung der Liquiditätssituation des die F&E-Projekte finanzierenden Unternehmens gegenüber. Die Knappheit der Ressourcen im Unternehmen wird ebenso wenig beachtet wie die Attraktivität alternativer Investitionsmöglichkeiten innerhalb und außerhalb des Unternehmens.

Beispiele für Bottom-Up-Ansätze sind der kapaziätsorientierte, der zielorientierte und der projektorientierte Ansatz (vgl. u.a. Kern/Schröder 1977, 122 ff):

- **Kapazitätsorientierter Ansatz:** Grundlage des Budgets sind die in der Vergangenheit durchgeführten F&E-Aktivitäten. Ausgehend von vorhandenen personellen und maschinellen Kapazitäten werden Veränderungen des Bestandes dieser Potenzialfaktoren geplant.
- **Zielorientierter Ansatz:** Der zielorientierte Ansatz geht von explizit formulierten F&E-Zielen aus. Die Aufwendungen für sämtliche Projekte, die zur Realisierung dieser Ziele für erforderlich gehalten werden, werden geschätzt und auf die geplante Laufzeiten der Projekte verteilt. Die auf die einzelnen Budgetperioden entfallenden Aufwendungen werden addiert und bilden das Jahresbudget.
- **Projektorientierter Ansatz:** Ausgangspunkt des projektorientierten Ansatzes sind die laufenden und die geplanten F&E-Projekte sowie die übergeordneten Unternehmensziele. Mit Hilfe von mathematischen Verfahren (z.B. der dynamischen Optimierung) wird ein F&E-Programm ermittelt, das (unter Berücksichtigung der Finanzierungskosten der jeweils entstehenden F&E-Aufwendungen) bestmöglich das gegebene betriebliche Zielsystem erfüllt. Dieser Ansatz schließt Elemente von Bottom-Up- und Top-Down-Ansätzen ein.

Eine Sonderform der Bottom-Up-Ansätze ist der **grenzkostenorientierte Ansatz** in der F&E-Budgetplanung. Dort wird ein gewinnmaximales F&E-Budget ermittelt, indem alle Projekte, deren Grenzertrag über den Grenzkosten liegt, zur Realisierung ausgewählt werden. Das erforderliche F&E-Budget ergibt sich auch hier als Summe der F&E-Kosten der selektierten Projekte. Die Nähe zu den oben behandelten mathematisch-formalen Ansätzen ist offensichtlich. Auch dieser Ansatz ist in der Praxis kaum anzutreffen, da die Prognose der Grenzkosten und -erträge ein Unternehmen vor kaum lösbare Aufgaben stellt.

Ein weiteres Bottom-Up-Verfahren ist das **Zero-Base-Budgeting**. Grundgedanke des Zero-Base-Budgeting in F&E ist, dass alle Komponenten eines F&E-Budgets in jeder Periode von Grund auf überprüft und neu begründet werden müssen. Die Frage ist, warum überhaupt für ein bestimmtes Projekt finanzielle Mittel aufgewendet werden sollen.

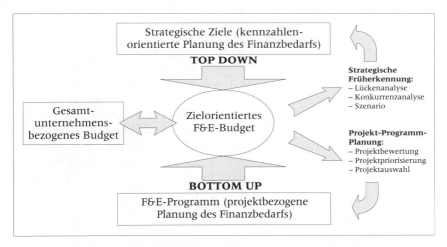

Abb. 13: Grundlagen des Gegenstromverfahrens der F&E-Budgetplanung (Stockbauer 1991, 142)

Gegenüber konventionellen projektbezogenen Budgetierungsansätzen besitzt das Zero-Base-Budgeting zwei Vorteile: Erstens werden laufende Projekte nicht einfach mit ihrem Budgetbedarf fortgeschrieben, sondern müssen in jeder Planungsperiode erneut begründet werden. Zweitens werden projektbezogene und nicht projektbezogene F&E-Kostenträger prinzipiell gleich behandelt und direkt miteinander verglichen. Die Anwendung des Zero-Base-Budgeting wird in der Praxis durchaus positiv bewertet. Einsparungen resultieren vor allem aus der effizienteren Gestaltung der Ablaufprozesse und dem Abbau personeller Überkapazitäten. Folgende Vorteile des Zero-Base-Budgeting sind in der Literatur dokumentiert (vgl. Schmelzer 1992, 127):

- Ziel- und bedarfsorientierte Planung des Budgets
- Klare Zielsetzung für F&E-Leistungen
- Differenzierte Planung der F&E-Leistungen und Begründung mit Kosten-Nutzen-Nachweisen
- Vorgabe von Leistungsstufen zur Erreichung eines bestimmten Leistungsniveaus
- Erarbeitung und Abwägung von Lösungsalternativen in interdisziplinären Teams
- Gezielte Zuteilung der Ressourcen und klare Prioritäten
- Verstärktes Kosten- und Leistungsbewusstsein
- Erhöhte Transparenz
- Verbesserte F&E-Effektivität und F&E-Effizienz

4.3.4.3 Die Planung des F&E-Budgets im Gegenstromverfahren

Bereits Kern/Schröder (1977, 122 ff) weisen darauf hin, dass in der Praxis häufig Mischformen von Top-Down- und Bottom-Up-Ansätzen bei der Aufstellung von F&E-Budgets existieren. Stockbauer (1991, 142) schlägt hierzu ein Budgetierungssystem vor, das die Möglichkeit bietet, die Budgetplanung im F&E-Bereich strategisch besser auszurichten (vgl. Abb. 13). Der Ansatz schließt sowohl Top-Down- als auch Bottom-Up-Elemente ein und ermöglicht somit die gleichberechtigte Berücksichtigung unternehmens- und projektbezogener Anforderungen.

Ziel des Budgetierungssystems ist die Beantwortung folgender Fragen:
- Welche Projekte sind in welchem Zeitraum und in welchem Umfang zu bearbeiten?
- Welche finanziellen Ressourcen sind für neue Projekte zur Verfügung zu stellen?
- Wie hoch soll das F&E-Gesamtbudget sein?

Bei der **Top-Down-Komponente** des Budgetierungssystems wird das F&E-Budget aus einer Lückenplanung abgeleitet. Leitidee der Lückenplanung ist es, die in den nächsten Jahren angestrebten Umsätze oder Erträge den ohne zusätzliche Anstrengungen tatsächlich zu erwartenden Werten gegenüberzustellen. Bei den sich daraus regelmäßig ergebenden Differenzen kann es sich um eine operative und/oder eine strategische Lücke handeln. Eine operative Lücke kann durch die optimale Nutzung vorhandener Erfolgspotenziale geschlossen werden. In F&E kann dies beispielsweise durch die Pflege und Weiterentwicklung bestehender Produkte und Produktionsprozesse erfolgen. Die strategische Lücke hingegen kann nur durch den Aufbau neuer Erfolgspotenziale, in F&E also durch Entwicklung neuer Produkte und Technologien, geschlossen werden.

Parallel wird im Rahmen der F&E-Projektprogrammplanung ein **Bottom-Up-Verfahren** zur Bestimmung des erforderlichen F&E-Budgets durchgeführt. Stockbauer (1991) schlägt hierfür ein Projektprogramm-Portfolio vor. Für das Budgetierungssystem ist es jedoch nicht entscheidend, welches projektbezogene Verfahren zur Anwendung kommt. Sodann werden beide Budgetansätze (Top-Down und Bottom-Up) verglichen. Stimmen beide Ansätze sowohl in der Höhe als auch der Grobstruktur weitgehend überein, entspricht das ermittelte Budget den Anforderungen. Andernfalls müssen die Abweichungen systematisch auf ihre Ursachen hin analysiert werden. Die auf den zusätzlich gewonnenen Informationen basierend vorgenommenen Korrekturen führen Schritt für Schritt zu der angestrebten Übereinstimmung der Budgetansätze.

Die von Stockbauer vorgeschlagene Planung des F&E-Budgets im Gegenstromverfahren verbindet wichtige Vorteile der Top-Down- und Bottom-Up-Ansätze und eliminiert so einen Teil der jeweiligen Nachteile. Auch wird die Notwendigkeit strategischer Budgetanteile und Projekte, die auf die Generierung neuer Ertragspotenziale ausgerichtet sind, hervorgehoben.

Insofern stellt das vorgeschlagene Budgetierungssystem eine erhebliche Verbesserung dar. Allerdings weist das Verfahren, wie die Autorin selbst einräumt, einige Schwächen auf. So ist die umsatzorientierte Ziel-Lücken-Analyse auf die Planung und Budgetierung von Produktentwicklungsprojekten beschränkt, weil nur diese zu prognostizierbaren Umsätzen führen. Projekte aus den Bereichen Technologie- und Vorentwicklung lassen sich auf diesem Weg ebenso wenig wie auf Produktionsprozesse ausgerichtete Entwicklungsvorhaben angemessen berücksichtigen. Der Vorschlag, hierfür ebenso wie für die Suche nach neuen Produktideen zusätzliche globale Budgetanteile vorzusehen, verringert die Aussagefähigkeit des Konzepts. Hinzu kommt, dass die Planungshorizonte und Prognoseunsicherheiten der Umsatzentwicklung bei grundlegenden Produktinnovationen durch das Verfahren tendenziell unterschätzt werden. Auch wird die horizontale Abstimmung zwischen dem F&E-Projektprogrammplan und den Programmplänen der Funktionsbereiche nicht ausreichend berücksichtigt.

5 Management von Innovationsprojekten

5.1 Überblick

Ein Innovationsprojekt ist eine besondere, umfangreiche und zeitlich begrenzte Aufgabe von relativer Neuartigkeit mit hohem Schwierigkeitsgrad und Risiko, die in der Regel eine enge fachübergreifende Zusammenarbeit aller Beteiligten erfordert (Pepels 1999, 175). Das Management von Innovationsprojekten setzt eine Führungskonzeption für die zielorientierte, fachübergreifende Planung, Entscheidung, Realisierung, Überwachung und Steuerung bei der Abwicklung dieser interdisziplinären Aufgabenstellung voraus. Die Hauptaufgaben des Managements von Innovationsprojekten lassen sich demnach folgenden Funktionen zuordnen:

Zieldefinition: Klare und eindeutige Festlegung der Projektziele hinsichtlich der angestrebten Sachergebnisse, der Terminvorgaben sowie der Budgetrestriktionen

Aufbauorganisation: Rollendefinition, Kompetenz- und Verantwortungsverteilung, Gestaltung der Kommunikation im Projektteam und mit dem Projektumfeld, Schnitt- bzw. Nahtstellenmanagement, Gestaltung von Werten, Normen, Regeln (Projektkultur)

Ablauforganisation: Sachlogische Einteilung des Innovationsprojektes in Phasen sowie Definition von Meilensteinen

Projektplanung: Projektdefinition (Ziel, Aufgaben), Umfeldanalyse und Planung der Umfeldbeziehungen, Aufgabengliederung, Gestaltung der

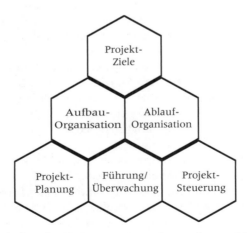

Abb. 1: Hauptaufgaben des Managements von Innovationsprojekten

Arbeitsaufträge, Qualitätsplanung, Terminplanung, Ressourcenplanung, Kostenplanung, Finanzplanung

Führung: Mitarbeiterauswahl, Förderung der Zielklarheit und Zielakzeptanz, Förderung der Entwicklung der Teammitglieder, Förderung der Zusammenarbeit der Teammitglieder (Motivation, Coaching, Konfliktbehandlung), Förderung der Arbeitsbedingungen, Teamauflösung

Projektsteuerung: Integrierte Überwachung, Maßnahmenplanung zur Steuerung von Qualität, Terminen, Ressourcen, Kosten, Finanzmitteln; Verfolgung der Entwicklung kritischer Erfolgsfaktoren

5.2 Projektentstehung und Umfeldanalyse

Damit es überhaupt zu einem Innovationsprojekt kommt, muss die dem Projekt zu Grunde liegende Idee als projektwürdig eingestuft werden. Erst wenn diese erste grobe Projektwürdigkeitsprüfung positiv ausfällt, kann das Projekt unternehmensintern beauftragt und ein Projektleiter ernannt werden. Insbesondere bei Forschungs- und Entwicklungsprojekten ist hervorzuheben, dass die Idee bzw. das Projektziel häufig nur sehr vage formuliert ist. Der Grad an Unsicherheit variiert in Abhängigkeit von der Art des Innovationsprojektes: Während im Bereich der Grundlagenforschung die Projektziele in der Regel sehr unklar sind und deren Erreichbarkeit zu Projektbeginn selten überprüfbar ist, sind bei Entwicklungsprojekten wesentlich detailliertere Vorgaben möglich. Auch bei Sozialinnovationen, wie etwa internen Reorganisationsprojekten, ist der Zielgegenstand (z.B. die Kosten zu reduzieren) zumeist recht eindeutig zu beschreiben, hier ist es vor allem wichtig, das Ausmaß des Ziels festzulegen. Sobald der Projektauftrag erteilt wurde, sollte dem Vorhaben ein Projektname und eine Projektnummer verliehen werden. Der Name dient der Erleichterung der Kommunikation bzw. der Verbesserung des Informationsflusses im Unternehmen, gegebenenfalls auch dem Projektmarketing. Durch die Nummer können Aufwand und Kosten EDV-technisch eindeutig zugeordnet werden. Darüber hinaus empfiehlt es sich, eine erste Kurzbeschreibung des Innovationsprojektes mit einer möglichst klaren Abgrenzung des Projektinhaltes zu erstellen (Projektdefinition).

Am Beginn eines Innovationsprojektes empfiehlt es sich, eine Projektumfeldanalyse (Stakeholder-Analysis, Force field analysis) durchzuführen, um frühzeitig mögliche Einflussfaktoren und Problemfelder erfassen und dadurch professioneller agieren zu können. Insbesondere die Berücksichtigung der verschiedenen Interessensgruppen bzw. Stakeholder (Promotoren, Opponenten) ist ein zentraler Erfolgsfaktor für Innovationsprojekte.

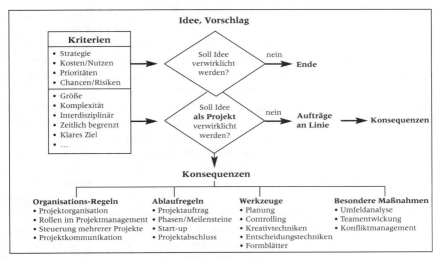

Abb. 2: Von der Projektidee zum Projektauftrag

Da sich die Beziehungen der Umfeldgruppen zum Projekt häufig ändern und sich diese Änderungen negativ oder positiv auf den Projekterfolg auswirken können, ist die Projektumfeldanalyse keine einmalige Aufgabe, sondern ist regelmäßig, etwa am Beginn jeder neuen Projektphase, zu aktualisieren (siehe Kap. 3).

Die Umfeldgrößen, die einen Einfluss auf das Projekt haben, sind systematisch zu identifizieren, zu analysieren und darzustellen. Dabei ist eine Einteilung in organisatorisch-soziale und sachlich-inhaltliche Einflussgrößen zweckmäßig, wobei Erstere durch unternehmensinterne oder -ex-

Umfeld-gruppe	Klima, Stimmung + / ~/ −	Macht, Bedeut. 1 ... 5	Erwartungen Befürchtungen + / −	Strategien, Maßnahmen
Geschäftsführung				
Auftraggeber				
betroffene Abteilung				
Partnerfirmen				
Behörden				
...				

Abb. 3: Checkliste zur Analyse der organisatorisch-sozialen Einflussgrößen

terne Personen und Personengruppen an das Projekt herangetragen werden, während Letztere nicht durch direktes Einwirken von Personen entstehen (Patzak/Rattay 2004, 69 ff). Zur möglichst vollständigen Identifikation der Einflussgrößen sollten alle wesentlichen Know-how-Träger für das Projekt in die Umfeldanalyse einbezogen werden. Ferner erleichtern Leitfäden und Checklisten ein systematisches Vorgehen:

Bei der Analyse der Umfeldgruppen bzw. Stakeholder ist abzuklären, ob die jeweiligen Personen oder Personengruppen dem Innovationsprojekt eher positiv (Promotoren), eher negativ (Opponenten) oder neutral gegenüberstehen und wie hoch deren Bedeutung für das Projekt ist. Das Ausmaß der potenziellen Beeinflussung des Projekterfolges durch die jeweilige Umfeldgruppe kann anhand einer ordinalen Skala bewertet werden, wobei in weiterer Folge selbstverständlich auf jene Stakeholder mit einer hohen Macht und einer negativen Einstellung zum Projekt besonderes Augenmerk zu legen sein wird (Brockhoff 2000, 118 ff). Eine verbale Beschreibung der Erwartungen und Befürchtungen der jeweiligen Umfeldgruppen an das Projekt erleichtert die Entwicklung von Strategien und Maßnahmen im Umgang mit den Interessensgruppen. Zur Analyse der organisatorisch-sozialen Einflussgrößen können entweder direkte Gespräche geführt werden, oder – falls dies nicht möglich bzw. zweckmäßig ist – kann durch ein Quasi-Rollenspiel auch versucht werden, die Erwartungen und Befürchtungen aus Sicht der jeweiligen Person bzw. Personengruppe nachzuempfinden und zu formulieren.

sachlich-inhaltliche Einflussgrößen	Art des Einflusses	Konsequenzen	Strategien, Maßnahmen
Gleichzeitige Projekte			
Routineaufgaben im Unternehmen			
Technologische Entwicklungen			
Gesetzliche Rahmenbedingungen			
…			

Abb. 4: Checkliste zur Analyse der sachlich-inhaltlichen Einflussgrößen

Bei der Analyse der sachlich-inhaltlichen Einflussgrößen ist abzuklären, um welche Einflussart es sich dabei jeweils handelt. Grundsätzlich kann hierbei zwischen Einflüssen auf die Projektziele, auf die erforderlichen Ressourcen sowie auf die sonstigen Rahmenbedingungen des Innovationsvorhabens unterschieden werden. Auch hier sollen die Auswirkungen bzw. Konsequenzen der einzelnen Einflussgrößen auf das Innovationsprojekt verbal beschrieben und davon entsprechende vorbeugende Maßnahmen und Vorsorgepläne abgeleitet werden.

5.3 Definition der Projektziele

Innovationsprojekte zeichnen sich durch einen hohen Neuigkeitsgrad der Ideen, häufig auch durch eine hohe Komplexität und Konfliktgehalt aus. Diese Eigenschaften, Zeitmangel und eventuell fehlendes Verständnis können zu unklaren Projektdefinitionen und -abgrenzungen führen. Eine der wichtigsten Aufgaben des verantwortlichen Projektleiters ist es daher, die Projektziele klar und eindeutig zu formulieren. Erst wenn die Ziele definiert sind, können Maßnahmen zu ihrer Erreichung getroffen werden (Pleschak/Sabisch 1996, 131). Durch die Zielformulierung werden die entscheidenden Weichen für das gesamte Innovationsprojekt gestellt; hier begangene Fehler können später kaum noch korrigiert werden und können den Projekterfolg massiv beeinträchtigen.

Ziele beschreiben den Zustand, der am Ende des Innovationsprojektes vorliegen soll. Sie haben Orientierungs-, Bewertungs-, Koordinierungs-, Kontroll- und Motivationsfunktion. Grundsätzlich ist zwischen folgenden Zielkategorien zu unterscheiden:

- **Leistungs- bzw. Qualitätsziele** beschreiben das inhaltliche Endergebnis des Projektes, z.b. bei Produktinnovationen das zu entwickelnde Produkt.

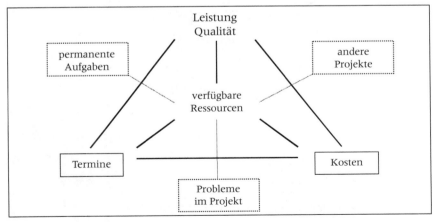

Abb. 5: Magisches Dreieck

- **Terminziele** geben die Zeit bis zur Vollendung des Innovationsprojektes, eventuell auch bis zur Erreichung von Zwischenergebnissen an.
- **Kostenziele** begrenzen das für das Vorhaben zur Verfügung stehende Budget und damit die zur Zielerreichung einsetzbaren Ressourcen.

Die gegenseitige Wechselwirkung diese Zielkategorien wird durch das sog. ‚magische Dreieck' veranschaulicht (Kessler/Winkelhofer 2004, 55 f; Vahs/Burmester 2005, 60–63):

Durch den Einsatz von Ressourcen innerhalb einer bestimmten Zeitspanne sollen die Leistungs- bzw. Qualitätsziele erreicht werden. Durch eine Erhöhung oder Verminderung der eingesetzten Ressourcen und eine Verlängerung oder Verkürzung der Projektlaufzeit kann die Leistungsgröße positiv oder negativ beeinflusst werden. Die Kosten hingegen sind abhängig von der zu erbringenden Leistung und der zur Verfügung stehenden Zeit. Die benötigte Zeit ist wiederum abhängig von der angestrebten Leistung (Menge und Qualität) und den zur Verfügung stehenden Ressourcen bzw. der Budgetgrenze. Jedoch sind keine allgemein gültigen Aussagen über die Stärke und die Richtung der Abhängigkeitsbeziehungen möglich, wie dies am Zusammenhang zwischen Termin- und Kostenzielen gezeigt werden kann. Denn sowohl eine Terminverkürzung als auch eine Terminverlängerung kann je nach Situation zu einer Erhöhung der Kosten führen.

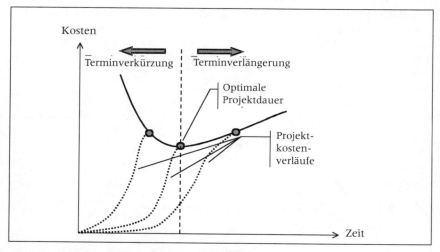

Abb. 6: Zusammenhang zwischen Termin- und Kostenzielen

Bei Innovationsprojekten sollten die drei Zielkategorien in ein ‚optimales' Verhältnis zueinander gebracht werden. Grundsätzlich haben bei Technologie- und Vorentwicklungsprojekten die terminbezogenen Zielgrößen eine geringere, die leistungs- und potenzialbezogenen hingegen wesentliche größere Bedeutung als in der Produkt- und Prozessentwicklung.

Die Ziele sind so konkret wie möglich zu definieren, so dass ihre Erreichung in weiterer Folge mess- und überprüfbar ist. **Operationale Ziele** bestehen aus

* einem eindeutigen Zielgegenstand bzw. -inhalt,
* einem anhand von Kenngrößen bzw. Indikatoren messbaren Zielausmaß und
* einem Zeitbezug (Strebel 1975, 16 f).

Vor allem bei großen Innovationsprojekten ist diese Zergliederung des Gesamtzieles in detaillierte Einzelziele sinnvoll. Durch eine schrittweise und systematische Zergliederung des Gesamtziels in messbare Einzelziele kann eine Zielhierarchie erstellt werden. Die Ziele sollen herausfordernd, aber realistisch erreichbar sein. Hilfreich ist die Unterscheidung zwischen Muss-Zielen, die eine unbedingte Voraussetzung für den Projekterfolg darstellen, und Wunsch-Zielen, deren Erreichung nicht jedenfalls erforderlich ist, aber den Projekterfolg erhöht. Darüber hinaus ist es zweckmäßig, auch Nicht-Ziele explizit zu formulieren, um eine klare Abgrenzung zu Leistungen, die andere unter Umständen als Teil des Projektes sehen könnten, zu erreichen (Patzak/Rattay 2004, 94). Schließlich muss noch sichergestellt werden, dass die formulierten und dokumentierten Ziele des Innovationsprojektes von allen relevanten Stellen (Umfeldanalyse) akzeptiert werden. Insbesondere hat der Projektleiter dafür Sorge zu tragen, dass die definierten Projektziele verbindlich und nachweislich mit dem internen oder externen Projektauftraggeber vereinbart werden.

5.4   Organisation von Innovationsprojekten

Die organisatorischen Regelungen für Innovationsprojekte betreffen folgende Themenbereiche:

* Das Projekt muss als Ganzes in die bestehenden Organisation eingegliedert werden, wofür verschiedene Organisationsformen zu Verfügung stehen.
* Innerhalb des Innovationsprojektes sind die wesentlichen Rollen festzulegen und personell zu besetzen sowie die klare Regelungen bezüglich der Aufgaben, Verantwortungsbereiche und Kompetenzen zu treffen.

- Der Projektablauf ist in einer Phasenorganisation logisch zu strukturieren.

5.4.1 Eingliederung des Projekts in die bestehende Organisation

Projekte sind soziale Systeme, die als mehr oder weniger eigenständige Organisationseinheiten auf die vereinbarten Projektziele hin arbeiten. Es entstehen eine Vielzahl an Überlappungen und Schnittstellen des Projektsystems mit der Stammorganisation. Daher bedarf es eindeutiger Regelungen, wie die Kompetenzen, Verantwortungsbereiche und Weisungsrechte zwischen der Stammorganisation und dem Projektleiter aufgeteilt werden. Hierfür gibt es folgende typische Projektorganisationsformen (Pleschak/Sabisch 1996, 156 ff; Rinza 1998, 123 ff:

- Einfluss-Projektorganisation
- Reine Projektorganisation
- Matrix-Projektorganisation

5.4.1.1 Einfluss-Projektorganisation

Der Projektleiter übt bei der Einfluss-Projektorganisation lediglich eine Stabsfunktion ohne Weisungsbefugnis aus. Die Gesamtverantwortung für die Erreichung der Projektziele sowie die Weisungsrechte und Entscheidungskompetenzen verbleiben in der Stammorganisation, etwa beim Vorgesetzten des Projektleiters, der vom Projektleiter über durchzuführende Maßnahmen beraten wird. Gravierende Nachteile dieser Organisationsform sind die fehlende Ausstattung des Projektleiters mit den erforderlichen Kompetenzen, um Konflikte und Probleme im Projektablauf wirkungsvoll lösen zu können, sowie die damit einhergehende Überlastung der Unternehmensleitung bzw. des Vorgesetzten des Projektleiters (Rinza 1998, 126 f).

5.4.1.2 Reine Projektorganisation

Bei der reinen Projektorganisation kommt es zu einer formellen Übertragung der projektspezifischen Entscheidungskompetenzen und Weisungsrechte auf den Projektleiter. Ihm sind alle Projektmitarbeiter, die für die Projektdauer aus der Stammorganisation ausgegliedert werden, unterstellt. Dadurch können sich alle am Projekt Beteiligten voll auf das Innovationsvorhaben konzentrieren. Die Entscheidungsprozesse werden durch die kurzen Kommunikationswege beschleunigt, die Koordination innerhalb des Projektes erleichtert. Allerdings sind die Projektmitarbeiter während der Projektlaufzeit von ihren Kollegen in der Stammorganisation und somit von den aktuellen Entwicklungen weitgehend abgeschnitten. Auch kann es zu Problemen bei der Abstellung der Mitarbeiter aus den Abteilungen am Projektanfang sowie bei deren Rückeingliederung in die Stammorganisation nach Projektablauf kommen.

Eine Sonderform der reinen Projektorganisation ist die sog. Pool-Organisation, bei der keine herkömmliche Stammorganisation existiert, sondern fachlich geeignete Projektmitarbeiter aus Personenpools ausgewählt und für eine bestimmte Zeit gemietet oder im Projekt angestellt werden. Diese Organisationsform passt für Unternehmen, deren Hauptgeschäft die Abwicklung von Projekten ist (z.b. Unternehmensberatung, Anlagenbau). Die Mitarbeiter können entweder selbständige Unternehmer oder in den Pools mit einem leistungsorientierten Entlohnungssystem angestellt sein.

5.4.1.3 Matrix-Projektorganisation

Bei der am häufigsten verwendeten Organisationsform, nämlich der Matrix-Projektorganisation, werden die funktionalen mit den projektspezifischen Verantwortungsbereichen und Weisungsrechten kombiniert. Die Projektmitarbeiter werden nicht zur Gänze aus der Stammorganisation ausgegliedert, sondern erfüllen sowohl Projektaufgaben als auch weiterhin Aufgaben für ihre Abteilung in der Stammorganisation. Dadurch kommt es zwar bei den Projektmitarbeitern zu Doppelunterstellungen (Abteilungsleiter und Projektleiter), die hohe Anforderungen an das Organisationsverständnis der Beteiligten stellen (z.B. Ressourcenkonflikte bei Engpässen). Andererseits erübrigen sich durch die Matrix-Projektorganisation die Abstellungsprobleme am Projektanfang und die Rückeingliederung der Projektmitarbeiter in die Stammorganisation nach Projektende. Auch wird die Kommunikation des Projektteams mit den Kollegen in ihren Fachabteilungen nicht unterbrochen, woraus positive Effekte auf die Projektkoordination als auch auf die Motivation der Mitarbeiter resultieren.

5.4.2   Projektinterne Aufbauorganisation

Die Zusammenarbeit aller an einem Innovationsprojekt beteiligten Personen ist so zu organisieren, dass die Projektziele bestmöglich erreicht werden. Hierzu ist es erforderlich,

*   den beteiligten Personen die jeweiligen Projektrollen eindeutig zuzuweisen,
*   die Aufgaben, Verantwortungsbereiche und Kompetenzen klar zu definieren und
*   entsprechende Kommunikations- und Informationssysteme aufzubauen.

Unter einer Rolle versteht man die Gesamtheit der Erwartungen, die aufgrund der durch die Organisation geregelten Arbeitsteilung an den jeweiligen Inhaber einer Position bzw. Rolle gerichtet werden (Patzak/Rattay 2004, 99; Schreyögg 2006, 9 f). Die Definition von Rollen erfolgt damit nicht in Bezug auf bestimmte Personen oder Personengruppen, vielmehr werden die Erwartungen an die späteren Rolleninhaber vorerst personenunabhängig in Hinblick auf die Projektziele und -aufgaben festgelegt. Die individuellen Eigenschaften von Personen kommen erst zum Tragen, wenn die jeweiligen Personen tatsächlich den Projektrollen zugewiesen werden. Eine Rolle kann nicht nur von einer Einzelperson, sondern auch von einer Personengruppe übernommen werden. Auch ist es möglich, dass eine Person mehrere Rollen gleichzeitig übernimmt, was etwa für die Matrix-Projektorganisation charakteristisch ist.

Folgende Rollen sind bei Innovationsprojekten von wesentlicher Bedeutung:

*   **Interner Projektauftraggeber**: Der interne Projektauftraggeber, also jene Person, die unternehmensintern den Auftrag für das Innovationsprojekt erteilt, ist von allfälligen externen Projektauftraggebern bzw. Kunden zu unterscheiden. Der interne Projektauftraggeber ist hierarchisch zumeist im Top-Management angesiedelt und hat neben der Auftragsvergabe auch wichtige Funktionen während der Projektabwicklung:
*   Definition von Zielvorgaben
    *   – Abstimmung des Projektes mit der Unternehmensstrategie
    *   – Gestaltung der Rahmenbedingungen
    *   – Vermittlung der Unternehmenskultur
    *   – Vertretung des Projektes nach außen (Machtpromotor)
*   **Projektlenkungsausschuss**: Bei großen, bereichsübergreifenden Innovationsprojekten nimmt häufig nicht eine Einzelperson, sondern eine

Gruppe von Personen die Rolle des internen Auftraggebers ein. In solchen Fällen spricht man von einem Projektlenkungsausschuss, der einerseits die Funktionen des internen Auftraggebers erfüllt, andererseits als Gremium die Gesamtinteressen des Innovationsprojektes wahrnimmt und wesentliche Entscheidungen gemeinsam trifft. Hierzu sind regelmäßige Sitzungen des Projektlenkungsausschusses, deren Termine möglichst frühzeitig vereinbart werden sollten, erforderlich.

- **Projektleiter**: Der Projektleiter bzw. Projektmanager übernimmt die Führungsfunktionen innerhalb des Projektteams. Er ist persönlich dafür verantwortlich, dass die Projektziele unter Einhaltung der zeitlichen und budgetären Restriktionen erreicht werden. Obwohl in der Praxis häufig Spezialisten aus Fachabteilungen als Projektleiter eingesetzt werden, ist es ausgesprochen wichtig, dass er sich als Integrationsfigur sieht, die die unterschiedlichen Interessen der Fachabteilungen ausgleicht sowie allfällige Kulturunterschiede zwischen den Abteilungen überbrückt. Die soziale und organisatorische Kompetenz des Projektleiters ist daher für den Erfolg des Projektes von besonderer Wichtigkeit. Die Hauptaufgaben des Projektleiters sind:
  - Projektdefinition in der Startphase, insbesondere wenn die Projektziele vom Projektauftraggeber nicht ausreichend oder nicht realistisch definiert wurden
  - Zusammensetzung und Führung des Projektteams
  - Entwicklung der Projektorganisation und -kultur
  - Planung, Steuerung und Kontrolle der Projektabwicklung
  - Projektdokumentation und Kommunikation bzw. Vertretung des Projektes gegenüber externen Stellen
- **Projekt-Controller**: Insbesondere bei großen und komplexen Innovationsprojekten ist es zweckmäßig, dem Projektleiter einen Projekt-Controller zur methodischen Unterstützung bei der Projektplanung und -steuerung beizustellen. Der Projekt-Controller muss über die Anwendungsmöglichkeiten der einzelnen Methoden und Instrumente der Projektplanung und -steuerung Bescheid wissen. Seine Methodenkompetenz entlastet den Projektleiter, so dass sich dieser auf seine Führungsaufgaben konzentrieren kann. Da bei Forschungs- und Entwicklungsprojekten häufig Experten mit hohem fachlichem Kenntnisstand als Projektleiter eingesetzt werden, ist hier das methodische und wirtschaftliche Wissen des Projekt-Controllers für die Gestaltung der wichtigen Prozesse, für die Entscheidungsvorbereitung sowie für die ordnungsgemäße Projektabrechnung und -dokumentation besonders wichtig.
- **Projektteam:** Die Zusammensetzung des Projektteams obliegt dem Projektleiter, wobei dieser darauf zu achten hat, dass die beteiligten Per-

sonen nicht nur die notwendigen Fachkenntnisse, sondern auch soziale Fähigkeiten und Entscheidungskompetenz einbringen. Bei Innovationsprojekten mit hohem Kreativitätsniveau ist eher eine heterogene, bei umsetzungsorientierten Projekten eher eine homogene Teamzusammensetzung vorteilhaft. Die Einigung auf gemeinsame Projektziele und deren Akzeptanz sind für den Erfolg des Innovationsprojektes jedenfalls von größter Bedeutung. Ferner sollen große Projektteams nach sachlich-logisch zusammenhängenden Aufgabenstellungen in Subteams aufgeteilt werden, da dies die Koordination und Kommunikation erleichtert. Die Leiter der Subteams bilden dann gemeinsam mit dem Projektleiter und dem Projekt-Controller das Kernteam.

Projekt:	
Projektleiter:	
fachlich unterstellt:	
disziplinarisch unterstellt:	

Verantwortung: Der Projektleiter trägt die persönliche Verantwortung dafür, dass das Projektziel unter den vorgegebenen terminlichen und wirtschaftlichen Randbedingungen erreicht wird.

Aufgaben:
1. Klärung der Zielvorgaben und der Randbedingungen des Projektes
2. Koordinierung der Auftragsteilung
3. Installation der erforderlichen Aufbau- und Ablauforganisation
4. Beschaffung der Ressourcen
5. Planung des Projektes
6. Überwachung und Steuerung
7. Berichtswesen
8. Laufende Abstimmung mit dem Auftraggeber
  ...

Befugnisse:
- Projektbezogene fachliche Entscheidungs- und Weisungsbefugnis
- Verfügungsrecht über Projektbudget
- Vergabe von Teilaufgaben
- Einberufung übergeordneter Instanzen und Gremien
- Außenverwertung des Projektes

Unterschriften:

Auftraggeber   Projektleiter

Abb. 7: Stellenbeschreibung für einen Projektleiter

Bei der Projektorganisation ist stets der Grundsatz der Kongruenz von Aufgaben-, Verantwortungs- und Kompetenzbereichen zu beachten. D.h., dass eine Person für die ihr zugewiesene Aufgabe auch die persönliche Verantwortung zu übernehmen hat, dass sie aber auch mit den für die Erfüllung der Aufgabe erforderlichen Kompetenzen auszustatten ist. Keine Aufgabe ohne Verantwortung, aber auch keine Verantwortung ohne die erforderlichen Kompetenzen! Für die zentralen Stellen eines Innovationsprojektes, insbesondere jener des Projektleiters, empfiehlt es sich, schriftliche Stellenbeschreibungen zu erstellen, in denen die Erwartungen an die Stelleninhaber festgehalten werden.

5.4.3 Phasenorganisation

In der Phasenorganisation wird der Ablauf des Innovationsprojektes strukturiert und in eindeutig definierte und logisch aufeinander aufbauende Schritte bzw. Phasen eingeteilt. Dadurch wird die Grundlage für die folgende Projektplanung sowie die Abwicklung und Steuerung des Innovationsvorhabens gebildet. (Platz/Schmelzer 1986, 107; Wicke 1995, 113 ff). Der Projektablauf wird durch die Phasenorganisation zeitlich segmentiert, wobei Teilprozesse durchaus zeitlich parallel ablaufen können. Innovationsprojekte müssen nicht zwingend alle Phasen des Innovationsprozesses von der Ideengenerierung bis zur -umsetzung beinhalten. Für die Phaseneinteilung sind vielmehr spezielle logisch aufeinander aufbauende Ereignisse bzw. Zwischenergebnisse im Projektablauf maßgeblich, die entweder von außen vorgegeben sind (z.B. Zwischenberichte oder -präsentationen) oder vom Projektleiter definiert werden. Werden diesen vorweg definierten Ereignissen bzw. Zwischenergebnissen Fertigstellungstermine zugewiesen, können sie als Meilensteine bezeichnet werden. Ein Meilenstein besteht also aus einem Sachergebnis (Meilensteininhalt) und einem daran gekoppelten Fertigstellungstermin (Meilensteintermin) und markiert den Übergang von einer Projektphase zur nächsten. Wichtig ist, dass die Meilensteininhalte nicht durch Tätigkeiten, sondern durch Ergebnisse (Teilziele) beschrieben werden, um die für Innovationsprojekte erforderliche Effizienz und kreative Verantwortung zu fördern.

Im Projektablauf gelten Meilensteine erst dann als erreicht, wenn die definierten Sachergebnisse vorliegen, wobei die Meilensteintermine Restriktionen in der Terminplanung darstellen. Bei Erreichen eines Meilensteines, d.h. beim Übergang von einer Projektphase zur nächsten, sind Meilensteinentscheidungen vorgesehen, die üblicherweise vom Projektleiter zu treffen sind. Eine Meilensteinentscheidung umfasst (Rinza 1998, 44):

- eine sachlich-inhaltliche Überprüfung der bislang erreichten Projekter-
gebnisse
- eine Abweichungsanalyse, insbesondere worauf diese zurückzuführen
sind und ob diese toleriert werden können
- darauf aufbauende Entscheidungen über den weiteren Projektablauf,
d.h. über objekt- oder prozessorientierte Alternativen und
- die Freigabe der weiteren Projektarbeit, es sei denn, die Meilensteinentscheidung führt zum Projektabbruch

Mit der Anzahl der Meilensteine wird daher festgelegt, wie oft es im Projektablauf zu einer internen Überprüfung der Zwischenergebnisse und gegebenenfalls zu Anpassungsmaßnahmen, sprich Kurskorrekturen, kommt.
Der ‚richtigen‘ Gliederung des Projektablaufes und der damit einhergehenden Definition von Meilensteinen kommt bei Innovationsprojekten eine
große Bedeutung zu, da zu Beginn des Vorhabens häufig ein hohes Maß an
Unsicherheit herrscht. Durch die Phasenorganisation kann die Komplexität
des Innovationsprojekts reduziert und die Transparenz des Projektablaufs
erhöht werden. Die Meilensteinentscheidungen helfen, frühzeitig vorhandene Risiken zu erkennen und entsprechende Steuerungsmaßnahmen zu
ergreifen. Dadurch kann in der Regel die Wirtschaftlichkeit des Innovationsvorhabens wesentlich verbessert werden. Ferner werden bei den Meilensteinen die Phasenergebnisse festgeschrieben und dokumentiert. Diese
Zwischenergebnisse sind somit als Grundlage für die weitere Projektarbeit
für alle Beteiligten verfügbar.

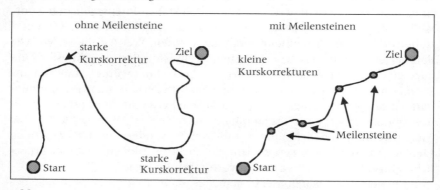

Abb. 8: Projektverlauf ohne Meilensteine und mit Meilensteinen

5.5 Projektplanung

Pläne sind die geistige Vorwegnahme zukünftigen Handelns. Projektplanung meint die systematische Informationsgewinnung über den zukünftigen Ablauf des Projekts und die gedankliche Vorwegnahme des notwendigen Handelns. Die Planung umfasst die Ermittlung und Systematisierung aller Aktivitäten, deren Ablauf sowie der Kosten, Kapazitäten und Termine. Sie dient der möglichst guten Annäherung an die definierten Leistungs-, Termin- und Kostenziele, die sich u.U. während des Projektablaufes ändern können. Als zentrale Grundsätze der Planung gelten:

- Prinzip der Strukturierung: Komplexe Innovationsvorhaben sind in kleine überschaubare und steuerbare Einheiten zu zerlegen, ohne dabei den Gesamtzusammenhang aus den Augen zu verlieren.
- Prinzip der Ergebnisorientierung: Die Projektplanung nimmt stets auf die Ziele bzw. gewünschten Ergebnisse Bezug. Die definierten und strukturierten Einzelergebnisse determinieren die Projektabwicklung bzw. die Arbeitspakete, die zu deren Erreichung erforderlich sind.

Die Projektplanung ist keine einmalige Aufgabe, sondern ein permanenter Prozess über die gesamte Projektlaufzeit. Insbesondere bei F&E-Projekten ist der Projektablauf noch kaum abschätzbar, so dass die Planung zwangsläufig mit sehr großen Unsicherheiten behaftet ist. Daher wird die erste Projektplanung u.U. nur erste Anhaltspunkte über Termine und Kosten liefern. Erst mit der laufenden Überarbeitung des Projektplanes können zusätzliche Informationen und Erkenntnisse einbezogen und der Detailliertheitsgrad der Planung entsprechend erhöht werden. Projektpläne müssen daher stets auf den aktuellen Stand des Projektes gebracht werden. Die Planungsergebnisse sind schriftlich festzuhalten, damit die definierten Vorgaben und Restriktionen allen Beteiligten nachweislich mitgeteilt werden können. Der grundsätzliche Ablauf der Planung ist in der folgenden Abbildung dargestellt (siehe nächste Seite).

Der erste Planungsschritt ist die Strukturplanung, ausgehend von den Zielen des Innovationsvorhabens. Die Anforderungen an das Endergebnis des Projektes werden im Objektstrukturplan dargestellt und im Projektstrukturplan in Arbeitspakete umgewandelt. Diese Strukturplanung, auch als Aufgaben- oder Leistungsplanung bezeichnet, bildet die Basis für die darauf folgende Erstellung eines Ablaufplanes, bei dem die Arbeitspakete in eine sachlich-logische Reihenfolge gebracht werden. Erst dann ist es möglich, die Termine, die einzusetzenden Ressourcen und die daraus resultierenden Kosten zu planen (Vahs/Burmester 1999, 242 ff).

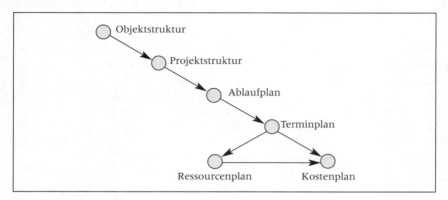

Abb. 9: Der generelle Planungsablauf

5.5.1 Strukturplanung

Im Rahmen der Strukturplanung werden der – wie aus dem Namen bereits hervorgeht – objektorientierte Objektstrukturplan und der verrichtungsorientierte Projektstrukturplan erstellt. Bei der Strukturplanung wird ein komplexes Gesamtsystem in dessen Komponenten bzw. Elemente zerlegt. Der Detailliertheitsgrad, d.h. die Anzahl der Gliederungsebenen, hängt sehr stark von den Besonderheiten des jeweiligen Projektes sowie den Präferenzen des Projektleiters ab. Bei der Erstellung der Strukturpläne ist es wichtig, folgende Regeln einzuhalten (Platz/Schmelzer 1986, 148):

- Einheitliche Strukturregel: Ein Strukturbaum kann aus einer beliebigen Anzahl von Gliederungsebenen bestehen, jedoch ist auf jeder Ebene des Strukturbaumes eine einheitliche Strukturregel einzuhalten.
- Vollständigkeitsregel: Bei der weiteren Untergliederung von Systemen oder Komponenten ist darauf zu achten, dass diese jeweils vollständig in ihre Subkomponenten zerlegt werden, damit auf der nächsten Ebene des Strukturplanes keine inhaltlichen Lücken auftreten.
- Disjunktionsregel: Die Elemente einer Ebene des Strukturbaumes müssen sich inhaltlich vollständig voneinander unterscheiden, damit es zu keinen Überlappungen bzw. Wiederholungen kommt.

Ein Strukturplan kann der entweder in Form einer numerisch codierten Liste oder grafisch als Baumstruktur dargestellt werden, wobei bei einer größeren Anzahl von Elementen bzw. mehreren Strukturstufen die grafische Darstellung bald an ihre Grenzen stößt.

5.5.1.1 Objektstrukturplan

Ausgangspunkt der Strukturplanung sind die Leistungsziele des Projektes, d.h. das Sachergebnis, das am Ende des Projektes vorliegen soll, unabhängig davon, ob es sich um eine Produkt-, Prozess- oder Sozialinnovation handelt. Das angestrebte Sachziel ist in einem ersten Schritt objektorientiert zu strukturieren. Bei einem Entwicklungsprojekt sind beispielsweise die Bauteile bzw. Komponenten des zu entwickelnden Objektes aufzuschlüsseln. In den Objektstrukturplan ist jedoch nicht nur das Endergebnis des Innovationsprojektes aufzunehmen, sondern auch alle im Laufe des Projektes zu erarbeitenden Zwischenergebnisse und Hilfsmittel, wie etwa Entwurfsdokumente, Prototypen, Untersuchungen und Tests. Die identifizierten Komponenten des Objektsystems sind möglichst vollständig und nach ihrer Zusammengehörigkeit hierarchisch gegliedert darzustellen. Der Objektstrukturplan, der mit der Stückliste der mechanischen Fertigung vergleichbar ist, bildet die Basis für die Projektstrukturplanung.

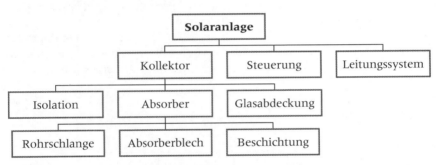

Abb. 10: Beispiel eines Objektstrukturplans

5.5.1.2 Projektstrukturplan (PSP)

Bei der Projektstrukturplanung wird die Gesamtaufgabe, die im Projektablauf zur Erstellung der Objekte notwendig ist, in plan- und kontrollierbare Teilaufgaben (Arbeitspakete) gegliedert (Brockhoff 1999, 375). Unter einem Arbeitspaket wird eine in sich geschlossene Arbeitsmenge verstanden,
* die ein klar definiertes Ergebnis erbringt
* technisch überschaubar und
* vom Volumen und Aufwand her abschätzbar ist sowie
* von einer Person oder einer organisatorischen Einheit selbständig erledigt werden kann (Platz/Schmelzer 1986, 158).

Der verrichtungsorientierte Projektstrukturplan (PSP) zeigt somit das gesamte Arbeitsvolumen des Projektes, eingeteilt in Arbeitspakete, ohne deren Abhängigkeiten oder zeitliche Reihenfolge zu berücksichtigen. Das Ziel der Projektstrukturplanung ist demnach, alle Projektaufgaben systematisch zu erfassen und zu untergliedern. Für jedes Objekt des Objektstrukturplanes ist die Frage zu stellen, welche Arbeitspakete zu dessen Erstellung erforderlich sind. Darüber hinaus sind aber auch die übergeordneten Projektfunktionen, wie Projektleitung, -planung und -überwachung etc., zu berücksichtigen. Die Vollständigkeit und Konsistenz des Projektstrukturplanes ist besonders wichtig, da später hinzugefügte Arbeitspakete zu inhaltlichen Problemen, Kostenerhöhungen und Terminverzögerungen führen können. Der Detailliertheitsgrad des Projektstrukturplanes ist von der Art und Größe des Innovationsprojektes bzw. von den Präferenzen des Projektleiters abhängig. Es ist jedoch zu berücksichtigen, dass eine zu starke Detaillierung zu einer großen Anzahl von Arbeitspaketen führt, was wiederum die Übersichtlichkeit des Projektes beeinträchtigt. Selbstverständlich ist es möglich, einzelne Äste des Projektstrukturplanes je nach Bedarf unterschiedlich weit zu untergliedern.

Der Projektstrukturplan bildet die Basis für die folgende Ablaufplanung sowie die Termin-, Ressourcen- und Kostenplanung. Zudem bilden die Arbeitspakete eine gute Detaillierungsebene für aufbauorganisatorische Rege-

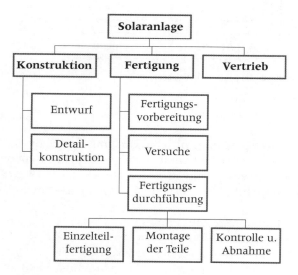

Abb. 11: Beispiel eines Projektstrukturplans

lungen. Es empfiehlt sich, Arbeitspaketbeschreibungen zu erstellen, die eine detaillierte Spezifikation der Ziele und der Einzelaufgaben enthalten. In weiterer Folge können diese Arbeitspaketbeschreibungen zur Zuweisung von Aufgaben- und Verantwortungsbereichen sowie von Kompetenzen an die Funktionsträger im Projekt herangezogen werden.

Projekt:	Verantwortlich:
Arbeitspaket:	Verantwortlich:
Budget:	Endtermin:
Ergebnis:	
Arbeiten:	
Zulieferungen:	

Abb. 12: Vorschlag für eine Arbeitspaketbeschreibung

5.5.2 Ablaufplanung

Der erste Schritt der Ablaufplanung ist es, die Aufgaben vom Projektstart bis zum Projektende sachlogisch zu ordnen, d.h. einen Ablaufplan zu erstellen. Dies kann entweder auf Ebene der Arbeitspakete erfolgen, oder bei Bedarf nach deren weiterer Untergliederung auch auf Ebene von Vorgängen (Aktivitäten). Ausgangspunkt der Ablaufplanung ist jedenfalls eine vollständige Liste aller Vorgänge bzw. Arbeitspakete. Neben den Arbeitspaketen bzw. Vorgängen sind in die Ablaufplanung auch noch die in der Phasenorganisation festgelegten Meilensteine einzubeziehen. Die Detailliertheit der Vorgangsliste soll jedoch dem aktuellen Kenntnisstand entsprechen, damit die Planung realistisch bleibt. Da innovative Aufgaben nur bedingt planbar sind, wird zu Beginn von Innovationsprojekten der Projektablauf eher nur in groben Zügen umrissen und erst im Projektablauf genauer beschrieben werden können (iterative Planung).

Unabhängig von der Detailliertheit sind im Rahmen der Ablaufplanung die Beziehungen (auch Relationen, Abhängigkeiten, Anordnungsbeziehungen genannt) zwischen den Vorgängen bzw. Arbeitspaketen zu eruieren. Dies kann entweder in tabellarischer Form oder durch die Erstellung von grafischen Ablaufplänen erfolgen. Für die Vernetzung in tabellarischer Form wird der Vorgangsliste eine Spalte hinzugefügt, in die für jeden einzelnen Vorgang die Nummern oder Bezeichnungen jener Vorgänge eingetragen werden, von welchen die Inangriffnahme des jeweiligen Vorgangs unmittelbar abhängt. Die Erstellung eines grafischen Ablaufplanes hat den Vorteil, dass die Abhängigkeitsbeziehungen zwischen den Vorgängen übersichtlicher dargestellt werden können. Insbesondere bei größeren, komplexeren Innovationsprojekten ist hierfür der Einsatz einer Projektmanagementsoftware wie etwa MS Project jedenfalls empfehlenswert. Anderenfalls kann zur ‚händischen' Erstellung des Ablaufplanes auch die Kärtchen-Technik angewandt werden, bei der für jeden Vorgang ein eigenes Kärtchen beschriftet und der Ablaufplan sodann auf einer Pinwand strukturiert wird (Platz/Schmelzer 1986, 198).

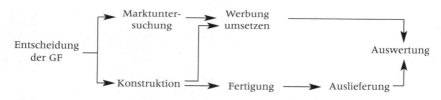

Abb. 13: Einfacher Ablaufplan

Bei den Abhängigkeiten zwischen den Vorgängen handelt es sich zumeist um sog. Ende-Anfang-Beziehungen, d.h. dass ein Vorgang beendet werden muss, bevor der nächste beginnen kann. Es sind aber auch Anfang-Anfang- oder Ende-Ende-Beziehungen denkbar, bei denen zwei parallel ablaufende Vorgänge entweder einen gemeinsamen Anfangs- oder einen gemeinsamen Endzeitpunkt haben müssen. Theoretisch sind noch Anfang-Ende-Beziehungen denkbar, hier ist es jedoch sinnvoll, die Anordnung der Vorgänge zu vertauschen, um daraus die gängige Ende-Anfang-Beziehung zu machen. Im Rahmen der Ablaufplanung sollen primär nur Abhängigkeiten aufgrund von sachlogischen bzw. technologischen Erfordernissen berücksichtigt werden. Bei der späteren Ressourcen- und Kostenplanung können auch noch Abhängigkeiten hinzukommen, die sich aus organisatorischen Randbedingungen, insbesondere der Ressourcenverfügbarkeit, ergeben.

5.5.3 Terminplanung

Der nächste Schritt ist es, die einzelnen Vorgänge um die für die Terminplanung notwendigen Daten zu ergänzen. Es sind dies insbesondere

- die erwartete Dauer (Zeitraum zwischen Beginn und Ende) der einzelnen Vorgänge
- allfällige Pufferzeiten, die zwischen den Vorgängen erforderlich sind
- sowie die vorgegebenen Fixtermine im Projektablauf (Meilensteine)

Als Recheneinheiten kann je nach Innovationsvorhaben Monate, Wochen, Tage oder Stunden verwendet werden.

Anhand dieser zusätzlichen Informationen kann bereits eine erste Terminrechnung durchgeführt werden. Hierbei wird zwischen der sog. Hinrechnung und der Rückrechnung unterschieden. Bei der Hinrechnung geht man von einem vorgegebenen Anfangstermin aus und ermittelt als Ergebnis den frühestmöglichen Fertigstellungs- bzw. Endtermin. Umgekehrt wird bei der Rückrechnung von einem vorgegebenen Endtermin ausgehend der spätestmögliche Anfangstermin berechnet. Ein häufiger, unbedingt zu vermeidender Fehler der Terminrechnung ist es, die gesetzlichen Feiertage sowie firmenspezifische arbeitsfreie Zeiten (z.b. Betriebsurlaub) nicht von vornherein zu berücksichtigen. Daher muss für die Terminrechnung des Innovationsprojektes ein spezieller Projekt- oder Firmenkalender definiert werden, der im Rahmen der Ressourcenplanung noch um abteilungs- oder personenspezifische Abweichungen von der Normalarbeitszeit zu ergänzen und während des gesamten Projektablaufes zu aktualisieren ist.

Die Ergebnisse der Terminrechnung können wiederum in verschiedenen Formen dargestellt werden, tabellarisch als Terminliste oder grafisch als Balkenplan oder Netzplan. Bei der Terminliste werden alle Vorgänge und Meilensteine des Innovationsprojektes aufgelistet und in einer eigenen Spalte die jeweiligen Fertigstellungstermine ausgewiesen. Die Terminliste stellt eine gute Grundlage für die späteren Arbeitsvereinbarungen zwischen dem Projektleiter und den Arbeitspaketverantwortlichen dar.

Der Balkenplan ist eine sehr übersichtliche grafische Darstellung der Terminliste, bei der jeder Vorgang durch einen eigenen Balken dargestellt wird, dessen Länge von der jeweiligen Vorgangsdauer abhängt. Die sachlogischen Abhängigkeiten zwischen den Vorgängen lassen sich durch Pfeile zwischen den Vorgangsbalken ersichtlich machen. Fixtermine (Meilensteine) werden mit einer Vorgangsdauer von Null versehen und durch ein eigenes Symbol dargestellt.

Auch der Netzplan ist eine grafische Darstellung des Projektablaufes bzw. der Ergebnisse der Terminplanung. Ähnlich dem Ablaufplan wird für jeden Vorgang und jeden Meilenstein ein eigener Kasten gezeichnet, der jetzt um die Eingangsdaten und Ergebnisse der Terminrechnung, wie Vorgangsdauer, frühester und/oder spätester Anfangs- und Endtermin und Puffer, ergänzt wird.

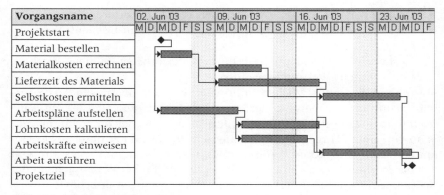

Abb. 14: Einfacher Balkenplan

Die Abhängigkeiten zwischen den Vorgängen werden wiederum durch Pfeile zwischen den Vorgangskästen symbolisiert. Zur Gewährleistung der Übersichtlichkeit ist beim Layout des Netzplanes darauf zu achten, dass die Vorgangskasten so angeordnet werden, dass es zu möglichst wenigen Überkreuzungen der Pfeile kommt. Bei einer EDV-gestützten Terminplanung (etwa mit MS Project) ist es möglich, nach Belieben zwischen der Balkendiagramm- und Netzplanansicht auszuwählen. Laufen mehrere Vorgänge parallel ab, so ist es sowohl beim Balkendiagramm, als auch beim Netzplan möglich, den sog. kritischen Pfad hervorzuheben. Unter dem kritischen Pfad versteht man jene Abfolge von (kritischen) Vorgängen, die für die erforderliche Dauer des Gesamtprojektes maßgeblich sind. Eine Verlängerung eines kritischen Vorgangs würde unmittelbar zu einer Verlängerung der Gesamtlaufzeit des Projektes führen. D.h. mit anderen Worten, dass auf dem kritischen Pfad der Puffer den Wert Null einnimmt. Als Puffer wird demnach jene Zeitspanne bezeichnet, um die ein Vorgang zeitlich verändert oder verlagert werden kann, ohne die Gesamtdauer des Projektes damit zu beeinflussen. Bei Projekten mit Fixterminen kann es bei der Terminrechnung auch zu Terminkollisionen bzw. negativen Puffern kommen. In diesen Fällen sind entsprechende Beschleunigungsmaßnahmen zu treffen. So kann etwa überprüft werden, ob nicht einzelne Arbeitspakete in kürzerer Zeit fertig gestellt werden oder zumindest teilweise parallel

Nummer		
Beschreibung der Aktivität		
Frühester Anfangstermin	Dauer	Frühester Endtermin
Spätester Anfangstermin	Puffer	Spätester Endtermin

Abb. 15: Beispiel eines Vorgangskastens für einen Vorgangsknoten-Netzplan

ablaufen können, um dadurch die vorgegebenen Termine einhalten zu können.
Nach der Darstellungsart unterscheidet man zwischen dem hier dargestellten Vorgangsknoten-Netzplan (VKN), bei dem die mit Pfeilen verbunden Kästen bzw. Knoten je einen Vorgang repräsentieren, dem Vorgangspfeil-Netzplan (VPN), bei dem die Vorgänge durch Pfeile und die Abhängigkeiten durch Knoten dargestellt werden, und dem Ereignisknoten-Netzplan (EKN), bei dem die Knoten Ereignisse bzw. Zustände und die Pfeile deren Abhängigkeiten repräsentieren, während die dazwischen liegenden Vorgänge nicht dargestellt werden (Rinza 1998, 71 f; Specht/Beckmann/Amelingmeyer 2002, 481). Netzpläne, bei deren Erstellung man – wie üblich – von der Annahme vollkommener Information bzw. Sicherheit ausgeht, werden als deterministisch bezeichnet, wohingegen bei den sog. stochastischen Netzplänen von unvollkommener Information ausgegangen wird und man daher mit Eintrittswahrscheinlichkeiten von Ereignissen oder Zufallsvariablen rechnet bzw. auch Entscheidungsweichen in den Netzplan einbauen kann (Rinza 1998, 71). Da am Anfang von Innovationsprojekten üblicherweise hohe Unsicherheit herrscht, wären theoretisch gerade hier stochastische Netzpläne passend, in der Praxis kommen sie aufgrund ihrer Kompliziertheit und dem damit einhergehenden hohen Planungsaufwand jedoch kaum zu Einsatz. Es ist wesentlich einfacher, einen deterministischen Netzplan auf Basis des jeweiligen Kenntnisstandes zu erstellen und diesen im Lauf der weiteren Projektplanung und -abwicklung ständig zu aktualisieren bzw. auf Basis der hinzukommenden Informationen zu detaillieren. Die Planung von Innovationsprojekten ist als iterativer und dynamischer Prozess zu betrachten. Daher darf es zu keinem Zeitpunkt einen kategorischen Planungsstopp geben, es ist jedoch empfeh-

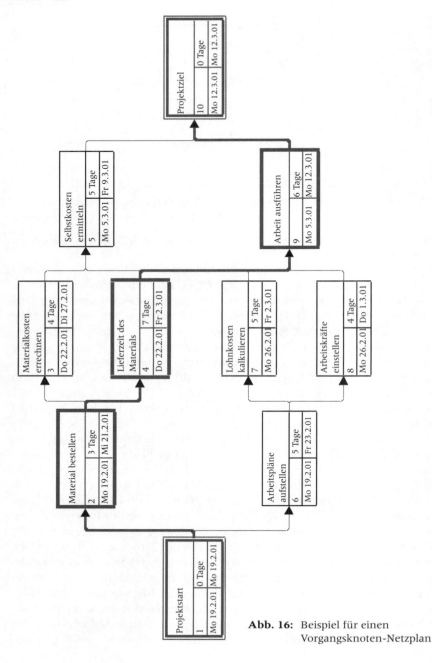

Abb. 16: Beispiel für einen Vorgangsknoten-Netzplan

lenswert, zu Projektbeginn eine Version des Planes, einen sog. Basisplan abzuspeichern, um allfällige Abweichungen analysieren bzw. dokumentieren und damit für die Planung nachfolgender ähnlicher Projekte lernen zu können.

5.5.4   Ressourcenplanung

Im Rahmen der Ressourcenplanung werden der Einsatz der am Projekt beteiligten Personen sowie die Verwendung sonstiger Einsatzmittel geplant. Auch hier soll sich die Detailliertheit der Planung am jeweiligen Kenntnisstand und an den tatsächlichen Erfordernissen der Projektplanung orientieren. Daher ist es wichtig, im Rahmen der Erfassung der erforderlichen Ressourcen zur Projektabwicklung die sog. Engpassressourcen, die durch eine beschränkte Verfügbarkeit und/oder hohe Kosten der Nutzung charakterisiert sind, zu identifizieren und das Hauptaugenmerk auf diese zu richten.

Ziel der Ressourcenplanung ist die Planung und Darstellung des Einsatzes von Arbeitskräften und sonstigen relevanten Einsatzmitteln während des gesamten Projektablaufes. Dabei geht man folgendermaßen vor:

• Bedarfserhebung auf Basis des Terminplanes
• Ermittlung und Darstellung des Einsatzmittelprofils
• Verfügbarkeitsanalyse: Ermittlung von Unter- und Überdeckung
• Optimierung der Ressourceneinsatzes

Die Erhebung des Ressourcenbedarfs steht in engem Zusammenhang mit der Terminplanung. Insbesondere die zumeist im Vordergrund stehende Planung des Personaleinsatzes wird unmittelbar von der festgelegten Dauer sowie den Anfangs- und Endterminen der einzelnen Arbeitspakete bzw. Vorgänge determiniert. Je nach Detaillierungsgrad der Planung wird der Arbeitsbedarf in Personenstunden, -tagen, -wochen oder -monaten auf Basis von Erfahrungswerten abgeschätzt und den einzelnen Arbeitspaketen bzw. Vorgängen zugeordnet. Die Planung des Personaleinsatzes kann sich auf Einzelpersonen oder Gruppen (Subprojektteams) beziehen. Im ersten Planungsdurchlauf geht man üblicherweise von einem konstanten Einsatz von Arbeitskräften und sonstigen Ressourcen während der gesamten Dauer eines Arbeitspaketes oder Vorganges aus. Bei der späteren Optimierung des Ressourceneinsatzes können auch Einsatzschwankungen während eines Arbeitspaketes insbesondere von Engpassressourcen geplant werden.

Ist der Bedarf der einzelnen Ressourcen pro Arbeitspaket oder Vorgang erhoben, so kann ein Einsatzmittelbedarfsprofil erstellt werden, bei dem die

Einsatzmenge jedes einzelnen Einsatzstoffes bzw. jeder eingesetzten Einzelperson oder Personengruppe auf einer Zeitachse abgebildet ist. Dieses Bedarfsprofil ist die Grundlage für die nun folgende Verfügbarkeitsanalyse, bei der Einsatzmittelbedarf mit der Verfügbarkeit des jeweiligen Einsatzmittels verglichen wird. Bei der Definition der zeitlichen Verfügbarkeit der Projektmitarbeiter ist zu berücksichtigen, welcher Anteil der Normalarbeitszeit für das Innovationsprojekt vorgesehen ist bzw. in welchem Ausmaß von den einzelnen Mitarbeitern auch während des Projektablaufes Aufgaben in der Stammorganisation erfüllt werden müssen. Auch sind bereits in der Planungsphase bekannte oder absehbare personenspezifische Abwesenheitszeiten, etwa aufgrund von Urlauben, Dienstreisen oder Weiterbildungsmaßnahmen, zu berücksichtigen. Ziel der Verfügbarkeitsanalyse ist es, allfällige Über- bzw. Unterdeckungen bei einzelnen Ressourcen festzustellen. Außerdem ist es möglich, dass bei manchen Ressourcen bzw. Projektmitarbeitern unerwünscht starke Unstetigkeiten, sog. Bedarfssprünge, auftreten.

Das Ziel der nun folgenden Optimierung des Ressourceneinsatzes ist es, diese identifizierten Bedarfssprünge sowie Über- und Unterdeckungen weitestgehend zu vermeiden. Unterdeckungen, d.h. der Ressourcenbedarf ist temporär höher als deren Verfügbarkeit, führen direkt zu Beeinträchtigungen der Projektabwicklung, insbesondere zu Verzögerungen. Vor allem bei feststehender Projektdauer ist es daher besonders wichtig, bei der Einsatzmitteloptimierung primär auf allfällige Unterdeckungen von Ressourcen zu achten. Überdeckungen, d.h. es steht temporär mehr Kapazität einer Ressource zur Verfügung, als im Projekt benötigt wird, und Bedarfssprünge sind immer dann ein Problem, wenn die Bereitstellung der Ressourcen Fixkosten verursacht und somit durch die zeitweise geringe Auslastung der Ressource Stillstandskosten entstehen. Folgende Maßnahmen können im Rahmen der Optimierung des Ressourceneinsatzes ergriffen werden:

- Zeitliches Verschieben einzelner Vorgänge: Nicht kritische Vorgänge können innerhalb des jeweiligen Puffers verschoben werden, ohne dadurch die Projektdauer zu verlängern.
- Ändern der Dauer einzelner Vorgänge: Eine Verkürzung der Vorgangsdauer führt zu einem höheren, eine Verlängerung zu einem niedrigeren Ressourceneinsatz pro Zeiteinheit. Auch hier ist darauf zu achten, dass nur die Verkürzung und Verlängerung nicht kritischer Vorgänge zu keiner Verzögerung der Projektfertigstellung führen.
- Änderung der Ablauflogik: Bei einer Überarbeitung bzw. Verfeinerung des Projektablaufes können vereinzelt Anordnungsbeziehungen zwischen den Vorgängen geändert werden, z.B. indem man die herkömmlichen Ende-Anfang-Beziehungen so abändert, dass zumindest teilweise zeitliche Überlappungen von Vorgängen ermöglicht werden.

- Detaillierte Einsatzmittelzuteilung pro Vorgang: Die vereinfachende Annahme, dass die (Personal-)ressourcen innerhalb eines Vorganges gleichmäßig eingesetzt werden, kann durch eine detaillierte Einsatzplanung ersetzt werden, bei der auch allfällige Einsatzschwankungen bzw. -spitzen einzelner Ressourcen berücksichtigt werden.
- Outsourcing: Sind die bisherigen Maßnahmen zur Optimierung des Ressourceneinsatzes noch nicht ausreichend, können auch einzelne Arbeitspakete an Externe vergeben werden, um allfällige Unterdeckungen oder Belastungsspitzen der eigenen Ressourcen zu vermeiden.
- Kapazitätsanpassungen: Um die vorgegebenen Projektziele rechtzeitig zu erreichen, ist es ferner noch möglich, die eigenen Kapazitäten aufzustocken, etwa in Form von Mehrleistungen der Projektmitarbeiter (Überstunden) oder durch Aufnahme neuer Mitarbeiter bzw. Anschaffung zusätzlicher Sachmittel. Dabei ist auf die Auswirkungen auf die Projektkosten zu achten.
- Veränderung des Projektumfanges bzw. des Fertigstellungstermins: Steht die Einhaltung der Projektkosten im Vordergrund, so können unter Absprache mit dem Projektauftraggeber selbstverständlich auch die beiden anderen Zielbereiche, nämlich die Projektsachziele und -terminziele, variiert werden.

5.5.5 Kosten- und Finanzmittelplanung

Hinsichtlich der Planung der Kosten von Innovationsprojekten kann grundsätzlich zwischen folgenden zwei Verfahrenstypen unterschieden werden:

- **Globale Verfahren zur Kostenschätzung** zur raschen und einfachen Grobabschätzung der zu erwartenden Kosten des Innovationsprojektes.
- **Analytisches Vorgehen in der Kostenplanung** zur detaillierten Projektkalkulation und Budgetierung.

Die globalen Kostenschätzverfahren kommen insbesondere in sehr frühen Planungsphasen zur Anwendung, wenn noch wenige Detailinformationen über den Ablauf des Innovationsprojektes vorliegen. In der Regel werden nur die Gesamtkosten des Innovationsvorhabens grob geschätzt. Diese Kostenschätzung erfordert allerdings, dass auf ausreichende Erfahrungen bei vergleichbaren Projekten zurückgegriffen werden kann. Wurden bereits sehr ähnliche Innovationsvorhaben abgewickelt, kann man die Kosten dieser Projekte als Ausgangsbasis verwenden. Es ist jedoch empfehlenswert, auch jene Faktoren zu identifizieren, die die Projektkosten maßgeblich beeinflussen bzw. sehr stark mit ihnen korrelieren (Inhalt des Projektes, Dauer, Anzahl der Mitarbeiter etc.). Sind die Ausprägungen dieser Faktoren bei den bereits abgewickelten Projekten jenen des geplanten Projektes sehr ähnlich, so können die Kostendaten direkt übernommen werden. Gibt es deutliche Unterschiede zwischen den bereits abgewickelten und dem geplanten Projekt hinsichtlich der Kosteneinflussgrößen, so sind die Kostenwerte entsprechend anzupassen. Hierbei ist wiederum ein hohes Erfahrungswissen erforderlich, wobei es hilfreich ist, geeignete Kennzahlen zu bilden. Beispielsweise man bei Bauprojekten mit den spezifischen Kosten pro m^2 umbautem Raum oder bei Softwareentwicklungsprojekten mit den Kosten pro Programmzeile bzw. Befehl gerechnet werden. Um die Kostenschätzung etwas detaillierter zu machen, ist es ferner möglich, das hier beschriebene Kostenschätzverfahren für jede Phase des geplanten Innovationsprojektes getrennt durchzuführen und erst dann die erwarteten Gesamtprojektkosten zu ermitteln, indem man die Summe der Kosten aller Projektphasen bildet. Dieses Vorgehen hat nicht nur den Vorteil, dass man in der Regel zu genaueren Ergebnissen kommt, sondern auch, dass man als Grundlage für die Finanzplanung bereits eine grobe Übersicht über die zeitliche Verteilung der Kosten während des Projektablaufes erhält. Innovationsprojekte weisen nämlich üblicherweise eine im Zeitablauf stark steigende Kostenkurve aus, d.h., der Finanzmittelbedarf ist nicht konstant, sondern progressiv steigend.

Im Gegensatz zu den globalen Kostenschätzverfahren zeichnet sich eine Projektkalkulation durch analytisches Vorgehen aus. Es werden nicht die Gesamtkosten des Projektes oder der Projektphase als eine einzige Größe geschätzt, sondern jede einzelne Kostenart für sich geplant. Die Genauigkeit der Kostenplanung nimmt mit Verlauf des Projektes zu. Die Basis dieser detaillierten Kostenplanung ist die bisherige Projektplanung, angefangen von der Projektstruktur- bis zur Ressourcenplanung. Folgende Arbeitsschritte sind erforderlich:

- Ermittlung der für das Innovationsprojekt relevanten Kostenarten
- Bewertung der in den Arbeitspaketen bzw. Vorgängen eingesetzten Ressourcen
- Zuordnung von Gemeinkosten und u.U. Risikozuschlägen
- Zusammenfassung aller Kostenarten und Ermittlung der Gesamtkosten
- Analyse der zeitlichen Kostenverteilung über die Projektdauer (Finanzmittelplanung)

Die Auswahl der projektspezifischen Kostenarten hängt sehr stark von der im jeweiligen Unternehmen verwendeten Gliederung der Kostenarten ab. Grundsätzlich ist zwischen Einzelkosten, die direkt einzelnen Leistungseinheiten zugerechnet werden können, und den nicht direkt zurechenbaren Gemeinkosten zu unterscheiden. Hinsichtlich ihrer Beschäftigungsabhängigkeit kann ferner zwischen den beschäftigungsunabhängigen Bereitstellungskosten bzw. Fixkosten und den beschäftigungsabhängigen variablen Kosten unterschieden werden. Die Einzelkosten werden erfasst, indem die jeweilige Einsatzmenge der Ressourcen, die in der Ressourcenplanung den einzelnen Arbeitspaketen bzw. Vorgängen zugeordnet worden sind, mit den spezifischen Kostensätzen (Einstandspreise oder interne Verrechnungspreise) multipliziert werden. Diese Zuordnung der Einzelkosten zu den einzelnen Arbeitspaketen ist eine notwendige Voraussetzung für die laufende Kostenkontrolle während der Projektabwicklung. Die Gemeinkosten werden entweder in Form von Zuschlagsätzen einzelnen Kostenträgern zugeordnet, wie dies beispielsweise bei den in den Stundensätzen eingerechneten Personalgemeinkosten der Fall ist, oder als Gesamtsumme bzw. mittels Zuschlagssatz den Gesamtprojektkosten den direkten Kosten hinzugerechnet. Nicht empfehlenswert ist es, Planungsunsicherheiten etwa in Hinblick auf die Verbrauchs- oder Preisentwicklung einzelner Ressourcen bereits in die Mengenschätzung oder in die Preisansätze einzurechnen. Vielmehr sollte die Planung so realistisch wie möglich durchgeführt werden. In Sinne einer ‚sicheren' Kostenplanung kann bei Bedarf zu einzelnen Positionen oder zur Gesamtsumme ein Risikozuschlag hinzugerechnet werden, der aber explizit auszuweisen ist, um die Nachvollziehbarkeit der Planung nicht zu beeinträchtigen. Bei einer EDV-gestützten Kostenplanung ist es kein Problem, nun Auswertungen der Kostenplanung nach verschiedensten Kriterien zu erstellen.

Hierbei kommt der Analyse der zeitlichen Verteilung der Projektkosten eine besondere Bedeutung zu, da diese die Basis für die Finanzmittelplanung, d.h. für die zeitgerechte Bereitstellung von Finanzierungsmöglichkeiten, sowie für das integrierte Projektcontrolling ist. Hinsichtlich der Finanzmittelplanung ist jedoch noch zu berücksichtigen, dass der Zeitpunkt der Zahlungsströme, d.h. der tatsächlichen Ein- und Auszahlungen, von der zeitlichen Zuordnung der Kosten abweichen kann. Beispielsweise können Fremdleistungen zu früheren (An- oder Vorauszahlungen) oder späteren (Zielkauf) Zahlungsströmen führen. Bei Personalkosten ist insbesondere auf den Zeitpunkt der Sonderzahlungen (Urlaubsgeld und Weihnachtsremuneration) zu achten. Um Liquiditätsengpässe zu vermeiden, ist es daher insbesondere bei größeren, kapitalintensiven Projekten unbedingt erforderlich, einen eigenen Projektfinanzplan zu erstellen, der sich auf die tatsächlichen Zahlungsströme bezieht.

5.6   Gestaltung des Projektinformationswesens

Ein wesentlicher Erfolgsfaktor für Innovationsprojekte ist die Gestaltung eines angepassten Informationswesens, sowohl nach außen als auch projektintern (Wicke 1995, 108 ff). Das Projektinformationswesen nach außen wird in der Schnitt- bzw. Nahtstellenplanung definiert. Dabei geht es darum, bereits frühzeitig entsprechende Vereinbarungen mit den relevanten Umfeldgruppen des Innovationsvorhabens zu treffen. Es ist dabei wichtig, dass klare Spielregeln über die Art und Häufigkeit der Kommunikation oder der Übergabe von Projektergebnissen festgelegt werden. Beispielsweise muss den Umfeldgruppen eindeutig mitgeteilt werden, wer deren Ansprechpartner ist. Projektintern geht es vor allem darum,

• die in der Projektplanung festgelegten Aufgaben im Team zu verteilen,
• Regelungen für die Kommunikation zwischen den Beteiligten zu erlassen
• sowie Projektsitzungen effizient zu planen und umzusetzen.

5.6.1   Aufgabenverteilung

In der Ressourcenplanung wurde an sich bereits festgelegt, welche Projektmitarbeiter bei welchen Arbeitspaketen oder Vorgängen eingesetzt werden. Für eine erfolgreiche Projektabwicklung ist es jedoch unbedingt erforderlich, die Aufgaben und Funktionen im Projektteam unmissverständlich zu verteilen. Wie detailliert die Aufgabenverteilung erfolgt, hängt natürlich sehr stark von den jeweiligen Besonderheiten des Innovationsvorhabens (Neuartigkeit, Komplexität) ab, aber auch davon, wie lange die Projektmitarbeiter zuvor schon miteinander gearbeitet haben. Jedenfalls ist auf die Übersichtlichkeit, Eindeutigkeit und Akzeptanz der Aufgabenverteilung bei allen am Innovationsprojekt Beteiligten zu achten. Die Aufgaben werden selbstverständlich durch das Projektziel determiniert. Geänderte Ziele und Randbedingungen, etwa in der bestehenden Organisation, können demnach zu Anpassungen der Aufgabenverteilung führen.

Folgende Grundsätze sind bei der Aufgabenverteilung zu beachten:
• Übereinstimmung von Aufgabe, Verantwortung und Befugnissen
• Personifizierte Verantwortung
• Kleine Funktionseinheiten

Die Aufgabenverteilung soll jedenfalls schriftlich festgehalten werden. Dies kann entweder in Gesprächs- und Sitzungsprotokollen erfolgen, es können aber auch spezielle Hilfsmittel zur Aufgabenverteilung eingesetzt werden, wie etwa Arbeitspaketbeschreibungen, Aufgabenlisten oder Funktionsdiagramme. Arbeitspaketbeschreibungen und Aufgabenliste wurden bereits im Rahmen der Projektstruktur- und -ablaufplanung erstellt. Die eindeutige Angabe des Verantwortlichen ist das Kernstück der Aufgabenverteilung.

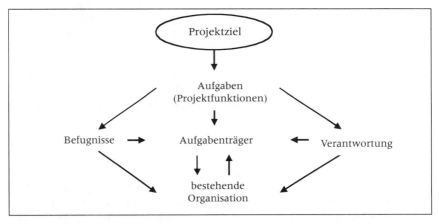

Abb. 17: Aufgabenverteilung

Das Funktionsdiagramm ermöglicht darüber hinaus die übersichtliche Übertragung verschiedener Funktionen an die beteiligten Personen. In eine Matrix, in deren Zeilen die Aufgaben und deren Spalten die Aufgabenträger abgebildet werden, können durch verschiedene Symbole pro Matrixfeld die entsprechenden Funktionen den jeweils betroffenen Aufgabenträger zugewiesen werden.

Nr.	Aufgabe	Termin	Verantwortlicher

Abb. 18: Aufgabenliste

Aufgaben	Aufgabenträger				
	A	**B**	**C**	**D**	**...**
Aufgabe 1					
Aufgabe 2					
Aufgabe 3					
...					

E	Entscheidung
A	Ausführungsverantwortung
M	Mitwirkung
I	Informationsrecht
W	Fachliche Weisung, Überwachung

Abb. 19: Funktionsdiagramm

5.6.2 Kommunikation im Projekt

Die Kommunikation im Innovationsprojekt erfolgt sowohl durch Gespräche, individuell oder in Sitzungen, als auch schriftlich durch das Berichtswesen und die Projektdokumentation. Durch die Kommunikation muss gewährleistet sein, dass alle beteiligten Personen die für ihre Arbeit erforderlichen Informationen rechtzeitig und in der passenden Form und Detaillierung erhalten. Durch kurze und direkte Informations- und Kommunikationskanäle bzw. bereichsübergreifenden Informationsaustausch können Entscheidungen und Abläufe in Projekten beschleunigt werden.

5.6.2.1 Individuelle Gespräche

Bei der Gesprächsführung ist nicht nur die eigentliche verbale Aussage, sondern auch das nonverbale Verhalten (Gestik, Mimik, Körperhaltung) relevant. Es wird also nicht nur auf der Sachebene (Thema, Inhalt) kommuniziert, sondern auch auf der emotionalen Ebene, die die gefühlsmäßigen Aspekte in den Beziehungen zwischen den kommunizierenden Personen betrifft. Auch sind strukturelle Rahmenbedingungen, wie etwa die Zeit und der Ort des Gesprächs, zu berücksichtigen bzw. bewusst zu planen. Es muss bedacht werden, dass jeder Mensch sein eigenes Bild von der Welt erschafft. Dies wiederum beeinflusst, was die jeweilige Person wahrnehmen will oder kann. Bei der verbalen Kommunikation kommt es nicht primär darauf an, was tatsächlich gesagt wird und wie es gemeint war, sondern vielmehr darauf, wie es verstanden wird.

Jedes wichtige Gespräch ist systematisch vorzubereiten. Dabei sind der Anlass und das Ziel des Gespräches zu definieren sowie die Erwartungshaltungen bzw. Interessen des Gesprächspartners abzuschätzen. Eine gute Gesprächsvorbereitung hilft, die eigenen Anliegen verständlich zu kommunizieren und konkrete Lösungen zu finden bzw. klare Vereinbarungen zu treffen. Grundsätzliche Tipps für die mündliche Kommunikation sind (Patzak/Rattay 2004, 269):

- Äußeren Sie sich in der Sache klar, eindeutig und konsequent!
- Akzeptieren und wertschätzen Sie Ihren Gesprächspartner!
- Versuchen Sie die passenden Rahmenbedingungen für das Gespräch zu schaffen!
- Hören Sie aktiv zu, d.h. behalten Sie Blickkontakt und geben Sie die Aussagen Ihres Gesprächspartners sinngemäß wieder bzw. fassen Sie diese in eigenen Worten zusammen!

Wichtige Gesprächsinhalte sind schließlich schriftlich in einem Protokoll oder einer Notiz festzuhalten und dem Gesprächspartner zu übermitteln (z.B. per Email).

5.6.2.2 Projektsitzungen

Projekte sind üblicherweise durch eine Reihe von Sitzungen und Workshops gekennzeichnet, meist beginnend mit einem Kick-off-Meeting und Planungsworkshops, später finden dann Koordinationssitzungen und schließlich ein Projektabschluss-Meeting statt. Anzahl und Zeitpunkte von Sitzungen in einem Innovationsprojekt sind gezielt zu planen. Zu wenige Sitzungen führen zu mangelnder Koordination und Zusammenarbeit der Projektmitarbeiter, aber auch zu viele Sitzungen können den Projekterfolg beeinträchtigen, weil sie nicht nur kostspielig sind, sondern für die Mitarbeiter auch demotivierend wirken können (,Sitzungsinflation').

Projektsitzungen müssen gründlich vorbereitet werden. Es müssen die Ziele der Sitzung klar formuliert werden, so dass jedem Teilnehmer klar ist, worum es sich handelt und worauf er sich vorzubereiten hat. Die Teilnehmer sind je nach Zweck der Sitzung gezielt auszuwählen und einzuladen. Hierbei kommt der Übermittlung der Sitzungsagenda besondere Bedeutung zu. Aus ihr sollen die Tagesordnungspunkte (zu behandelnde Themen), ihre Reihenfolge und auch das angesetzte Zeitbudget ersichtlich sein.

Während der Sitzung übernimmt zumeist der Projektleiter die Rolle als Moderator, d.h. er hat die Aufgabe, den Besprechungsablauf zu steuern

---

Sitzungsagenda

1. Vereinbarung der Ziele, Tagesordnungspunkte, Dauer und Ergebnisse der Sitzung
2. Besprechung des Protokolls der letzten Sitzung
3. Inhalt: ....
4. Festlegen der nächsten Sitzung
5. Aufgabenverteilung bis zur nächsten Sitzung mit Terminen und persönlichen Verantwortlichen
6. Sonstiges

Abb. 20: Sitzungsagenda

und eine effiziente Sitzungsdurchführung zu sichern. Ein Moderator muss jedoch seine eigenen Meinungen, Ziele und Werte zurückstellen und eine fragende und aktivierende Haltung einnehmen. Ist es wichtig, dass der Projektleiter in der Sitzung seine eine Meinung einbringt und in seiner Rolle als Projektleiter Entscheidungen trifft, so kann es sinnvoll sein, einen neutralen Moderator für die Sitzung hinzuzuziehen. Der wichtigste Punkt in Projektsitzungen ist die Vereinbarung von Maßnahmen für die Zeit nach der Sitzung. Der Moderator muss darauf achten, dass die Verantwortlichen für die Vollziehung der besprochenen Aufgaben und die Termine festgelegt werden.

Zur Nachbereitung einer Sitzung ist ein Protokoll zu erstellen, in dem die zentralen Sitzungsinhalte, Erkenntnisse, Entscheidungen und Vereinbarungen festgehalten werden. Besonders wichtig ist es, die Vereinbarungen hinsichtlich des weiteren Projektablaufs zu dokumentieren, insbesondere die weiteren Aktivitäten und die jeweils dafür Verantwortlichen. Das Sitzungsprotokoll muss allen Teilnehmern so schnell wie möglich zur Verfügung gestellt werden.

5.6.2.3 Berichtswesen

Unter Berichtswesen wird jener Teil der Projektkommunikation verstanden, mit dem den Interessensgruppen aus den unterschiedlichen Umfeldausschnitten schriftliche Informationen über das Projektgeschehen zu Verfügung gestellt werden. Zielgruppen des Berichtswesens sind vor allem der interne Projektauftraggeber, der Lenkungsausschuss oder Projekt-Beirat, externe Auftraggeber, Kunden, Behörden und sonstige interessierte Institutionen. Das Ziel des Berichtswesens ist es, den jeweiligen aktuellen Stand des Projekts festzuhalten sowie Prognosen über zukünftige Entwicklungen aufzuzeigen. Die genauen Standards für das Berichtswesen werden von den jeweiligen Strukturen und Anforderungen in den jeweiligen Unternehmen determiniert. Typische Projektberichte sind:

- Projektauftrag bzw. Projektdefinition
- Projektfortschrittsberichte
- Projektabweichungsberichte
- Projektabschlussbericht

Nr./Titel des Auftrages:
Art der Abweichung:
Begründung:
Vorschlag für weiteres Vorgehen:
Auswirkungen auf andere Aufträge:
Datum, Unterschrift

Abb. 21: Abweichungsbericht

5.6.3 Dokumentation

Mit der Projektdokumentation muss der Projektablauf und das -management schriftlich festgehalten und nachvollziehbar gemacht werden. Wichtig ist, dass eindeutig festgelegt wird, was wann in welcher Form zu dokumentieren ist. Ein Projektdokumentationssystem sollte transparent sein, eine durchgängige Gliederung aufweisen und eine personenabhängige Lesbarkeit gewährleisten. Die Projektdokumentation bildet eine wichtige Basis für Lerneffekte für zukünftige Innovationsprojekte. Kernstück der Projektdokumentation ist das Projekthandbuch, das alle wichtigen Ergebnisse, Pläne, Strukturen und Regeln enthält und somit den Projektmanagementprozess lückenlos abbildet. Wichtig ist, dass die Projektdokumentation nicht im Nachhinein erfolgt, sondern als laufende Aufgabe vom Projektauftrag bis zum Abschluss wahrgenommen wird.

Auch ist bereits zu Projektbeginn ein Ordnungssystem für die Ablage aller projektrelevanten Unterlagen festzulegen, um damit einen schnellen und übersichtlichen Zugriff auf alle Projektdokumente während der Projektdauer zu schaffen (Kraus/Westermann 2004, 137).

5.7 Führungsaufgaben bei Innovationsprojekten

Dem Projektleiter obliegt es, alle am Innovationsvorhaben Beteiligten zu führen, d.h. ein Team zu bilden und eine entsprechende Teamkultur zu entwickeln, die Mitarbeiter zu motivieren, deren Aktivitäten zu koordinieren, Entscheidungsprozesse zu steuern und gegebenenfalls Konflikte zu lösen.

5.7.1 Aufbau einer Teamkultur

Die erste und für eine erfolgreiche Projektabwicklung zentrale Aufgabe des Projektleiters ist es, entsprechend den jeweiligen Aufgaben die richtigen Teammitglieder auszuwählen und die Teamstruktur festzulegen.

- Kreativitätsteams besitzen volle Autonomie, arbeiten unabhängig von Problemen und Suchen in erster Linie nach Lösungsalternativen. Ihre Struktur ist durch formale Unabhängigkeit, das Fehlen einer Führungsperson und durch großen Abstand zur Stammorganisation definiert.
- Entscheidungsteams sind äußerst zielorientiert, werden durch eine Führungsperson gelenkt und zur Auswahl von Alternativen eingesetzt.
- Umsetzungsteams beschäftigen sich hauptsächlich mit der Durchführung und Implementierung von Projekten. Ihre Struktur ist durch Dezentralisierung, Auggabenverteilung und durch eine straffe umsetzungsorientierte Organisation gekennzeichnet.

Für eine erfolgreiche Teamarbeit ist es notwendig, dass das Projektziel von jedem Mitglied verstanden und als wichtig und wertvoll anerkannt wird. Die Ausnützung von Machtpositionen zur Durchsetzung von Individualzielen führt zu Störungen in der Zusammenarbeit. Dem Team müssen die für seine Aufgabe erforderlichen Mittel bereitgestellt werden. Es ist auch wichtig, dass im Team eine klare und von allen akzeptierte Rollen- und Aufgabenverteilung herrscht.

Bei größeren Innovationsprojekten entsteht häufig eine eigenständige Projektteamkultur, die durch projektspezifische Entscheidungs- und Unterschriftenberechtigungen, räumliche Abgrenzungen gegenüber der

Stammorganisation, die Entwicklung einer eigenen ‚Projektsprache', veränderte Arbeitszeiten und Entlohnungssysteme etc. erkennbar wird. Teamkultur kann als spezifisches Verhalten oder eigenständiges Erscheinungsbild einer Gruppe beschrieben werden. Durch die Entwicklung einer Teamkultur können sich die Teammitglieder verstärkt mit dem gemeinsamen Ziel identifizieren. Bei großen Unternehmen kann es durch die Entwicklung einer eigenständigen Teamkultur aber auch zu Konflikten zwischen dem Projektteam und den Linienstellen kommen. Der Projektmanager kann durch die richtige Wahl der Teammitglieder, Vermittlung eigener Werte und die Dokumentation der Teamgeschichte in einem Projekthandbuch den Entwicklungsprozess der Teamkultur positiv beeinflussen.

5.7.2 Führung von Projektteams

Unter Führungsstil wird ein zeitlich überdauerndes, konsistentes Führungsverhalten für bestimmte Situationen von Vorgesetzten gegenüber Mitarbeitern verstanden. Grundsätzlich kann zwischen folgenden Führungsstilen unterschieden werden:

- Autokratischer Führungsstil: Der Projektleiter entscheidet autoritär über Projektinhalt und den Prozessablauf. Er gibt den Projektmitarbeitern detaillierte Anweisungen und kontrolliert deren Umsetzung selbst.
- Kooperativer Führungsstil: Der Projektleiter beteiligt die Mitarbeiter an der Zieldefinition und Prozessgestaltung. Er delegiert Aufgaben, Befugnisse und Verantwortung und ermöglicht damit eine hohe Eigenverantwortlichkeit der Gruppenmitglieder.
- Demokratischer Führungsstil: Der Projektleiter schlägt nur Entscheidungen vor, der Projektinhalt und -prozess werden jedoch in Gruppenentscheidungen getroffen. Das Team wird dadurch stark motiviert, die Effizienz und wirtschaftliche Leistung aber eher beeinträchtigt.
- Liberaler Führungsstil: Die Entscheidungen über Inhalt und Ablauf des Projektes werden von einzelnen Projektmitarbeitern oder Untergruppen getroffen. Der Projektleiter gibt nur auf Verlangen Kommentare und Informationen.

Grundsätzlich eignet sich für Innovationsprojekte in Unternehmen am ehesten der kooperative Führungsstil, da hier die effiziente Erreichung der Sachleistung bei hoher Eigenverantwortlichkeit der Mitarbeiter im Vordergrund steht. Bei Innovationsprojekten ist es aufgrund der verschiedenartigen Anforderungen an das Team während des Innovationsprozesses jedoch äußerst wichtig, den Führungsstil an die jeweilige Aufgabe und Situation anzupassen (situativer Führungsstil).

Ein zentrales Führungsinstrument in Projekten sind jedenfalls Zielvereinbarungen und Delegation (Management by Objectives – MbO). Durch eine klare Zielformulierung, bei der die jeweiligen Projektmitarbeiter nach Möglichkeit einzubinden sind, kann eine hohe Motivation der Teammitglieder und allgemeine akzeptierte Prioritätensetzung erreicht sowie der Erfolg mess- und bewertbar gemacht werden (Feedback für das Team). Nach der Zielfestlegung können die Aufgaben anhand eines Maßnahmenkatalogs oder eines Projektstrukturplans definiert werden. Wichtig ist auch die Kontrolle der vereinbarten Ziele im Laufe der Zeit durch Überprüfung der Meilensteine oder Zwischenergebnisse. Am Ende des Projekts soll die Leistung des Teams anhand der Messung der vereinbarten Ziele vorgenommen werden. Im Zusammenhang mit der Zielvereinbarung in Projekten steht die Delegation, bei der der Projektleiter Aufgaben sowie die entsprechende Durchführungsverantwortung an Teammitglieder weitergibt. Dadurch können der Projektleiter entlastet und die Erfahrungen und der Fachkenntnisse der Teammitglieder ausgeschöpft werden. Die Gesamtverantwortung für das Projekt sowie die Entscheidungskompetenz für über die delegierten Aufgaben hinausgehende Fragestellungen verbleiben aber beim Projektleiter.

5.7.3   Entscheidungsprozesse

Die Frage, wie Entscheidungsprozesse in Innovationsprojekten zu gestalten sind, hängt eng mit dem Führungsstil des Projektleiters zusammen. Grundsätzlich kann zwischen Einzelentscheidungen und Gruppenentscheidungen, und bei Letzteren wiederum zwischen Mehrheitsentscheidungen und Konsensentscheidungen unterschieden werden. Es wird häufig behauptet, dass Gruppenentscheidungen zu besseren Ergebnissen als Einzelentscheidungen führen und daher diesen vorzuziehen seien. Tatsächlich sind Gruppenentscheidungen nur unter bestimmten Voraussetzungen empfehlenswert, nämlich bei sehr komplexen Fragestellungen und in emotional schwierigen Situationen. Allerdings muss die Gruppe jedenfalls die dafür erforderliche Reife aufweisen und konsensfähig sein. Wenn Entscheidungen in der Gruppe getroffen werden, sollen diese nämlich keinesfalls durch Abstimmung, sondern ausschließlich durch Konsensbildung erreicht werden. Dadurch steigt die Qualität der Entscheidung und vor allem die spätere Akzeptanz und Verbindlichkeit des Ergebnisses.

Gruppenentscheidungen können aber auch zu nur scheinbar einhelligen Resultaten führen. Hier ist das bekannte Phänomen des ‚Group think' zu erwähnen, wonach einzelne Teammitglieder aufgrund des bestehenden sozialen Drucks in der Gruppe wider besseren Wissens nachgeben (Konformitätsdruck). Durch diese moralisch erzwungene Zustimmung des Einzelnen zur Gruppenentscheidung als Beitrag zur Gruppenloyalität wird die Meinungsvielfalt in der Gruppe beschnitten, deren kreatives Lösungspotenzial verringert und damit letztendlich die Qualität der Entscheidung beeinträchtigt. Dieses Phänomen tritt insbesondere bei bereits länger bestehenden Gruppen auf, in denen sich häufig informelle Meinungsführer herausgebildet haben. Hier kommt es darauf an, dass der Projektleiter bewusst unterschiedliche Sichtweisen herausstreicht und Konflikte geschickt induziert, um eine Pseudoübereinstimmung zu vermeiden.

Aber nicht jede Entscheidung in einem Innovationsprojekt erfordert eine Gruppenentscheidung. Es gehört zu den erforderlichen Qualifikationen des Projektleiters, die jeweilige Situation zu erkennen, richtig zu bewerten und den Entscheidungsprozess dementsprechend zu gestalten. Der Grad der Partizipation kann

- von der eigenständigen (‚einsamen') Entscheidung des Projektleiters,
- über die Einholung von Informationen, Meinungen und Ratschlägen,
- Diskussionen in der Projektgruppe
- bis zur tatsächlichen gemeinsamen Entscheidungsfindung im Team

reichen. Kriterien für die Gestaltung des Entscheidungsprozesses sind die Komplexität der Entscheidung, die Wichtigkeit der Akzeptanz der Ergebnisse, aber auch die Schnelligkeit und die Kosten der Entscheidungsfindung. Der aufbauorganisatorische Grundsatz, dass die Entscheidungsbefugnisse mit dem Aufgaben-, und Verantwortungsbereichen der Mitarbeiter übereinstimmen müssen, darf dabei nicht aus den Augen verloren werden.

5.7.4 Konfliktmanagement

Ein kennzeichnendes Merkmal von Innovationen ist deren Konfliktgehalt. Dementsprechend können in Innovationsprojekten Konflikte nicht zur Gänze vermieden werden, sie sind vielmehr natürliche Zustände, die oft auch zur Zielerreichung beitragen können, indem durch sie unterschiedliche Standpunkte aufgezeigt werden. Es gibt eine Vielzahl verschiedener Konflikte (Patzak/Rattay 2004, 369):

- **Zielkonflikte**: unterschiedliche Zielsetzungen und Erwartungen an das Projekt

- **Wahrnehmungskonflikte**: Differenzen in der Wahrnehmung von Werten, Handlungen und Situationen
- **Beziehungskonflikte**: anonyme, ungeklärte Beziehungen
- **Rollenkonflikte**: ungeklärte Aufgabenabgrenzungen und unterschiedliche Rollenerwartungen
- **Persönlichkeitsbedingte Konflikte**: unterschiedliche Persönlichkeitsentwicklung, Kenntnisse und Erfahrungen
- **Verteilungskonflikte**: Wettbewerb um Arbeitsplatz, Aufgaben, Einkommen
- **Bewertungskonflikte**: Unterschiedliche Wertorientierungen, Einstellungen und Normen

Schlecht ausgetragene Konflikte können jedoch auch zu Verstimmungen im Team, zur Verringerung der Leistungsfähigkeit und damit zum Misslingen des Projektes führen. Grundsätzlich gilt, dass Konflikte, die auf der Sachebene ausgetragen werden, eher positiv auf den Projekterfolg wirken, während emotionale Konflikte, die auf die Beziehungsebene abgleiten, die Teamarbeit stören. Es ist wiederum Aufgabe des Projektleiters, die Konfliktsituation einzuschätzen und richtig mit ihr umzugehen.

Voraussetzung für ein effektives Konfliktmanagement ist es, die Bedürfnisse der Konfliktparteien als legitim und wichtig anzuerkennen. Es muss in der Sache möglichst klar argumentiert, aber zu allen Personen hin jedenfalls wertschätzend agiert werden. Inhalte und Personen sind stets auseinander zu halten und Schuldzuweisungen tunlichst zu vermeiden. Die verschiedenen Standpunkte sind möglichst klar darzustellen und als Grundlage für die Suche nach Lösungen heranzuziehen. Verhandlungen, bei denen niemand das Gesicht verliert, führen eher zu Lösungen, die von allen Konfliktparteien mitgetragen werden. Der Projektleiter soll neue Gesichtspunkte, Ideen und Lösungen auf der Sachebene für das Projekt nutzbar machen und auf der Beziehungsebene eine Projektatmosphäre schaffen, die es dem Projektteam ermöglicht, das Innovationsvorhaben gemeinsam erfolgreich abzuwickeln.

5.8   Projektüberwachung und -steuerung

Mit der Projektüberwachung und -steuerung wird das Ziel verfolgt,
- die Einhaltung der Projektpläne zu überwachen,
- allfällige Abweichungen möglichst frühzeitig zu erkennen und
- adäquate Steuerungsmaßnahmen zu entwickeln und umzusetzen.

Dabei werden alle Zielbereiche eines Innovationsprojektes, nämlich die zu erbringende Leistung (Quantität, Qualität), die einzuhaltenden Termine und die Budgetrestriktionen betrachtet. In einem Regelkreismodell kann der Zusammenhang zwischen Projektplanung, -überwachung und -steuerung veranschaulicht werden. Abweichungen zwischen den Soll-Daten aus der Projektplanung und den Ist-Daten aus der Projektdurchführung werden in der Projektüberwachung identifiziert. Im Rahmen der Projektsteuerung werden schließlich Maßnahmen hinsichtlich der Projektdurchführung ergriffen oder Änderungen in der Projektplanung vorgenommen. Bei der Erhebung der Ist-Daten kommt es vor allem darauf an, dass sie aktuell sind. Werden die Ist-Daten nämlich nur zeitlich verzögert generiert (etwa aus dem ERP-System), so ist es für den Projektleiter unmöglich, bei allfälligen Abweichungen frühzeitig und effizient gegenzusteuern.

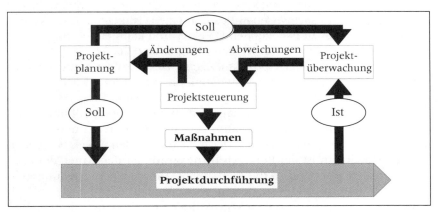

Abb. 22: Regelkreismodell des Projektcontrollings

Die Projektüberwachung umfasst demnach die Erfassung des Ist-Zustandes, der in einer Abweichungsanalyse den Sollwerten aus der Planung gegenüberzustellen ist. Neben den herkömmlichen Abweichungsanalysen spielen im Bereich des Projektcontrollings auch sog. Trendanalysen eine wichtige Rolle, da mit ihnen bereits sehr frühzeitig auf sich abzeichnende Fehlentwicklungen reagiert werden kann. Darüber hinaus ist noch auf die integrierte Projektsteuerung hinzuweisen, bei der die einzelnen Parameter nicht isoliert betrachtet werden, sondern auch die Zusammenhänge zwischen den Kosten, Terminen etc. entsprechende Berücksichtigung finden.

5.8.1   Leistungsfortschrittsmessung

Im Lauf der Projektabwicklung muss der Projektleiter stets über den Leistungsfortschritt hinsichtlich des zu erbringenden Sachergebnisses Bescheid wissen. Hierbei ist zwischen einem **objektbezogenen** und einem **projektbezogenen** Leistungsfortschritt zu unterscheiden. Das eigentliche Sachergebnis eines Innovationsprojektes, das zu erstellende Objekt etwa in Form eines zu entwickelnden Produktes, ist im Objektstrukturplan systematisch strukturiert dargestellt. Zur Messung des objektbezogenen Leistungsfortschritts müssen demnach technische Parameter wie z.B. die Anzahl der fertigungsreifen Bauteile eines Aggregates oder die Ergebnisse der Qualitätssicherung herangezogen werden. Die zentrale Frage der objektbezogenen Leistungsfortschrittskontrolle, nämlich zu welchem Ausmaß die Leistungsmerkmale des Objektes bereits erreicht sind, erfordert in der Regel jedoch hohes Sachwissen in Bezug auf die Leistungs- und Funktionsanforderungen des zu erstellenden Objektes und kann daher nur bedingt vom Projektleiter beantwortet werden (Burghardt 2006, 372 f.).

Die in der Praxis gängige projektbezogene Leistungsfortschrittsmessung bezieht sich hingegen auf die Aktivitäten, die im Rahmen der Projektabwicklung zur Erstellung des Objektes erforderlich sind. Diese Aktivitäten sind im Projektstrukturplan systematisch strukturiert dargestellt und bilden auch die direkte Basis für die Ablauf-, Termin-, Ressourcen- und Kostenplanung des Innovationsprojektes. Der Indikator für den projektbezogenen Leistungsfortschritt ist der **Fertigstellungsgrad**, der den Anteil der erledigten an den gesamten Aktivitäten angibt. Um den Fertigstellungsgrad eines Innovationsprojektes zu messen, wird ermittelt,

- welche Arbeitspakte laut Projektstrukturplan bereits abgeschlossen,
- welche zwar begonnen, aber noch nicht beendet sind und
- welche noch nicht begonnen wurden.

Bei jenen Arbeitspaketen, die zum Stichtag der Leistungsfortschrittsmessung gerade abgewickelt werden, muss der Grad der Fertigstellung abgeschätzt werden. Dafür stehen folgende Methoden zur Verfügung (Patzak/Rattay 2004, 323 f):

- Fortschrittsmessung mittels quantitativer Indikatoren: Bei manchen Arbeitspaketen kann der Grad der Fertigstellung anhand von Messgrößen wie Stk., m^2, lfm. etc. zumindest näherungsweise ermittelt werden. Voraussetzung dafür ist, dass die Leistungserstellung entweder direkt mit dieser Größe gemessen wird, oder dass zumindest der Grad der Leistungserstellung mit diesem Indikator korreliert (Proxy-Attribut).

- Definition von Zwischenergebnissen: Bereits in der Planungsphase werden zwischen dem Projektleiter und dem Arbeitspaketverantwortlichen klar erkennbare Zwischenergebnisse (Meilensteine innerhalb eines Arbeitspaketes) vereinbart, denen jeweils ein Prozentsatz zugeordnet wird, der den Fertigstellungsgrad des Arbeitspaketes angibt. Als Fertigstellungsgrad des Arbeitspaketes wird sodann der Prozentsatz des letzten erreichten Zwischenergebnisses herangezogen.

- Schätzung des Fertigstellungsgrades: Die freie Schätzung des Fertigstellungsgrades ohne Zuhilfenahme von Indikatoren oder Zwischenergebnissen unterliegt der größten Gefahr, subjektiver Wahrnehmungs- und Interpretationsverzerrungen durch den schätzenden Arbeitspaketverantwortlichen. Bei gerade erst begonnenen Arbeitspaketen schätzt dieser den Anteil der bereits erledigten Arbeit an der Gesamtarbeit. Hingegen wird es bei Arbeitspaketen, die kurz vor der Fertigstellung stehen, einfacher sein, den Anteil der noch zu erledigenden Arbeit abzuschätzen. In diesem Fall muss dieser Wert von 100 % subtrahiert werden, um den Fertigstellungsgrad des Arbeitspaketes zu erhalten.

- 0/50/100 % Methode: Bei dieser zwar sehr ungenauen, aber auch sehr einfachen Methode wird ein fertiges Arbeitspaket wird mit 100 % bewertet. Ein begonnenes, aber noch nicht fertig gestelltes Arbeitspaket mit 50 % und ein noch nicht begonnenes mit 0 %. Dieses vereinfachte Vorgehen eignet sich vor allem für kurze und weniger wichtige Arbeitspakete.

5.8.2 Terminüberwachung

Die Beurteilung der Terminsituation muss in ihrer Detaillierung der Projektgröße und -art entsprechen. In jedem Fall sollte der entstehende Nutzen durch das rechtzeitige Erkennen von Abweichungen dem Aufwand für die Datenerhebung und Aufbereitung in einem ausgewogenen Verhältnis gegenüberstehen. Daher werden bei Projekten, bei denen die exakte Einhaltung der Termine nicht im Vordergrund steht, leicht messbare Meilensteine zur Überwachung verwendet. Eine detaillierte Verfolgung der Termintreue ist dann anzuraten, wenn der Erfolg des Innovationsvorhabens sehr stark von der Einhaltung der Termine abhängig ist, wie beispielsweise bei fix vorgegebenen, eventuell sogar pönalisierten Fertigstellungsterminen oder bei der Entwicklung neuer Produkte, bei denen es um die Marktführerschaft geht. In diesem Fall ist ein regelmäßiges und rechtzeitiges Rückmelden der aktuellen Terminsituation durch die Arbeitspaktverantwortlichen an den Projektleiter unabdingbare Voraussetzung für eine effektive Terminkontrolle.

5.8.2.1 Aktualisierung des Terminplanes

Unabhängig davon, ob die Terminplanung mit einer einfachen Terminliste, einem Balkendiagramm oder einem Netzplan durchgeführt wurde, muss der Terminplan auch während der Projektabwicklung ständig auf dem neuesten Stand gehalten werden. Terminpläne, die nur einmalig in der Planungsphase erstellt und in späterer Folge nicht mehr aktualisiert werden, sind für ein Projektcontrolling wertlos. Bei den bereits fertig gestellten Arbeitspaketen sind die geplanten Anfangs- und Enddaten entweder zu bestätigen oder durch die tatsächlichen Ist-Anfangs- und -Enddaten zu ersetzen. Dasselbe gilt für die bereits begonnenen, aber noch nicht fertig gestellten Arbeitspakete, wobei hier sich hier das Enddatum des Arbeitspaketes auf Basis des Ist-Anfangsdatums und der geplanten Dauer ergibt. Für die noch nicht begonnenen Arbeitspakete lassen sich aufgrund der definierten Abhängigkeitsbeziehungen zwischen den Arbeitspaketen und Vorgängen die aktualisierten Plandaten errechnen. Erfolgt die Terminplanung mittels EDV-Unterstützung, z.b. mit MS-Project, so erfolgt die Neuberechnung des Terminplanes ohnedies automatisch.

Häufig kommt es während der Projektabwicklung auch zu Änderungswünschen der Arbeitspaketverantwortlichen hinsichtlich der Dauer einzelner Arbeitspakete. Selbstverständlich darf vom Projektleiter nicht jedem Wunsch nach einer Terminverschiebung entsprochen werden, da sonst die fristgerechte Fertigstellung des Projektes bald unmöglich würde. Vielmehr geht es darum, in Terminbesprechungen gemeinsam nach Möglichkeiten zu suchen, wie ein gefährdeter Termin eingehalten werden kann, wie z.B. durch Einsatz zusätzlichen Personals oder temporäres Erhöhen der Arbeitszeit, durch Verbesserung der Arbeitsabläufe oder auch durch akzeptable Veränderungen des Leistungsumfanges.

5.8.2.2 Plan/Ist-Vergleich hinsichtlich der Termine

Die zentrale Aufgabe bei der Terminkontrolle ist die Gegenüberstellung der geplanten Termine mit den eingetretenen bzw. den errechneten voraussichtlichen Fertigstellungsterminen. Bei den bereits abgeschlossenen Arbeitspaketen können drei Datenkategorien gegenübergestellt werden:

- Termine auf Basis der ursprünglichen Terminplanung (Basisplan)
- Termine auf Basis der aktualisierten Terminplanung
- tatsächlich eingetretene Termine

Insbesondere die Abweichungen zwischen dem Basisplan und den Ist-Daten sollten analysiert und deren Ursachen dokumentiert werden. Erkenntnisse über Fehleinschätzungen bei der ursprünglichen Planung führen zu Lerneffekten und helfen damit, die Planungsqualität ähnlicher Projekte in der Zukunft zu erhöhen.

Das Hauptinteresse liegt jedoch nicht im ex post-Vergleich der Daten bereits erledigter Arbeitspakete, sondern im Vergleich der aktualisierten Gesamtterminrechnung mit dem ursprünglichen Terminplan, also der Gegenüberstellung von Plan-Daten mit **voraussichtlichen** Ist-Daten. Damit kann nämlich ermittelt werden, ob die zukünftigen fix vorgegebenen Termine (Meilensteine, Projektendtermin) auch auf Basis der aktuellen Terminrechnung eingehalten werden können. Für ein effektives Projektcontrolling kommt es darauf an, nicht erst nach dem Eintreten von Terminverzögerungen bei einzelnen Arbeitspaketen Maßnahmen zu ergreifen, vielmehr sollten drohende Abweichungen bereits im Vorhinein erkannt und ihnen entsprechend frühzeitig entgegengesteuert werden.

5.8.2.3 Meilenstein-Trendanalyse

Ein wichtiges Instrument zur Früherkennung von Terminabweichungen ist die Meilenstein-Trendanalyse. Je früher Steuerungsmaßnahmen ergriffen werden können, desto höher ist die Wahrscheinlichkeit, dass die Verzögerungen noch ausgeglichen werden können und der Projektendtermin trotzdem noch eingehalten werden kann. Der Zeitraum, der zwischen dem Eintreten einer Abweichung und dem Greifen der Steuerungsmaßnahmen liegt, setzt sich folgendermaßen zusammen:

* Zeitraum zwischen Eintreten der Abweichung bis zu ihrem Erkennen
* Zeitraum für die Ursachenanalyse und Maßnahmenbearbeitung
* Zeitraum für die Entscheidung bzw. Entschlussfassung über Maßnahmen
* Zeitraum zwischen der Entscheidung und der Einleitung der Maßnahmen
* Zeitraum zwischen der Durchführung und dem Greifen der Maßnahmen

Auch die folgende Gegenüberstellung des Ablaufs einer herkömmlichen ex post-Terminkontrolle und einer Trendanalyse macht den Vorteil der Trendanalysen offensichtlich.

Für Trendanalysen eignen sich besonders hervorhebenswerte Vorgänge oder Ereignisse, insbesondere Meilensteine. Die Meilenstein-Trendanalyse besteht aus einem Dreiecksraster, auf dessen horizontaler Achse der Berichtszeitraum von links nach rechts aufgetragen wird. Die betrachtete Zeitspanne reicht vom Projektstart bis zum spätesten möglichen Endtermin des Innovationsprojektes. Auf der vertikalen Achse wird mit der gleichen Zeiteinteilung der Planungszeitraum von unten nach oben abgebildet (Specht/Beckmann/Amelingmeyer 2002, 487 ff).

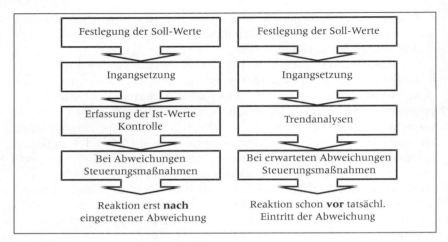

Abb. 23: Kontrollen versus Trendanalysen

Zu Projektbeginn werden die Meilensteintermine auf der vertikalen Achse eingetragen, wobei jedem Meilenstein eigenes Symbol zugeordnet werden kann. Während des Projektfortschritts wird in regelmäßigen Abständen eine aktualisierte Terminrechnung durchgeführt und neu berechneten Meilensteintermine in die jeweilige Spalte der Matrix eingetragen. Verbindet man die Meilensteintermine, die zu den verschiedenen Zeitpunkten errechnet wurden, so kann die Trendentwicklung für alle Meilensteinter-

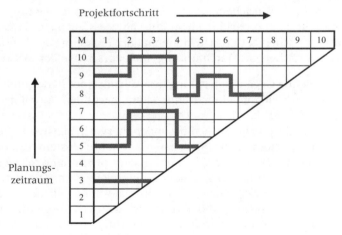

Abb. 24: Meilensteintrendanalyse

mine grafisch dargestellt werden. Wird der geplante Termin eines Meilensteins eingehalten, so ist der Verlauf der Linie waagrecht, steigt hingegen die Linie, so bedeutet das eine Terminüberschreitung, sinkt die Linie, so konnte dieser Meilensteintermin unterschritten werden.

5.8.2.4 Kontrollindex ‚Termintreue'

Als Kontrollindex für die Beurteilung der Terminsituation des Projektes kann die Termintreue einzelner Teilprojekte oder des Gesamtprojektes errechnet werden (vgl. hierzu Burghardt 2006, 334). Ein Terminverzug (T_D) wird definiert aus der Differenz zwischen der voraussichtlichen Dauer ($T_{V'Ist}$) und der geplanten Dauer (T_{Plan}) eines Teilprojektes bzw. eines Aufgabenkomplexes:

$$T_\Delta = T_{V'Ist} - T_{Plan}$$

Die Termintreue (TT) wird nach folgender Formel errechnet und gibt an, um wie viel Prozent die geplante Dauer über- oder unterschritten wurde.

$$TT = \frac{T_{Plan} - T_\Delta}{T_{Plan}} \times 100$$

Eine Termintreue von unter 100 % zeigt eine Terminüberschreitung an, während bei der Terminunterschreitung der Kontrollindex Termintreue einen Wert von über 100 % annimmt.

5.8.3 Kostenüberwachung

Der Einhaltung der Budgetvorgaben von Innovationsprojekten in Unternehmen wird von der Geschäftsführung häufig Priorität beigemessen. Daher ist es für eine erfolgreiche Projektabwicklung erforderlich, die laufenden Kosten ständig zu erfassen, die Werte mit den Vorgaben zu vergleichen, um allfällige Abweichungen rechzeitig erkennen und entsprechende Steuerungsmaßnahmen einleiten zu können.

Aufgrund des zumeist großen Datenumfangs ist es bei der Erfassung der Kosten wichtig, praktikable Lösungen zu finden. Bei personalintensiven Forschungs- und Entwicklungsvorhaben kommt der regelmäßigen und vollständigen Stundenerfassung, wenn möglich entsprechend der Projektstruktur, besondere Bedeutung zu. Sofern möglich, ist eine EDV-gestützte

Stundenkontierung im betrieblichen ERP-System vorteilhaft, da eine händische Zeiterfassung und -kontierung zu einem erheblichen Verwaltungsaufwand führt. Für größere Projekte empfiehlt es sich, eine eigene Kostenstelle einzurichten, auf die sämtliche Belege über projektspezifische Einzelkosten (Eingangsrechnungen, Reiseabrechnungen etc.), aber auch die Gemeinkosten nach den unternehmensspezifischen Verrechnungsschlüsseln gebucht werden.

5.8.3.1 Stichtagsbezogener Kostenvergleich

Hinsichtlich des Kostenvergleichs kann man zwischen dem stichtagbezogenen Soll/Ist-Vergleich und der Erwartungsrechnung unterscheiden. Beim stichtagbezogenen Kostenvergleich werden die Sollkosten je Arbeitspaket, das sind die Plankosten bezogen auf den Leistungsfortschritt, mit den Ist-Kosten je Arbeitpaket verglichen.

Arbeits-paket	Projekt: .... Stichtag:					
	Plan-kosten x	Fort-schritt = in %	Soll-Kosten	Ist-Kosten	Abwei-chung (Ist-Soll)	Maß-nahmen

Abb. 25: Stichtagsbezogener Soll/Ist-Vergleich der Kosten

Allfällige Differenzen zwischen den Ist-Kosten und den Soll-Kosten sind zu analysieren, d.h. insbesondere die Ursachen für die Abweichungen zu begründen sowie Steuerungsmaßnahmen abzuleiten. Der Nachteil des stichtagsbezogenen Soll/Ist-Vergleichs ist, dass man damit nur die in der Vergangenheit angefallenen Kosten bis zum Stichtag, nicht jedoch die zukünftig noch erwarteten Kosten in die Rechnung einbezieht. Daher kommt im Bereich der Kostenüberwachung der zukunftsbezogenen Erwartungsrechnung besondere Bedeutung zu.

5.8.3.2 Erwartungsrechnung

Bei der Erwartungsrechnung wird der Kostenvergleich nicht auf den Stichtag der Kostenüberwachung, sondern auf das Projektende bezogen. D.h., es werden je Arbeitspaket die bereits angefallenen Ist-Kosten ermittelt und um die noch erwarteten Restkosten erhöht. Die auf diese Weise errechneten erwarteten Gesamtkosten pro Arbeitspaket werden schließlich mit den jeweiligen Plankosten verglichen und allfällige Kostenabweichungen ermittelt. Bei den so errechneten Kostenabweichungen handelt es sich also um voraussichtliche Kostenabweichungen bei Projektabschluss, d.h. sie beziehen sich nicht nur auf die bereits angefallenen Projektkosten, sondern beinhalten auch die erwarteten Kosten in der noch verbleibenden Projektlaufzeit.

Arbeits-paket	Projekt: .... Stichtag:					
	Ist- + kosten	Rest- = kosten	Erwartete Gesamt- – kosten	Plan· = kosten	Abwei-chung (Ende)	Maß-nahmen

Abb. 26: Erwartungsrechnung

5.8.4 Integriertes Projektcontrolling

Ein effizientes Controlling von Innovationsprojekten setzt voraus, dass stets alle drei Zielbereiche, Leistung, Termine und Kosten, im Auge behalten werden (Specht/Beckmann/Amelingmeyer 2002, 473 ff). Eine rigide Überwachung der Projektkosten, ohne darauf zu achten, dass die Leistung in der erforderlichen Qualität und Quantität erbracht wird und die Termine eingehalten werden, ist abzulehnen, ebenso wie eine isolierte Kontrolle der Leistungsziele oder Terminvorgaben. Beim integrierten Projektcontrolling wird versucht, Leistungs-, Zeit- und Kostendaten zugleich zu erfassen und verarbeiten, so dass eine Basis für ganzheitliche Entscheidungen im Projekt-

management geschaffen wird. Für die Visualisierung der des integrierten Projektcontrollings stehen verschiedene Instrumente zur Verfügung:
- Termin-Kosten-Barometer
- Kosten-Meilenstein-Trendanalyse
- Kosten-Termin-Diagramm

Die Darstellungsformen weisen die Gemeinsamkeit auf, dass mit ihnen auf Basis der erbrachten Leistung bzw. Sachergebnisse die Termin- und Kostensituation dargestellt wird. So wird mit einer Grafik eine umfassende Information über den Projektstand geboten.

Mit dem Termin-Kosten-Barometer wird die aktuellen Termin- und Kostensituation des Gesamtprojektes oder von einzelnen Teilprojekten zum jeweiligen Stichtag auf einer Prozentskala dargestellt (Burghardt 2006, 358 ff.). Als Kenngröße für die Terminsituation wird der Quotient aus der voraussichtlichen Gesamtdauer auf Basis der gegenwärtigen Projektleistung und der Plandauer gebildet. Der Quotient aus den voraussichtlichen Gesamtkosten auf Basis der gegenwärtigen Ist-Situation und den geplanten Gesamtkosten zeigt die Kostensituation an. Werte über 100 Prozent bedeuten, dass auf Basis der gegenwärtigen Projektleistung die vorgegebenen Termine oder Kosten bereits überschritten wurden, während Werte unter 100 Prozent Termin- oder Kostenunterschreitungen anzeigen. Neben den Werten auf Basis der aktuellen Ist-Situation können zum Vergleich noch die Daten aus der Vorperiode (z.B. Vormonat) einbezogen werden. Der Vorteil des Termin-Kosten-Barometers ist dessen Einfachheit bzw.

$$TV = \frac{T_{V'Ist}}{T_{Plan}} \times 100$$

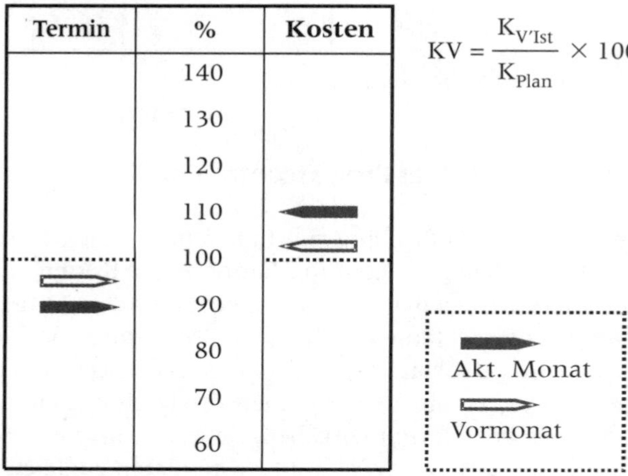

Termin	%	Kosten
	140	
	130	
	120	
	110	
	100	
	90	
	80	
	70	
	60	

$$KV = \frac{K_{V'Ist}}{K_{Plan}} \times 100$$

Akt. Monat

Vormonat

Abb. 27: Termin-Kosten-Barometer

Verständlichkeit. Der Nachteil liegt darin, dass die Entwicklung der Termin- und Kostensituation während des Projektablaufes nur beschränkt visualisiert wird.

Eine weitere Möglichkeit der Visualisierung des integrierten Projektcontrollings liegt in der um die Kostendimension erweiterten Meilenstein-Trendanalyse. Hierzu werden neben den voraussichtlich erreichbaren Meilensteinterminen auch die voraussichtlichen Projektkosten zu den einzelnen Meilensteinterminen in die Matrix eingetragen. Dabei muss natürlich darauf geachtet werden, dass die Zeitachsen der beiden Trendanalysen gleich skaliert sind.

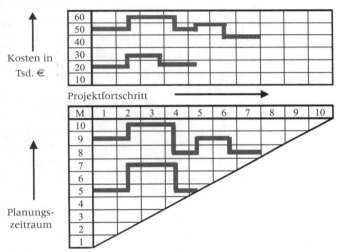

Abb. 28: Kosten-Meilenstein-Trendanalyse

In der Grafik tritt beispielsweise in Periode 2 ein Ereignis ein, das zu einer Terminüberschreitung und zu einer Kostenerhöhung führt. In späteren Perioden kann diese Negativentwicklung durch entsprechende Gegenmaßnahmen ausgeglichen werden.

Das Kosten-Termin-Diagramm, auch als Zeit-Kosten-Kurve bezeichnet, ist die am häufigsten verwendete Darstellungsform des integrierten Projektcontrollings. Man trägt die kumulierten Plankosten über die Zeitachse auf und erhält üblicherweise eine s-förmige oder progressiv steigende Plankostenkurve (von 0 % Kosten bis 100 % Kosten). Zu den gewählten Stichtagen werden die Projektfortschrittdaten erfasst. Die Plankosten der erbrachten Leistung, d.h. der ganz oder teilweise fertig gestellten Arbeitspakete, sind die Sollkosten. Ferner werden in das Diagramm die Istkosten, d.h. alle durch die bisher erbrachten und abgenommenen Arbeitspakete verursachten Kosten, eingetragen. Die Istkostenkurve wird aufgrund der zum jeweiligen Stichtag vorliegenden Informationen bis zum voraussichtlichen Zeitpunkt des Projektabschlusses verlängert. Durch den Vergleich der Plan-, Soll- und Istkostenkurve können verschiedene Abweichungen abgelesen werden. Die horizontale Abweichung zwischen der Istkosten- und Sollkostenkurve zum Kontrollzeitpunkt (Meilenstein) ergibt die bereits eingetretene Kostenabweichung auf Basis des Projektfortschrittes. Aus der vertikalen Abweichung zwischen dem Meilenstein auf der Plankostenkurve und dem tatsächlichen Erreichen des Meilensteins laut Istkostenkurve kann die bereits eingetretene Terminabweichung abgelesen werden. Aus dem Diagramm sind aber auch die insgesamt zu erwartenden Termin- und Kostenabweichungen des Gesamtprojektes ersichtlich. Hierzu sind das geplante Projektende laut Plankostenverlauf und das erwartete Projektende laut voraussichtlichem Istkostenverlauf, bzw. die geplanten und erwarteten Gesamtkosten gegenüberzustellen.

Somit ist es mit dem Kosten-Termin-Diagramm möglich, die Informationen über die Kosten- und Terminabweichungen sowohl zum Kontrolldatum als auch zum voraussichtlichen Projektende in einer Abbildung darzustellen. Es wird damit nicht nur ein äußerst effizientes Berichtswesen im Rahmen des Projektcontrollings ermöglicht, sondern auch eine Basis geschaffen, von der gezielte Steuerungsmaßnahmen abgeleitet werden können.

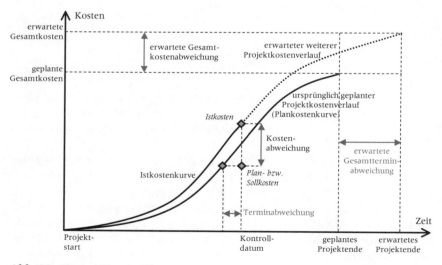

Abb. 29: Kosten-Termin-Diagramm

5.8.5 Ermittlung von Steuerungsmaßnahmen

Die im Rahmen der Projektüberwachung ermittelten, bereits eingetretenen oder voraussichtlich zu erwartenden Abweichungen sind nun zu analysieren, um entsprechende Steuerungsmaßnahmen definieren und vornehmen zu können. Im Prinzip unterscheidet man zwei Kategorien von Steuerungsmaßnahmen, nämlich **korrektive Maßnahmen**, durch die Istwerte an die Planwerte hergeführt werden sollen, und **Planänderungen**, mit denen das Ziel verfolgt wird, die Planvorgaben so anzupassen, dass die Abweichungen zum gegenwärtigen oder voraussichtlichen Istsituation verringert werden (Patzak/Rattay 2004, 342). Je nachdem, ob es sich um Leistungs-, Termin- oder Kostenabweichungen handelt, können verschiedene Maßnahmen oder Maßnahmenpakete eingeleitet werden. Beispielsweise sind dies:

- Maßnahmen zur Kapazitätsvergrößerung: Einstellung zusätzlicher Projektmitarbeiter, Überstunden, Anschaffung von zusätzlichen Sachmitteln etc.
- Maßnahmen zur Produktivitätserhöhung: Leistungsanreizsysteme, Motivation, Optimierung der Projektplanung etwa durch die Verringerung von Zeitabständen oder die Definition von Parallelvorgängen etc.
- Maßnahmen zur Aufwandsreduzierung: Technologie- und Methodenwechsel, Ausnützung von Belegungslücken bei einzelnen Ressourcen, Verbesserung der Kontrolle etc.
- Maßnahmen, die den Leistungsumfang betreffen: Änderung der Zielvorgaben etwa durch Streichen von nicht absolut notwendigen Funktionen, Definition von (Zwischen-)Versionen, Zukauf von Leistungen (Outsourcing) etc.

Wichtig ist, dass Planänderungen vom Projektleiter mit den jeweiligen internen oder externen Auftraggebern bzw. dem Projektlenkungsausschuss abgestimmt werden. Dabei müssen die getroffenen Vereinbarungen jedenfalls schriftlich dokumentiert und gegengezeichnet werden, um nachträgliche Konflikte bezüglich des zu erbringenden Leistungsumfanges zu vermeiden. Bei den Steuerungsmaßnahmen zur Verringerung von Kostenüberschreitungen ist selbstverständlich auf jene Ressourcen und Arbeitspakete das Hauptaugenmerk zu legen, die relativ hohe Kosten verursachen (ABC-Analyse). Zur Vermeidung oder Verringerung von Terminüberschreitungen sind Maßnahmen bei den Arbeitspaketen bzw. Vorgängen entlang des kritischen Pfades zu setzen, da nur so die Gesamtdauer des Projektes verringert werden kann. Jedenfalls ist aber darauf zu achten, dass die Maßnahmen nicht isoliert voneinander getroffen werden können. Vielmehr weisen sie in der Regel zugleich Wirkungen hinsichtlich mehrerer Zielbereiche auf, z.b. Maßnahmen zur Projektbeschleunigung, die zu Kostenerhöhungen führen (Magisches Dreieck).

5.9   Projektmanagement in der Abschlussphase

Da Innovationsprojekte zeitliche begrenzte Vorhaben sind, ist ihr Abschluss für alle Beteiligten deutlich erkennbar zu gestalten, unabhängig davon ob das Projekt erfolgreich zu Ende gebracht oder aber bereits im Rahmen einer Meilensteinentscheidung vorzeitig abgebrochen wurde. Es ist zu vermeiden, dass ein Innovationsprojekt unkoordiniert und stillschweigend ausläuft, so dass manche Mitarbeiter das Vorhaben als erledigt erachten, während andere noch Aktivitäten setzen oder Ressourcen (Arbeitszeit oder Sachmittel) auf die Projektnummer buchen. Dies kann etwa durch die Abhaltung einer Projektabschluss- bzw. Meilensteinsitzung in Anwesenheit des Auftraggebers und aller Teammitglieder vermieden werden. Dabei können noch allfällige offene Restaufgaben definiert und mit eindeutigen Verantwortlichkeiten und Terminvorgaben verteilt werden. Bei der Auflösung des Projektteams können auch entstandene und noch ungelöste Konflikte angesprochen werden. Jedenfalls ist es äußerst wichtig, dass das weitere Verbleiben der Projektmitarbeiter, z.b. deren Wechsel in die Linienorganisation, frühzeitig geplant und koordiniert wird. Aber auch die während der Projektdurchführung aufgebauten Umfeldbeziehungen sind systematisch zu beenden bzw. auf Linienstellen zu übertragen.

Der Transfer der Ergebnisse in die eigenen Abteilungen (z.B. in die Produktion) oder zu den externen Nutzern ist gezielt zu planen und durchzuführen. Das Ergebnis des Projektes muss vom Projektleiter an den internen oder externen Auftraggeber offiziell übergeben werden, wobei bei kritischen Projekten ein Übernahmeprotokoll erstellt werden sollte. Vor allem bei Forschungsprojekten ist es wichtig, dass die gewonnenen Kenntnisse in einem Projektabschlussbericht detailliert dokumentiert werden. Dadurch wird gewährleistet, dass das erworbene implizite Wissen der Projektmitarbeiter für das Unternehmen nicht auf längere Sicht verloren geht, sondern in explizites Wissen umgewandelt und somit auch anderen Personen zugänglich gemacht wird. Im Rahmen des Projektcontrollings ist nach Projektabschluss eine Nachkalkulation durchzuführen, und allfällige Abweichungen sind zu analysieren. Um Lerneffekte für die Planung und Abwicklung späterer Projekte nutzbar zu machen, sind auch diese Ergebnisse zu dokumentieren und systematisch weiterzuleiten bzw. zugänglich zu machen.

6 Kreativitätsmanagement: Durch Kreativität zur Innovation

"New approaches to doing business were once considered a luxury, but now constant, rapid re-creating of our firms is a matter of survival."
Tom Peters

6.1 Zielsetzung und Aufbau

6.1.1 Zielsetzung

Zielsetzung dieses Kapitels ist es, dem Leser einen Einblick in den Bereich des Kreativitätsmanagements zu geben. Will man Kreativität „beherrschbar" machen, ist es notwendig, über allgemeine kreativitätsbezogene Aussagen hinauszugehen und ein Systemverständnis für das komplexe Zusammenspiel im Rahmen kreativer Problemlösungsprozesses aufzubauen. Damit soll ein **Grundverständnis** für den Ablauf derartiger Prozesse in einem organisationalen Umfeld sowie für mögliche **instrumentelle Unterstützungsmöglichkeiten** durch Kreativitätstechniken geschaffen werden.

Des Weiteren soll bewusst gemacht werden, dass die **kreative Leistung** nicht als etwas verstanden werden darf, das das zwangsläufige Ergebnis des Einsatzes von einigen Kreativitätstechniken ist, sondern dass hierfür auch ein Prozessverständnis notwendig ist. Ebenso soll Kreativität nicht als ein „mystisches", gedanklich nicht durchdringbares Phänomen verstanden werden, das nur wenigen „begnadeten" Menschen gegeben ist. Aus den genannten Gründen wird im ersten Teil dieser Ausführungen die theoretische Grundlage für das Verständnis dieser komplexen Prozesse geschaffen. Im zweiten Teil (siehe Kap. 6.8) werden dann anwendungsnah ausgewählte Methoden zur Unterstützung kreativer Problemlösungsprozesse vorgestellt.

Kreativitätsmanagement steht für Maßnahmen, die darauf ausgerichtet sind, den mit der kreativen Leistung in Verbindung stehenden kreativen Problemlösungsprozess zielgerichtet zu gestalten, wobei das Verständnis des kreativen Problemlösungssystems (Arbeitsgruppe, Unternehmen, Unternehmensnetzwerke etc.) sowie des damit verbundenen kreativen Problemlösungsprozesses (von der Initiative etwa in Form eines Auftrags, die Problemfindung und -analyse, Zielbildung, Generierung von Lösungsalternativen, Alternativenbewertung und -auswahl) eine Grundvoraussetzung darstellt. Mit diesen Komponenten verknüpft stehen weitere gestalterische Maßnahmen wie die adäquate aufgabenspezifische Einbindung der verschiedenen Problemlösungsakteure sowie der Zusammenstellung wirkungsvoller Teams, der Einsatz der passenden Problemlösungs- bzw. Ideen-findungstechniken, kreativitätsförderlicher Arbeitsplatz- und Arbeitsklima-gestaltung und anderer organisatorischer Maßnahmen (wie unterstützen-de Führungsstile, Organisationsstrukturen, Schulungsmaßnahmen etc.).

Im Rahmen der weiteren Ausführungen geht es darum, ein Grundver-ständnis hinsichtlich zentraler Einflussgrößen zu bewirken, ohne dabei diese komplexe Thematik vollständig abhandeln zu wollen.

6.1.2   Aufbau des Kapitels

Als Ausgangspunkt wird der Begriff der Kreativität inhaltlich dargestellt. Dabei werden verschiedene gängige **Definitionen** von Kreativität herange-zogen, diskutiert und daraus eine allgemeine systemische Definition abge-leitet. Darauf aufbauend wird hinterfragt, auf welche Art **Kreativität und Innovation** in Verbindung stehen. Die Frage, ob **kreative Prozesse** eher strukturiert (nach deterministischen Regeln) ablaufen oder eher chao-tischen Charakter haben wird gefolgt von Überlegungen, inwieweit kreative Aktionen im Unternehmen oder in der Gesellschaft tatsächlich **gewünscht** sind. Diese Frage liegt darin begründet, dass kreative Prozesse in enger Ver-bindung mit Änderungsprozessen stehen, Veränderung für die Betroffenen aber auch unbequem sein kann und daher nicht notwendigerweise ange-strebt wird. Grundlagen zu **kreativem, konvergenten und divergenten Denken**, die Bedeutung von Kreativität bei der **Lösung komplexer Pro-bleme** sowie eine Diskussion der **Arten kreativer Leistung** erweitern die Ausführungen. Aufgrund seiner historischen Bedeutung wird der **kreative Prozess nach Wallas** kurz vorgestellt, dessen Begrenztheit zur Abbildung realer kreativer Problemlösungsprozesse aufgezeigt und nachfolgend ein umfassendes **Kreativitätsmanagementmodell** vorgestellt, anhand des-sen der kreative Problemlösungsprozess in seiner Komplexität abgebildet wird. Dabei wird der Prozess im Zusammenspiel mit beeinflussenden Para-metern dargestellt. Im Sinne des Einführungscharakters dieses Buchs wird ein Einblick in die Thematik des Kreativitätsmanagements gegeben. Wäh-rend die Zielsetzung dieses ersten Teils vor allem darin besteht, ein fun-diertes theoretisches Grundverständnis zu schaffen, ist der zweite Teil ausschließlich der praxisnahen Methodenunterstützung im kreativen Problemlösungsprozess gewidmet. Infrage kommende interne und externe Ideenquellen, checklistenartige Tipps hinsichtlich der Gestaltung von Krea-tiv-Workshops und eine Methodenübersicht bilden die Eingangsüberlegun-gen zur anwendungsorientierten Darstellung ausgewählter **Problem-lösungs- und Kreativitätstechniken**.

6.2   Kreativität als gestaltbare Größe

"Creativity is within everyone. That is a really wild statement.
But I really think it's true. "

Rene McPherson, ehemaliger CEO von Dana Industrie
(Ray/Myers 2000, 3)

Kreativität kommt als schöpferische Kraft zur **Bewältigung unternehmerischer Herausforderungen** eine herausragende Bedeutung in einer sich dynamisch verändernden Umwelt zu. Dabei geht es um die Generierung neuer und die Verbesserung bestehender Produkte, die Gestaltung produktionstechnischer sowie organisationaler Prozesse, aber auch um Sozialinnovationen, wie etwa unternehmensinterne Change- und Reorganisationsvorhaben (siehe hierzu auch die Ausführungen in Kap. 1). Die nachfolgenden Erläuterungen sollen dazu beitragen, Verständnis bezüglich des kreativen Gehalts der genannten Innovationsaufgaben zu schaffen.

6.2.1   Kreativität im Problemlösungsprozess

Die Fähigkeit zur Kreativität bzw. zur kreativen Leistung wird heute in allen Gesellschaftsbereichen, und vor allem auch im Wirtschaftsbereich, gefordert. Was genau aber ist unter Kreativität bzw. kreativ sein und kreativer Leistung zu verstehen? Eingangs einige beispielhafte Definitionen in Bezug auf Kreativität.

Der Begriff **Kreativität** stammt vom lateinischen Wort „creare", was soviel bedeutet wie „schaffen", „gebären", „erzeugen", und steht nach Meyers Lexikon für die „Fähigkeit, originelle, ungewöhnliche Einfälle zu entwickeln und sie produktiv umzusetzen" (LexiROM 4.0 1999). Ähnlich dieser Auffassung wird Kreativität bei Duden gleichgesetzt mit dem Schöpferischen bzw. der Schöpferkraft (LexiROM 4.0 1999) .

Schlicksupp, einer der herausragenden deutschsprachigen Vertreter der Kreativitätsforschung, versteht unter Kreativität „die Fähigkeit von Menschen, Kompositionen, Produkte oder Ideen, gleich welcher Art, hervorzubringen, die in wesentlichen Merkmalen neu sind und dem Schöpfer vorher unbekannt waren". Bezogen auf das Ergebnis kreativen Handelns schränkt Schlicksupp ein, dass es sich hierbei mehr als um eine „reine Aufsummierung des bereits Bekannten" handeln muss und nicht nur „in reiner Phantasie" bestehen darf, sondern auch „nützlich und zielgerichtet" sein muss, ohne allerdings an die sofortige praktische Anwendung gebunden zu sein (Schlicksupp 1999, 32).

Brodbeck, ein weiterer deutscher Vertreter der Kreativitätsforschung, befindet in seinen Ausführungen, dass sich Kreativität auf das Denken und Handeln bezieht sowie auf „das Produkt dieses Denkens und Handelns". Er bezeichnet eine Handlung bzw. ein Produkt als kreativ, „wenn das Produkt neuartig und wertvoll ist; wenn der Weg, der zum Produkt führt, neuartig ist; wenn wir etwas auf neuartige Weise wahrnehmen, fühlen, erkennen oder denken" (Brodbeck 1995, 30). Gegenüber zahlreichen anderen Autoren betont Brodbeck den relativen Wert von kleinen und großen neuen Lösungen, wobei die erbrachte Leistung nicht aufgrund dessen, dass sie das Kriterium der Einmaligkeit nicht erfüllt, weniger wert ist. Aus diesem Grund schlägt er auch vor, „die Einzigartigkeit und Erstmaligkeit aus dem Kreativitätsbegriff ganz zu streichen" (Brodbeck 1995, 26).

Runco, einer der bedeutensten U.S.-amerikanischen Vertreter der Kreativitätsforschung, definiert kreatives Denken „in terms of the cognitive processes that lead to an original and adaptive insight, idea, or solution" (Runco 1994, 11 ff).

Kreative Leistungen sind das Ergebnis kreativer Problemlösungsprozesse und weisen nach vorangegangenen Definitionen folgende Wesensmerkmale auf:

- **Neuartigkeit unterschiedlichen Ausmaßes,** bezogen auf das Ergebnis (Produkt) bzw. den Problemlösungsprozess
- **Subjektive Neuartigkeit bezogen auf die Wahrnehmung** des Ergebnisses oder Prozesses durch den/die problemlösenden Akteur/e
- **Nützlichkeit, Zielgerichtetheit und Umsetzungsgehalt** des Ergebnisses
- Verschiedenartige Ausprägungen in Form von **Erkenntnis, Idee und Lösung** (vgl. dazu Kap. 6.5)[1]

Diese Definitionen stellen eine Auswahl aus unzähligen Versuchen dar, den Begriff Kreativität fassbar zu machen. Tatsache ist allerdings, dass es eine allgemein gültige und anerkannte Definition von Kreativität nicht gibt. Betrachtet man etwa die oben exemplarisch angeführten Definitionen genauer, so wird die **inhaltliche Unbestimmtheit** bewusst: Was ist ungewöhnlich, was ist neu, für wen ist etwas neu und wer ist davon betroffen? Wenn ein weit verbreiteter Sachverhalt einem bestimmten Individuum nicht bekannt ist und dieses Individuum plötzlich auf diese Erkenntnis stößt, vielleicht sogar selbst erarbeitet hat, ist diese Leistung im Sinne obiger Definitionen nun als kreativ zu betrachten oder nicht? Was genau

---

1   Zur inhaltlichen Unterscheidung zwischen Erkenntnis, Idee und Lösung sei auf die nachfolgenden Erläuterungen verwiesen (vgl. Kap. 6.2.3 sowie Kap. 6.5).

heißt umsetzen einer Idee? Heißt das, dass die Idee in Form eines technischen und funktionsfähigen Konzeptes realisiert werden muss oder ist darüber hinaus auch die Einführung und die Verfügbarmachung am Markt notwendig? Im Rahmen dieser in die Unsicherheit führenden Fragen zeigt sich eines ganz klar: Kreativität und alle damit verbundenen produkt-, personen- und umweltbezogenen Systemabgrenzungen und -beschreibungen sind zwangsläufig von einer hohen **subjektiven Perspektive** gekennzeichnet. Dabei bezieht sich die Subjektivität nicht nur auf den kreativen Problemlösungsprozess, sondern auch auf das aus diesem Prozess resultierende Ergebnis und die mit dem Prozess sowie dem Ergebnis in Verbindung stehenden Wahrnehmungen. Der Frage „ob etwas ist wie es zu sein scheint" kommt folglich eine tragende Bedeutung zu, und damit auch der philosophischen Frage nach der Existenz objektiver Tatbestände. Im Rahmen der weiteren Ausführungen soll den genannten Fragestellungen Rechnung getragen werden.

6.2.2   Kreativität: Eine systemische Definition

Wenn, wie soeben gefordert, Kreativität immer nur in Bezug auf ein vom Betrachter abzusteckendes System gesehen werden kann, wie könnte eine Definition von Kreativität aussehen, welche diese **Systemabhängigkeit** sowie die damit verbundene **Subjektivität** berücksichtigt? **Kreativität ist die systemspezifische Fähigkeit zur kreativen Leistung** bezogen auf ein Individuum oder eine Gruppe von Akteuren im Rahmen eines kreativen Problemlösungsprozesses. Bezogen auf das betrachtete System zeigt sich die kreative Leistung als subjektiv wahrgenommene neuartige Problemlösung, Idee oder Erkenntnis bzw. als neuartiger Problemlösungsprozess, beruhend auf dem Zusammenspiel konvergenter und divergenter Denkprozesse. Die Beschränkung auf ein zu beschreibendes abgrenzbares System erfolgt dabei im Hinblick auf

- Systemgegenstand (etwa in der Aufgabe ein neues Telekommunikationssystem zu entwickeln),
- die das System konstatierenden Systemelemente (beispielsweise in Form von Akteuren mit unterschiedlichen Verhaltensmustern),
- die damit in Verbindung stehenden systeminternen und -externen Wirkungszusammenhänge,
- die gegebenen oder festzusetzenden Systemgrenzen und somit auch auf das daraus resultierende
- Systemumfeld, mit welchem das System als solches in Wechselwirkung steht.

Durch diese Systemsicht bezüglich des Problems sowie des damit in Verbindung stehenden kreativen Problemlösungsprozesses wird deutlich, dass verschiedene Stakeholder verschiedene Systemsichten entwickeln (eine ausführliche Darstellung hierzu findet sich in Steiner 2008). Die **„eine", für alle gültige Wirklichkeit gibt es im kreativen Problemlösungsprozess nicht** (von Glasersfeld 1998, 9 ff; von Glasersfeld 1996), sondern die Individualität des Erlebens und die Individualität der Sicht der Dinge erfordern adaptierte Stakeholder-spezifische Lösungsprozesse (siehe dazu auch Kap. 6.4.1 sowie Steiner 2008). Dabei werden unter Stakeholder alle Personengruppen und alle Individuen verstanden, die durch das Problem und die damit in Verbindung stehenden Aktionen direkt oder auch indirekt betroffen sind (Freemann 1984, 31 ff).

6.2.3   Kreativität und Innovation

Im alltäglichen Sprachgebrauch ist eine starke Vermischung zwischen den Begrifflichkeiten **„Kreativität"** und **„Innovation"** bzw. **„kreativ"** und **„innovativ"** zu beobachten. Worin liegen mögliche Unterscheidungsmerkmale? Zur Behandlung dieser Frage sollen eine ergebnis- und eine prozessspezifische Differenzierung beitragen.

Ausprägungen kreativer Leistung weisen zwangsläufig noch keinen unmittelbaren Marktbezug auf. Gerade darin liegt ein wesentliches Unterscheidungsmerkmal gegenüber der Innovation, die dadurch gekennzeichnet ist, dass ein Lösungskonzept auch tatsächlich im Markt implementiert wurde, etwa in Form der Einführung eines neuen Produktes oder eines neuartigen Produktionsprozesses. Innovation kann somit eine Fortsetzung einer kreativen Leistung darstellen. Allerdings wird nicht jede kreative Leistung am Markt eingeführt, sei dies weil der Implementierungsprozess fehlgeschlagen ist oder aber weil die Markteinführung gar nicht Ziel der Problemlösungsakteure war (etwa ein Künstler oder Erfinder, der aus einer intrinsischen Motivation heraus, aus Freude an der Sache selbst, kreative Leistungen erbringt, ohne dabei eine Verwertungsabsicht zu verfolgen).

Sowohl bei der Generierung von kreativen Leistungen als auch bei der Generierung von Innovationen handelt es sich um Formen von Problemlösungsprozessen. Der kreative Problemlösungsprozess wird dabei zu einem Teilsystem des Innovationsprozesses, wenn er seine Fortsetzung in der Implementierung am Markt findet. Andererseits aber kann die Innovation auch auf einem überwiegend logisch-rational ausgerichteten Problemlösungsprozess aufbauen, in welchem kreativen Prozesselementen keine herausragende Bedeutung zukommt. Der kreative Problemlösungsprozess stellt in diesem Zusammenhang keine zwangsläufige Grundvoraussetzung für die Generierung einer Innovation ist.

6.2.4 Kreativität: Struktur oder Chaos?

Was hat Kreativität mit Chaos zu tun? Sehr viel, denn immer dann, wenn in einem System „das Ganze mehr ist als die Summe seiner Teile", haben wir es mit dem Phänomen der **Nichtlinearität**, dem Kennzeichen komplexer System zu tun (Küppers 1993, 28 ff). Das bedeutet, dass die Wechselwirkungen zwischen den Teilen des Systems nicht mehr linearen Ursache-Wirkungsmechanismen gehorchen, sondern nichtlineare Ausprägung haben. Folglich kann ausgehend von einem Anfangszustand eines Systems (z.B. im Produktsegment der digitalen Massenkommunikationsmittel) keine exakte Aussage über den Endzustand des Systems (etwa bezüglich der konkreten Ausgestaltung von Produktentwicklungen dieses Bereichs in 20 Jahren) gemacht werden. Der Grund dafür ist, dass aufgrund starker **Rückkoppelungen** in solchen komplexen Systemen bereits kleinste Schwankungen in den Anfangsbedingungen zu gewaltigen Änderungen auf den Endzustand führen können (z.B. geänderte politische Rahmenbedingungen, neue, nicht vorhersehbare Technologien etc.). Die Entwicklung derartiger Systeme gehorcht nicht mehr linearen Ursache-Wirkungsmechanismen und entzieht sich einer exakten Berechenbarkeit. Nichtsdestotrotz können auch in solchen Systemen Strukturen und Gesetzmäßigkeiten als Merkmal **deterministisch-chaotischer Systeme** entdeckt werden.

Kreative Prozesse scheinen einen derartigen deterministisch-chaotischen Charakter aufzuweisen: Zum einen benötigen die im kreativen Prozess ablaufenden divergenten Denkprozesse ein Grundmaß an thematischem, zeitlichem und örtlichem Freiraum bezogen auf die situativen Rahmenbedingungen sowie einer notwendigen offenen und flexiblen Denkhaltung der problemlösenden Akteure. Diese kommt in der Fähigkeit zum Ausdruck, sich von einer Problemstellung distanzieren zu können, einen Paradigmenwechsel im Rahmen des Problemlösungsprozesses vorzunehmen und die Bildung von auf den ersten Blick logisch nicht sinnvollen Assoziationen zuzulassen, um diese wiederum rational zu analysieren. Zum anderen müssen diese Prozesse auch ein gewisses Maß an Zielgerichtetheit bezüglich inhaltlicher und organisatorischer Rahmenbedingungen aufweisen, um in den beschriebenen „Gedankenstürmen" nicht verloren zu gehen. Zielgerichtetheit bedarf konvergenter Denkprozesse, durch welche der kreative Problemlösungsprozess strukturiert und im Sinne eines Projektmanagements organisiert wird (siehe hierzu auch Kap. 4). Darüber hinaus sind zielgerichtete Interventionen auch während der typischen kreativen Ideengenerierungsphasen notwendig, etwa um eine Kreativitätstechnik nach einem bestimmten Ablaufschema einsetzen zu können, die Einhaltung gewisser damit in Verbindung stehender notwendiger Verhaltensweisen zu gewährleisten (etwa Kritikfreiheit und Offenheit gegenüber anderen Gruppenmitgliedern).

6.2.5   Inwieweit wird Kreativität tatsächlich gewünscht?

Auf die Frage, ob Kreativität wirklich gewünscht wird, wird selten jemand eine ablehnende Haltung einnehmen. Kreative Leistungen und der Weg dorthin – etwa in Form des kreativen Problemlösungsprozesses – sollen nicht nur als etwas hochgejubelt werden, das es sich für alle Stakeholder (d.h. Beteiligte und Betroffene) anzustreben lohnt. Dazu soll auch ganz bewusst die Kehrseite der Medaille angesprochen werden, nämlich dass damit auch folgende Facetten verbunden sein können:

• Abkehr von altgewohnter, „geliebten" und gehegten Routine
• Anstrengung und Schweiß statt „Leichtigkeit des Seins"
• Aufgabe von Sicherheit zugunsten von Ungewissheit, Risiko sowie
• Mögliche Einbußen von Wertschätzung durch unsere Umwelt

Damit wird die oftmals trügerische Schönmalerei kreativer Vorhaben relativiert und auf den Boden der Tatsachen gebracht. Die zuvor genannten beispielhaften Begleiterscheinungen sind Ursache dafür, dass Menschen kreativen Verhaltensweisen ablehnend gegenüber stehen (Staw 1995, 163). Der Grund dafür liegt darin, dass man als Mitglied einer Gesellschaft vor allem dann von derselben akzeptiert wird, wenn man entsprechend ihrem etablierten Wertsystem und den darauf aufgebauten Routinen handelt. Demgegenüber werden bei kreativen, auf Veränderung ausgerichteten Prozessen oftmals gesellschaftliche Paradigmen hinterfragt und „unbequeme" Verhaltensmaßnahmen als Alternativen zu bewährten Verhaltensmustern aufzeigt. Durch die „Entscheidung zur Kreativität" wird somit Bestimmtheit und Sicherheit zugunsten von Unvorhersehbarkeit und Unsicherheit in Bezug auf Entwicklung und Zielerreichung geopfert.

Wird Kreativität als notwendige Voraussetzung für die Generierung von Innovationen verstanden, führen diese Überlegungen unweigerlich zu Schumpeters Definition der Innovation als „schöpferische Zerstörung" (Schumpeter 1997, 100 f). Demnach steht mit der Einführung von Neuem immer auch das Ablösen oder Überholen von Altem in Verbindung (siehe auch Kap. 1.1.3). Als Folge resultiert daraus die Notwendigkeit einer bewussten Entscheidung zwischen den gegebenen Varianten und den damit verbundenen, ungewissen Konsequenzen.

6.3 Kreatives Denken

Der König von Syrakus hatte eine herrliche Krone aus Gold bekommen, aber er war misstrauisch und glaubte, dass dem Gold Silber beigemischt war. Er beauftragte Archimedes damit, dies herauszufinden. Archimedes kannte das spezifische Gewicht des Goldes, das Problem bestand darin, das Volumen einer Krone herauszufinden, die mit Filigranarbeiten verziert war, ohne sie einzuschmelzen. Stunden- und tagelang dachte er im Kreise und endete immer wieder in der gleichen Sackgasse. Wie schätzt man das Volumen einer unregelmäßigen Form? Eines Tages nahm er ein Bad und beobachtete entspannt, wie das Wasser um seinen Körper herum hochstieg, als er in das Becken hineinstieg. In diesem Augenblick kam ihm blitzartig die Lösung: ein fester Körper verdrängt eine Wassermenge, die seinem eigenen Volumen entspricht. Man kann die Krone ins Wasser legen und die verdrängte Wassermenge messen.[2]

Was am Ende als klare und selbstverständliche Lösung vorliegt, ist oftmals das Ergebnis der **Integration von Denkmatrizen** (Koestler 1964), die zu Problemlösungsbeginn weit auseinander liegen können und unterschiedlichen Themen- und Wirkungsbereichen zuzurechnen sind.[3] Anhand des angeführten Beispiels lässt sich sehr gut erkennen, wie sehr kreative Lösungen sowohl des konvergenten wie auch des divergenten Denkens bedürfen (siehe hierzu Kap. 6.3.1): Die Problemerkennung respektive Problemfindung und -analyse bedürfen sehr stark kognitiver Fähigkeiten, gekoppelt mit konvergenten Denkformen. Lässt sich das Problem dadurch alleine nicht lösen, so gilt es, nach alternativen, auf dem ersten Blick nicht offensichtlichen Lösungen zu suchen. Dazu bedarf es besonders assoziativer Fähigkeiten, basierend auf divergenten Denkformen, damit eine Loslösung vom Ausgangsproblem und Beseitigung von Blockaden verbunden mit Spontaneität, Muße sowie eine Aktivierung unbewusster Denkvorgänge und intuitiver Fähigkei-

---

2 In Anlehnung an Koestler 1964, 100 sowie Hampden-Turner 1996.

3 Eine Technik bei der das Zusammenführen von ursprünglich nicht zusammenhängenden Denkmatrizen besonders stark zum Ausdruck kommt ist die Synektik (siehe die auch die nachfolgenden Ausführungen zu „Methodenunterstützter Ideenfindung").

ten als auch emotionaler Eindrücke ermöglicht wird. Die in dieser divergenten Phase gefundenen Lösungen bedürfen in Folge aber wieder konvergenter Denkvorgänge, um das zuvor gefundene Lösungsprinzip auch tatsächlich anzuwenden und umzusetzen, da nur so daraus eine Innovation, gekennzeichnet durch marktnahen Umsetzungscharakter, resultieren kann.

6.3.1 Denkformen

Kreative Problemlösungen nutzen sowohl bisherige Wissens- und Informationsbestände wie auch die damit in Verbindung stehenden erprobten, logisch determinierten Problemlösungsprozesse im Unternehmen als mögliche Basis, etwa in Form von Denkanstößen. Sie erweitern diese allerdings auch um eher unkonventionelle Denkmatrizen, um auch auf Problemlösungen zu stoßen, die sich nicht nur als logische Konsequenz aus einem Problemsachverhalt ergeben.

Abb. 1: Kreatives Denken = linkshemisphärisches + rechtshemisphärisches Denken

Untersuchungen zum kreativen Leistungsvermögen machen klar, dass Kreativität demnach sowohl **kognitiver wie auch assoziativer Fähigkeiten** bedarf: Kognitive Prozesse in Form von Wahrnehmen, Fragen, Suchen, Erkennen, Verstehen, Analysieren, Zerlegen, Vergleichen, Schlussfolgern, Ordnen, Bewerten, Wählen, Entscheiden und Lernen werden dabei für die den meisten assoziativen Prozessen vorangehende intensive Beschäftigung mit dem Problemfeld benötigt. Durch assoziative Prozesse erfolgt dann eine Verbindung von logisch nicht unmittelbar miteinander verknüpften Themen- und Wirkungsbereichen, wodurch neuartige Ziel-Mittel-Relationen entstehen.

Konvergentes Denken	Divergentes Denken
• = vertikales Denken • = weitgehend • linkshemisphärisches Denken: Informationsverarbeitung erfolgt großteils verbal, analytisch, in Teile zerlegend, sequentiell, rational und zeitorientiert • Logisch-anaytisch (methodologisch) • Verstandsorientiert • Basis ist ein zugrundeliegendes Denkparadigma und die damit verbundenen Grundannahmen • Fokussierend in eine Richtung • Kognitive Fähigkeiten • Straff und regelorientiert • Extrinsische Motivation vorherrschend • Konzentration auf bewährte Lösungsverfahren • Logisch-rationale Sicht der Wirklichkeit: Es gibt eine richtige Lösung und eine objektive Wirklichkeit	• = laterales Denken • = weitgehend rechtshemisphärisches Denken: Informationsverarbeitung erfolgt großteils nicht verbal, holistisch, synthetisch, räumlich visuell, intuitiv, zeitunabhängig, diffus und simultan • Heterogen-explorativ • Intutions- und emotionsorientiert (inkl. unbewusster Denkoperationen) • Unterschiedliche Perspektiven • Denkparadigmen werden (teilbewusst) verlassen, bestehende Grundannahmen infrage gestellt, teils aufgegeben und zerstört • Erweiternd in viele Richtungen • Assoziative Fähigkeiten • Spielerisch und lustvoll • Intrinsische Motivation vorherrschend • Konstruktivistische Sicht der Wirklichkeit: Es gibt viele verschiedenartige Lösungen verschiedene individuelle Wirklichkeiten (aber keine objektive Wirklichkeit)

Abb. 2: Konvergentes und divergentes Denken

Kreatives Denken ist nicht als eine spezifische Denkform zu sehen, sondern vielmehr als **wechselhaftes Zusammenspiel aus divergentem und konvergentem respektive lateralem und vertikalem Denken** (Getzels/Jackson 1962; Hampden-Turner 1996, 104 ff). Die Begriffe konvergentes Denken und vertikales Denken sind weitgehend gleichbedeutend, haben stark logisch-analytische Ausprägung und sind zum überwiegenden Teil der linken Gehirnhemisphäre zuzuordnen. Divergentes Denken und laterales Denken sind ebenfalls weitgehend gleichbedeutend und stehen für das Verlassen – teilweise sogar für das Zerstören – von bestehenden Denkparadigmen, für das Betrachten eines Problems aus anderen Blickwinkeln, wobei eine überwiegende Zuordnung zur rechten Gehirnhemisphäre gegeben ist. Die unterschiedlichen Begrifflichkeiten resultieren dabei aus der Tatsache, dass verschiedene Kreativitätsforscher eigene Begriffe geprägt haben, so etwa ist de Bono der Begriff des lateralen Denkens zuzuschreiben, der damit vor allem den querdenkerischen Aspekt des rechtshemisphärischen Denkens betonen wollte (de Bono 1969, 236 ff; de Bono 1996). Konvergentes respektive vertikales Denken steht dabei immer in Bezug zum Problem bzw. zur Aufgabenstellung: Das zeigt sich etwa am Beginn des Problemlösungsprozesses, wenn es gilt, das Problem zu identifizieren und zu beschreiben bzw. auch im fortgeschrittenen Problemlösungsprozess, wenn potenzielle, auf den ersten Blick mit der Problemstellung nicht in Verbindung stehende Lösungsalternativen mit der Aufgabenstellung in Verbindung gebracht werden sollen.

6.3.2 Kreatives Denken: Wirkungsweise

Während der zuvor dargestellte kreative Problemlösungsprozess des Archimedes einen eher klaren Ablaufcharakter aufweist, ist es wichtig, sich darüber bewusst zu sein, dass die einzelnen Problemlösungsphasen nicht nur einmal, sondern in rückgekoppelten Schleifen mehrfach und in unterschiedlichster Reihenfolge durchlaufen werden. Dasselbe gilt auch für die damit in Verbindung stehenden Denkabläufe im Gehirn. Neben dem Phänomen der **Zirkularität** ist auch die Tatsache der **Parallelität** in Bezug auf Denkabläufe ein wesentlicher Bestandteil der Funktionsweise unseres Gehirns. D.h., dass die zuvor erwähnten Problemlösungsphasen nicht fälschlicherweise als eine Folge zeitlich gestaffelter Denkabläufe gesehen werden dürfen. Vielmehr finden, bedingt durch die eher deterministisch-chaotische Funktionsweise unseres Gehirns, diese Denkprozesse nicht entweder links- oder rechtshemisphärisch und damit auch nicht entweder konvergent oder divergent statt, sondern es findet meistens eine Vermischung der einzelnen Denkformen statt.

Kreative Leistungen bedürfen zumeist eines umfassenden Arbeitsprozesses. Dieser kreative Problemlösungsprozess ist dadurch gekennzeichnet, dass dabei unter der Zielsetzung der Hervorbringung neuer Problemlösungen einerseits übliche Denkmatrizen (gedankliche Bezugsrahmen) verlassen, trotzdem aber bei Bedarf diese zu Hilfe genommen werden bzw. auch auf ihnen aufbaut wird.

Damit kann schlussgefolgert werden, dass bezogen auf die Gestaltung von kreativen Problemlösungsprozessen in einzelnen Prozessphasen zwar eine bestimmte Denkform dominant sein kann, allerdings aufgrund ständig im Gehirn stattfindender Rückkoppelungen auch Überschneidungen zwischen den einzelnen Phasen gegeben sein können.

6.4 Kreativität: Die Antwort auf komplexe Probleme

"The small business's three worst enemies ... thinking too big ... thinking too small ... thinking too much ..."
Advertisement; Control Data Business Advisors, Inc.
(Ray/Myers 2000, 137)

6.4.1 Was ist ein Problem?

Unter dem Begriff **Problem** soll keinesfalls ein ausschließlich mit negativen Assoziationen behaftetes Phänomen verstanden werden, vielmehr kann der Begriff Problem für jede Aufgabe respektive Herausforderung stehen, der sich der handelnde Akteur durch konstruktives Handeln annimmt. Ein ähnliches Problemverständnis zeigen etwa auch Isaksen und Treffinger, wenn sie Problem als „any important, open-ended, and ambiguous situation for which one wants and needs new options and a plan for carrying a solution successfully" bezeichnen (Treffinger/Isaksen/Dorval 1994, 226). Der Begriff Problem steht somit für jede bewusst wahrgenommene Aufgabe. Damit wird die tatsächliche Wahrnehmung durch den oder die problemlösenden Akteur/e zu einer notwendigen Voraussetzung für den kreativen Problemlösungsprozess.

Aus **konstruktivistischer Sicht** impliziert das, dass das Problem erst durch die Wahrnehmung für den problemlösenden Akteur fassbar und damit einer potenziellen Bearbeitung zugänglich wird. Konsequenterweise kann es ein Problem im objektiven Sinn nicht geben, sondern dieses kann nur aus der Perspektive des Betrachters zu einem solchen werden. Der problemlösende Akteur und der vom Problem tatsächlich Betroffene müssen dabei nicht identisch sein, d.h. es muss zwischen dem Betroffensein und der Wahrnehmung unterschieden werden. Während die Wahrnehmung des Problems immer Grundvoraussetzung für den kreativen Problemlösungsprozess ist, handelt es sich bei der Betroffenheit um eine hinzukommende Facette, nicht aber um eine notwendige Voraussetzung für denselben.

Problemlösungsprozesse beginnen nicht erst bei der Analyse des Problems bzw. gar erst bei der Generierung von Lösungsalternativen. In der Praxis gilt es zu Beginn des Problemlösungsprozesses, sich des **Problems bewusst zu werden bzw. dieses zu finden.** Für das Produktentwicklungsunternehmen **IDEO** etwa bedeutete der Auftrag zur Entwicklung eines neuen Zugkonzepts für Amtrak, dass damit in Verbindung stehende komplexe Problem zu finden, sichtbar und damit bearbeitbar zu machen (Myerson 2001, 89 ff). Der Auftrag stellte trotz inkludiertem Pflichtenheft nur die Initiative für den Beginn des Problemlösungsprozesses dar. Durch die Auseinandersetzung mit der Thematik „Zugkonzept" wird ein System abgebildet, das sowohl den Nutzungsprozess der späteren Zugbenutzer mit entsprechenden vor- und nachgelagerten Prozessphasen inkludiert – wie etwa der Grundsatzentscheidung zur Nutzung des Transportmediums Zug, der Reiseplanung und auch dem Ticketlösen sowie der Ankunft am Zielort und damit verbundener Anschlussaktionen. Diese Prozessbetrachtung zusammen mit dem Suchen nach und der Analyse von weiteren das Funktionieren und den Erfolg eines Zugkonzeptes bestimmenden Komponenten stellt die Basis für das Finden und Erforschen des Ausgangsproblems dar.

6.4.2   Welche Problemarten erfordern kreative Problemlösungsprozesse?

Das gesamte Leben stellt uns vor Aufgaben, die es zu bewältigen bzw. Probleme, die es zu lösen gilt. Dabei unterscheiden sich die Probleme vor allem im Hinblick darauf, ob die Lösung durch bereits bekannte oder durch neue bzw. in ihrer Konstellation noch nicht bekannte Lösungselemente zu erreichen ist.

Nicht jede Problemstellung erfordert einen kreativen Problemlösungsprozess. **Einfache und komplizierte Probleme** (siehe dazu die vorgenommene Klassifizierung in Kap. 6.4.2.1) können weitestgehend durch **logisch-rationale Problemlösungsprozesse** bearbeitet werden. Unter Verwendung des im System (d.h. entweder das Individuum, eine Gruppe, eine Abteilung, ein Unternehmen oder auch zwischenbetriebliche Kooperationen etc.) vorhandenen und für die Problemstellung relevanten Problemlösungswissens werden im Rahmen von überwiegend logisch-rationalen Denkvorgängen Problemlösungen generiert. Logisch-rational determinierte Problemlösungen haben damit eher konventionellen Charakter, d.h. erscheinen bei näherer Betrachtung der Problemstellung als „nahe liegend".

Nicht alle Probleme erfordern kreative Problemlösungsprozesse. Aus diesem Grund muss zuerst ein Bewusstsein über die Charakteristik des vorliegenden Problems geschaffen werden. Im Folgenden werden verschieden Problemarten aufgezeigt, indem eine Unterteilung nach Komplexitätsgrad und nach Strukturiertheit erfolgt.

6.4.2.1 Unterteilung nach Komplexitätsgrad

Nicht nur im Unternehmensbereich, sonder in allen Lebensbereichen wird man mit Aufgaben respektive Problemen konfrontiert. Das erfordert ein situationsangepasstes Problemlösungsverhalten bezüglich der Gestaltung des Problemlösungsprozesses inklusive der damit verbundenen methodischen Unterstützung. Das bedeutet auch, dass Probleme oft eine Kombination aus kreativem und logisch-rationalem Problemlösungsverhalten erfordern. Welches Mix zwischen diesen beiden grundsätzlichen Stilen von Problemlösungsverhalten tatsächlich zur Anwendung hängt u.a. sehr stark auch davon ab, wie komplex das sich stellende Problem ist. Entsprechend ihres Komplexitätsgrades lassen sich Probleme in

- **einfache**,
- **komplizierte** und
- **komplexe Probleme** unterteilen (Gomez/Probst 1999, 11 ff).

Um zwischen den drei Problemarten differenzieren zu können, ist es notwendig, ein Problem hinsichtlich der Ausprägung dreier Parameter zu untersuchen. Diese sind:

- Anzahl der **Einflussgrößen**
- Anzahl der **Verknüpfungen** (Wie stark und auf welche Art beeinflussen sich die einzelnen Elemente und Subsysteme innerhalb eines bestimmten Systems? Sind bestimmte Wirkungsmuster beobachtbar?)
- Inhärente **Systemdynamik** (Inwieweit lässt sich die Entwicklung des Musters aus den Systemverknüpfungen bestimmen und welches „Eigenleben" kennzeichnet es? Inwieweit wird es dabei von anderen externen Systemen beeinflusst?)

Einfache Probleme beinhalten nur wenige Einflussgrößen bei einer geringen Anzahl an Verknüpfungen und zeigen keine wesentlichen Änderungstendenzen, was ihre Struktur betrifft. Sie können ohne besondere methodische Hilfe durch Erfahrungswissen bewältigt werden und gehören zu den unternehmerischen Alltagsproblemen, für welche bereits fertige Lösungsroutinen existieren.

Komplizierte Probleme zeigen ähnlich wie einfache Probleme eine geringe Systemdynamik, haben aber viele Einflussgrößen, welche durch eine hohe Anzahl an Verknüpfungen gekennzeichnet sind.

Bei komplexen Problemen kommt im Vergleich zu komplizierten Problemen noch erschwerend eine hohe Systemdynamik hinzu, d.h. die Interaktionen innerhalb der Verknüpfungen verändern sich laufend. Dabei liegen allerdings keine eindeutig determinierten Ursache-Wirkung-Beziehungen vor, stattdessen können marginale Veränderungen einer Systemgröße Auswirkungen unbestimmten Ausmaßes auf das Gesamtsystem, seine Subsysteme und Elemente haben. Bezogen auf das systemspezifische Zielsystem können diese Systemänderungen positiver wie auch negativer Natur sein. Diese Systemveränderungen entziehen sich aufgrund ihres deterministisch-chaotischen Charakters sowohl was das System selbst wie auch dessen Umfeld betrifft einer rein rational-logischen deterministischen Betrachtungsweise. Stattdessen prägen schwer bis nicht prognostizierbare unvorhersehbare zukünftige Ereignisse sowohl das betrachtete System wie auch das mit diesem in Verbindung stehende interagierende Umsystem. Eine Ausweitung von einer überwiegend rational-logisch geprägten auf eine intuitiv-kreative Problemlösungsebene ist damit unabdingbar.

Wichtig ist es sich bewusst zu sein, dass es in den meisten Fällen nicht möglich ist „sortenrein" zwischen einfachen, komplizierten und komplexen Problemen zu differenzieren.

6.4.2.2 Unterteilung nach Strukturiertheit

Eine Unterteilung von Problemen ist auch hinsichtlich ihrer Struktur möglich. So unterscheidet Schlicksupp auf abstrakter Problemebene zwischen
• wohlstrukturierten Problemen, sog. Routineproblemen, zu welchen Lösungen in Form von Algorithmen zwingend zur Lösung führen und
• schlechtstrukturierten Problemen, zu welchen auch sämtliche Innovationsprobleme zu zählen sind, für welche derartige Algorithmen nicht zu existieren scheinen (Schlicksupp 1999; Schlicksupp 1993).

Wohlstrukturierte Probleme sind folglich den Bereichen der einfachen und der komplizierten Probleme, schlechtstrukturierte Probleme sind dem Bereich der komplexen Probleme zuzuordnen.

6.5 Kreative Leistung

"For, you see, so many out-of-way things had happened lately, Alice had begun to think that very few things indeed were really impossible."
Alice's Adventures in Wonderland (Carroll 1982)

Die **kreative Leistung** ist das Ergebnis des kreativen Problemlösungsprozesses und kann auf unterschiedliche Arten vorliegen und zwar

- in Form einer **Lösung** zu einem Problem (in Form von Produkt-, Prozess-, Sozial- und Strukturinnovation), d.h. eines bereits konsistenten Lösungskonzeptes,
- einer „bloßen" **Idee**, d.h. das aus dem kreativen Problemlösungsprozess hervorgegangene Konzept steht in keinem erkennbaren Zusammenhang mit der gegebenen Problemstellung, könnte aber in weiterer Folge eine Lösung für andere Problemstellungen darstellen sowie
- einer **Erkenntnis** in Form von Problemlösungswissen (Wissen über den Prozess des kreativen Problemlösens inklusive der dabei verwendeten Instrumente) sowie Lösungsinhaltswissen (direkt mit dem Lösungskonzept in Verbindung stehendes explizites und implizites Wissen).

Bedingt wird die kreative Leistung durch synergetisch zusammenwirkende **divergente und konvergente Denkprozesse.** Diese Denkprozesse beziehen sich nicht nur auf die **Bewusstseinsebene**, sondern finden auch im **Vor- und Unterbewusstsein** statt und erfordern Fach-, Methoden und Sozialkompetenz. Das Ergebnis des kreativen Problemlösungsprozesses, die kreative Leistung, muss dabei nicht physisch manifestiert sein, soll aber eine zumindest gedanklich nachvollziehbare und in sich konsistente Lösung zur Problemstellung darstellen. Das Bekanntmachen der Lösung, sei dies in Form der Verbreitung des Produktes am Markt oder in Form des Wissenstransfers auf andere Akteure, stellt dabei keine eigene Anforderung an die kreative Leistung dar.

Um den Begriff der Kreativität weiter zu entmystifizieren und um zielgerichtete kreative Ideenfindungen für das Unternehmen nutzbar zu machen ist es zweckmäßig, Bewusstsein dafür zu schaffen, dass kreative Leistungen als Output des kreativen Problemlösungsprozesses sich nicht nur auf bahnbrechende Erfindungen und grundlegende Veränderungen beziehen, sondern sich meistens auf marginale Verbesserungen beschränken. Diese können aber nichtsdestotrotz zu vielfältigen Vorteilen betreffend der zu erstellenden Leistung wie auch der damit in Verbindung stehenden innerbetrieblichen Abläufe für das Unternehmen führen. Das ist auch der Grund dafür, dass im Bereich der Kreativitätsforschung zwischen **„großer"** und **„kleiner" Kreativität** respektive kreativen Leistungen unterschiedlichen Größenordnung unterschieden wird.

Die kreative Leistung in Form einer problembezogenen Lösung aber auch Ideen ohne offensichtlichen Problembezug (sehr wohl können diese

„Große Kreativität"	„Kleine Kreativität"
„Große" kreative Leistungen führen zu bahnbrechenden Neuerungen bzw. grundlegenden Veränderungen des Bestehenden (etwa die Entwicklung des E-Mails als neuartige Kommunikationstechnologie):	„Kleine" kreative Leistungen führen zu marginalen Veränderungen des Bestehenden (etwa die Weiterentwicklung und Verbesserung eines bestehenden E-Mail-Programms):
• Grundlegende richtungsweisende Erfindungen bzw. Verbesserungen	• Marginale Erfindungen bzw. Verbesserungen bei sonstiger weitgehender Beibehaltung des Bisherigen
• Oft geringe Kompatibilität mit dem Bestehenden	• Arbeitserleichterungen
• Grundlegend neue Wertvorstellungen	• Modifizierte Verfahren
• Weitreichende organisatorische Umstrukturierungen und Neuorientierungen	• Große Kompatibilität mit dem Bestehenden
• Umfassende „Zerstörung" bzw. Aufgabe von Bisherigem (im Sinne von Schumpeter)	• Entspricht weitgehend bestehenden Wertvorstellungen
• Große verfahrenstechnische Veränderungen	• Positiver Zusatznutzen beim Kunden bei weitgehend gleichbleibendem Gebrauchs- und Verbrauchsverhalten
• Neue Trends	
• Weitgehend verändertes Gebrauchs- und Verbrauchsverhalten der Kunden	

Abb. 3: „Große" und „kleine" Kreativität

aber Wert für andere, zukünftige Problemstellungen habe) stehen als anzustrebendes Ergebnis im Mittelpunkt des Problemlösungsprozesses. Diese treten aber nicht nur am Ende des Problemlösungsprozesses in Form von bewerteten Lösungsalternativen in Erscheinung, sondern können zu verschiedensten Phasen des Problemlösungsprozesses generiert werden.

Genauso wie im Unternehmen neue Produktideen nicht nur aus dem Bereich der Forschung und Entwicklung, sondern aus dem ganzen Unternehmen sowie dessen Umfeld resultieren können, ist das ganze Problemlösungssystem (etwa die Abteilung, das Unternehmen aber auch Kooperationspartner) als potenzielle Quelle neuer Lösungen und Ideen zu verstehen.

6.6 Der kreative Prozess: Traditionelle Sicht

„Es ist ein charakteristisches Merkmal des wissenschaftlichen Lebens, dass es leicht ist, wenn man an einem Problem arbeitet. Der schwierige Teil besteht darin, sein Problem zu finden."
Freeman Dyson (zitiert nach Csikszentmihalyi 1999, 142)

Bevor im nachfolgenden Abschnitt ein dynamisches Kreativitätsmanagementmodell vorgestellt wird, soll aufgrund seines großen historischen Einflusses im Bereich der Kreativitätsforschung der kreative Prozess nach Wallas diskutiert und anschließend kritisch hinterfragt werden.

6.6.1 Das Modell von Wallas

Wallas entwickelte bereits am Anfang des 20. Jahrhunderts einen vierphasigen Erklärungsansatz, welcher in den folgenden Jahrzehnten starken Einfluss auf die Kreativitätsforschung hatte und noch heute eine wichtige Diskussionsbasis bildet (Wallas 1926; Poincaré 1913, 389; Runco 1994, 272; Schlicksupp 1999, 39 ff).

In der Vorbereitungsphase geht es darum, das Problem zu erkennen (d.h. bewusst zu machen), Zusammenhänge in Verbindung mit dem Problem aufzuzeigen sowie um die Aktivierung von problemrelevantem Wissen. In dieser ersten direkten Konfrontation wird daher vor allem auf das mit kognitiven Denkprozessen in Verbindung stehende Erfahrungswissen, das im Rahmen ähnlicher Problemstellungen erworben wurde, zurückgegriffen. Erfahrungswissen kann in Form von direkten Erfahrungen, an denen die problemlösenden Akteure selbst teilgenommen haben oder in Form von indirekten Erfahrungen, an denen die Akteure nicht selbst teilgenommen haben, sondern sie sich auf die Erfahrungen Dritter stützen, erworben werden. Das steht u.a. auch damit in Verbindung, dass für die problemlösenden Akteure Erfahrungen bzw. gefestigtes Wissen gleichzeitig ein Agieren auf relativ „sicherem" Terrain bedeutet und somit auch die Handlungsgeschwindigkeit in Relation zum Aufbau neuen, kreativen Problemlösungswissens in der Regel höher ist.

In der Inkubationsphase setzen sich die problemlösenden Akteure mit den als problemrelevant erachteten Sachverhalten auseinander: Dabei kommt es auch zur Assoziationsbildung zwischen problembezogenem und auch nicht unmittelbar mit dem Problem in Verbindung stehendem Erfahrungswissen. Das Gehirn arbeitet in dieser Phase auch dann an der Problemstellung weiter, wenn uns dies nicht unmittelbar bewusst ist, wenn wir unsere Aufmerksamkeit auf ganz andere Tätigkeiten richten, etwa beim Sport oder improvisierenden Kochen, bei Hobbyaktivitäten generell oder auch im Schlaf.

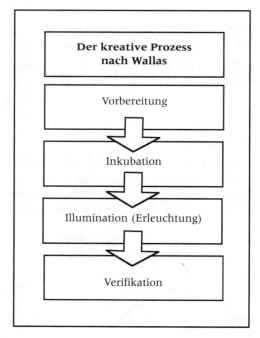

Abb. 4: Phasen des kreativen Problemlösungsprozesses; in Anlehnung an Runco 1994, 272

In der Illuminations- bzw. Erleuchtungsphase werden die in der Vorphase gebildeten unbewussten Assoziationen bewusst gemacht, es erfolgt das bekannte „Aha-Erlebnis", das plötzliche Auftauchen der Problemlösung.

In der Verifikationsphase werden die Lösungsideen mit der Problemstellung in Bezug gebracht und überprüft, inwieweit die einzelnen Ideen sich als Problemlösung eignen, d.h. verifiziert werden können. Gerade Bewertungs- und Auswahlprozesse zeichnen sich durch eine verstärkt systematisch-logisch begründete Vorgehensweise aus – außer es wird ganz bewusst „aus dem Bauch heraus" bzw. intuitiv entschieden –, in welcher die verschiedenen erarbeiteten Lösungsalternativen nach bestimmten Kriterien gegenübergestellt und ausgewählt werden.

6.6.2 Kritik am Modell von Wallas

Der Erklärungsansatz von Wallas, wonach der kreative Prozess in vier aufeinander folgende Phasen Vorbereitung, Inkubation, Illumination und Verifikation unterteilt wird, trug maßgeblich zum besseren Verständnis kreativer Prozesse bei. Dabei wurde dem Umstand wenig Rechnung getragen, dass es sich bei kreativen Problemlösungsprozessen meist um äußerst komplexe und folglich nicht linear ablaufende Systeme handelt, ebenso wie der Tatsache, dass die genannten Einzelphasen in realen Problemlösungsprozessen nicht isoliert werden können, sondern Rückkoppelungen und Überlappungen aufweisen (vgl. dazu auch Kap. 6.2.4). Die im Modell zum Ausdruck kommende Segmentierung zwischen logisch-rationalen und intuitiv-kreativen Denkprozessen hinsichtlich bestimmter Ablaufphasen ist ebenso irreführend wie nach heutigen Erkenntnissen der Kreativitätsforschung wenig plausibel. Tatsächlich weisen kreative Prozesse stark nichtlineare Eigenschaften auf und lassen sich folglich nicht in ein lineares Ablaufschema pressen (Runco 1994, 272).

Vielmehr finden in allen Phasen des kreativen Problemlösungsprozesses, wenn auch in unterschiedlicher Intensität, sowohl konvergente Denkprozess mit logisch-rationaler Prägung wie auch divergente Denkprozesse mit intuitiv-kreativer Prägung (siehe dazu die folgenden Ausführungen in Kap. 6.3) unter Einbeziehung des Bewusstseins wie auch des Unterbewusstseins statt.

Vor dem Hintergrund, dass die meisten Probleme im Bereich des Innovations- und Technologiemanagements sehr komplex und mit vielfachen Rückkoppelungen versehen sind, wird im Folgenden ein Modell vorgestellt, dass den Eigenheiten komplexer Systeme Rechnung tragen soll. Es soll außerdem zu einem besseren Verständnis und damit auch Gestaltbar-

keit kreativer Problemlösungsprozesse in einer sich dynamisch wandeln-
den Umwelt beitragen.

6.7   Kreativitätsmanagement: Eine modellhafte Darstellung

*"One of our greatest limitations to fostering creativity in organizations is
this current crippled thinking about creativity. We are focused only on the
parts of creativity, rather than the whole. We can greatly enhance our ability to improve organizational creativity when we think of it as the uniting of
cognitive (thinking), affective (feeling), and intentional (willing) aspects
that come together to be carried out in deeds (doing)."*
Robert Michael Burnside, Center for Creative Leadership
(Burnside 1995, 302)

6.7.1   Kreativitätsmanagement: Aspekte des kreativen Problem-
lösungsprozesses

Das hier vorgestellte dynamische Modell kreativer Problemlösungsprozesse
(kurz: „Planetenmodell") beruht auf folgendem Grundverständnis: **Kreative Problemlösungsprozesse** stehen vor allem in Verbindung mit:
- überwiegend komplexen Problemstellungen, welche selten von Beginn
  an in transparenter Form vorliegen, sondern vorab zu finden, teils zu
  konstruieren und zu interpretieren sind,
- der Unangemessenheit und Beschränktheit von rational-logisch determinierten Problemlösungsprozessen,
- der Notwendigkeit des synergetischen dynamischen Zusammenwirkens
  von konvergenten und divergenten Denkprozessen, wobei einem rekur-
  siven System entsprechend ein vielfacher, im Voraus nicht bestimmba-
  rer, vorwärts- und rückwärts wirkender Wechsel zwischen den beiden
  Denkprozessen erfolgt,
- hohen Anforderungen an das Kompetenzspektrum im Problemlösungssystem selbst, wobei inkongruente Systemzustände (d.h. wenn das Problem Kompetenzen erfordert, die im System nicht vorhanden sind)
  besonders beachtet werden müssen,
- einem notwendigen zielgerichteten Zusammenspiel der problemlösenden Akteure unter Nutzung ihrer individuellen Stärken,
- der Abhängigkeit von Rahmenbedingungen (sowohl in räumlich-arbeits-
  platzspezifischer, zeitlicher wie auch themenspezifischer Hinsicht), welche
  sich für den kreativen Problemlösungsprozess als förderlich erweisen,

- der Notwendigkeit des Aufbaus eines problembezogenen Zielsystems unter Berücksichtigung und Abstimmung mit übergeordneten unternehmerischen Metazielen, etwa in Form der Unternehmensvision und -strategie,
- der Erkenntnis, dass das Problemlösungssystem als Ganzes nicht durch lineare, sondern durch rückkoppelungsbasierte Wirkungszusammenhänge gekennzeichnet ist und dieses System in eine sich beständig weiterentwickelnde Umwelt eingebettet ist.

Daraus resultiert, dass das gesamte kreative Problemlösungssystem komplexer Natur ist und eher deterministisch-chaotischen Mustern als den Regeln eines linearen Ursache-Wirkungsparadigmas gehorcht (vgl. dazu auch Kap. 6.2.4).

6.7.2 Das „Planetenmodell kreativer Problemlösungsprozesse": Ein Überblick

Das hier vorgestellte Modell bedient sich der Metapher des Planetensystems zum besseren Verständnis komplexer kreativer Problemlösungsprozesse und versucht den zuvor genannten Besonderheiten kreativer Problemlösungsprozesse vor allem dadurch Rechnung zu tragen, indem eine Fokussierung auf **dynamische Modelleigenschaften** gelegt wird: Nicht lineare Abläufe sind prägend für reale kreative Problemlösungsprozesse, sondern vor- und rückwärtsgerichtete Rückkoppelungen (Runco 1994). Das „Planetenmodell kreativer Problemlösungsprozesse" stellt den kreativen Problemlösungsprozess als zirkuläres komplexes „Planetensystem", eingebettet in die die kreative Leistung prägenden mehrschichtigen „kosmischen Wolken", dar. Da sich die einzelnen Systemebenen in einer dynamischen nicht-linearen Interaktion befinden, können diese folglich nicht in einem linearen Ablaufsystem dargestellt werden. Stattdessen lässt sich dieses Zusammenspiel am ehesten als nach deterministisch-chaotischen Grundsätzen funktionierendes Interaktionsmuster verstehen. Zur Darstellung und weiteren Bearbeitung soll deshalb eine systemische Betrachtung herangezogen werden, da hier sowohl den Grundsätzen des dynamischen nicht-linearen Zusammenwirkens wie auch einer möglichst ganzheitlichen, allerdings auf die wesentlichen Bestimmungsparameter beschränkten Darstellung des Systems kreativer Problemlösungen Rechnung getragen werden kann. Nachfolgend einige Details zum Modell.

Im vorliegenden Planetenmodell werden kreative Problemlösungsprozesse als Kernstück von Innovationsprozessen abgebildet. Diese stellen damit die Basis für die im Folgenden vorzustellenden Kreativitätstechniken dar und können bei zielgerichtetem Einsatz und Mitberücksichtigung der weiteren im Planetensystem dargestellten Einflussparameter eine bessere Nutzung des im Unternehmen bzw. Unternehmensnetzwerk inhärenten kreativen Problemlösungspotenzials bewirken.

Die einzelnen Subsysteme des kreativen Problemlösungsprozesses in Form von „Problemfindung", „Zielbildung", „Alternativenbildung" sowie „Stakeholder Management" stehen durch nicht-linear ablaufende vor- und rückwärtsgerichtete Feedbackschleifen in ständiger Wechselbeziehung und führen zu einer kontinuierlichen gegenseitigen Veränderung bzw. Adaptierung.

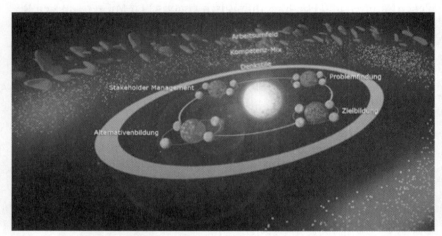

Abb. 5: Planetenmodell – Ein integriertes Kreativitätsmanagementmodell (Steiner 2002, 2005, 2007, 2008)[4]

6.7.3   Das Planetenmodell: Funktionsweise

Generell gilt es zwischen drei verschiedenen Dimensionen in diesem Planetensystem zu unterscheiden. Im Mittelpunkt des Systems und damit auch zentraler Punkt sämtlicher Betrachtungen steht die **Sonne**, stellvertretend für das Lösungs-, Ideen- sowie Erkenntnissystem (vgl. dazu Kap. 6.5), welche von den **Planeten**, als Sinnbild für sämtliche Problem-

---

4   Dieses Modell wurde in einer Vorversion erstmals unter der Bezeichnung „DCPS – A Model for Dynamic Creative Problem Solving" u.a. im Rahmen der „North Atlantic Economic Conference" in Washington D.C. im Oktober 2002 einer breiten wissenschaftlichen Öffentlichkeit vorgestellt. Grafische Umsetzung Dieter Schäfer.

lösungssubsysteme und -prozesse, umkreist wird. Die einzelnen aktions-orientierten Planeten stellen die gestalt- und beeinflussbaren Teilsysteme des Problemlösungsprozesses dar. Das gesamte Sonne-Planeten-System wird von den **kosmischen Wolken** umhüllt, die als vorliegende Denk-stile, Kompetenz-Mix sowie Arbeitsumfeld alle anderen Teilsysteme des kreativen Problemlösungssystems stark beeinflussen, selbst aber überwie-gend nur mittel- bzw. langfristig veränderbar sind.

Demzufolge sind die **kosmischen Wolken** das für die Planeten rele-vante Umsystem, entziehen sich aber zumeist der kurzfristigen problem-bzw. aufgabenspezifischen Beeinflussung bzw. Anpassung. Ein wichtiger Grund hierfür ist darin zu sehen, dass eine Änderung von Kompetenzpro-filen, Führungsstilen und Verhaltensmustern sowohl auf individueller wie auch auf organisationaler Ebene nur äußerst schwerfällig zu initiieren ist (Amabile 1996, 81 ff): Verhaltensmuster sind das Ergebnis eines umfas-senden Entwicklungsprozesses, welches durch sozio-kulturelle Umfeldfak-toren beeinflusst wurde und als „gelerntes Verhalten" bislang ein für das betrachtete Individuum oder für die betrachtete Organisation adäquates Vorgehen darstellt. Ein weiteres Hemmnis für eine Änderung von Ver-haltensmustern stellen Beharrungstendenzen dar, die durch Angst vor Neuem und Ungewissen und die damit verbundenen Folgen sowie einer damit verbundenen Aufgabe von Altbewährtem zusätzlich verstärkt wer-den (vgl. Kap. 6.2.5).

Die von den kosmischen Wolken umhüllten **Planeten** liegen in Form von Problemfindung, Zielbildung, Alternativenbildung und Stakeholder Management vor und stellen das eigentliche problem- bzw. aufgabenspezi-fische Gestaltungsfeld im kreativen Problemlösungsprozess dar.

Die Planeten können nicht losgelöst vom restlichen Kosmos betrachtet werden, sondern befinden sich mit diesem in einem ständigen **Wechsel-spiel**. Der kreative Problemlösungsprozess wird als ganzheitliches, intera-gierendes und sich ständig veränderndes System verstanden. Damit wer-den Problemlösungen, sonstige Ideen sowie weiterführende Erkenntnisse nicht nur im Rahmen des Planeten „Alternativengenerierung", sondern auch im Rahmen der anderen Planeten (d.h. zu unterschiedlichen Phasen des Problemlösungsprozesses) generiert. So etwa kann es durch die inten-sive Beschäftigung mit einem Problem oder mit der Zielsetzung einer gegebenen Aufgabe bereits zu Lösungen und Ideen kommen. D.h. eine Beschränkung der Lösungs- und Ideengenerierung auf die Phase der Ideengenerierung und des Problemlösens wäre eine einschränkende und unrealistische Sichtweise. Die Planeten „Problemfindung", „Zielbildung", „Alternativenbildung" und „Stakeholder Management" stehen in einem dynamischen Zusammenspiel, in dem Zirkularität statt Linearität (vgl.

demgegenüber etwa die meisten traditionellen Innovations-Modelle, welche durchwegs auf dem Paradigma einer linearen Prozessgestaltung aufbauen) charakterisierend für das kreative Problemlösungssystem ist. Jeder Planet steht wieder für einen **weiteren Mikrokosmos**. Die einzelnen Subsysteme der einzelnen Planeten sind in sich ein interagierendes System, stehen aber auch in unmittelbarer Verbindung mit den anderen Planeten wie auch unter dem Einfluss der kosmischen Wolken. Der **Planet „Problemfindung"** inkludiert die Subsysteme Problemwahrnehmung/-wirkung, Problemkonstruktion oder -entdeckung, Problemanalyse/-beschreibung sowie Problemklassifikation. Der **Planet „Zielbildung"** inkludiert die Subsysteme Zielwahrnehmung/-wirkung, Zielanalyse/-beschreibung, Zielklassifikation sowie Visions- und Strategiekompatibilität. Der **Planet „Alternativenbildung"** inkludiert die Subsysteme Initiative (was ist der Anstoß, sich mit einer Problemstellung auseinander zu setzen oder zu versuchen, ein Problem zu finden?), Sekundärlösungen (d.h. Sammlung bereits existenter Lösungsalternativen), primäre Ideengenerierung (eigenständige kreative Ideensuche), Ideenclusterung/-synergien und Problemübertragung/-kompatibilität. Der **Planet „Stakeholder Management"** inkludiert die Subsysteme Stakeholderidentifikation, Stakeholderanalyse/-beschreibung, Stakeholderklassifikation (entsprechend deren Zielsetzungen) sowie Stakeholderaktionsplan.

Sowohl die Planeten und ihre Subsysteme wie auch die Sonne sind von einem **„kosmischen Nebel"** umgeben, der stellvertretend für ein das ganze kreative Problemlösungssystem beeinflussendes Bewertungs- und Auswahlverhalten steht. Die Sonne als zentrales Element des Planetensystems beinhaltet zwar spezifische Bewertungs- und Auswahlverfahren, jedoch werden diese vor allem auf die infrage kommenden Lösungsalternativen angewandt. Bewertungs- und Auswahlmaßnahmen finden aber auch zu anderen Phasen des kreativen Problemlösungsprozesses (oftmals auch ohne spezielle instrumentelle Unterstützung) statt, ob dies die Interpretation des Problems, die Zielbildung, die Auswahl anzuwendender Kreativitätstechniken oder einzubeziehender Problemlösungsakteure betrifft, um nur einige Möglichkeiten zu nennen (eine umfassende Darstellung des Planetenmodells findet sich in Steiner 2005, 2007).

6.7.4 Schlussfolgerung: Das Innovationsproblem im kreativen Problemlösungsprozess

In der Komplexität eines Problems, wie sie den meisten Innovationsproblemen eigen ist, liegt auch die Rechtfertigung für kreative Problemlösungsprozesse. Rein analytische Problemlösungsprozesse reichen dann in den meisten Fällen nicht mehr aus, da das Problem nicht mehr als deterministisch bestimmtes und damit logisch-rational bestimmbares System in Erscheinung tritt; hier gilt es den analytischen Problemlösungsprozess durch kreative und intuitive, aber ebenso planbare und systematisierbare Problemlösungsschritte zu erweitern.

Genauso wenig wie es sinnvoll ist, laterale und vertikale bzw. divergente und konvergente Denkprozesse hinsichtlich ihres Zielerreichungsbeitrages zur kreativen Leistung isoliert zu betrachten (vgl. Kap. 6.3), macht es Sinn, logisch-rationale (analytische) und kreative Komponenten des kreativen Problemlösungsprozesse voneinander isoliert zu betrachten. Im Sinne einer integrativen und von einer dualistischen Betrachtung abkehrenden Sichtweise geht es vielmehr darum, die beiden Denkparadigmen aufgrund ihres synergetischen Zusammenspiels zu verbinden.

6.8 Methodenunterstützte Ideenfindung im kreativen Problemlösungsprozess

„Warum bekomme ich meine besten Ideen immer am Morgen während ich mich rasiere?"

Albert Einstein

Im vorangegangenen Abschnitt wurde diskutiert, was sich hinter Kreativität versteckt, es wurde aber auch die Bedeutung kreativer Problemlösungsprozesse als wesentlicher Teil des Innovationsprozesses ausgewiesen, um Produkt-, Prozess-, Sozial- und Strukturinnovationen generieren zu können. Auf Basis des vorgestellten Modells eines dynamischen Kreativitätsmanagements werden im Folgenden Möglichkeiten der methodenunterstützten Ideengenerierung aufgezeigt. Dazu wird eingangs die Bedeutung von Sekundärdatenquellen bei der Lösungssuche sowie Planungsmaßnahmen für einen Kreativ-Workshop behandelt und anschließend einige grundlegende Kreativitätstechniken vorgestellt.

6.8.1 Unternehmensinterne und -externe Ideenquellen

Wie eingangs des Kapitels festgestellt, bedarf es im kreativen Problemlösungsprozess nicht nur divergenten Denkens auf Basis assoziativer Fähigkeiten, sondern auch konvergenter Denkfertigkeiten auf Basis kognitiver Fähigkeiten. Das ist notwendig, um eine Problemstellung erkennen und analysieren zu können, daraus Zielsetzungen sowie Aktionsmuster ableiten zu können und dadurch die Basis für einen Ideengenerierungsprozess zu schaffen. Zu diesem Zweck soll an dieser Stelle auf unternehmensinterne wie auch -externe Ideenquellen eingegangen werden, da diese eine notwendige Basis für sämtliche kreativen Ideengenerierungsprozesse darstellen.

Neben der Frage, ob die Ideenquelle unternehmensinterner oder -externer Art ist, gilt es zusätzlich auch zwischen Primär- und Sekundärdaten in Bezug auf die genannten potenziellen Ideenquellen zu unterscheiden. Bei Sekundärdaten handelt es sich um Daten, die bereits in einer bestimmten Form vorliegen, etwa als Berichte aufgearbeitet wurden und folglich schneller zur Verfügung stehen als Primärdaten, welche originär selbst oder durch Fremdauftragserteilung (zur Durchführung einer Befragung oder einer Beobachtung) beschafft werden müssen. Für den im Problemlösungsprozess vorgelagerten Einsatz von Sekundärdaten sind neben der schnelleren Verfügbarkeit geringere Kosten (inklusive etwaiger entstehender Opportunitätskosten) zu nennen. Nachdem Kenntnis bezüglich der nach durchgeführter Sekundäranalyse noch ausstehenden Daten besteht, gilt es die Primärdatenerhebung und -analyse zu planen und durchzuführen.

6.8.2 Vorbereitungen für den Kreativworkshop

Nachdem die Aufgabenstellung bzw. das zu lösende Problem unter Nutzung der individuellen oder gruppeninhärenten kognitiven Fähigkeiten spezifiziert wurde und eine Fülle an Informationen und erster Lösungsideen zur Problemsensitivität beigetragen haben, gilt es jene Vorbereitungsschritte zu treffen, die für eine effiziente kreative Arbeit notwendig sind. Bei der Planung eines umfangreichen Kreativ-Workshops – etwa bei Produkt- oder Strategieentwicklungen – gilt es folgende Punkte zu berücksichtigen:

Zielvereinbarung
- Realistische Zielsetzungen auf Basis der gegebenen Aufgaben- bzw. Problemstellung ausarbeiten (teilweise problemspezifische Einzelanalysen notwendig)
- Bereits vor dem Kreativ-Workshop mit allen Team-Mitgliedern potenzielle Ziele für den Workshop diskutieren, so genau wie möglich beschreiben und diese mit den am Prozess Beteiligten vereinbaren (= Contracting)
- „Nichtziele" bewusst machen

Interne Ideenquellen

- Problemrelevante Unternehmensabteilungen
- Mitarbeiter
- Betriebliches Vorschlagswesen
- Kundendienstberichte
- Internes Berichtswesen
- Interne Kundendatenbank (auf Basis von regelmäßigem Screening von Kundenbedarf, -problemen, -beschwerden, -anfragen, -anregungen etc.)
- Interne Konkurrentendatenbank
- Interne Newgroups und Intranet
- Interne Wissens- und Kreativdatenbanken
- Interne Patentdatenbank
- Kreativitäts- und Innovationsinstrumente
- Interne Diskussionsrunden

Externe Ideenquellen

- Endkunde (Befragung, Beobachtung etc.)
- Etwaige Industriekunden (Auftraggeber), deren Abteilungen und einzelner Mitarbeiter
- Groß- und Einzelhändler
- Externe Diskussionsrunden (mit Kunden, Experten etc.)
- Konkurrenzunternehmen (Konkurrenzprodukte, Veröffentlichungen)
- Marktforschungsinstitute
- Forschungs- und Erfinderinstitute
- Fachhochschulen und Universitäten
- Unternehmensberater, Trendforscher, Experten
- Werbeagenturen
- Eigene Lieferanten sowie Lieferanten etwaiger beauftragender Unternehmen
- Staatliche und halbstaatliche Service-Einrichtungen
- Wirtschaftsinformationsdienste (von WK, Banken etc.)
- Patentämter
- Fach- und Erfindermessen sowie Messeberichte
- Kongresse
- Geschäftsberichte von Unternehmen
- Internet allgemein (Suchmaschinen etc.)
- Newsgroups im Internet
- Datenbanken
- Tages- und Wirtschaftszeitungen
- Berichte von Fachverbänden, Kammern und Behörden (z.B. des Statistischen Zentralamts)
- Veröffentlichungen von wissenschaftlichen Institutionen
- Fachzeitschriften und Bücher
- Ländervergleiche (betreffend Verbraucherverhalten, Kaufkraft, Rahmenbedingungen etc.)
- Branchenanalysen und branchenübergreifende Analysen
- Trendanalysen aus Handel, Verbraucherschaft und Produzentenkreisen

Abb. 6–7: Unternehmensinterne und -externe Ideenquellen

Umfeldgestaltung

- Gut eignen sich Örtlichkeiten außerhalb des Unternehmens
- Wenn möglich mit Auswärtsübernachtung (Teilnehmer sollten auf keinen Fall über Nacht nach Hause fahren können)
- Lässt der Ort auch entsprechende Programmpunkte für das Rahmenprogramm zu? (gerade der informellen Kommunikation außerhalb der eigentlichen Arbeitsphasen kommt dabei große Bedeutung zu)

Auswahl der einzusetzenden Kreativitätstechniken

- Welche Techniken zu welcher Phase des Innovationsprozesses?
- Welche Techniken beim Arbeiten in Sub-Gruppen?
- Welche Techniken sollen bei Gruppenarbeit, welche bei Individualarbeit eingesetzt werden?
- Harmonieren Techniken entsprechend der Ermüdungskurve der Teilnehmer im Tagesverlauf? (bei Ermüdungserscheinungen kann es vorteilhaft sein, eher spielerische Techniken einzusetzen)
- Haben wir die Kompetenz zum Einsatz der Techniken?
- Wird der Einsatz der Techniken von allen Gruppenmitgliedern akzeptiert werden? (gerade wenn mit der Technik große persönliche Offenheit verbunden ist, wie etwa bei der persönlichen Analogie im Rahmen der Synektik (siehe Kap. 6.8.4.4), besteht die Gefahr, dass die Akteure der Technik mit großem Vorbehalt gegenüber stehen)
- Welche Ersatztechniken könnten im Falle des Scheiterns einer Technik eingesetzt werden?

Gruppenzusammenstellung

- Soll die Gruppe nur aus unternehmensinternen Akteuren bestehen oder sollen auch Externe – etwa Moderatoren und Trainer sowie unternehmensfremde Fachexperten, Lieferanten, Kooperationsunternehmen und Kunden – beigezogen werden?
- Weist die Gruppe die notwendige Fachkompetenz zur Problembewältigung auf?
- Weist die Gruppe die notwendige Methodenkompetenz zur Problembewältigung auf und wenn nicht, welche etwaigen Zwischenschritte sind noch durchzuführen (etwa spezifische Methodenschulung vor dem eigentlichen Kreativ-Workshop)
- Inwieweit könnte es zu hierarchisch bedingten Hemmschwellen kommen? (gewisse Themen lassen sich leichter innerhalb einer Unternehmensebene bereden und anschließend etwa mit dem Management diskutieren, als das Management schon zu Beginn der Arbeitseinheit zu involvieren)

- Welche Basis-Verhaltenmusters werden von der Gruppe abgedeckt? (Czichos 2001) (etwa feststellbar durch spezifische verhaltenstypologische Tests wie etwa LIFO oder Myers-Briggs)
- Welche Konflikt lösenden Maßnahmen könnten bei dieser Gruppenkonstellation bei kritischen Workshopsituationen ergriffen werden? (der präventiven Plaung kommt hier besondere Bedeutung zu)

Technical Support & Sonstiges
- Flip-Charts
- Pin-Wände und große Backpapierbögen (Format zweimal A0)
- Kärtchen für Metaplantechniken
- Stifte
- Stecknadeln und Kleber (u.a. auch wieder ablösbare sowie verschiedene Klebebänder)
- Overhead-Projektor und Beamer
- Musik
- Verpflegung und Getränke

6.8.3 Vorgehen bei Gruppenarbeiten im Rahmen des Ideenfindungsworkshops

Unabhängig vom Workshopaufbau und den zur Anwendung kommenden Kreativitätstechniken werden nachfolgend einige als besonders wirkungsvoll anzusehende Vorgehensmaßnahmen – meist durch den Moderator – im Rahmen der Gruppenarbeit aufgelistet:
- Vorabinformation der zu involvierenden Teilnehmer im Hinblick auf die anstehende Problemstellung
- Terminkoordination
- Verteilen und koordinieren etwaiger Vorabaufgaben (d.h. noch vor Beginn des eigentlichen Workshops)
- Begrüßung der Teilnehmer beim Workshop
- Vorstellen der Workshop-Agenda und Contracting mit allen Akteuren (im Plenum): Sind die Zielsetzungen des Workshops klar? Gibt es Änderungsvorschläge hinsichtlich der Agenda und wie passen diese in das Gesamtkonzept?
- Vorstellen der Grundregeln einzelner Kreativitäts- sowie sonstiger Problembehandlungstechniken
- Abklären eines gemeinsamen Problemverständnisses
- Problemanalyse und Umstrukturierung
- Ideengenerierungsphase und Assoziationsbildung

- Zusammenführung von Teilergebnissen (etwa bei Arbeiten in Sub-Arbeitsgruppen)
- Zusammenfassung der erzielten Ergebnisse
- Etwaige Folgemaßnahmen besprechen
- Bedanken bei allen Mitwirkenden für deren Einsatz
- Protokoll erstellen sowie an die Teilnehmer versenden, Ergänzungen einfordern, überarbeiten und abermals zusenden

6.8.4 Methodenübersicht

Kreativitätstechniken sind Hilfsmittel im kreativen Problemlösungsprozess. Daraus ergeben sich folgende Handlungsnotwendigkeiten:

Systemanalyse
- Wer sind die betroffenen Stakeholder (indirekt und direkt Betroffene sowie Problemlösungsakteure)?
- Wie lautet die Aufgabenstellung?
- Um welches Problem handelt es sich?
- Welche Zielsetzungen haben die einzelnen Stakholdergruppen?

Workshopdesign
- Auswahl der Kreativitätstechniken entsprechend der vorliegenden Systemgegebenheiten (Dabei ist auch zu berücksichtigen, dass die Kreativitätstechniken entsprechend der jeweiligen Phase des Kreativ-Workshops und in Abhängigkeit der problemlösenden Akteure sowie des gegebenen Umfelds ausgewählt und so im Problemlösungsprozess positioniert werden, dass ein konsistentes Zusammenspiel der Einzelmethoden gewährleistet ist).
- Festlegung des Ablaufprogramms (inklusive Rahmenprogramm)
- Festlegen des Zeitplans
- Bestimmen der Örtlichkeiten
- Festlegen der Verantwortlichkeiten und der Rollenverteilung
- Bestimmen der Art der Workshopdokumentation

Ergebnistransfer
- Was ist das Ziel des Workshops?
- Durch welche Indikatoren kann man das Erreichen der Zielsetzung messen?

- Was soll mit den Ergebnissen geschehen, d.h. für wen sollen diese verfügbar gemacht werden und für welche Folgeprozesse sollen sie Verwendung finden?

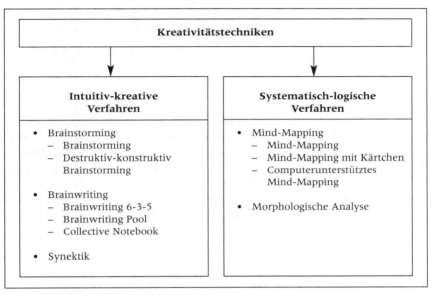

Abb. 8: Methodenübersicht[5]

In den nachfolgenden Ausführungen sollen einzelne ausgewählte Techniken zur Unterstützung des kreativen Problemlösungsprozesses vorgestellt werden. Dabei erfolgt eine Unterteilung in

- intuitiv-kreative Verfahren
- systematisch-logische Verfahren und
- Metaverfahren.

Alle Verfahren verfolgen eine gemeinsame Zielsetzung, die Unterstützung der Problemlösungsakteure bei der Generierung von kreativen Problemlösungen.

---

5 Die angeführten Methoden stellen eine Auswahl an Verfahren dar, die im Rahmen dieses Kapitels ausführlich dargestellt werden. Für weitere Verfahren sei etwa auf Higgins/Wiese (1996) sowie auf Schlicksupp (1993) und Schlicksupp (1999) verwiesen.

6.8.4.1 Brainstorming & Destruktiv-Konstruktiv Brainstorming

Basisidee

Beim Brainstorming sollen in einer Gruppe in kurzer Zeit so viele Ideen wie möglich zu einer gegebenen Problem-/Aufgabenstellung generiert werden, wobei es dabei vor allem um das Produzieren von Rohideen geht. Trotz der weit verbreiteten Meinung ist diese Methode nicht simpel und unkritisch in der Anwendung. Vielmehr bedarf sie eines kompetenten Moderators und eines kreativen Grundklimas in der Gruppe.

Methodische Grundlagen

Diese von Osborn in den 40er-Jahren entwickelte Methode der Ideenfindung beruht auf dem Prinzip der freien Assoziation, d.h. unwillkürliche, nicht gelenkte Äußerungen eines Gruppenmitglieds werden von anderen Gruppenmitgliedern aufgenommen und wirken als Auslöser für weitere Ideen (vgl. Osborn 1953, 297 ff). Im Aufnehmen und spontanen „Weiterspinnen" von Ideen, den sog. Assoziationsketten, liegt die Hauptstärke dieser Kreativitätstechnik. Voraussetzung ist, dass sämtliche Kritik unterlassen wird.

Grundregeln

- Keine Kritik, alles ist möglich.
- Während der Session findet keine Beurteilung der Ideen statt.
- Quantität vor Qualität.
- Das Aufgreifen der Ideen anderer Gruppenmitglieder ist erwünscht.
- Querverbindungen und Kombinationen von einzelnen Ideen sind willkommen.
- Die gewonnenen Ideen sind die Ergebnisse der Gruppenarbeit, nicht von Individualleistungen und gelten folglich als nicht persönlich zuordenbare „Gruppenleistung".
- Sämtliche Ideen werden protokolliert.

Grundvoraussetzungen für Brainstorming

- Gruppe bestehend aus vier bis acht (maximal zwölf) Teilnehmern
- Moderator (eventuell eigener Schriftführer)
- Flip-Chart, Pin-Wand oder Tafel, Stifte
- Zeitrahmen: 20–45 Minuten für die Ideenfindung (je nach Problem und in Abhängigkeit der Teilnehmer auch deutlich darunter oder darüber)

Moderator

Der Moderator nimmt im Rahmen des Brainstorming eine zentrale Rolle ein und ist meistens ein wesentlicher Erfolgsfaktor für das Gelingen dieser Kreativitätstechnik. Bei Themen und Aufgaben von besonderer Wichtigkeit ist es sinnvoll, eine unternehmensexterne Person mit der Aufgabe zu betrauen. Der Moderator soll über entsprechende soziale Kompetenzen verfügen, d.h. einerseits die Fähigkeit zu einem vertrauensvollen Umgang mit allen Teilnehmern haben, andererseits aber auch als Respektsperson agieren können, die notwendige eingreifende Maßnahmen zu setzen hat. Der Moderator sollte sich selber nicht inhaltlich einbringen oder Stellung beziehen und sich nicht in den Vordergrund drängen, d.h. selber keine Vorschläge unterbreiten, um seine Aufgaben bestmöglich erfüllen zu können. Diese sind:

- Teilnehmer verständigen und vorab über den Workshopablauf informieren
- Aufbau einer lockeren, angenehmen, vertrauensvollen Atmosphäre (inklusive Auswahl der Örtlichkeiten)
- Beobachtung und Wahrnehmung der Gruppenaktivität und der individuellen Aktivitäten
- Visualisierung der Ideen und Vorschläge
- Stimulation der Teilnehmer zur aktiven Ideengenerierung
- Für Ausgeglichenheit in der Gruppenaktivität Sorge tragen, sowie dass weniger aktive Personen gezielt zur Teilnahme ermutigt werden
- Für Fokussierung der Gruppe auf das gesetzte Thema sorgen
- Für die Einhaltung obiger Regeln sorgen (wenn nötig auch autoritär)
- Alle Ideen unkommentiert und ohne eigene Interpretation aufzeichnen (wenn kein eigener Schriftführer nominiert wurde)
- Leitung der sachlichen Bewertung, ohne selbst zu werten oder Partei zu ergreifen

Schriftführer

Je größer die Teilnehmerrunde und je komplexer die Problemstellung ist, desto empfehlenswerter ist es, dass die Protokollierung nicht durch den Moderator selbst erfolgt, sondern dass dafür eine eigene, ebenso nicht direkt ins Geschehen involvierte Person eingesetzt wird.

Vorgehensweise

1. Begrüßung der Teilnehmer
2. Moderator stellt Problem vor und beschreibt den thematischen Rahmen
3. Problemstellung wird auf Verständnis in der Gruppe kurz diskutiert
4. Vorstellen der Grundregeln durch den Moderator
5. Ideengenerierungsphase und Assoziationsbildung

6. Thematische Clusterung der Ideen zu Themenbereichen (sinnvoll ist es sich auf 4 bis 5 Themenbereichen zu beschränken) und jeden Cluster mit einem Überbegriff versehen
7. Eventuell Erstbewertung der Lösungsalternativen
8. Moderator fasst die erzielten Ergebnisse mündlich zusammen, resümiert den gesamten Sessions-Ablauf und bedankt sich bei den Teilnehmern für deren Einsatz
9. Aufarbeitung des Materials sowie Erstellung und Versendung des Protokolls an die Teilnehmer (meist durch den Moderator)

Einsatzbereiche
- Zu Beginn der Ideengenerierungsphase
- Generierung erster Rohideen zur Problem- bzw. Aufgabenstellung
- Wenn in kurzer Zeit viele möglichst kreative Ideen und Anregungen gefunden werden sollen
- Zur Nutzung des Assoziationspotenzials von heterogenen Gruppen
- Bei Brainstorming-erfahrenen Gruppen mit kompetentem Moderator
- Zur Schulung und gezielten Förderung der kreativen Fähigkeiten der Mitarbeiter

Achtung: Potenzielle Fallen!
- Diskussion ist kein Brainstorming; sehr oft unterliegen Akteure dem Irrglauben, eine Brainstorming-Session abzuhalten, stattdessen aber wird kritisiert, bewertet und diskutiert!
- Brainstorming ist nicht so einfach wie viele glauben; es erfordert eine entsprechende offene, tolerante Grunddenkhaltung und äußerste Disziplin bei der Einhaltung der genannten Regeln!
- Mit Brainstorming lassen sich zwar in kurzer Zeit viele Ideen generieren, diese werden aber erst durch entsprechende Aufarbeitung, Gliederung und Weiterbearbeitung für die unternehmerischen Zielsetzungen sinnvoll nutzbar!
- Der Erfolg des Brainstorming hängt in großem Maße von den Fähigkeiten des Moderators ab!
- Beim Brainstorming besteht die Gefahr, dass sich einzelne Teilnehmer eher zurücknehmen, was durch die lautstarke Präsenz anderer extrovertierter Teilnehmer noch zusätzlich verstärkt werden kann!
- Für sehr komplexe Problemstellungen nicht gut geeignet!

Variante des Brainstorming:
Destruktiv-konstruktiv Brainstorming (vgl. Nölke 1998, 60 f): Bei dieser Variante erfolgt die Ideenfindung in zwei Phasen.

- In einer ersten Phase werden in der Gruppe möglichst viele negative Ideen, d.h. solche, die eine Lösung verhindern, geäußert;
- In einer zweiten Phase erfolgt die aus dem traditionellen Brainstorming bekannte Generierung konstruktiver Vorschläge.

Durch diese der konstruktiven Phase vorgelagerte destruktive Phase soll es zu einer größeren Problemsensibilität kommen, was in der zweiten Phase zu originelleren und problemrelevanteren Lösungsvorschlägen führen soll. Ansonsten gilt das beim Brainstorming Gesagte.

6.8.4.2 Mind-Mapping

Basisidee
Mind-Mapping kann als Individual- wie auch als Gruppentechnik eingesetzt werden; aus gruppendynamischen Überlegungen erscheint aber eine Gruppenobergrenze von acht (maximal zwölf) Personen als sinnvoll. Diese Methode eignet sich sehr gut zur Strukturierung und Visualisierung eines zu bearbeitenden Problems, involviert aufgrund ihres besonderen Ablaufs sowohl die rechte und die linke Gehirnhälfte und fördert damit auch das kreative Assoziationsvermögen zur Generierung potenzieller Lösungsmöglichkeiten. Leichte Erlernbarkeit und Anwendbarkeit sind überdies kennzeichnend für die Methode des Mind-Mapping.

Methodische Grundlagen
Beim Mind-Mapping werden Problemstellung, bestimmende Determinanten und damit in Verbindung stehende Handlungsmaßnahmen visualisiert und strukturiert sowie gleichzeitig Querverbindungen im abgebildeten System dargestellt. Dabei geht es nicht nur um Dokumentation und Strukturierung bestehender Wissenskomponenten, sondern auch um die darauf basierende Bildung von Assoziationen und damit die Generierung potenzieller Lösungen.

Die wesentlichen Merkmale dieser Methode sind das nicht-lineare Vorgehen und das Arbeiten mit als „Muster" (Mind-Map) abgebildeten Problemlösungssystemen (Buzan/Buzan 1999). Damit wird eine interessante Querverbindung zur Arbeitsweise des Gehirns transparent, dessen Denkprozesse überwiegend auf nicht-lineare Weise über die Bildung, Interpretation und Bearbeitung von Mustern und Bildern abläuft. Diese bildlich-räumliche Denken wird weiters durch die Anwendung von Farben, Symbolen und Zeichnungen unterstützt. Wesentlich ist auch, dass Umstrukturierungen sowie Erweiterungen des geschaffenen Mind-Map äußerst willkommen sind, da dies auch ein Indikator für eine erweiterte Sichtweise sein kann. Anders als bei vielen „schultypischen" Vorgehensweisen, bei welchen es durch die Konzentration auf Struktur und verbale Ausformulierungen überwiegend zu einer Aktivierung der linken Gehirnhälfte kommt, wird bei dieser Methode durch die Verwendung bildhafter und holistischer Komponenten zusätzlich auch sehr stark die rechte Gehirnhemisphäre aktiviert. Durch die Aktivierung beider Gehirnhälften wird die Bildung von Assoziationsketten begünstigt.

Grundregeln
- Klarheit bezüglich der Rollenverteilung (Moderator sowie Schriftführer = Mind-Map Ersteller)
- Konzentration auf die bestimmenden Systemelemente (es geht darum, sich nicht in Details zu verstricken, sondern stattdessen das Problem und seine beeinflussenden Komponenten zu verstehen)
- In assoziativen und auf Ideengenerierung hin ausgerichteten Phasen des Mind-Mapping gelten die beim Brainstorming zu berücksichtigenden Grundregeln (speziell was die Unterbindung von Kritik und Bewertung sowie das erwünschte Aufgreifen von bereits geäußerten Lösungsideen angeht)

Grundvoraussetzungen
- Von einer Person bis zu Gruppen bestehend aus bis zu acht (maximal zwölf) Teilnehmern;
- Flip-Chart oder Packpapier in Gruppenarbeit bzw. mindestens A3 bei Individualarbeit, Pin-Wand oder Tafel, Stifte;
- Zeitrahmen: 20–45 Minuten für die Ideenfindung (je nach Problem und in Abhängigkeit der Teilnehmer auch deutlich darunter oder darüber)

Moderator und Schriftführer
Für den Moderator und den Schriftführer gilt grundsätzlich das beim Brainstorming Gesagte.

Vorgehensweise
1. Problembeschreibung und Eingliederung/Abgrenzung in thematischer Hinsicht
2. Bei Gruppenanwendung: Vorstellen der Grundregeln durch den Moderator sowie Diskussion der Problemstellung hinsichtlich Verständnis (wenn in Gruppe angewandt)
3. Problemanalyse und Umstrukturierung
4. Ideengenerierungsphase und Assoziationsbildung

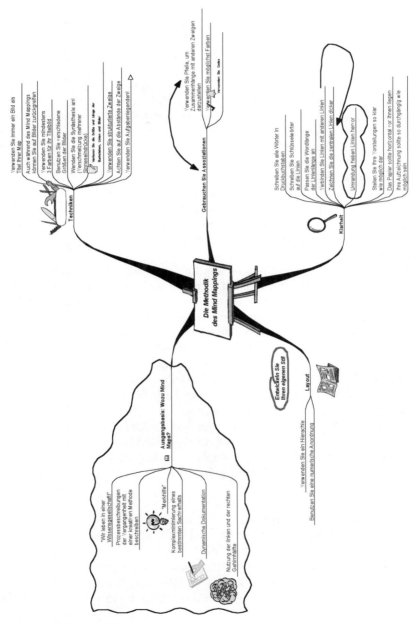

Abb. 9: Mind-Mapping

5. Thematische Clusterung der Ideen zu Themenbereichen (in Form von Unterästen im Mind-Map) und jeden Cluster mit einem Überbegriff versehen

6. Eventuell Grobbewertung der Lösungsalternativen

7. Bei Gruppenanwendung: Moderator fasst die erzielten Ergebnisse mündlich zusammen, resümiert den gesamten Sessions-Ablauf und bedankt sich bei den Teilnehmern für deren Einsatz

8. Protokoll basierend auf Mind-Map (oder Mind-Map als Protokoll) sowie bei Gruppenanwendung: Versendung des Protokolls an die Teilnehmer. Siehe in Ergänzung auch Kap. 6.8.3.

Einsatzbereiche
- Problembeschreibung und -analyse (= Systemanalyse)
- Dokumentation (z.B. beim Brainstorming)
- Erstellen eines Maßnahmenprogramms (= Planung)
- Kreative Ideenfindung (durch Assoziationen)

Achtung: Potenzielle Fallen!
- Im Voraus Klarheit darüber verschaffen, für welche Aufgabenstellung das Mind-Mapping zum Einsatz kommen soll: Gerade im Rahmen der kreativen Ideenfindung darf auf die Einhaltung der beim Brainstorming genannten Regeln nicht vergessen werden.
- Mind-Mapping ist nur eine Möglichkeit an eine Problemstellung heranzugehen. Niemand sollte zu deren Anwendung „genötigt" werden. Auch sollte man nicht ausschließlich nur mehr auf Mind-Maps vertrauen, sondern auch anderen – so auch traditionellen – Methoden gegenüber offen beleiben. Nicht jeder Person, ob als Anwender oder als Betrachter, kommt diese Methode entgegen.
- Während sich mit dieser Methode die wesentlichen Bestimmungsdeterminanten eines Systems schnell herausarbeiten lassen, besteht u.U. die Gefahr einer Simplifizierung komplexer Sachverhalte (dem kann aber durch die Generierung eigener Sub-Mind-Maps entgegengewirkt werden).

Varianten des Mind-Mapping:
Mind-Mapping mit Kärtchen
Bei dieser Variante des Mind-Mapping werden die einzelnen Begriffe und Darstellungen nicht direkt in das Mind-Map eingetragen, sondern entweder auf Kärtchen bzw. Post-It notiert und diese in Folge zu einer Mind-Map formiert. Zu diesem Zweck empfiehlt es sich ein Flip-Chart oder wenn möglich sogar einen großen Packpapierbogen auf einer Wand zu befestigen. Dabei wird ausschließlich der zentrale Begriff in der Mitte des Bogens

festgehalten. Um den zentralen Begriff herum werden die Post-It bzw. Kärtchen (am besten mit wieder ablösbarem Kleber) gruppiert und im Laufe der weiterführenden Diskussionen bzw. angestellten Überlegungen solange umgeschichtet, bis das dargestellte Gesamtsystem zufriedenstellend strukturiert und die Zusammenhänge dargestellt wurden. Der wesentliche Vorteil dieser Variante des Mind-Mapping liegt darin, dass der Sprunghaftigkeit gerade von divergenten (lateralen) Denkvorgängen besser entsprochen werden kann, ohne etwaiger, den Gedankenfluss hemmende, Korrekturen durchführen zu müssen.

Computerunterstütztes Mind-Mapping
In letzter Zeit haben auch die elektronischen Versionen des Mind-Mapping immer größere Verbreitung erfahren. Ein wesentliches Merkmal dieser Form des Mind-Mapping liegt darin, dass das erstellte Mind-Map sofort in elektronischer Form abgespeichert und teilweise sogar problemlos in ein Word-Dokument konvertiert werden können. Somit fallen Arbeitsschritte wie das Abfotografieren des Mind-Map und die Übertragung in eine elektronische Form weg. Allerdings darf gerade im Zusammenhang mit Gruppenarbeit die kreative Wirkung in Verbindung mit einer gemeinsamen Erstellung einer großen Mind-Map unter Einbeziehung sämtlicher gestalterischer Fähigkeiten, wie etwa Zeichnen und Malen, und dem damit in Verbindung stehenden physischen Akt – was wiederum zu einer beidseitigen Aktivierung des Gehirns beiträgt – im Rahmen des „klassischen" Mind-Mapping nicht unterschätzt werden. So muss von einer Anwendung der elektronisch basierten Methode im Rahmen von Gruppenarbeit abgeraten werden, wenn die Darstellung des Mind-Map nicht allen Gruppenmitgliedern während der Gruppenarbeit in visueller Form zugänglich ist: Visualisierungseffekte im Rahmen des Mind-Mapping sind eine wesentliche Basis für die beidseitige Aktivierung des Gehirns und sind etwa bei der Verwendung eines Bildschirms bei der Gruppenarbeit nicht gewährleistet. Sinnvoll ist es hier etwa, durch eine entsprechende Wandprojektion mittels Beamer die Entwicklung des Mind-Maps für alle Gruppenmitglieder zu visualisieren.

6.8.4.3 Brainwriting 6-3-5 & Brainwriting Pool & Collective Notebook

Basisidee
Beim Brainwriting sollen, wie beim eigentlichen Brainstorming, von vier bis etwa acht Personen in kurzer Zeit möglichst viele Ideen zu einer gegebenen Problem-/Aufgabenstellung generiert werden, bei dieser Methode allerdings in schriftlicher Form. Im Rahmen dieser Darstellung werden drei

Varianten des Brainwriting vorgestellt, die auf Rohrbach zurückgehende 6-3-5 Methode (Rohrbach 1972), der Brainwriting Pool und das Collective Notebook. Alle drei Methoden sind unkompliziert und können auch von Ungeübten leicht angewandt werden.

Methodische Grundlagen

Brainwriting ist eine schriftliche Version des Brainstorming, wobei es wie beim Brainstorming um das Aufnehmen und spontane „Weiterspinnen" von Ideen in Form von Assoziationsketten geht. Dabei erfolgt die gruppeninterne Kommunikation und die damit verbundene Bildung von Assoziationsketten nicht mündlich, sondern schriftlich, wodurch dem Moderator nicht mehr die herausragende Bedeutung wie beim Brainstorming zukommt (unter gewissen Umständen, speziell wenn die Gruppe bereits Erfahrung mit dieser Methode hat, kann auf den Moderator auch verzichtet werden). Eine weitere Besonderheit des Brainwriting ist es, dass die Vorteile konzentrierter Einzelarbeit mit den Vorteilen der gruppenspezifischen Assoziationsbildung des Brainstorming verbunden werden. Das führt zu einer gleichmäßigen Aktivierung aller Teilnehmer und wirkt der Bildung von Vormachtstellungen einzelner Teilnehmer sowie gleichzeitig dem Rückzugsverhalten anderer Teilnehmer entgegen. Ebenso entfällt beim Brainwriting die Notwendigkeit der Dokumentation durch den Moderator oder einen eigenen Schriftführer, da jeder Teilnehmer seine Ideen selbst schriftlich festhält.

Grundregeln

Bei allen vorgestellten Formen des Brainwriting gelten die gleichen Grundregeln wie beim Brainstorming (siehe dazu „Brainstorming & Destruktiv-Konstruktiv Brainstorming"). Zusätzlich gilt es noch die folgenden Regeln zu beachten:

• Deutlich und stichwortartig schreiben (man bedenke, dass man bei der 6-3-5 Methode fünf Formulare mit den in den Vorrunden generierten Lösungsideen durchzulesen hat);
• Zeichnen und Verwendung von Farben ist sehr zu empfehlen, gerade wenn die Teilnehmer die Fähigkeit dazu besitzen (allerdings sollte niemand dazu gedrängt werden);
• Rückfragen, etwa bezüglich der Interpretation des jeweiligen Verfassers, sollen weitgehend vermieden werden, da ansonsten eine Diskussion den Assoziationsfluss hemmen könnte.

Grundvoraussetzungen für Brainwriting

- Gruppe von vier bis etwa acht Teilnehmern
- Vorbereitete Formulare, Flip-Chart, Pin-Wand oder Tafel, Stifte, Kleber, Scheren
- Zeitrahmen: ca. 30 Minuten für die Ideenfindung und ca. 30 Minuten für die thematische Clusterung
- Vorbereitete Formulare bei der 6-3-5 Methoden bzw. Metaplankärtchen beim Brainwriting Pool (A4 Format, wobei der obere Basisideebereich vom unteren Assoziationsbereich einfach mit einem Querstrich getrennt wird) bzw. Notebook bei der Collective Notebook Methode

Vorgehensweise bei der 6-3-5 Methode

1. Problemstellung und thematischen Rahmen in Gruppen diskutieren und für gemeinsames Verständnis bezüglich der zu lösenden Aufgabe sorgen;
2. Ablauf der Methode kurz besprechen (in der Gruppe, oder wenn vorhanden, geleitet durch den Moderator)
3. Name der Methode: 6-3-5 (bzw. bei beispielsweise vier oder acht Personen wird aus der 6-3-5 Methode eine 4-3-5 oder 8-3-5 Methode etc.)
   - 6-3-5 Teilnehmer (wobei die Methode auch von weniger bzw. mehr Personen durchgeführt werden kann)
   - generieren pro Durchlauf 6-3-5 Ideen
   - innerhalb je 6-3-5 Minuten;
4. Jeder Teilnehmer bekommt ein Formular und notiert die Namen aller Teilnehmer, inklusive des eigenen, im dafür vorgesehenen Bereich;
5. Die im Hinblick auf ein gemeinsames Verständnis diskutierte Problemstellung wird im dafür vorgesehen Feld festgehalten.
6. Schriftliche Ideengenerierungsphase und Assoziationsbildung
   - Jeder Teilnehmer notiert drei spontane Lösungsideen – in Stichworten oder als Skizzen – in der ersten Zeile des Formulars (wenn einem Teilnehmer nicht mehr als beispielsweise zwei Ideen einfallen, bleibt das restliche Kästchen einfach leer);
   - Nach ca. fünf Minuten (in der ersten Runde eher kürzer) Weitergabe des Formulars im Uhrzeigersinn zum nächsten Nachbarn (erst wenn alle fertig sind, keine einzelne Weitergabe);
   - Lesen der Ideen der Vorrunde(n), inspirieren lassen, aufgreifen und weiterspinnen oder weitere davon unabhängige Ideen generieren;
   - Nach weiteren fünf Minuten abermals Weitergabe
7. Thematische Clusterung der Ideen zu Themenbereichen (meistens findet man mit vier bis fünf Themenbereichen das Auslangen) und jeden Cluster mit einem Überbegriff versehen;
8. Diskussion der Ergebnisse;

6-3-5-Formblatt		
Teilnehmer: 1. 2. 3. 4. 5. 6.	Problemstellung:	
Lösungsideen		
11	12	13
21	22	23
31	32	33
41	42	43
51	52	53
61	62	63

Abb. 10: 6-3-5-Formular

9. Eventuell Grobbewertung der Lösungsalternativen;
10. Vereinbarung, wer das erarbeitete Material aufarbeitet und ein Protokoll erstellt.

Einsatzbereiche
- Zu Beginn der Ideengenerierungsphase
- Generierung von Ideen zu allgemeinen wie auch speziellen Fragestellungen
- Wenn in kurzer Zeit viele möglichst kreative Ideen und Anregungen gefunden werden sollen, idealtypisch sind das 108 Ideen in 35 Minuten (auszuscheidende Doppelnennungen noch nicht berücksichtigt)
- Wenn in einer Gruppe sehr dominante und gleichzeitig sehr zurückhaltende Teilnehmer vertreten sind (stark ausgleichende Wirkung) bzw.

wenn es größere Unterschiede in Bezug auf das individuelle Fachwissen der Teilnehmer gibt

- Wenn automatisch dokumentiert werden soll (hier durch die Teilnehmer selbst)
- Zur Nutzung des Assoziationspotenzials von heterogenen Gruppen
- Wenn man eine relativ unkritische und doch produktive Ideengenerierung erzielen will
- Für spielartigen, auflockernden Einsatz
- Zur Schulung und gezielten Förderung der kreativen Fähigkeiten der Mitarbeiter
- Speziell die Collective Notebook Methode, wenn Teilnehmer schwer verfügbar sind
- Durch den Wechsel bzw. das Zusammenspiel der einzelnen Varianten des Brainwriting wird unter den Teilnehmer für kreativitätsförderliche Abwechslung gesorgt

Achtung: Potenzielle Fallen!
- Ungenügende Problemdefinition zu Beginn der Session und infolge inkompatibler Individualideen der einzelnen Teilnehmer (gerade auch deshalb, weil verbale Diskussionen während der Ideengenerierung grundsätzlich unterbleiben sollten)
- Diskussionen vor der Formularweitergabe, wenn einzelne Teilnehmer früher ihre drei Ideen verfasst haben
Undeutliche Schreibweise und zu viele Worte
- Für sehr komplexe Problemstellungen nicht gut geeignet (gilt speziell für 6-3-5 und Brainwriting Pool, wohingegen die Collective Notebook Methode bis zu einem gewissen Grad auch bei komplexeren Fragestellungen eingesetzt werden kann).

Varianten des Brainwriting:
Brainwriting-Pool
Bei dieser Variante erfolgt die Ideengenerierung, ähnlich wie bei allen anderen Arten des Brainwriting, basierend auf der Bildung von Assoziationsketten zwischen mehreren Teilnehmern, allerdings nicht nach einem relativen strikten Regelwerk wie bei der 6-3-5 Methode, sondern unter größeren individuellen Handlungsspielräumen: So etwa erfolgt das Verfassen der einzelnen Ideen nicht im gleichen Rhythmus mit den anderen Teilnehmern, wie dies etwa bei der 6-3-5 Methode der Fall ist. Ebenso entscheidet der Teilnehmer selbst, welche Voridee er weiter behandeln will und welche nicht.

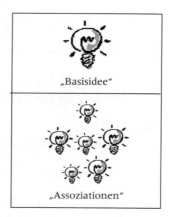

„Basisidee"

„Assoziationen"

Abb. 11: Brainwriting-Pool-Formular

Vorgehensweise beim Brainwriting-Pool
1. Problemstellung und thematischen Rahmen in Gruppen diskutieren und für gemeinsames Verständnis bezüglich der zu lösenden Aufgabe sorgen;
2. Problemdefinition auf Plakat oder Flip-Chart für alle Teilnehmer gut sichtbar verbal oder bildhaft visualisieren;
3. Ablauf der Methode kurz besprechen (in der Gruppe oder wenn vorhanden geleitet durch den Moderator)
   • Name der Methode: Brainwriting-Pool: Bilden von Assoziationsketten unter Verwendung von Metaplankärtchen in schriftlicher Form;
   • In der Mitte des Tisches, um welchen sich die Teilnehmer formiert haben, befindet sich ein Stapel vorbereiteter Metaplankärtchen (siehe Beispiel für ein solches Formular);
   • Das Problem bzw. die Aufgabenstellung wird nochmals in der Gruppe vorgetragen, unterstützt durch die visuelle Problemdarstellung.
4. Schriftliche Ideengenerierungsphase und Assoziationsbildung
   • Die einzelnen Teilnehmer nehmen sich jeweils ein Formular und notieren im oberen Drittel des Kärtchens eine erste spontane Idee (verbal oder skizzenartig);
   • Beschriebenes Kärtchen in die Mitte des Tisches zurücklegen – dabei sollen die ausgefüllten Kärtchen einen zweiten Stapel neben den unausgefüllten Kärtchen bilden;
   • Für jede weitere neue Idee wird ein neues Kärtchen verwendet;
   • Wenn man keine weiteren spontanen Ideen mehr hat oder wenn man neugierig auf die Ideen der anderen Teilnehmer ist, wird vom Stapel der beschriebenen Kärtchen eines nach dem anderen genom-

men, gelesen und ohne die ursprüngliche Intention des Verfassers erfragen zu wollen selbst interpretiert und darauf aufbauend weitere Assoziationen gebildet – dabei ist es wichtig, aus einer unvoreingenommen Geisteshaltung heraus inspirieren zu lassen, um möglichst die aufgegriffene(n) Idee(n) weiterspinnen zu können (löst eine Idee keine spontanen Assoziationen aus, wird das Kärtchen einfach ohne Kommentar zurückgelegt);

- Die Assoziationen werden in den unteren 2/3 des Kärtchens stichwortartig oder skizzenartig schriftlich festgehalten;
- Das mit weiteren Assoziationen (keine Kritik) versehene Kärtchen wird wieder zurückgelegt;
- Diese Abfolge wird so oft wiederholt, bis den Teilnehmern keine neuen Ideen mehr einfallen.

5. Thematische Clusterung der Ideen zu Themenbereichen (meistens findet man mit vier bis fünf Themenbereichen das Auslangen), wobei zu jedem Cluster ein Überbegriff gesucht wird;
6. Diskussion der Ergebnisse;
7. Eventuell Grobbewertung der Lösungsalternativen;
8. Vereinbarung, wer das erarbeitete Material aufarbeitet und ein Protokoll erstellt.

Collective Notebook

Auch bei dieser Methode erfolgt die Ideengenerierung basierend auf der Bildung von Assoziationsketten zwischen mehreren Teilnehmern. Anstatt der 6-3-5 Formulare bzw. der Metaplankärtchen verwendet man hier ein sog. Notebook, wobei dieses als Hardcopy oder in elektronischer Form vorliegen kann. Der Austausch der generierten Ideen erfolgt dabei durch die Weitergabe der Notebooks, die es dann wechselseitig durch Assoziationen zu ergänzen gilt. Diese Methode eignet sich dann besonders, wenn

- Teilnehmer schwer verfügbar sind bzw. sich gar nicht physisch am selben Ort befinden (gerade bei der e-mail-Version spielen räumliche Distanzen keine Rolle mehr),
- Stresssituationen, wie sie etwa aufgrund des Zeitdrucks bei der 6-3-5-Methode auftreten, reduziert werden sollen,
- Mehr Zeit zur Problemdurchdringung notwendig ist, etwa bei komplexeren Problemen oder/und
- Spezialwissen von anderen Akteuren eingefordert werden muss,
- Längere Inkubationszeiten gewünscht sind und gerade unbewusste Denkkapazitäten stärker eingebunden werden sollen und
- detailliertere und genauere Ideen- bzw. Alternativenbildungen notwendig sind.

Im Gegensatz zu den beiden anderen Varianten bedarf es hier einer zentralen koordinierenden Person, die für die Verteilung bzw. Versendung der Notebooks wie auch für die organisierte Weiterreichung und schlussendlich Einsammlung und Auswertung derselben – diese ist bei dieser Variante besonders zeitaufwändig – zuständig ist. Eine besondere Herausforderung bei dieser Methode stellt die notwendige Selbstdisziplin jedes Teilnehmers dar, da Notebooks gerade bei fehlendem physischen Kontakt allzu gerne beiseite gelegt werden. Die Qualität der bei dieser Methode erzielten Ergebnisse hängt somit entscheidend vom verantwortungsvollen, disziplinierten und zuverlässlichen Verhalten der involvierten Einzelakteure ab. Ansonsten gilt das bereits bei den beiden anderen Varianten des Brainwriting Gesagte.

6.8.4.4 Synektik

Basisidee

Bei der Synektik wird in einer Gruppe, bestehend aus fünf bis acht Personen, durch eine mehrstufige Analogiebildung eine stufenweise Problemverfremdung bewirkt, um so problemfremde Strukturen mit der Problemstellung zu verknüpfen und dadurch Lösungsalternativen hoher Originalität zu generieren. Diese Methode gehört zu den schwierigsten, gleichzeitig aber auch wirkungsvollsten Techniken der Ideensuche, nicht zuletzt aufgrund der notwendigen Methodenkompetenz, die nur durch entsprechende Anwendungserfahrungen erreicht werden kann. Voraussetzung ist somit, dass die Technik richtig angewendet wird und die Teilnehmer mit dieser Technik bereits vertraut sind. Besonders große Anforderungen werden im Rahmen der Anwendung dieser Technik auch an den Moderator gestellt.

Methodische Grundlage

Die Technik der Synektik als kreative Problemlösungsmethodik geht auf Gordon (1961) zurück. Der Begriff Synektik kommt ursprünglich aus dem Griechischen und bedeutet soviel wie „Zusammenfügen verschiedener Elemente" (Linneweh 1991, 100). Diese Technik basiert auf der systematischen Suche nach Analogien zu einer genau zu beschreibenden Problemstellung, wodurch problembezogen unzusammenhängende Wissenselemente bzw. -strukturen in Verbindung gebracht werden, um so Übertragungsmöglichkeiten von Erkenntnissen des problemfremden Systems auf das gegebene Problemsystem identifizieren und nutzen zu können.

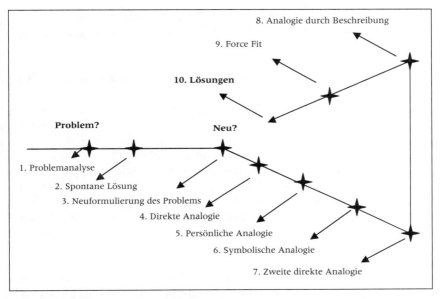

Abb. 12: Synektischer Trichter (Linneweh 1991, 101)

Ausgangspunkt einer Synektiksitzung ist eine umfassende Problemanalyse, um sich im Anschluss daran durch die Bildung verschiedenster aufeinander aufbauender Analogien von der ursprünglichen Problemstellung zu entfernen, d.h. eine Problemverfremdung zu bewirken, und dann eine Verbindung zwischen den durch Analogiebildung generierten und auf den ersten Blick nicht unmittelbar problembezogenen Lösungselementen und dem Ausgangsproblem zu bewirken. Durch die Einbringung oftmals völlig problemfremder Denkstrukturen in den Lösungsprozess wird die Entstehung unorthodoxer Lösungsalternativen mit einem hohen Innovationsgehalt begünstigt. Durch die bewirkte Problemverfremdung wird auch verhindert, dass die Problemlöser bereits zu Beginn des Problemlösungsprozesses Präferenzen für bestimmte Lösungen aufbauen und dadurch anderen potenziellen Lösungsalternativen eher voreingenommen gegenüber stehen bzw. diese aufgrund ihrer gedanklichen Fixierung nicht mehr wahrnehmen.

Die Synektik-Sitzung kann in vier aufeinander folgende Phasen unterteilt werden (vgl. dazu Abb. 13 wie auch die Ausführungen zum Innovations- und Kreativitätsprozess in diesem Kapitel):

• Problemfindung, -analyse und -neuformulierung: Dabei sollen spontane

Lösungen, die aus der intensiven Beschäftigung mit Problem resultieren können, aufgenommen und deren Implikationen bezüglich des ursprünglich gegebenen Problems untersucht werden, um daraus eine Neudefinition des Problems abzuleiten.

- Verfremdung vom Problem durch die Bildung von aufeinander aufbauende Analogien, etwa:
  - Erste direkte Analogie (z.B. aus der Natur)
  - Persönliche Analogie
  - Symbolische Analogie
  - Zweite direkte Analogie (z.B. aus der Technik)
- Analyse der zuletzt gebildeten direkten Analogie und Force Fit, d.h. das Herstellen von Denkverbindungen – „Zusammenfügen" – zwischen ausgewählten Analogien und der Problemstellung.
- Entwicklung von konkreten Lösungsalternativen auf Basis des erfolgten Force Fit.

Grundregeln

- Kritik gilt es ebenso wie zynische oder abfällige Bemerkungen zu vermeiden, da ansonsten die Gefahr von unüberwindbaren Hemmschwellen besteht (eine große Herausforderung gerade bei der Bildung von persönlichen Analogien, da hier oftmals das Gefühlsleben der Akteure angesprochen wird);
- Der Gesamtablauf der Synektiksitzung – von der Problemanalyse über die Bildung der Analogen und des Force Fit bis hin zur Ausarbeitung konkreter Lösungsalternativen – muss für alle Gruppenmitglieder sichtbar visualisiert werden;
- Wie bei allen Techniken sind auch hier die erzielten Problemlösungen als Gruppenleistung zu betrachten, nicht als Individualleistung.

Grundvoraussetzungen

- Gruppe von vier bis sieben Teilnehmern (das Arbeiten in größeren Gruppen sollte nur dann erfolgen, wenn der Moderator große Synektikerfahrung hat und die Gruppenmitglieder bereits mit dieser Technik vertraut sind)
- Synektikerfahrener Moderator
- Eigener Schriftführer
- Teilnehmer sollten bereits Erfahrung mit dieser Technik haben, besonders zu empfehlen ist das Erlernen der Technik anhand von fiktiven oder spielerischen Problemstellungen, nicht anhand relevanter Unternehmensprobleme
- Flip-Chart, Pin-Wand oder Tafel, Stifte

- Zeitrahmen: Inklusive Pausen zwischen einem halben Tag und mehr
15–30 Minuten für die Problemanalyse- und formulierung
ca. 15 Minuten für die brainstormingartige Generierung von Spontan-
lösungsideen
ca. 10 Minuten für die Problemneuformulierung (Konsensbildung in
Gruppe!)
20 Minuten für die Bildung der direkten Analogie
20 Minuten für die Bildung der persönlichen Analogie
20 Minuten für die Bildung der symbolischen Analogie
20 Minuten für die Bildung der zweiten direkten Analogie
30 Minuten für die Analyse der letzten direkten Analogie
30 Minuten für Force Fit
45 Minuten für die Ausarbeitung von Lösungsalternativen

Moderator

Grundsätzlich gilt für den Moderator das beim Brainstorming Gesagte. Zusätzlich Anforderungen sind:

- Methodenkompetenz
- Erfahrung mit Synektik-Workshops
- Fähigkeit zur Schaffung einer aufgelockerten, offenen und humorvollen
Atmosphäre
- Ist in Gruppe anerkannt

Schriftführer

Da es sich bei der Synektik um eine der anspruchsvollsten Kreativitätstechniken mit äußerst hohen Anforderungen an den Moderator handelt, ist die
Einsetzung eines eigenen Schriftführers sehr zu empfehlen. Dadurch kann
sich der Moderator besser auf die Führung der Gruppe durch den Synek-
tikprozess mit den einzelnen Verfremdungsphasen konzentrieren. Steht
kein Schriftführer zur Verfügung, muss diese Aufgabe vom Moderator
selbst übernommen werden.

Vorgehensweise

Der Ablauf besteht aus zehn Schritten, die den vier Phasen des „kreativen
Prozesses" zugeordnet werden können. Einzelne Phasen können dabei
variiert und wiederholt durchlaufen werden:

Phase 1: Vorbereitungsphase

In dieser Phase geht es darum, das Problem zu erkennen und ein gleiches
Problemverständnis sicherzustellen sowie die Gruppe bestmöglich auf die
nachfolgenden Verfremdungsprozesse einzustimmen.

1. Vorstellen der Technik: Die Vorgehensweise von synektischen Sitzungen wird den Teilnehmern erläutert
2. „Aufwärmrunde": Die Gruppenmitglieder werden durch spezielle „Aufwärmübungen" auf die Entfremdungsprozesse des Synektik-Workshops eingestimmt. Beispiele für mögliche Fragestellungen wären: „Was haben ein Pinguin und eine gute Idee gemeinsam?" oder „Inwiefern kann man ihren Job mit Schilaufen vergleichen? etc.
3. Problemanalyse und Information: Die Problemstellung wird vom Moderator erörtert, Verständnisfragen werden diskutiert, Informationen gesammelt
4. Spontanreaktionen und -lösungen erfassen: Beispielsweise können in einer vorgeschalteten Brainstorming-Runde alle spontan einfallenden Ideen erfasst und dokumentiert werden. Dabei kann es sich sowohl um problemerläuternde wie auch bereits -lösende Aspekte handeln
5. Neuformulierung des abstrahierten Problems: Um ein gleiches Problemverständnis bei allen Workshopteilnehmern zu gewährleisten, wird das Problem bei Bedarf auf einer möglichst abstrakten Ebene – um den nachfolgenden Verfremdungsprozess zu erleichtern – neu formuliert.

Phase 2: Inkubationsphase
In dieser Phase geht es darum, dass sich die Workshop-Teilnehmer von Analogiestufe zu Analogiestufe immer weiter vom Problem entfernen, gleichzeitig aber themenfremdes Erfahrungswissen – teilweise auf einer unbewussten Denkebene – aktiviert wird.

6. Bildung von direkten Analogien zum abstrahierten Problem, etwa aus der Natur, und anschließend Auswahl einer weiterzubehandelnden Analogie:[6] Eine weitere Brainstorming-Runde könnte etwa auf der Frage „Gibt es bezüglich der abstrahierten Problemstellung Vergleichbares aus der Natur?" basieren
7. Bildung von persönlichen Analogien auf Basis der ausgewählten direkten Analogie und anschließend Auswahl einer weiterzubehandelnden Analogie: Durch die Verknüpfung mit dem eigenen Empfinden und

---

6 Die Auswahl der weiterzubehandelnden Analogie erfolgt auf Basis von Gruppenkonsens, wobei es weniger um einen kriteriengeleiteten Auswahlprozess, sondern eher darum geht, dass sich alle Teilenehmer mit der ausgewählten Analogie „möglichst wohl" fühlen und diese weiterbehandeln wollen. Natürlich ist es auch möglich parallel mehrere Analogien weiterzubearbeiten. Dadurch verlängert sich die Dauer der ohnedies zeitaufwändige Methodik der Synektik, andererseits kann damit aber bereits präventiv eventuellen (inhaltlichen) Engpässen im Laufe des weiteren Synektikprozesses vorgebeugt werden.

Fühlen soll eine starke Identifikation mit der ausgewählten Analogie erzielt werden, verbunden mit der Frage „Wie fühle ich mich als ...“

8. Bildung von symbolischen Analogien auf Basis der ausgewählten persönlichen Analogie und anschließend Auswahl einer weiterzubehandelnden Analogie: Durch die Bildung einer möglichst paradoxen Analogie, bestehend aus einem Adjektiv und einem Substantiv, soll eine weitere Verdichtung des im vorangegangenen Analogieschrittes generierten Gefühls und somit eine weitere Entfernung vom Ausgangsproblem erreicht werden. Eine mögliche Fragestellung wäre „Welche paradoxen Kombinationen, bestehend aus einem Adjektiv und einem Substantiv, fallen uns zur zuvor ausgewählten persönlichen Analogie ein?

9. Bildung von weiteren direkten Analogien und anschließend Auswahl einer weiterzubehandelnden Analogie: Zur Verknüpfung der ausgewählten symbolischen Analogie, etwa mit dem Bereich der Technik (dieser Bereich eignet sich sehr gut als Vorstufe zur nachfolgenden Verbindung mit dem Ausgangsproblem) stellt man beispielsweise die Frage „Welche Beispiele aus dem Bereich Technik verkörpern die zuvor ausgewählte symbolische Analogie?“

Phase 3: Verifikation

In dieser Phase erfolgt eine Analyse der zuletzt genannten Analogien.

10. Analyse der zuletzt genannten (technischen) Analogien der Phase 3 in Hinsicht auf Merkmale und Funktionsprinzipien

Phase 4: Illumination/Geistesblitz

In dieser Phase, dem „Force-Fit“, erfolgt die Rückführung und Verbindung der zuletzt genannten Analogien mit der ursprünglichen Problemstellung.

11. Projektion der analysierten Analogien auf das Ausgangsproblem

12. Entwicklung von Lösungsansätzen

13. Weiterentwicklung und Ausarbeitung ausgewählter Lösungsansätze

Zur hier aufgezeigten Vorgehensweise ist zu bemerken, dass gerade mit Bezug auf die Inkubationsphase eine andere Prozessgestaltung möglich ist. So kann es etwa sinnvoll sein, Analogien mit anderen Themenbereichen zu bilden oder den Verfremdungsprozess abzukürzen, indem man sich auf weniger Analogiebildungen beschränkt (es kann damit zwar der Zeitaufwand dieser Technik reduziert werden, allerdings kann damit auch der Prozess der Verfremdung weniger intensiv sein und damit weniger Lösungsalternativen mit geringerem innovativem Gehalt zum Inhalt haben) oder auch Rückkoppelungen zulässt.

Prozessschritte des Synektik-Workshops	Ausprägungen
1. Problemanalyse und Information	**Gesucht werden Möglichkeiten, wie sich Bilder rahmen lassen.** Es geht also darum, eine Deckplatte aus Glas möglichst einfach auf einem flachen Bildträger zu befestigen.
2. Spontanreaktionen	Klammern, transparente Klebefolie, Saugnäpfchen am Bildträger etc.
3. Neuformulierung des Problems	Wie eingangs, jedoch mit der Betonung, dass die Glasplatte sehr einfach wieder abgenommen werden kann.
Titel:	„Wechsel der Bedeckungen"
4. Direkte Analogien aus der Natur zu: „Wechsel von Bedeckungen"	Schneedecke schmilzt; Schlange streift ihre Haut ab; Wolken ziehen vorbei; Erosion; Geweih wird abgestoßen etc.
Davon ausgewählt:	Schlange streift ihre Haut ab.
5. Persönliche Analogien: „Wie fühle ich mich als häutende Schlange?"	Es juckt mich am ganzen Körper; die alte Haut engt mich ein; bin neugierig, wie ich jetzt aussehe; endlich frische Luft; am liebsten hätte ich Hände etc.
Davon ausgewählt:	Die alte Haut engt mich ein:
6. Symbolische Analogien aus der Technik zu: „Die alte Haut engt mich ein."	Bedrückende Hülle; schimmernder Panzer; würgendes Ich, lückenlose Fessel; unterdrückende Identität etc.
Davon ausgewählt:	Lückenlose Fessel:
7. Direkte Analogien aus der Technik zu: „Lückenlose Fessel"	1. Leitplanken der Autobahn 2. Druckbehälter 3. Schienenstrang 4. Stierkampfarena 5. Radar-Warnsystem etc.
8. Analyse durch Beschreibung der zuletzt genannten Analogien und Projektion auf das Problem (Generierung von Lösungsalternativen)	1. Analyse: „Leitplanke" • Blechprofil • Auf beiden Seiten der Autobahn • Verformbar – Abgeleitete Ideen: → Bildträger und Glasplatte werden in einem Profilrahmen verklemmt → Halterungen (gleich welcher Art) werden nur an zwei Seiten angebracht → Knetartige Kugeln auf die Ecken von Bildträger und Glasdrücken 2. Analyse: „Druckbehälter" • Steht unter Spannung • Geschlossenes Volumen • Ein- und Auslass – Abgeleitete Ideen: → Bildträger hat Greifkanten und ist leicht vorgekrümmt: Dadurch erzeugt er selbst die Haltespannung, wenn er an das Deckglas gepresst wird → Träger und Glas werden in eine genau passende Tasche aus PE gesteckt → Träger und Glasplatte haben an den Ecken Löcher und werden mit einer Art Druckknopf verbunden

Abb. 13: Beispiel eines Synektik-Workshops (Schlicksupp 1999, 135 f)

Das nachfolgende Demonstrationsbeispiel soll den komplexen Prozessablauf eines Synektik-Wokshops veranschaulichen:

Einsatzbereiche
- Wenn Lösungsalternativen mit hohem Innovationsgrad gefragt sind
- Wenn unorthodoxe Lösungsansätze gefragt sind (d.h. wenn es nicht nur um Verbesserungen, sondern um völlig neue Lösungsprinzipien geht)
- Zur Nutzung des Assoziationspotenzials von heterogenen Gruppen mit Synektikerfahrung und kompetentem Moderator

Achtung: Potenzielle Fallen!
- Anwendung der Synektik auf reale Problemstellungen ohne bereits „spielerische" Erfahrung mit dieser Technik gemacht zu haben!
- Nicht synektikerfahrener Moderator!
- Unpassende Workshoprahmen mit angespannter Atmosphäre!
- Unzureichende Vorbereitungsphase (keine „Aufwärm- und Lockerungsübungen" bzw. kein einheitliches Problemverständnis)
- Zu geringer Zeitrahmen eingeplant!

6.8.4.5 Morphologische Analyse

Basisidee
Die Morphologische Analyse entspricht weitgehend traditionellen, auf konvergenten Denkprozessen aufbauenden Problemlösungsansätzen und unterscheidet sich insofern auch von intuitiv-kreativen Kreativitätstechniken, wie etwa dem Brainstorming oder den auf der Synektik basierenden Methoden, bei welchen divergenten Denkprozessen und damit dem Assoziationsvermögen eine zentrale Rolle im Rahmen der Ideengenerierung zukommt. Diese Methode basiert darauf, dass ein Ausgangsproblem in möglichst überschneidungsfreie Teilprobleme zerlegt wird, um dann zu jedem Subproblem verschiedenste Ausprägungen respektive Lösungsideen aufzuzeigen. Im Anschluss werden Lösungsszenarien durch die Kombination der einzelnen Ausprägungen bzw. Teillösungen zu den einzelnen Problemlösungsbereichen gebildet und sodann das Lösungsszenario mit dem höchsten Zielerreichungsbeitrag ausgewählt. Aufgrund der stark rationalen Prägung gibt es gerade bei eher technisch orientiertem Publikum mit dieser Methode kaum Akzeptanzprobleme, wie sie demgegenüber sehr wohl bei den intuitiv-kreativen Methoden auftreten können. Die Methode kann einzeln oder in einer Gruppe durchgeführt werden, ist schnell erlernbar und bei Problemen niedriger bis mittlerer Komplexität relativ unproblema-

tisch anwendbar. Bei komplexer Problemen besteht allerdings die Gefahr einer Informationsüberlastung.

Methodische Grundlage

Die Methode des Morphologischen Analyse wurde vom Schweizer Astrophysiker Zwicky entwickelt. Der Begriff Morphologie lässt sich verstehen als Gestalt-, Formen-, bzw. Strukturlehre, als eine nach genau bestimmten Kriterien festgelegte Ordnung, als interdisziplinäre Methodenlehre, bzw. als integrale, vergleichende Betrachtungsweise. Dabei werden, dem heuristischen Prinzip entsprechend, komplexe Sachverhalte in abgrenzbare, möglichst überschneidungsfreie Teilbereiche zerlegt und dazu in übersichtlicher Form Lösungsideen zugeordnet. Diese Ideen stellen nicht nur die Ergebnisse einer Sekundär- und Primärdatenrecherche dar, sondern können auch durch den ergänzenden Einsatz von intuitiv-kreativen Methoden zu einzelnen Subproblemen zustande kommen. Damit erfährt die der Methode inhärente vertikale Denkweise eine Erweiterung durch die potenzielle Anwendung von intuitiv-kreativen Techniken zu ausgewählten Subproblemen aus der Morphologischen Matrix. Dadurch lassen sich komplexe Problemstellungen mit den dazugehörigen Teillösungsideen übersichtlich und strukturiert darstellen, ohne Gefahr zu laufen, durch Spezialisierung auf ausgewählte Problemteilbereiche das Gesamtproblem mit denkbaren Teillösungen aus den Augen zu verlieren.

Die Morphologische Analyse stellt bei genauer Betrachtung keine reine Kreativitäts- bzw. Ideengenerierungstechnik dar. Vielmehr lässt sie sich in zwei Hauptphasen unterteilen, die Problemanalyse und -segmentierung sowie die Ideensammlung. Während in der ersten Phase eindeutig das konvergente Denkvermögen im Mittelpunkt steht, können in der zweiten Phase, der Ideensammlung, gerade durch den ergänzenden Einsatz von intuitiv-kreativen Methoden auch divergente (laterale) Denkprozesse von großer Bedeutung sein. Wie die genaue Ausrichtung der Ideensammlungsphase aussieht, ist aber situationsabhängig: In Abhängigkeit von der gegebenen Problemstellung und den verhaltenstypischen Eigenheiten der Gruppe sowie deren Erwartungshaltungen, kann die Morphologische Analyse entweder stark rational ausgerichtet sein, d.h. auf konvergente Denkprozesses aufbauen, oder in Kombination mit entsprechenden intuitiv-kreativen Methoden auch auf umfassende Veränderung bestehender Paradigmen ausgerichtet sein. Dabei erfolgt eine Einbeziehung divergenter (lateraler) Denkprozese, welche auf Assoziationsbildung abzielen.

Grundregeln

Im Sinne einer zielgerichteten Anwendung der Morphologischen Analyse muss betreffend des Vorgehens und der damit verbundenen Verhaltensregeln zwischen den beiden genannten Phasen der Problemanalyse und -segmentierung unterschieden werden. Während in ersterer die für kreative Problemlösungsphasen in Gruppen relevanten Verhaltensgrundsätze nicht zur Anwendung kommen, gelten diese sehr wohl für die Phase der Ideensammlung bzw. wenn ergänzende Kreativitätstechniken in Kombination mit der Morphologischen Analyse zur Anwendung kommen. An formalen Grundregeln sei bei der Aufstellung der Morphologischen Matrix weiters zu beachten:

- Visualisieren der Morphologischen Matrix, sodass alle Prozessschritte betreffend Problemsegement und dazugehöriger Ausprägungen bzw. Lösungsideen für alle Gruppenmitglieder nachvollziehbar und ständig transparent vorliegen
- Deutlich und stichwortartig schreiben
- Zeichnen und Verwendung von Farben ist sehr zu empfehlen, gerade wenn die Teilnehmer die Fähigkeit dazu besitzen (allerdings sollte niemand dazu gedrängt werden)

Grundvoraussetzungen für die Morphologische Analyse

- Einzeln oder in der Gruppe (aus gruppendynamischen Erwägungen stellen sieben bis max. zehn Teilnehmer eher die Obergrenze dar)
- Bei Gruppenarbeit Einsatz eines Moderators
- Flip-Chart oder Packpapierbogen, Pin-Wand oder Tafel, Metaplankärtchen, Stifte
- Zeitrahmen: problemabhängig, bei Problemen geringer bis mittlerer Komplexität ca. 30 bis 60 Minuten für die Problemsegmentierung und das Aufstellen der Basis-Matrix, der Zeitbedarf für die Entwicklung der Lösungselemente different je nach Ideengenerierungsart (so könnte etwa für ein Subproblem die Synektik als Problemlösungsmethodik Einsatz finden, verbunden mit einem entsprechend großen Zeitbedarf).

Moderator

Bei Gruppenarbeit empfiehlt sich der Einsatz eines Moderators mit entsprechender Methodenkompetenz und Erfahrung in der Anwendung der morphologischen Analyse. Ansonsten gelten die üblichen bereits bei den anderen Methoden geforderten Anforderungen.

Vorgehensweise

1. Problemdefinition

Morphologischer Kasten zum Suchfeld "Autodachöffnung"						
Parameter	**Lösungsideen / Varianten**					
P1: Material	V1.1: Glas	V1.2: Stahl	V1.3: Kunststoff	V1.4: Textil	V1.5: Holz	
P2: Betätigung	V2.1: Elektrisch	V2.2: Mechanisch	V2.3: Pneumatisch	V3.3: Hydraulisch		
P3: Aufbauprinzi	V3.1: Cabriolet	V3.2 : Hardtop	V3.3 : Verdeck	V3.4: Schiebedach		
P4: Öffnungsprinzip	V4.1: Faltdach	V4.2: Rollo	V4.3: Lamellen	V4.4: Klappdach		
P5: Schutzfunktion	V5.1: Sonne	V5.2 : Regen	V5.3: Steinschlag	V5.4: Kälte	V5.5: Lärm	V5.6: Schmutz
	V5.7 : Abgase	V5.8 : Diebstahl	V5.9: Komb. v. V5.1–V5.8			
Pn: ...	Vn.1:	Vn.2:	Vn.3:	Vn.4:		

Abb. 14: Morphologischer Kasten

2. Problemanalyse und -segmentierung, wobei das Gesamtproblem durch die Problemsegmente (= problembeschreibende Parameter) möglichst ganzheitlich und überschneidungsfrei beschrieben werden soll
3. Aufstellen des Gerüsts der Morphologischen Matrix
   - Vertikale: Problemsegmente
   - Horizontale: Freiflächen für Ausprägungen bzw. Lösungsideen
4. Lösungsideen sammeln bzw. ergänzend weitere Kreativitätstechniken zur Bearbeitung des gegebenen Subproblems einsetzen
5. Bildung logisch konsistenter Lösungsalternativen durch entsprechende Kombination zusammenpassender Lösungsideen über alle Problemsegmente (Parameter) hinweg
6. Beurteilung des Zielerfüllungsgrades der einzelnen Alternativen unter Verwendung eines Zielkriterienkataloges (wie Kosten, Innovationsgehalt, Kundenakzeptanz etc.)
7. Auswahl der vielversprechensten Alternative

Einsatzbereiche

- Zur Strukturierung und übersichtlichen Gestaltung eines Problems mit zugehörigen Lösungsideen
- Bei Problemen niedriger bis mittlerer Komplexität (bei komplexeren

Problemen empfiehlt sich etwa der Einsatz einer sequenziellen Morphologischen Analyse)

- Zur Findung neuer Kombinationen bei überwiegend bekannten Problemparametern und zugehörigen Ausprägungsvarianten
- Wenn in der Gruppe vorweg große Skepsis hinsichtlich intuitiv-kreativer Problemlösungsansätze besteht und eher rationales Vorgehen präferiert wird
- Erstellen eines Maßnahmenprogramms (= Planung)
- Kreative Ideenfindung (durch Assoziationen)

Achtung: Potenzielle Fallen!

- Bei komplexen Problemen besteht die Gefahr einer Informationsüberflutung: Orientierungslosigkeit statt bessere Strukturiertheit kann die Folge sein
- Wenn die Methode nicht in Kombination mit anderen, eher intuitiv-kreativ orientierten Methoden angewendet wird, eignet sich diese Methode eher für marginale Verbesserungen und weniger zur Erzielung von Neuentwicklungen hohen Innovationsgrades.

7 Instrumente in der Produkt- und Prozessentwicklung

Für Unternehmen ist die Hervorbringung von Innovationen notwendige Voraussetzung für Wachstum und langfristiges Überleben. Allerdings zeigt die hohe Anzahl an Flops bei neuen Produkten, dass Innovationen mit einem hohen Marktrisiko verbunden sind. In dieser schwierigen Situation sind Vorgehensweisen gefragt, welche die Wahrscheinlichkeit für eine hohe Marktakzeptanz innovativer Produkte erhöhen. In diesem Zusammenhang wird häufig eine konsequente Ausrichtung aller Entwicklungsaktivitäten auf die Bedürfnisse potenzieller Kunden vorgeschlagen. Schließlich versprechen nur diejenigen Neuprodukte einen Erfolg, mit denen die Kunden einen wesentlichen Nutzenvorteil gegenüber Wettbewerbsprodukten verbinden.

Dieser Zusatznutzen kann zum Beispiel in neuartigen Funktionen und Leistungsmerkmalen bestehen. Wenn dem Kunden also die bessere Erfüllung bekannter oder gar die Durchführung ganz neuer Aufgaben ermöglicht wird, steigt die Erfolgswahrscheinlichkeit. Der Computertomograph ist ein Beispiel für eine Innovation, die zu einer wesentlichen Erweiterung des Leistungsspektrums geführt und damit in vielen Anwendungen das traditionelle Röntgen ersetzt hat. Der Zusatznutzen kann auch in einer Verringerung des finanziellen Aufwandes für die Nutzung des Neuproduktes bestehen. Durch die Innovation werden also ähnliche Leistungen in kürzerer Zeit beziehungsweise zu geringeren Kosten oder überhaupt neue Leistungen ermöglicht. Die Entwicklung chirurgischer Roboter, die insbesondere bei Hüft-, Herz- oder Gehirnoperationen Teile des Eingriffs übernehmen, können als Beispiel für Innovationen mit kostenreduzierender Zielsetzung herangezogen werden. Mit diesen Robotern ist die Hoffnung verbunden, Operationen künftig schneller und mit weniger Personal durchführen zu können.

In frühen Phasen des Entwicklungsprozesses besteht also die Herausforderung darin, zunächst noch unbestimmte Kundenbedürfnisse zu ermitteln und in geeignete Problemlösungen zu übersetzen. Im Unterschied zu vermarktungsnahen Phasen des Prozesses können zu Beginn einer Entwicklung bekanntermaßen keine Prototypen oder Vorprodukte mit potenziellen Kunden überprüft werden. Sind drängende Kundenprobleme oder neu entstehende Bedürfnisse bereits vor der Entwicklung erster Prototypen bekannt, steigen die Marktchancen für eine Innovation. Insofern besteht für den Erfolg der Produktentwicklung die Notwendigkeit einer frühzeitigen und engen Einbindung von Kunden in den Entwicklungsprozess.

Aus den obigen Überlegungen resultiert die Frage, mit welchen Methoden und Verfahren die Kundenorientierung bzw. die Berücksichtigung neuen technischen Wissens in der Produktentwicklung sichergestellt werden können. Im vorliegenden Kapitel soll darauf Antwort gegeben werden, indem auf ausgewählte Instrumente zur Produkt- bzw. Prozessentwicklung eingegangen wird.

7.1   Wertanalyse (Value Analysis)

Der Begründer der Wertanalyse, Lawrence D. Miles, definiert diese als eine systematische schöpferische Methode mit dem Ziel, in der Phase der Produktentwicklung oder an Standardprodukten aus laufender Fertigung unnötige Kosten festzustellen, um diese, unter voller Beibehaltung des Nutzens und der besonders geschätzten Eigenschaften des Produkts für den Kunden, zu eliminieren (vgl. Miles 1969).

Eine neuere Definition ist in der europäischen Norm EN 1325–1 zu finden, die die Wertanalyse definiert als „organisierter und kreativer Ansatz, der einen funktionenorientierten und wirtschaftlichen Gestaltungsprozess mit dem Ziel der Wertsteigerung eines Wertanalyse-Objektes zur Anwendung bringt" (EN 1325-1 1996, 3).

Wert lässt sich definieren als die Beziehung zwischen dem Beitrag des Wertanalyse-Objektes zur Bedürfnisbefriedigung und den Kosten des Objektes. Wertsteigerung ist demnach nicht nur durch Senkung der Kosten, sondern auch durch Erhöhung des Nutzens möglich.

Das Ziel der Wertanalyse ist also eine Funktionswertsteigerung von Produkten, Prozessen oder Systemen durch Erhöhung des Nutzens von Funktionen und/oder durch Senkung der Kosten, die bei der Realisierung der Funktionen anfallen. Das Verfahren ist auch in der europäischen Norm EN 12973 genormt.

7.1.1   Funktionenorientierung in der Wertanalyse

Die Wertanalyse kann bei der Produktentwicklung und bei der Produktüberarbeitung eingesetzt werden. Bei der Produktentwicklung versucht man, durch Verzicht auf überflüssige Funktionen das Entstehen von Kosten von vornherein zu vermeiden. Bei der Ermittlung unnötiger Funktionen unterscheidet man zwischen Haupt-, Neben- und Hilfsfunktionen. Funktionen, die nicht auf diese Weise klassifiziert werden können, müssen genauer untersucht werden. Außerdem wird zwischen Gebrauchs- und Geltungsfunktionen unterschieden.

Gebrauchsfunktionen sind zur sachlichen Nutzung (technischer und/oder organisatorischer Art) des Wertanalyse-Objekts erforderlich und in der Regel auf Grund physikalischer und/oder wirtschaftlicher Daten bzw. Qualitäts- und/oder Sicherheitsstandards quantifizierbar. Geltungsfunktionen hingegen sind ausschließlich subjektiv wahrnehmbare, personenbezogene Wirkungen (Aussehen, Komfort, Sozialmaßnahmen, Prestige) eines Wertanalyse-Objekts und allenfalls mit Methoden der Meinungsforschung bewertbar (vgl. Hering/Draeger 1999, 400). Bei der Geltungsfunktion muss auch überlegt werden, wie viel der Kunde hierfür zu zahlen bereit sein wird.

Eine weitere Gliederung der Funktionen ist nach hierarchischen Gesichtspunkten möglich. Hauptfunktionen (Grundfunktionen) bezeichnen den eigentlichen Verwendungszweck eines Wertanalyse-Objekts. Nebenfunktionen sind bedingt notwendig, um die Hauptfunktionen zu erfüllen. Unnötige Funktionen tragen aus der gegenwärtigen Sicht des Anwenders oder Herstellers nicht zum Nutzen des Wertanalyse-Objekts bei (vermeidbare Funktion) oder ergeben sich als Folge einer gewählten Problemlösung (lösungsbedingt unnötige Funktion) (vgl. Hering/Draeger 1999, 400).

Nicht lösungsbedingte Funktionen können variiert oder weggelassen werden, ohne dass die technische Qualität des Objekts leiden würde (z.b. Schönheitsfunktion). Solche Funktionen sind aber nicht unbedingt unnötig, da sie etwa der Verkäuflichkeit dienen können. Unnötige Funktionen sind dadurch charakterisiert, dass sie weder etwas zur Sicherheit noch zur Qualität oder zum Funktionieren sowie zur Verkäuflichkeit beitragen. Dazu zählen technische Spielereien oder die Übererfüllung von Funktionen. Unnötige Funktionen sind daher zu eliminieren. Damit werden Kosten eingespart und die Wettbewerbsfähigkeit erhöht (vgl. Pölzl 2002, 249).

7.1.2 Phasen der Wertanalyse

Die Wertanalyse kann ex ante zur Wertsteigerung neuer Produkte und ex post zur Wertverbesserung bestehender Produkte eingesetzt werden. In beiden Fällen wird – allerdings in unterschiedlicher Reihenfolge und Gewichtung – eine analytische und eine gestalterische Phase durchlaufen (vgl. Specht/Beckmann/Amelingmeyer 2002, 171):

- **Analytische Phase:** In einer Funktionsanalyse werden Gesamtfunktion und Teilfunktionen eines Produkts bzw. Prozesses identifiziert, die Kosten ihrer Realisierung werden abgeschätzt und aus dem entsprechenden Nutzen-Kosten-Verhältnis der Wert der Funktion ermittelt. Als relativen Wert bezeichnet man das Verhältnis von relativem Nutzen einer Teilfunktion zu relativen Kosten bezogen auf die Gesamtfunktion. Ein relativer Wert einer Funktion ist ein Indikator für den gestalterischen Verbesserungsbedarf.

- **Gestalterische Phase:** Die gestalterische Phase richtet sich an die Generierung, Bewertung, Auswahl und Umsetzung von Ideen zur Erfüllung gewünschter Funktionen. Ziel ist es, den Funktionswert zu steigern, wobei die Ideenfindung durch Kreativitätstechniken unterstützt werden kann. Ein besonderer Schwerpunkt liegt auf Funktionen mit niedrigem relativen Wert, deren Nutzen gesteigert, deren Kosten gesenkt oder die ganz eliminiert werden.

Die Wertanalyse ist mittels Funktionsanalyse und Funktionskostenanalyse sowie Ideengenerierung, -auswahl und -umsetzung auf die Optimierung des Nutzen-Kosten-Verhältnisses von Produkten oder Prozessen ausgerichtet. Dementsprechend unterstützt die Wertanalyse eine methodische Anleitung zu einer funktionsbezogenen Kundenorientierung und damit zur Qualitätsgestaltung. Darüber hinaus kann eine interdisziplinäre Zusammensetzung des Wertanalyse-Teams helfen, Anforderungen aus verschiedenen Unternehmensbereichen in eine Gesamtlösung zu integrieren.

Die Wertanalyse unterstützt durch Rückkopplungsschleifen vor allem die Entscheidungsfindung in der Profil- und Konzeptplanung. Das Ergebnis von Systementwurf, Komponentengestaltung und Systemintegration wird hinsichtlich des erreichten Funktionswerts mit entsprechenden Rückschlüssen auf Profil- und Konzeptplanung beurteilt. Der starke ex-post-Charakter empfiehlt die Wertanalyse als ein wirksames Instrument für Plattform- und Weiterentwicklungsprojekte. Die funktionale Betrachtungsweise hingegen fördert das laterale Denken, das bei radikalen Neuerungsprojekten entscheidend ist (vgl. Specht/Beckmann/Amelingmeyer 2002, 172).

Es lassen sich drei mögliche Zielsetzungen für die Wertanalyse ableiten:
- Verringerung der Kosten und des Nutzens, jedoch Verringerung der Kosten in stärkerem Maße
- Verringerung der Kosten unter gleichzeitiger Erhöhung des Nutzens
- Erhöhung der Kosten und des Nutzens, jedoch Erhöhung des Nutzens in stärkerem Maße

Das klassische Wertanalyse-Objekt ist ein Produkt oder eine Dienstleistung. Die Wertanalyse ist jedoch nicht auf dieses Anwendungsgebiet beschränkt, sondern sie ist auch auf Abläufe und Verfahren anwendbar. Sie wird demnach beispielsweise auch auf Gebieten der Instandhaltung und Reparatur, der Verkaufsplanung und der Marktforschung angewendet. Bezogen

auf ein Produkt kann die Wertanalyse in allen drei Stadien (Produktion, Konstruktion, Entwicklung) eingesetzt werden (vgl. Jöbstl 1999, 130 f)
    Bei der Überarbeitung bestehender Produkte können u.a. Kosten durch eine kostengünstigere Realisierung von Funktionen gesenkt werden. Dabei empfiehlt sich folgende **Vorgehensweise**:

* Ermittlung und Beschreibung des Analyseobjektes (Funktions- und Kostenstruktur)
* kritische Funktionsbetrachtung
* Ausarbeiten von Alternativen für die Realisierung der noch zu realisierenden Funktionen
* Bewertung der Alternativen und Auswahl der (kosten-)günstigsten
* Begleitung und Umsetzung

Die VDI 2803 (früher DIN 69910) empfiehlt ein systematisches Vorgehen nach sechs Arbeitsschritten, die wiederum in mehrere Teilschritte untergliedert sind (siehe Abb. 1). Deren Inhalt und Reihenfolge ist zwingend. Nach EN 12973 beinhaltet der Ablauf der Wertanalyse zehn Schritte: (0) Vorbereitung des Projektes, (1) Projektdefinition, (2) Planung, (3) Umfassende Daten über die Studie sammeln, (4) Funktionenanalyse, Kostenanalyse, Detailziele, (5) Sammeln und Finden von Lösungsideen, (6) Bewertung der Lösungsideen, (7) Entwicklung ganzheitlicher Vorschläge, (8) Präsentation der Vorschläge, (9) Realisierung.

	Grundschritt		Teilschritt
1	Vorbereitende Maßnahmen	1.1	Auswählen des Wertanalyse-Objekts und Stellen der Aufgabe
		1.2	Festlegen des quantifizierten Ziels
		1.3	Bilden der Arbeitsgruppen
		1.4	Planen des Ablaufs
2	Ermitteln des Ist-Zustands	2.1	Informationsbeschaffung und Beschreibung des Wertanalyse-Objekts
		2.2	Beschreiben der Funktion
		2.3	Ermitteln der Funktionskosten
3	Prüfen des Ist-Zustands	3.1	Prüfen der Funktionserfüllung
		3.2	Prüfen der Kosten
4	Ermitteln der Lösungen	4.1	Suchen nach allen denkbaren Lösungen
5	Prüfen der Lösungen	5.1	Prüfen der sachlichen Durchführbarkeit
		5.2	Prüfen der Wirtschaftlichkeit
6	Vorschlag und Verwirklichung einer Lösung	6.1	Auswählen der Lösung(en)
		6.2	Empfehlen einer Lösung
		6.3	Verwirklichung einer Lösung

Abb. 1: Wertanalyse-Arbeitsplan (in Anlehnung an DIN 69910)

7.2 Quality Function Deployment (QFD)

Die Gründe für lange Entwicklungszeiten und rein technologieorientierte Produktinnovationen, die am Markt keine entsprechende Resonanz finden, sind häufig in der fehlenden bzw. zu wenig ausgeprägten Kommunikation von Marketing/Vertrieb/F&E/Produktion zu sehen. So haben Marketingmitarbeiter nur geringes Wissen über die technischen Möglichkeiten bei der Umsetzung neuer Produkte, die Entwickler dagegen in der Regel zu geringes Wissen über Märkte sowie über Kundenpräferenzen und -gewohnheiten. Genau hier setzt QFD an, indem es versucht, das Marktwissen und das Entwicklungswissen systematisch zusammenzuführen, um technologisch innovative und vom Markt auch gefragte Produkte zu entwickeln.

Die Motivation für QFD ist in dem beschriebenen Ausgangsproblem begründet. Ziel ist die Entwicklung eines Produkts oder einer Dienstleistung, die nicht alle technisch möglichen, sondern die vom Kunden gewünschten Merkmale aufweist („fitness for use"). Das gezielte Übersetzen der Stimme des Kunden in die des Unternehmens soll das in der Praxis häufig zu beobachtende Phänomen des „Overengineering" vermeiden (vgl. Gentsch 2001, 123).

Das Quality Function Deployment ist also eine Methode zur systematischen Planung der Qualität eines Zielproduktes, ausgehend von kunden- und marktseitigen Qualitätsanforderungen. Mit einem Matrizennetzwerk von Planungs- und Kommunikationsprozeduren werden Kundenanforderungen gezielt in Produktmerkmale übertragen. Dazu müssen in ausreichendem Umfang Informationen über die Qualitätsanforderungen der Kunden verfügbar sein. Darüber hinaus werden Anforderungen an die zur Herstellung des Zielproduktes notwendigen Produktionsprozesse und Qualitätssicherungsmaßnahmen abgeleitet. Die Maxime des QFD lautet, dass bei qualitätsrelevanten Entscheidungen der Stimme des Kunden Vorrang einzuräumen ist (vgl. Pfeifer 2001).

QFD wird häufig als Integrationsrahmen für die gesamte Produkt- und Prozessentwicklung gesehen, in den andere Instrumente, wie etwa die Failure Mode and Effect Analysis (FMEA), die Taguchi-Methode und die Wertanalyse, anwendungsspezifisch eingebunden werden.

7.2.1 Der QFD-Prozess

Der QFD-Prozess besteht aus vier Phasen, wobei die Ergebnisse jeder Phase die zu erfüllenden Anforderungen der nächsten Phase darstellen, sodass eine konsistente und vollständige Berücksichtigung aller vorgelagerten Anforderungen gewährleistet ist. Das Schlüsseldokument, das House of Quality (HoQ), ist das zentrale Planungs- und Kommunikationsinstrument jeder Phase. Es besteht aus einer Beziehungsmatrix, die den Einfluss der Lösungen auf die Anforderungen abbildet, aus einer Korrelationsmatrix, die die gegenseitige Beeinflussung der Lösung darstellt, sowie aus zahlreichen anderen Diagrammen und Tabellen zur Integration relevanter Informationen (vgl. Specht/Beckmann/Amelingmeyer 2002, 167).

Für die Durchführung des Quality Function Deployment empfiehlt sich folgendes Vorgehen, wie es auch in Abb. 3 auf Seite 337 näher beschrieben wird (vgl. Specht/Beckmann/Amelingmeyer 2002, 167 f):

- **Qualitätsplanung des Produkts**
  In der Qualitätsplanung werden Kundenanforderungen in technische Funktionsmerkmale des Produkts umgesetzt. Für den Bau des House of Quality werden zunächst ausgesprochene, vorausgesetzte oder latente Anforderungen und Wünsche der Kunden an das neue Produkt vom QFD-Team erfasst und mit Hilfe einer Baumstrukturierung gebündelt. Dabei sollen nicht nur kundenorientierte Nutzungsanforderungen, sondern auch Wartungs-, Reparatur- oder Entsorgungsbedürfnisse berücksichtigt werden. Diese Anforderungen werden mit ihrer relativen Bedeutung für Zielkunden gewichtet und hinsichtlich ihrer Erfüllung im Wettbewerbsvergleich bewertet. Als nächstes werden technische Funktionsmerkmale – im Sinne von Anforderungen an Produktfunktionen – festgelegt, die die Kundenanforderungen messbar und für den Kunden wahrnehmbar beeinflussen. Das QFD-Team beurteilt in der Beziehungsmatrix die Beeinflussung der Kundenanforderungen durch die technischen Funktionsmerkmale hinsichtlich Richtung und Stärke. Zur Festlegung objektiver Maßstäbe werden dann die technischen Funktionsmerkmale der eigenen und konkurrierenden Produkte an Hand definierter Maßeinheiten gemessen. In der Korrelationsmatrix, dem Dach des House of Quality, bewertet das QFD-Team Richtung und Stärke der Wechselbeziehungen der aufgestellten Funktionsmerkmale, deren relative technische Schwierigkeiten, Bedeutung und Kostenanteile. Schließlich werden für die Funktionsmerkmale Vorgaben als Zielgrößen für die gestalterische Umsetzung formuliert. Die Qualitätsplanung des Produkts kann zur Fokussierung der Produktentwicklung auf jene kritischen Kundenanforderungen genutzt werden, die trotz hoch eingeschätzter Bedeutung relativ niedrige Kundenzufriedenheiten sowie mangelhafte objektive Umsetzung im Wettbewerbsvergleich aufweisen. Anhand der gesammelten Informationen kann das QFD-Team beurteilen, ob die Vorteile einer auf die kritischen Kundenanforderungen abzielenden Ände-

rung der technischen Funktionsmerkmale die damit verbundenen Nachteile aufwiegen.

- **Teileplanung**
  Aus den technischen Funktionsmerkmalen werden in der Teileplanung die entsprechenden Merkmale von Produkt, Baugruppen und Bauteilen entwickelt.

- **Prozessplanung**
  Die technischen Merkmale von Produkt, Baugruppen und Bauteilen sind Ausgangsbasis für die Gestaltung entscheidender Betriebsabläufe. Dort werden die kritischen Produkt- und Prozessparameter und die entsprechenden Prüfpunkte in Prozess- und Prüfablaufplänen festgelegt.

- **Fertigungsplanung**
  Die entscheidenden Betriebsabläufe werden in Produktionserfordernisse umgesetzt. In Arbeits- und Prüfplänen werden die zur Einhaltung der Parameter notwendigen Arbeitspläne festgelegt.

Die erste QFD-Phase ermöglicht die systematische Unterstützung der Produktplanung. Die Verbesserung der bestehenden Produktion und die Strategieplanung für das Produkt werden durch die wettbewerbsorientierte Positionsbestimmung von QFD gefördert. Wertvolle Impulse für die Profil- und Konzeptplanung erhält das Entwicklungsteam durch die Beziehungsmatrix und die Korrelationsmatrix. QFD ermöglicht ebenfalls das Setzen operationaler Ziele in Form der Vorgaben für die Funktionsmerkmale. Hilfsmittel dazu ist das House of Quality, hinter dem eine gesamtheitliche Systematik steht. Abb. 2 zeigt das Aufbauprinzip. Wegen seiner hohen Informationsdichte wirkt es auf den ersten Blick jedoch etwas unübersichtlich und erklärungsbedürftig.

7.2.2 Erstellung des House of Quality

In der Praxis sollte es so sein, dass ein interdisziplinäres QFD-Team die erforderlichen Qualitätshäuser projektbezogen erstellt. Das Team sollte sich aus Vertriebs-, Marketing-, Konstruktions-, Planungs-, Produktions- und Qualitätsmitarbeitern rekrutieren. Die **Arbeitsschritte** zum Aufbau eines Hauses umfassen hierbei:

- Schritt 1: Dokumentation der Kundenanforderungen (Was?)
  Diese sind mittels persönlicher Interviews, schriftlicher Befragungen, Telefonumfragen oder gezielter Kundenbesuche zu ermitteln. Entsprechend ihrer Bedeutung für den Kunden sind die Anforderungen zu gewichten.

- Schritt 2: Einstufung der Konkurrenzfähigkeit
  Unter Einbezug des Kunden gilt es, das Produktansehen zu ermitteln. Dazu wird das eigene Produkt im Vergleich zu Wettbewerbsprodukten anhand der Kundenanforderungen eingeschätzt und das Leistungspotenzial visualisiert.
- Schritt 3: Definition der Qualitätsmerkmale (Wie?)
  Hinter jeder Kundenanforderung gilt es, das Qualitäts- bzw. Produkt-

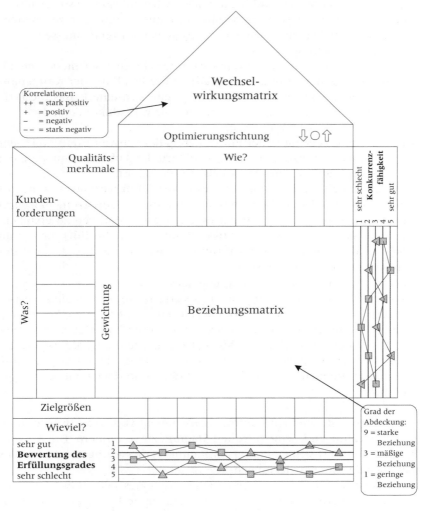

Abb. 2: Aufbauprinzip des House of Quality (in Anlehnung an Klein 1999, 67)

merkmal zu erkennen und dieses als technische Spezifikation aufzunehmen. Für die Bedeutung einer Spezifikation gilt, dass diese sich aus dem Kundengewicht und dem Grad der Abdeckung ergibt.

- Schritt 4: Feststellung von Wechselwirkungen
  Wichtig ist es, Abhängigkeiten zwischen den ermittelten Qualitäts- bzw. Produktmerkmalen zu erkennen und diese in der Wechselwirkungsmatrix („im Dach") zu dokumentieren. Wechselwirkungen sind Forderungen, die sich entweder positiv oder negativ beeinflussen, also verstärken oder behindern. Diese Analyse gibt Aufschluss darüber, ob gegebenenfalls Abstriche von einer idealen Lösung gemacht werden müssen.
- Schritt 5: Beziehungsmatrix
  In der Beziehungsmatrix wird markiert, welche Qualitätsmerkmale mit welcher Intensität (Abdeckungsgrad) an der Erfüllung der Kundenanforderungen beteiligt sind. Hierdurch ergibt sich eine Rangstufe (Wie viel?) für die Ausprägung eines Qualitäts- bzw. Produktmerkmals.
- Schritt 6: Technische Umsetzung
  Eine weitere Zeile dient der Einschätzung des Schwierigkeitsgrades der technischen Umsetzung. Hiermit wird auch der Aufwand umrissen, der für die Realisierung eines Merkmals erforderlich ist.
  Damit ist die Definitionsphase eines Entwicklungsvorhabens zunächst abgeschlossen. Über die weiteren Phasen muss die Umsetzung in Angriff genommen werden. Hierfür gilt es, angepasste Matrizen zu erstellen. Das zu Anfang für die Produktprofilfindung erstellte HoQ dient zum Schluss wiederum für die Überprüfung, inwieweit die Kundenanforderungen getroffen worden sind.
- Schritt 7: Bewertung des Erfüllungsgrades
  Während der Einschätzung der Konkurrenzfähigkeit qualitative Gesichtspunkte des Kunden zugrunde gelegen sind, erfolgt die Bewertung des Erfüllungsgrades mittels objektiver quantitativer Messungen. Dies stellt für den Entwickler die Messlatte dar, wie die Qualitätsziele gegenüber dem vergleichbaren Wettbewerb erfüllt worden sind. Ist eine Verbesserung nicht festzustellen, so ist eine weitere Optimierung erforderlich.

Mit dem HoQ ist somit ein Controllinginstrument verfügbar, welches hilft, Fehlentwicklungen in einem frühen Stadium zu verhindern. Die Anwendung konzentriert sich einerseits auf Produktverbesserungen, andererseits aber auch auf Neuentwicklungen.

Als **Beispiel** für die Entwicklung eines Produktes soll ein PKW-Außenspiegel herangezogen werden. Die erforderliche Verkettung der beschreibenden Qualitätshäuser wird in Abb. 3 dargestellt.

Die einzelnen Abschnitte sind dabei als Stufen hervorgehoben. Sie sollen nacheinander abgearbeitet werden:

- Stufe 1: Umsetzung der Kundenanforderungen in Qualitätsmerkmale
- Stufe 2: Umsetzung der Qualitätsmerkmale in Designmerkmale
- Stufe 3: Umsetzung der Designmerkmale in Prozessmerkmale und
- Stufe 4: Erfüllung der Prozessmerkmale durch Standards, Arbeits- und Prüfanweisungen.

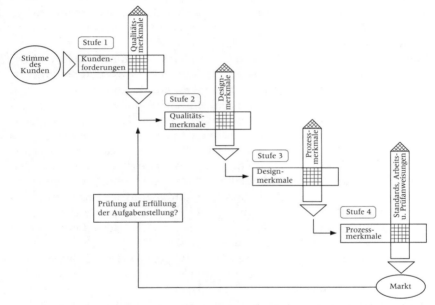

Abb. 3:   Umsetzung der Kundenwünsche durch miteinander verzahnte HoQ´s bis zum Markteintritt eines Produktes (in Anlehnung an Klein 1999, 82)

In der *ersten Qualitätstafel* (Abb. 4; entspricht Stufe 1 in Abb. 3) gilt es, die markantesten Kundenforderungen aufzunehmen und mit Qualitätsmerkmalen zu verknüpfen. Im vorliegenden Beispiel konnten aus einer Kundenbefragung sieben wesentliche Forderungen abgeleitet werden. Diese lassen sich durch die angegebenen neun QS-Merkmale mit ihren Zielwerten realisieren. Die meisten Merkmale wirken dabei untereinander verstärkend. Aus der Kundenbefragung wird außerdem noch sichtbar, dass unser Produkt gegenüber dem unmittelbaren Wettbewerbsprodukt nicht hervorstechend besser ist, weshalb ein tatsächlicher Handlungsbedarf für eine Verbesserung besteht.

In der *zweiten Qualitätstafel* (vgl. Stufe 2 in Abb. 3) geht es darum, die Designmerkmale des Produktes festzulegen. Zuvor ist aber eine Prüfung ratsam, wie vollständig die QS-Merkmale sind. Im vorliegenden Fall war es zum Beispiel erforderlich, die Merkmale noch um drei wesentliche Entwicklungsziele (und zwar asphärisch, zuverlässig und recyclebar) zu ergänzen und für diese ebenfalls Designmerkmale zu fordern. Die neue Gewichtsverteilung ergibt sich dabei aus dem Rang der QS-Merkmale aus der ersten Qualitätstafel. Weiters kann man noch die abgeschätzten Funktionskosten im HoQ aufnehmen, um sicherzustellen, dass bei weiteren Entwicklungen die Zielherstellungskosten nicht überschritten werden. Die Bewertung der Merkmalsrelevanz zeigt, dass etwa fünf Merkmale für das QS-Niveau dominant sind, weshalb darauf besonderes Augenmerk zu legen ist.

In der *dritten Qualitätstafel* (vgl. Stufe 3 in Abb. 3) werden die Prozessmerkmale so festgelegt, dass die Designmerkmale durch den ausgeführten Prozess tatsächlich erreichbar werden. Hilfreich kann es hierbei sein, das Produkt gleich in einzelne Baugruppen zu untergliedern, was gegebenenfalls Vorteile bei der Realisierung haben kann. Praktiziert worden ist dies im Beispiel für die Bauteile Glas (mit den Designmerkmalen Temperaturwechselbeständigkeit, Entspiegelung und Wölbung), Gehäuse (mit den Merkmalen Wärmeformbeständigkeit, Temperaturwechselbeständigkeit, Maßschwindung, Kantenrundung, Verrippung, gratfrei, Lackierung und Heizkanäle) und Verstellung (mit den Designmerkmalen Getriebemotoreinheit und Motorgehäuse). Es ist erkennbar, welche Herstellermerkmale besondere Sorgfalt bei der Umsetzung verlangen.

In der *vierten Qualitätstafel* (vgl. Stufe 4 in Abb. 3) wird reflektiert, wie der Prozess durch Standards, Arbeits- und Verfahrensanweisungen sicher und beherrscht gemacht werden kann. Damit soll sichergestellt werden, dass letztlich auch das hergestellt wird, was in der Entwicklung geplant wurde und den Kundenwünschen entspricht.

Schwächen weist QFD bei der Auswahl von technologischen Lösungsprinzipien für die Erfüllung von Teil- und Gesamtfunktionen von Produkten auf, denn zur Bewertung der Wechselbeziehungen zwischen den Funktionsmerkmalen muss die Auswahl von Technologien eigentlich bereits getroffen sein, da diese unmittelbar Richtung und Höhe von funktionalen Wechselbeziehungen beeinflussen. QFD berücksichtigt aber den technologischen Aspekt, d.h. die Verknüpfung von Funktionen und Wirkprinzipien in Aggregaten und Komponenten, in der zweiten Phase, in der von den Funktionsmerkmalen auf die Merkmale der Produkt-, Baugruppen- und Bauteilgestaltung geschlossen wird, ohne jedoch auch dort eine gezielte systematische Technologiegenerierung, -bewertung und -auswahl zu unterstützen. QFD steckt damit einen engen Rahmen für die Produktentwicklung ab, in

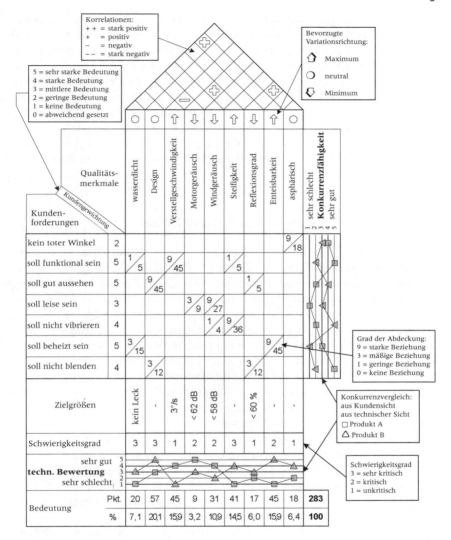

Abb. 4: House of Quality eines PKW-Außenspiegels für die Stufe „Sicherung der Qualitätsmerkmale" (in Anlehnung an Klein 1999, 83)

dem die grundsätzlichen Funktionen mit ihren entsprechenden Technologien als bekannt vorausgesetzt werden. Für die Bewertung und Auswahl innovativer Technologien bedarf es rekursiver Schleifen des gesamten QFD-Prozesses (vgl. Specht/Beckmann/Amelingmeyer 2002, 171).

Als weitere Schwierigkeit erweist sich die systematische Erfassung der Teilprozesse des Quality Function Deployment. Die komplexen Planungstafeln allein reichen als methodische Hilfsmittel nicht aus, denn sie dokumentieren lediglich die Ergebnisse der bereichsübergreifenden Anforderungsumsetzung. Die Detaillierungs- und Änderungsprozesse der einzelnen Arbeitsbereiche werden durch die Planungstafeln nicht unterstützt und erfasst.

7.3 Failure Mode and Effect Analysis (FMEA)

Die Failure Mode and Effect Analysis ist ein methodischer Ansatz der präventiven Qualitätssicherung. Ziel der FMEA ist die systematische Analyse von Versagensarten und -ursachen sowie die Einleitung vorbeugender Gestaltungsmaßnahmen bei der Entwicklung von Produkten, Prozessen und Systemen (vgl. Specht/Beckmann/Amelingmeyer 2002, 172).

Das Betrachtungsobjekt der FMEA kann einerseits ein Produkt sein, oder andererseits die Art und Weise, wie ein solches Produkt hergestellt wird. Im ersten Fall spricht man von einer Konstruktions-, im zweiten Fall von einer Prozess-FMEA. Während bei der Konstruktions-FMEA ausgehend von den zu erfüllenden Funktionen alle denkbaren und möglichen Ausfälle des untersuchten Teils bzw. Gesamtsystems untersucht werden, besteht die Aufgabenstellung bei der Prozess-FMEA darin, alle denkbaren potenziellen Prozessfehler zu analysieren (vgl. Jöbstl 1999, 110; Pölzl 2002, 186 ff).

Darüber hinaus findet sich in der Literatur eine System-FMEA, welche sich mit dem funktionsgerechten Zusammenwirken mehrerer Komponenten eines Systems beschäftigt und auf diese Weise versucht, Fehler bei der Auswahl und Gestaltung von (Produktions-) Systemen zu vermeiden (vgl. Pölzl 2002, 186 f und die dort angegebene Literatur).

Abb. 5 zeigt den methodischen Zusammenhang der Arten der FMEA am Beispiel eines KfZ-Bauteils.

7.3.1 Arbeitsschritte bei der Durchführung der FMEA

Die **Durchführung der FMEA** lässt sich in folgende Arbeitsschritte gliedern (vgl. Jöbstl 1999, 111 ff):

- Systemanalyse
- Risikoanalyse
- Risikobewertung
- Risikominimierung
- Erfolgskontrolle und Dokumentation

	Komponente/ Prozess	Funktion/ Zweck	Fehler- auswirkung	Fehler- art	Fehler- ursache
System- FMEA	Zündverteiler	Spannungs- impulse verteilen	KfZ-Stillstand	Zündungs- ausfall	Schaft gerissen
Konstruk- tions- FMEA	Zündverteiler- läufer	Presssitz auf Nockenwelle	Zündungs- ausfall	Schaft gerissen	Lunker
Prozess- FMEA	Spritzgießen Zündverteiler- läufer	Homogenes Gefüge gewährleisten	Schaft gerissen	Lunker	Nachdruck zu gering

Abb. 5: Methodischer Zusammenhang der FMEA-Arten (in Anlehnung an Gogoll 1994, 337)

Im Rahmen der **Systemanalyse** sind zunächst die Systemfunktionen und der zu betrachtende Systemzustand zu definieren. Wichtig sind die Abgrenzung des Gesamtsystems von seiner Umgebung und die Definition der Schnittstellen. Nach der Festlegung der Systemgrenzen besteht die nächste Aufgabe darin, die einzelnen Systemelemente zu definieren und miteinander zu verknüpfen. Bei der Konstruktions-FMEA handelt es sich bei den Systemelementen um einzelne Bauteile, bei der Prozess-FMEA um Prozessschritte, bei der System-FMEA um das Zusammenwirken von Systemelementen.

Bevor man beginnt, potenzielle Fehler zu identifizieren, ist es bei sehr komplexen Systemen mit vielen Teilsystemen zu empfehlen, zuerst eine grobe **Risikoanalyse** durchzuführen, um kritische Teilsysteme zu identifizieren und sich in der Folge nur auf diese zu konzentrieren. Im Rahmen der eigentlichen Risikoanalyse werden potenzielle Fehler des festgelegten Teilsystems ermittelt. Als Hilfe kann die Funktionenanalyse aus der Wertanalyse verwendet werden, um die wahrzunehmenden Funktionen des betrachteten Systems zu ermitteln. Auf diese Weise lassen sich die Fehlermöglichkeiten (= Fehlfunktionen) leichter ermitteln.

Im Rahmen der **Risikobewertung** werden die identifizierten potenziellen Fehler einer Beurteilung unterzogen. In der üblichen Vorgehensweise wird hierzu die Risikoprioritätszahl berechnet, die sich aus dem Fehlerrisiko, dem Risiko für den Kunden und dem Risiko der Weitergabe ergibt (siehe Abb. 6).

Abb. 6: Berechnung der Risikoprioritätszahl (RPZ) (in Anlehnung an Jöbstl 1999, 112)

Das Fehlerrisiko ergibt sich aus der Auftretenswahrscheinlichkeit des Fehlers und spiegelt die Einschätzung des eigenen Könnens wieder. Das Risiko für den Kunden gibt die Einschätzung über die Nachteile für den betroffenen Kunden wieder, und das Risiko der Weitergabe schließlich berücksichtigt die Chance, den aufgetretenen Fehler im Handlungsbedarf frühzeitig und sicher zu entdecken.

Im Rahmen der **Risikominimierung** ist zudem zu entscheiden, wo Vorbeugemaßnahmen einzuleiten sind. Als Kriterium kann die ermittelte Risikoprioritätszahl verwendet werden, wobei darauf hinzuweisen ist, dass es falsch ist, als Kriterium einen festen Grenzwert heranzuziehen, da die Höhe der Risikoprioritätszahl subjektiv festgelegt wird. Die Risikoprioritätszahl dient lediglich der Priorisierung möglicher Fehler. Bei den Maßnahmen ist zu unterscheiden zwischen vermeidenden (Verringerung der Auftretenswahrscheinlichkeit), entdeckenden (Verringerung des Risikos der Weitergabe an den Kunden) und die Auswirkungen abgrenzenden (Verringerung des Kundenrisikos) Maßnahmen.

Bei der **Erfolgskontrolle** müssen die durchgeführten Maßnahmen einerseits bezüglich der Termineinhaltung überwacht werden, andererseits ist zu überprüfen, ob sich die erhofften Verbesserungen tatsächlich eingestellt haben.

7.3.2 Das FMEA-Formblatt

Zur Dokumentation der FMEA können Formblätter verwendet werden (siehe Abb. 7).

Firma/Abteilung: ABC **Team:** Vorbach

Prozess: Kursabwicklung **Datum:** 7.10.2007

Prozess-schritt	Potenzieller Fehler	Potenzielle Folgen	Risikobewertung				Ursache	Maßnahme	Wirkung	Restrisiko-bewertung			
			Auftretens-wahrscheinlichkeit	Bedeutung für den Kunden	Risiko der Weitergabe	Risikoprioritäts-zahl				Auftretens-wahrschenlichkeit	Bedeutung für den Kunden	Risiko der Weitergabe	Risikoprioritäts-zahl
Tele-fonische Kurs-auskunft	Falscher Kursbeginn	Versäumter Termin	2	9		18	Schlechte Information (mangeln-der Info-Fluss)	Regelung der internen Kunden-Lieferanten-Bezie-hungen	Richtige und vollständige Daten	1	9		9
	Ungenü-gende Informa-tionen	Teilnehmer sitzt im falschen Kurs	4	7		28	Mangelnde Beschrei-bung der Eingangs-vorausset-zungen	Exakte Definition (Bereichs-leiter)	Richtige Zuweisung des Kunden	2	7		14

Wahrscheinlichkeit des Auftretens des Fehlers:
• unwahrscheinlich (1)
• sehr gering (2–3)
• gering (4–6)
• mäßig (7–8)
• hoch (9–10)

Bedeutung des Fehlers für den Kunden:
• kaum wahrnehmbar (1)
• kleiner Fehler (2–3)
• mäßig schwerer Fehler (4–6)
• schwerer Fehler (7–8)
• sehr schwerer Fehler (9–10)

Risiko der Fehlerweitergabe:
Bei Dienstleistungsprozessen mit Kundenkontakt entfällt die Besprechung dieser Komponente der Risikoprioritätszahl.

Abb. 7: FMEA-Formblatt am Beispiel eines Dienstleistungsprozesses (Jöbstl 1999, 114)

Der Einsatz der FMEA lohnt sich nicht nur in der Neuentwicklung, sondern auch bei Produktänderungen oder bei bereits eingeführten Produkten oder Abläufen, die von potenziellen Fehlern befreit werden sollen (vgl. Jöbstl 1999, 110).

7.4   Zielkostenrechnung (Target Costing)

Ausgangspunkt des Target Costing ist der im Markt erzielbare Preis, von dem dann die maximal zulässigen Kosten als Zielvorgabe abgeleitet werden. Die Marktforschung ermittelt die vom Markt gewünschten Funktionen eines Produktes. Der Preis, zu dem das Produkt bei gegebenen Produkteigenschaften und bekannten Preisen der Wettbewerber angeboten werden müsste, wird festgelegt. Dieser Preis ergibt nach Abzug der gewünschten Gewinnspanne die Zielkosten (target costs), die eingehalten werden müssen. Dabei wird jede Kostengruppe – Design, Entwicklung, Fertigung, Verkauf, usw. – auf Kostensenkungspotenziale hin untersucht und dazu in ihre Komponenten zerlegt. Danach gilt es, durch Überarbeitung von Komponenten, Streichung unnötiger Funktionen und Verhandlungen mit Zulieferern die Kosten zu senken. So sollen die Plankosten in den durch die Zielkosten vorgegebenen Rahmen gebracht werden. Gelingt dies nicht, dann kann die Entscheidung gegen die Entwicklung des Produktes fallen, da der zu erzielende Preis nicht den zu erzielenden Gewinn erbringen würde.

Das **Verfahren** des Target Costing lässt sich in den vier Schritten Zielkostenbestimmung, Zielkostenplanung, Zielkostenrealisierung und Zielkostenkontrolle bzw. -verbesserung darstellen (siehe auch Abb. 8) (vgl. Specht/Beckmann/Amelingmeyer 2002, 177 ff):

7.4.1   Zielkostenbestimmung

Ausgangspunkt des Target Costing bildet die Zielkostenbestimmung, für die fünf verschiedene Methoden bekannt sind (vgl. Ewert/Wagenhofer 2005):

*   Market into Company: Die „vom Markt erlaubten Kosten" werden aus der Differenz des erzielbaren Preises und des geplanten Gewinns ermittelt, um anschließend den zu erwartenden Kosten infolge der Beibehaltung bisheriger Technologien und Praktiken, den sog. Standardkosten, gegenüber gestellt zu werden. Innerhalb dieser Spanne werden die Zielkosten je nach Wettbewerbsintensität und Unternehmensstrategie festgelegt.

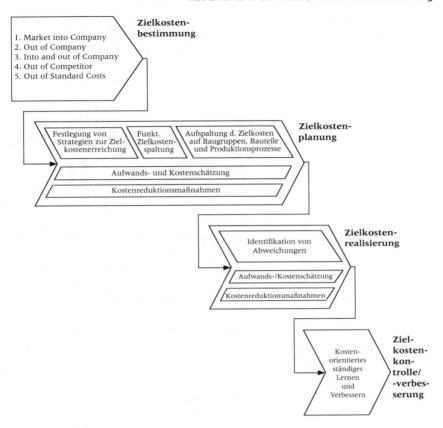

Abb. 8: Ablaufschritte des Target Costing

- Out of Company: Bei diesem Ansatz werden die Zielkosten als Summe der in den unternehmensinternen Prozessen und Funktionen der Entwicklung und Produktion anfallenden Kosten bestimmt.
- Into and out of Company: Diese Methode, die eine Kombination der ersten beiden Verfahren darstellt, leitet die Zielkosten mit Hilfe eines „top-down-bottom-up"-Abstimmungsprozesses als Kompromiss aus Marktanforderungen und Unternehmensfähigkeiten ab.
- Out of Competitor: In diesem Ansatz werden die Zielkosten an den Preisen der Wettbewerbsprodukte orientiert.
- Out of Standard Costs: Hierbei werden die Zielkosten aus den Standardkosten abzüglich eines Senkungsbeitrags in Abhängigkeit von der Wettbewerbssituation und den eigenen Fähigkeiten bestimmt.

Zu einer Einschätzung der Zielkosten empfiehlt es sich in jedem Fall, Kosteninformationen von eigenen Vorgängerprodukten sowie von Wettbewerbsprodukten branchengleicher und -fremder Marktführer heranzuziehen.

7.4.2 Zielkostenplanung

Nach der Bestimmung der Zielkosten bedarf es zunächst der Festlegung von Strategien zur Zielkostenerreichung. Eine der Hauptstrategien ist die aus der Wertanalyse bzw. -gestaltung bekannte Verbesserung der Nutzen-Kosten-Relation kritischer Funktionen und Funktionsträger. Mit Hilfe von Kundenanforderungsstrukturen und den abgeleiteten Funktionsstrukturen des Produkts lassen sich die Zielkosten entsprechend der relativen Bedeutung auf einzelne Anforderungen und Funktionen herunterbrechen. Die funktionale Aufspaltung der Zielkosten ist ein wertvoller Anhaltspunkt für die Beurteilung unterschiedlicher Lösungsprinzipien der Konzeptplanung. Nach der Festlegung des Produktkonzepts einschließlich eines groben Systementwurfs folgt die Umlegung der Zielkosten auf die einzelnen Produktbaugruppen, -bauteile und Produktionsprozesse anhand des relativen Anteils, den sie an der Erfüllung der Gesamtfunktion besitzen. Dies ist allerdings aus der Sicht der Kostentheorie ein problematisches Vorgehen, da die meisten Kosten nicht in dieser Weise verursachungsgerecht (entscheidungsbezogen) zugeordnet werden können. Kontrolldiagramme, in denen für jede Baugruppe, für jedes Bauteil oder für jeden Produktionsprozess ein Zielbereich als Verhältnisschnittmenge von Zielkostenanteil und Nutzenanteil eingetragen ist, begleiten die System- und Komponentengestaltung als operatives Zielsystem (vgl. Abb. 9).

7.4.3 Zielkostenrealisierung, -kontrolle und -verbesserung

In der nächsten Phase werden bei allen Realisierungstätigkeiten – vom detaillierten System- und Komponentenentwurf bis hin zur Serienvorbereitung – Abweichungen von den geplanten Zielkosten identifiziert und entsprechende gestalterische Maßnahmen zur Kostenreduktion eingeleitet.

Nach der Serieneinführung des Produkts werden Produktions-, Vertriebs-, Wartungs- und Entsorgungsprozesse hinsichtlich ihrer Zielkostenerreichung kontrolliert und in Lernzyklen im Sinne einer ständigen Verbesserung auf Einsparpotenziale hin untersucht.

Target Costing ist speziell auf die Kalkulation von Neu- und Nachfolgeprodukten zugeschnitten und ermöglicht ein zielgerichtetes Kostenmanagement im Sinne eines Design-to-Cost „von Anfang an". Der Einsatz von Target Costing sollte bereits zu Beginn der Produktentwicklung erfolgen, um den Innovationsprozess von Anfang an auf den Zielmarkt hin auszurichten und so die Produktrentabilität auch bei einer steigenden Wettbewerbsintensität erhalten oder steigern zu können. Dabei bezieht es nicht nur die Entwicklungs-, sondern auch die Produktions- und die Servicekosten von vornherein in die Betrachtung mit ein. Die Zielkostenrechnung ist vor allem in wettbewerbsintensiven Märkten mit kurzen Produktlebenszyklen und einer dynamischen Preisentwicklung sinnvoll. Auch bei (Groß-) Serien- und Massenfertigung besitzt sie eine hohe Steuerungswirkung im Rahmen des Innovationscontrolling (vgl. Vahs/Burmester 2005, 288).

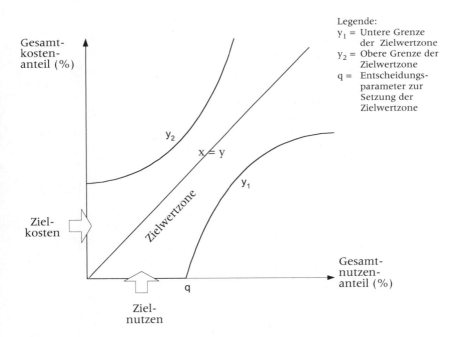

Abb. 9: Zielkostenkontrolldiagramm

Das Instrument wird insbesondere im Rahmen der market-pull-Strategie, welche die Produktentwicklung an den Markt- und Wettbewerbsverhältnissen ausrichtet und die zukünftigen Marktprioritäten in den Mittelpunkt stellt, als Steuerungsinstrument eingesetzt. Gerade die revolutionären

Neuerungen sind jedoch zumeist technologieinduziert (technology push). Da es bei dieser Art von Innovationen keine vergleichbaren Produkte und Technologien gibt und die potenziellen Kunden kaum Aussagen über deren künftigen Nutzen machen können, sind hier der Anwendung des Zielkostenmanagements Grenzen gesetzt.

8 Innovations- und Technologienetzwerke

8.1 Netzwerke

Schon seit Jahren organisieren sich selbständige Unternehmen in Netzwerken. Ursprünglich haben Unternehmen auf diese Weise wertvollen Zugang zu externem technologischen Wissen gewonnen (Becher et al. 1989, Håkansson 1989, Rotering 1990, Gemünden/Heydebreck 1994).

Das Netzwerkkonzept wird inzwischen weltweit verfolgt und gewinnt in wachsendem Maße Gewicht, vor allem angesichts des Anspruchs der nachhaltigen Wirtschaft (vgl. etwa Lowe 1997, 2001, Child/Faulkner 1998, Côté/Cohn-Rosenthal 1998, 183 f, Chrobok 1998, Jarillo 1988, Duschek 2002, Holländer u. a. 2004, Strebel 2005, Posch 2006, Sydow 2006). Hierzu entstehen insbesondere Netzwerke zur Rückstandsverwertung aus eigener oder fremder Produktion, auf die nachher intensiver eingegangen wird.

Der seit einigen Jahren in der Betriebswirtschaftslehre – auch in verschiedenen Begriffsverbindungen – gebrauchte Terminus **„Netzwerk"** ist – wie bei solchen Fachbegriffen üblich – nicht eindeutig definiert und erscheint mit recht unterschiedlichen Extensionen (etwa Corsten 2001, 11 ff). Im weitesten Sinne werden alle wirtschaftlichen Relationen eines Unternehmens unter den Begriff „Netzwerk" gefasst (z.B. Möller/Wilson 1995). Im Folgenden wird „Netzwerk" enger verstanden und kann inhaltlich mit nachstehender Umschreibung gekennzeichnet werden: Ein Netzwerk zwischen verschiedenen (rechtlich selbständigen) Unternehmen besteht, wenn diese gemeinsame Interessen kooperativ verfolgen, um Wettbewerbsvorteile gegenüber Konkurrenten außerhalb des Netzwerks zu erzielen. Für die Partner *im* Netzwerk soll dies eine sog. Win-Win-Situation herbei führen, also eine Lösung, die nicht auf Kosten anderer Partner im Netzwerk erreicht wird (Fisher/Brown 1996). Von "Netzwerk" soll im Folgenden nur gesprochen werden, wenn mindestens drei Partner beteiligt sind. Die Kooperation zwischen nur zwei Partnern wird für bestimmte Probleme auch als „Zelle" bezeichnet (etwa Schwarz 1998, 11 f im Kontext mit industriellen Verwertungsnetzen). Aus solchen Zellen können allerdings Netze hervorgehen (ebenda).

Aufgrund und im Interesse der erfolgreichen Kooperation im Netzwerk entwickeln solche Netzwerke oft eine eigene Identität. Dies zeigt etwa die sog. Industriesymbiose Kalundborg (Dänemark), ein industrielles Verwertungsnetz, das bereits 1992 beim Umweltgipfel in Rio de Janeiro präsentiert worden ist (Christensen 1998, insb 328 ff, Ehrenfeld/Chertow 2001, 334 ff). Diese Identität wird von Externen auch dadurch anerkannt, dass diese z.B. Ertsorgungsangebote nicht mehr an einzelnen Unternehmen, sondern unmittelbar an „Das Netzwerk" richten. Dies kann man etwa beim Verwertungsnetz Oldenburger Münsterland im deutschen Bundesland Niedersachsen beobachten (vgl. Hasler 2002, 66).

Ein Netzwerk ist durch folgende Idealbedingungen charakterisiert, die allerdings nicht immer in vollem Umfang eingehalten werden, sich aber im Rahmen der weiteren Netzwerkentwicklung einstellen können:
- Jeder Netzwerkpartner kennt jeden anderen Partner
- Es bestehen gemeinsame Zielvorstellungen für das Netzwerk
- Es bestehen bei allen Partnern umfassende Kenntnisse über die Kooperationsobjekte, z.B. bei Rückstandsnetzwerken über Stoff- und Energieströme im Netzwerk
- Die das Netzwerk konstituierende Kooperation hat langfristigen Charakter
- Es existiert eine „Network-Identity" für das System

Für die folgenden Analyse können Unternehmensnetzwerke durch folgende **Merkmale** gekennzeichnet werden (hierzu auch Sydow 2006, S. 393 ff):
- Aufgabe
- Größe
- Räumliche Ausdehnung
- Grad der Offenheit
- Netzwerkorganisation und -steuerung
- Kooperationsrichtung
- Grad der Zentralisierung
- Art der vertraglichen Absicherung
- Dauer der Zusammenarbeit

Aufgaben sind die zur Erfüllung der Netzwerkziele erforderlichen Aktionen. Diese hängen somit vom Grund der Netzwerkbildung ab, also auch den spezifischen Vorteilen, die man gewinnen will.

Die **Größe des Unternehmensnetzwerks** wird durch die Anzahl der selbständigen Mitglieder bestimmt.

Ein weiteres Unterscheidungskriterium stellt die **räumliche Ausdehnung** der Netzwerke dar. Entsprechend ihrer Reichweite kann zwischen lokalen, regionalen, nationalen, internationalen und globalen Netzwerken differenziert werden. Die Netzwerkgrenzen ergeben sich aus den Kooperationsobjekten. So lassen sich industrielle Verwertungsnetze mit Rückstandsströmen nur innerhalb beschränkter Regionen vollziehen, weil der Rückstandstransport zwischen Rückstanderzeuger und Rückstandsverwerter mit technischen und ökonomischen Problemen verbunden ist und insbesondere die Transportkosten den Umfang der Region beschränken (Deters 1989).

Der **Grad der Offenheit** meint die Zugänglichkeit des Systems durch neue Partner. Da Netze durch Kooperation entstehen, stößt man hier zunächst auf die beiden Grenzfälle der geschlossenen und der offenen Kooperation. Bei geschlossener Kooperation ist der Zutritt weiterer Partner ausgeschlossen, bei offener Kooperation ist diese möglich. Die Möglichkeit des Zutritts kann im Detail sehr unterschiedlich geregelt sein. Für Technologie- und Innovationsnetzwerke bietet sich regelmäßig eine bestimmte Offenheit an, weil Innovationen **immer** und Technologieeinsatz **häufig** mit Wandel verbunden sind.

Die **Netzwerkorganisation** ist – analog zur Unternehmensorganisation – das System genereller Regelungen, innerhalb dessen die Netzwerkarbeit verlaufen soll. Ein Beispiel ist etwa die Festlegung der Informationsströme zwischen den Partnern. „Steuerung" meint – etwa in Analogie zur Fertigungssteuerung – das Ergreifen von Maßnahmen aufgrund von Entscheidungen, um möglichst im vorgefassten Plan zu bleiben, bei Bedarf aber auch Änderungen von Sachzielen im Interesse der Erreichung übergeordneter Sach- und Formalziele. Dabei stößt man auf das Phänomen der sog. Promotoren, also von Funktionsinhabern in beteiligten Unternehmen, welche freiwillig und über ihre organisatorisch festgelegten Aufgaben hinaus im Interesse des Netzwerks agieren (hierzu Witte 1973; Hauschildt/ Salomo 2007, S. 209 ff)).

Bezüglich der **Kooperationsrichtung** unterscheidet Evers (Evers 1998, 47)
- **horizontale Netzwerke:** Unternehmen der gleichen Branche schließen sich zusammen. Ihre Leistungen können daher miteinander in Wettbewerb stehen. Die Netzwerkpartner koordinieren einzelne Wertaktivitäten (z.B. Beschaffung, Marketing, Entsorgung, ...)
- **vertikale Netzwerke:** Die Kooperationspartner entstammen vor- und nachgelagerten Produktionsstufen. Die Wertschöpfungsaktivitäten werden miteinander verkettet
- **diagonale (laterale) Netzwerke:** Unternehmensaktivitäten aus unterschiedlichen Branchen werden miteinander koordiniert

Anhand der **Zentralisierung** der Zusammenarbeit der Unternehmen ist eine Unterscheidung in strategische und regionale Netzwerke möglich. Ein strategisches Netzwerk ist durch die Existenz einer sog. „hub firm" gekennzeichnet (Hinterhuber/Stahl 1996, 102). Eine hub firm ist ein Unternehmen, welches im Mittelpunkt des Netzwerkes steht und die zentrale Führung und zentrale Dienstleistungen übernimmt. Im Gegensatz dazu weisen regionale Netzwerke keine Spezialisierungen auf, d.h. es existiert keine hub firm.

Die **vertragliche Absicherung** umfasst Fragen der Zielbildung und Beiträge zur Zielerreichung, Rechte und Pflichten der Partner, Vereinbarungen über Dauer, Veränderungen, Zugänglichkeit und Auflösung des Netzwerkes, Aufteilung des Kooperationserfolges.

Auch die **Dauer der Zusammenarbeit** muss man fixieren. Möglicherweise soll sie im Prinzip nicht zeitlich beschränkt werden. Die Industriesymbiose Kalundborg arbeitet bereits seit 35 Jahren und auch bei Recyclingvereinbarungen sind Kooperationsdauern bis zu 15 Jahren ermittelt worden (Strebel/Schwarz/Schwarz 1996).

Allen Netzwerkformen ist gemeinsam, dass es sich um **polyzentrische Systeme** handelt, in denen Aufgaben zwischen mehr als zwei Unternehmen koordiniert werden müssen. Daraus resultiert ein höherer Aufwand für die Koordination und die integrative Einbindung der Partner in das Unternehmensnetzwerk (Perl 2006, 64, 70 ff, 267 ff).

Durch die tendenziell höhere Anzahl der Beziehungen zwischen den Unternehmen im Unternehmensnetzwerk ist die **Komplexität** eines Netzwerks höher als die einer bilateralen Kooperation. Innerhalb eines Unternehmens kann die Komplexität jedoch reduziert werden, wenn sich das Unternehmen auf seine Kernkompetenz konzentriert und Tätigkeiten, die nicht zu seinen Kernkompetenzen gehören, von anderen spezialisierten Unternehmen im Unternehmensnetzwerk ausgeführt werden. Unternehmen sollten stets mögliche Wertsteigerungsmöglichkeiten aus neuen Verbindungen und Beziehungen zwischen bestehenden und neuen bilateralen Kooperationen prüfen und diese gegebenenfalls zu Netzwerken weiterentwickeln.

Die zwischenbetriebliche Kooperation in Form von Unternehmensnetzwerken erlaubt den Zugriff auf externe Ressourcen und stellt auf diese Weise eine Möglichkeit dar, größenbedingte Ressourcendefizite zu überwinden. Demnach bringt die Einbindung in eine multiorganisationale Gemeinschaft für das einzelne Unternehmen **potenzielle Vorteile**, zu denen auch Wettbewerbsvorteile gehören. (hierzu etwa Evers 1998, 3):

- Verbesserung der Unternehmensflexibilität
- Teilung von Investitionen bzw. Kosten sowie Streuung von Risiken
- Erzielung von Skalen- und Verbund- bzw. Synergieeffekten
- Wissenstransfer bzw. organisationales Lernen (Know-how-Gewinn)
- Erhöhung der Wettbewerbsfähigkeit
- Möglichkeiten der Einflussnahme auf die Umweltbedingungen
- Erzielung von Zeitvorteilen
- partnerschaftliche Hilfe auch außerhalb der eigentlichen Projekte

Das Netzwerkziel ist letztlich die wettbewerbsstrategische Stärkung der Teilnehmer durch die Realisierung von Wettbewerbsvorteilen (Kaluza/ Blecker 1996, 384 f). Im folgenden Kapitel wird die Zusammenarbeit der Unternehmen in Netzwerken näher beschrieben.

8.2 Netzwerke als Resultat und Ausdruck von Kooperationen

Unternehmensnetzwerke sind nach den bisherigen Informationen Ergebnis und Ausdruck von Kooperationen. Es handelt sich dabei um eine intermediäre Organisationsformen im Sinne einer „Quasifirma" zwischen Markt und Hierarchie, den beiden traditionellen Grundmodellen wirtschaftlicher Koordination (Evers, 1998, 26 ff). Die Koordination kann zum einen über den Markt (= Marktmodell) und zum anderen durch Hierarchie (= Hierarchiemodell) erfolgen, wie Abb. 1 veranschaulicht.

Im Marktmodell erfolgt die Koordination der eher losen und flüchtigen kompetitiven Beziehungen über die Preise. Diese enthalten sämtliche transaktionsrelevanten Informationen. Die voneinander unabhängigen Marktteilnehmer verhalten sich begrenzt rational und tauschen genau spezifizierte Leistungen aus.

Das Hierarchiemodell zeichnet sich bezüglich der Leistungserstellung und -verwertung durch Unternehmensautonomie aus. Die Lenkung der Unternehmung erfolgt direkt durch Eigentümer oder indirekt durch Manager. Die Koordination der Leistungserstellung erfolgt mit Hilfe zentraler Planung bzw. durch die Ausführung genauer Anweisungen oder langjähriger Routinen.

Diese zwei Grundmodelle sind laut Evers die beiden Endpunkte eines Kontinuums. Dazwischen liegen alle anderen Kooperationsmöglichkeiten einschließlich von Netzwerken.

Sydow (1993, 102) vertritt ebenfalls die Meinung, dass es sich bei Netzwerken um eine Organisationsform handelt, die marktliche, hierarchische, kooperative und kompetitive Elemente miteinander vereint.

Kooperation ist ein kontinuierliches Zusammenwirken von Unternehmen zur gemeinsamen Erfüllung von Aufgaben im Interesse bestimmter Ziele. Wie schon angedeutet beruht sie auf freiwilligen, kündbaren Absprachen über gemeinsame Ziele, Aufgaben (zielerfüllende Tätigkeiten) und koordinierte Maßnahmen (Strebel 1983). Dabei besteht auch die These, dass sich die Betroffenen durch Reduktion der Wertschöpfungstiefe auf eigene Kernkompetenzen konzentrieren wollen (Prahalad/Hamel 1991). Die beteiligten Partner behalten in den nicht von der Kooperation erfassten Angelegenheiten volle Autonomie (Details bei Domsch/Ladewig 1995, 205 ff).

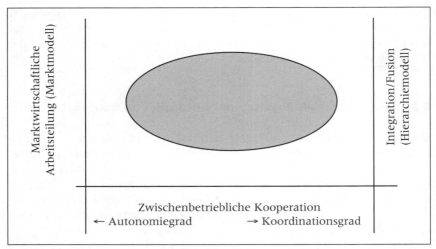

Marktwirtschaftliche Arbeitsteilung (Marktmodell)

Integration/Fusion (Hierarchiemodell)

Zwischenbetriebliche Kooperation
← Autonomiegrad   → Koordinationsgrad

Abb. 1: Formen wirtschaftlicher Koordination; in Anlehnung an Evers 1998, 30

Kooperation hat u.a. die folgenden unmittelbaren Konsequenzen (Strebel 1983, 59), die zugleich Merkmale von Netzwerken sind:

- Zusammenlegung bestimmter personeller, sachlicher, finanzieller und informationeller Potenziale der Partner
- Verzicht auf gewisse Entscheidungsspielräume
- Aufgabe gewisser Informationsvorsprünge

Unternehmen arbeiten zusammen, wenn sie Ziele erreichen wollen, die sie alleine nicht erreichen können. Kooperationen bezeichnen also Akteure in Interdependenzbeziehungen, die ihre Mittel freiwillig so wählen, dass die Ziele und Interessen der anderen Akteure nicht benachteiligt werden (Evers 1998, 32 f). Dies führt zu einer wechselseitigen Berücksichtigung der Interessen der Anderen bei individueller Nutzung bestehender Handlungsspielräume. Eine kooperative Zusammenarbeit enthält immer wechselseitige Abhängigkeiten, entweder durch den Austausch von Ressourcen oder durch die Arbeitsteilung bzw. Spezialisierung. Die Kooperationsbeziehung muss reversibel bleiben, d.h. eine übergeordnete Institution darf die Akteure nicht am Ein- oder Austritt in die Kooperation behindern. In der Praxis gibt es Beschränkungen hinsichtlich der Möglichkeit eines Ein- oder Austrittes aus einer Kooperation. Lehnen z.B. alle Partner ein Angebot von außen ab, kann der Anbieter nicht daran teilnehmen. Dadurch ergibt sich eine invariante Kooperationsstruktur. Die Interaktionszusammenhänge umfassen einen festen Kreis von Akteuren. Austritte können durch Machtdifferenzen zwischen den Partnern verhindert werden. Überlegene Unternehmen können andere am Austritt hindern. Es entwickelt sich somit eine hierarchische Struktur mit konzentrierter Macht. Außerdem steigt der Interdependenzgrad zwischen den Beteiligten vor allem durch Spezialisierungen, was Austritte zusätzlich erschwert. Kooperationen sollten den Handlungsspielraum der Akteure eigentlich erweitern, was kooperationsextern (z.b. bezüglich der Wettbewerbsfähigkeit) auch durchaus der Fall ist, jedoch wird die Autonomie der Akteure kooperationsintern bezüglich der Leistungserstellung eingeschränkt. Evers (1998, 39) bezeichnet dies als „Paradoxon der Kooperation", weil es durch erhöhte Interdependenz mit den Partnern zur Reduktion der Entscheidungsautonomie kommt.

Bei rationalem Handeln wird ein Partner nur kooperationsbereit sein, wenn er erwartet, durch Kooperation für sich eine Kombination von Zielbeiträgen (einen Zielbeitragsvektor) zu erhalten, die (den) er höher schätzt als das vermutliche Resultat im Falle des Alleingangs. Kooperation und Netzwerk werden also nur dann zustande kommen, wenn man **gemeinsam** im Hinblick auf bestimmte Ziele mehr erreicht und wenn sich jeder Partner durch die Kooperation insgesamt besser gestellt fühlt (theoretische Erklärungsmodelle für F&E-Kooperationen bei Rüdiger 1998). Dies verlangt die Lösung eines Verteilungsproblems schon im Rahmen der Kooperationsvereinbarung, und es muss auch dauerhaft sichergestellt werden, dass eine gerechte Aufteilung stattfindet. Besonders ist darauf zu achten, dass nicht „Trittbrettfahrer" wenig zur Kooperation beisteuern, aber an ihren Früchten kräftig partizipieren (zu Gefahren und Scheitern von Kooperationen Fontanari 1995). Anderseits sollte auch prinzipielles Misstrauen gegen Kooperationen abgebaut werden, wie es etwa aus dem sog. „Not-Invented-Here-Syndrom" bekannt ist (Mehrwald 1999).

Eine Kooperation setzt die Kompatibilität der Ziele der Beteiligten, d.h. gleichlautende oder sich ergänzende Ziele, voraus (Balling 1998, 74 f). Ohne diese gemeinsame Absicht der Beteiligten fehlt die Basis für eine Zusammenarbeit. Die im Folgenden aufgelisteten **Zielkategorien** sind Auslöser, treibende Kraft und angestrebter Zustand zwischenbetrieblicher Kooperationen:

- Marktfokus: Beschaffungs-, Produktions-, Absatzziele
- Hierarchie: Primär-, Sekundär-, Tertiärziele
- Fristigkeit: kurzfristige, mittelfristige, langfristige Ziele
- ökonomische Zielrichtung: Effizienz-, Machtziele
- marktstrategische Ausrichtung: Differenzierungs-, Expansions-, Export-, Flexibilitäts-, Innovations-, Kompensations-, Lern-/Know-how-, Qualitäts-, Sicherungs-/Stabilisierungs-/Risikoverringerungs-, Zeit-/Beschleunigungsziele

- betriebliche Perspektive: interne, externe Ziele
- ökonomische Relevanz: monetäre, nicht-monetäre, außerökonomische Ziele

Bei der Planung einer Kooperation sind folgende **Voraussetzungen** zu prüfen (Schrader 1993, 234; Balling 1998, 93):
- partnerspezifische Merkmale
- branchenspezifische Merkmale
- Unsicherheiten und Risiken
- staatlicher/gesetzlicher Rahmen
- Voraussetzungen in der globalen Umwelt

Die Aufgeschlossenheit der staatlichen Wettbewerbs- und Kooperationspolitik bildet einen wichtigen Einflussfaktor, welcher der globalen Umwelt zuzurechnen ist (z.B. deutsches Kartellrecht, EU-Förderung). In den vergangenen Jahren gingen von dieser Seite überwiegend positive Impulse auf die Bildung von Kooperationen aus. Einerseits können einer Integration gesetzliche, politische oder ökonomische Barrieren entgegenstehen, so dass dadurch indirekt eine Kooperation gefördert wird. Andererseits kann jedoch auch ausgehend vom offenen Marktaustausch eine bewusste Förderung von Kooperationen erfolgen.

Die Verringerung bestehender Marktgrenzen oder die Öffnung neuer Märkte sind weitere wichtige Voraussetzungen auf globaler Ebene, die das Zustandekommen von Kooperationen vor allem auf internationaler Ebene fördern.

Der kommunikationstechnische Fortschritt ermöglicht oder erleichtert die verschiedenen Formen der Kooperation und begünstigt die Kooperation im Vergleich zur Internalisierung von Funktionen. Die Effizienzsteigerung und Kostensenkung im Kommunikationsbereich wirkt so als stark fördernde Rahmenbedingung für das Zustandekommen und die Abwicklung der Kooperation.

Folgende **Einflussfaktoren** aus der Branchenumwelt fördern oder hemmen Kooperationen:
- wirtschaftlicher Druck
- Entwicklungsstadium einer Branche
- Ressourcenknappheit
- Umweltkomplexität
- technologische Unsicherheit/Wandel
- marktliche Diskontinuitäten
- Transaktionshäufigkeit
- Zahl von Zulieferern/Abnehmern

Die **Kooperationsbeteiligten** müssen folgende Voraussetzungen für eine erfolgreiche Kooperation erfüllen (Balling 1998, 97):

- Kooperation aus Sicht der Beteiligten
- bestmögliche strategische Option
- Langfristigkeit der Erfolgserwartungen
- positive Grundeinstellung und hoher Prioritätsgrad des Kooperationsprojektes
- persönliche und fachliche Kompetenz aller Beteiligten
- ökonomische Effizienz jedes Kooperationspartners
- Dauer und Stabilität bisheriger Geschäftsbeziehungen zwischen den Kooperationspartnern
- gemeinsame Ziele
- Ergänzungswirkung bei ausreichender Gemeinsamkeit
- Übereinstimmung der eigenen Aktivitätsfelder mit den Kooperationsaktivitäten
- relative Größe und Marktmacht der Kooperationsbeteiligten
- keine Nachahmung der strategischen Stärken eines anderen Partners
- räumliche Nähe
- Initiierung der Zusammenarbeit durch einen Kooperationspartner

Den **typischen Verlauf** einer kooperativen Verbindung beschreibt das Modell von Weick (Weick 1985, 133 ff unter Bezugnahme auf Allports 1962). In der ersten Stufe gibt es unterschiedliche Ziele der Akteure. Diese Ziele werden in der zweiten Stufe durch abgestimmten Mitteleinsatz zusammen mit den anderen Akteuren angestrebt. In der dritten Stufe entwickeln die Akteure kollektive Ziele aus Interaktionsbeziehungen und abgestimmtem Verhalten. Diese sind den individuellen Zielen übergeordnet. Auf der vierten Stufe kommt es durch Arbeitsteilung und Spezialisierung der Akteure dazu, dass sie über unterschiedliche Mittel verfügen, woraus sich wieder unterschiedliche Ziele ergeben. In diesem Modell erfolgt die Zusammenarbeit hinsichtlich gemeinsamer Ziele also nur vorübergehend und in Teilbereichen.

8.3   Koordination in Netzwerken

Koordination umfasst „die Abstimmung von Strukturen, Prozessen, Terminen, Zielen, Maßnahmen, Regelungen etc., zumeist im Sinne einer Harmonisierung. Ziel der Koordination ist die Verminderung des Koordinationsbedarfes." (Dichtl/Issing 1994)

Arbeitsteilige Systeme, wie es Unternehmensnetzwerke sind, erfordern eine Koordination der gemeinsamen Aktivitäten in zweierlei Hinsicht (Wildemann 1997, 422):

- Die Netzwerkmitglieder verfügen nicht über alle erforderlichen Informationen zur Abstimmung mit den anderen Netzwerkpartnern, um einheitliche Zielsetzungen anzustreben
- Die Partnerunternehmen orientieren sich selten eigenständig an gemeinsamen Netzwerkzielen

Die Koordination im Netzwerk regelt die kooperative Zusammenarbeit zwischen mehreren selbstständigen und formal unabhängigen Unternehmen und stellt sicher, dass die arbeitsteilig zu erbringenden Leistungen und die Ressourcennutzung ökonomisch erbracht werden (Wildemann 1997, 418, Perl 2006, 267 ff)). Durch die flexible Netzwerkorganisation kann mit einem Minimum an Ressourcen auf sich ändernde Marktbedingungen reagiert und der Kundenbedarf durch die Verknüpfung verschiedener Leistungsangebote gedeckt werden, entsprechend dem Ideal einer schlanken, leistungsfähigen Organisation. Weil die Koordinationskosten innerhalb eines Netzwerkes im Unterschied zu einer einzigen Unternehmung nur zwischen denjenigen Unternehmen entstehen, die an der Leistungserstellung beteiligt sind, und weil diese Beziehungen in der Regel auch zeitlich begrenzt sind, fallen insgesamt in einem Netzwerk geringere Kontroll- und Koordinationskosten an als in einem auf Dauer organisierten Konzern.

Die Aufwendungen für Koordinationsinstrumente zur Abstimmung der arbeitsteiligen Leistungserstellung im Netzwerk sind dann ökonomisch sinnvoll, wenn sie geringer sind als die Einsparungen, die aus der besseren Abstimmung auf das gemeinsame Ziel und/oder einer besseren Kontrolle resultieren (Wildemann 1997, 436). Geeignete **Koordinationsinstrumente und -mechanismen** in einem Netzwerk sind:

- Verfahrensrichtlinien
- Regeln
- informelle Mechanismen

Dadurch wird die Abstimmung der einzelnen Unternehmen auf die gemeinsame Zielsetzung gewährleistet (Wildemann 1997, 426 ff). Im Unterschied zur traditionellen hierarchischen Organisationsform fehlt eine übergeordnete Instanz. Zum Erhalt der angestrebten Flexibilität kommen Koordinationsinstrumente zum Einsatz, die den einzelnen Unternehmen möglichst großen Handlungsspielraum sichern. Andererseits ergibt sich dadurch ein möglicher „Opportunismusspielraum", der die Wettbewerbsfähigkeit und das Funktionieren des Gesamtsystems gefährdet. In diesem

Fall stellt die Drohung mit dem Ausschluss aus dem Netzwerk eine mögliche Sanktion dar. Auf diese Weise wird auch anderen Unternehmen der Zugang zum Netz ermöglicht. Daraus leiten sich Anpassungsvorteile lose gekoppelter Netzwerke gegenüber hierarchischen Koordinationsformen ab.

Die **Überprüfung der Leistungen** der Netzwerkmitglieder soll eine effiziente Leistungserstellung im Netzwerk sicherstellen (Wildemann 1997, 430 f). Um die Leistungsfähigkeit der einzelnen Netzwerkunternehmen ohne hohen Kontrollaufwand beurteilen zu können, bieten sich Monitoringsysteme an. Ein dafür geeignetes Instrument stellt die Einführung eines netzwerksweiten Benchmarking-Prozesses dar. Benchmarking ermöglicht den direkten Vergleich einzelner Geschäftsprozesse zwischen den Netzwerkpartnern. Dabei werden von allen Netzwerkunternehmen Prozess-, Produkt-, Kosten-, Zeit- und Qualitätskenngrößen erhoben.

Eine effiziente Leistungserstellung und die Realisierung von Kostensenkungspotenzialen erfordern den gezielten Informations- und Know-how-Austausch in kurzen zeitlichen Abständen zwischen den Unternehmen eines Netzwerkes (Wildemann 1997, 434). Dementsprechend sind die Organisationseinheiten informationstechnisch so miteinander zu vernetzen, dass an jeder Stelle im Netzwerk eine hohe Verfügbarkeit an relevanten Informationen erreicht wird.

8.4 Strategische Führung in Netzwerken mittelständischer Unternehmen

Im Folgenden wird auf die strategische Führung von mittelständischen Unternehmensnetzwerken – einer sehr weit verbreiteten Netzwerkform – näher eingegangen. Die Ausführungen lassen sich unter Berücksichtigung der jeweiligen Besonderheiten auch auf andere Netzwerkformen anwenden.

Mittelständische Unternehmensnetzwerke sind „freiwillige, zielorientierte, kooperative Verbunde zwischen mehreren, rechtlich und (zumindest partiell) wirtschaftlich selbständigen mittelständischen Unternehmen" (Evers 1998, 1).

Sie weisen Besonderheiten auf, die zunächst eine a-priori-Existenz einer hierarchisch übergeordneten Führungsinstanz nicht voraussetzen (Evers 1998, 106 f). Da sich diese Netzwerke ausschließlich aus mittelständischen Unternehmen zusammensetzen, ist keines der Netzwerkmitglieder den anderen von der Ressourcenausstattung her fundamental überlegen. Weiters weisen diese Unternehmensverbunde prinzipiell keinen „Mächtigen" auf, der das Netzwerk gemäß seinen Absichten beherrschend zu prägen in der

Lage wäre. Vielmehr besteht eine annähernde Gleichwertigkeit aller Mitglieder im Netzwerk, die eine Mehrgipfeligkeit in den Führungsstrukturen bedeutet, wodurch für eine strategische Führung eine hierarchische Struktur kaum in Frage kommt. Anstatt einer strategischen Spitze wird eine gemeinsame Führung präferiert. Ein weiteres Problem könnte sein, dass es eine Vielfalt an Interessen im Netzwerk gibt, die nicht immer gleich sein müssen, und es somit zu Konfliktsituationen innerhalb des Netzwerkes kommen kann.

Aufgrund dieser Besonderheiten sind ein zufälliges Entstehen und eine überwiegend ungeplante Entwicklung des Netzwerkes wesentlich wahrscheinlicher als der umgekehrte Fall. Somit ist nicht davon auszugehen, dass es sich bei den realen Entwicklungsmustern von mittelständischen Unternehmensnetzwerken überwiegend um das Ergebnis strategischer Überlegungen und geplanter Maßnahmen einer zentralen Entscheidungsinstanz handelt (Evers 1998, 213). Dementsprechend folgen die verschiedenen Netzwerkunternehmen in der Regel keiner einheitlichen Strategie des Gesamtsystems.

Eine **strategische Führung** im funktionalen Sinne weist ein mittelständische Unternehmensnetzwerk genau ab dem Zeitpunkt auf, ab dem innerhalb des Netzwerks Handlungen bzw. Aktivitäten verfolgt werden, die auf eine Identifizierung, Aktivierung, Entwicklung und Pflege von kollektiven Erfolgspotenzialen für das Unternehmensnetzwerk gerichtet sind.

Die **Herausbildung** einer strategischen Führung kann auf zwei Arten erfolgen (Evers 1998, 214 ff). Im ersten (geplanten) Fall erhält das Netzwerk eine strategische Führung durch das willentliche Zutun aller oder einiger Partialzentren des Netzwerkes, entsprechende Strukturen und Organe zu erschaffen, die auf die Verwirklichung kollektiver Führungsfunktionen gerichtet sind. Im zweiten (ungeplanten) Fall hingegen führen verstärkte Interaktionen zwischen den Netzwerkakteuren zu einer intensiveren Abstimmung, der möglicherweise im Laufe der Zeit – oftmals implizit – ein formaler Rahmen gegeben wird.

Unter Bezugnahme auf die zeitliche Entwicklung sind ebenfalls zwei Fälle zu unterscheiden. Zum einen kann sich die strategische Führung im Zuge der Netzwerkformation herauskristallisieren. Dies ist vor allem der Fall bei einer „geplanten" Netzwerkentstehung, bei der die strategische Führung von Anfang an aus Gründen der Notwendigkeit oder Effizienzsteigerung Teil des gesamten Entwicklungskonzepts ist.

Zum anderen kann sich der Bedarf nach einer strategischen Führung erst nach einer gewissen Zeit des Bestehens des Netzwerkes herauskristallisieren (auch Schwarz/Hasler 2000, 234). Dies wird dann der Fall sein, wenn

- sich die Akteure im Laufe der zeitlichen Entwicklung so weit einander angenähert haben, dass eine Vertrauens- und Verständigungsgrundlage erfolgreich aufgebaut werden konnte
- Koordinationsprobleme etwa aufgrund einer Ausdehnung der Zusammenarbeit entstehen, welche die Komplexität der Beziehung erhöhen. Der Aufbau einer gemeinsamen strategischen Führung soll eine effiziente Zusammenarbeit ermöglichen und die Netzwerkakteure sind von der Wirksamkeit einer strategischen Führung überzeugt
- es zu einer Verschiebung der Machtverhältnisse innerhalb des Netzwerkes kommt. So kann ein Unternehmen über die Bereitstellung von Ressourcen seine Einflussmöglichkeiten derart steigern, dass es in der Lage ist, dominant auf die Interaktionszusammenhänge im Netzwerk einzuwirken und diese asymmetrisch zu prägen

Insgesamt bleibt jedoch die Frage offen, wie sich aus dem mehr oder weniger losen Verbund von Unternehmen eine gemeinsame strategische Führung konkret herausbilden kann, d.h. auf welche Weise sich eine Organisiertheit auf übergeordneter Ebene herausbildet.

Eine Möglichkeit besteht darin, dass innerhalb des Netzwerks eine Persönlichkeit auftaucht, die Führungsverhalten dadurch zeigt, dass sie die Betroffenen von den Vorteilen eines organisierten koordinierten Handelns überzeugen kann. Demnach wird eine gemeinsame strategische Führung dann entstehen, wenn mindestens ein Leiter eines Partialzentrums des Netzwerks die anderen Netzwerkunternehmen von der Sinnhaftigkeit einer gemeinsamen Organisiertheit auf übergeordneter Ebene überzeugen kann. Auf diese Weise motiviert er zu koordiniertem Handeln und kann sich die erforderliche Unterstützung sichern. Ein sehr gutes Beispiel dafür ist die Industrial Symbiosis Kalundborg, deren strategische Ausrichtung über lange Zeit im Wesentlichen durch das engagierte Handeln eines Managers eines am Netzwerk beteiligten Pharmaunternehmens geprägt wurde.

Mittelständische Unternehmensnetzwerke sind gekennzeichnet durch Kooperationsmöglichkeiten, welche Erfolgspotenziale begründen (Evers 1998, 216 ff). Somit steht die Existenz dieser Netzwerke in direktem Zusammenhang mit dem Ausmaß der tatsächlichen Nutzung dieser Möglichkeiten (interne Erfolgspotenziale). Diese ist abhängig von der Fähigkeit und von der Bereitschaft der Netzwerkmitglieder zur Kooperation. Andererseits muss bei der Analyse der Entwicklung der Unternehmensnetzwerke die Umgebung mit berücksichtigt werden (externe Erfolgspotenziale).

Zur Generierung von Erfolgspotenzialen müssen Unternehmensnetzwerke folgende drei **Basisfähigkeiten** aufweisen:

- Handlungsfähigkeit: Komplexe und interdependente Problemstellungen werden adäquaten, koordinierten und handlungsleitenden Entscheidungen zugeführt und diese werden durchgesetzt. Eine wichtige Vorbedingung dafür besteht in dem Vorhandensein entsprechender Ressourcen.

- Lernfähigkeit: Durch die Kombination sachlogischer und sozi-emotionaler Fähigkeiten wird Wissen ausgeweitet. Auf diese Weise werden Probleme besser als vorher gelöst.

- Responsiveness: Es besteht eine Empfänglichkeit gegenüber den Bedürfnissen der vom Handeln des Netzwerks Betroffenen sowie gegenüber den Kontexten, vor deren Hintergrund die Bedürfnisse formuliert wurden. Die Entwicklung von Responsiveness vermindert die Gefahr des Aufbrechens latenter Konfliktpotenziale.

Im Folgenden wird untersucht, ob und warum sich die drei oben beschriebenen Basisfähigkeiten in Abhängigkeit von einer strategischen Führung besser oder schlechter entfalten.

Eine gemeinsame strategische Führung kann den Zugang zu den relevanten Informationen über das gesamte Netzwerk für die einzelnen Netzwerkunternehmen verbessern. Der Grund liegt darin, dass eine übergeordnete Institution sich leichter einen Überblick über die Netzwerkzusammenhänge verschaffen kann als die einzelnen Netzwerkunternehmen. Auch wird durch die gemeinsame Führung aller eine gleichmäßige Verbreitung der Informationen ermöglicht. Interne und externe Netzwerkpotenziale können durch den allgemein verbesserten Informationsstand über die Zusammenhänge im Netzwerk systematischer erkannt, realisiert, entwickelt und gepflegt werden. Durch den verbesserten Informationsstand verbreitert sich der Horizont für die betriebliche Leistungserstellung jedes einzelnen Unternehmens im Netzwerk. Weiters wird der Ressourcenzugang des einzelnen Unternehmens durch die neuen Kooperationsmöglichkeiten im Netzwerk erweitert und dadurch dessen Handlungsfähigkeit ausgedehnt. Ebenfalls hat die strategische Führung die Möglichkeit, die Handlungs- und Entscheidungszusammenhänge im Netzwerk zu unterstützen und effizienter zu koordinieren. Durch den erweiterten Informationszugang und die Koordinationsunterstützung wird ein zunehmender, stark kommunikationsorientierter Informationsaustausch begünstigt.

Zusammenfassend kann die strategische Führung positiv gestaltend auf Strukturen, Prozesse und Systeme wirken.

Hingegen ist bei einer fehlenden gemeinsamen Strategie davon auszugehen, dass eine gesamthafte Übersicht für einzelne Netzwerkunternehmen viel schwerer zu erzielen ist. Aus diesem Grund ist anzunehmen, dass nur eine begrenzte, evolutionäre Ausnutzung der Potenziale erfolgt, d.h. sie werden regelmäßig nicht vollständig erkannt, entwickelt und genutzt.

Die Existenz einer strategischen Führung ist also prinzipiell mit der Möglichkeit der besseren Entfaltung der drei Basisfähigkeiten verbunden. Auf der anderen Seite sind der Aufbau und die Erhaltung einer gemeinsamen strategischen Führung im Netzwerk zum Teil mit erheblichen Schwierigkeiten und in jedem Fall mit zusätzlichen Kosten wie Ressourcenbindung, Lohnkosten, Opportunitätskosten etc. verbunden. Diesen Kosten sind zu Beginn mit der Unsicherheit über den Erfolg der strategischen Führung verbunden, weil deren Effektivität in mittelständischen Unternehmensnetzwerken nicht allgemein angenommen werden kann.

Der Vergleich der beiden Alternativen hat daher im konkreten Fall neben den Erträgen auch die mit der jeweiligen Alternative verbundenen Kosten zu berücksichtigen. Dementsprechend können höhere Erträge durch gleichzeitig höhere Kosten überkompensiert werden.

Jedoch ist bei diesen Überlegungen zusätzlich zu berücksichtigen, dass bei fehlender strategischer Führung neben einer suboptimalen Entfaltung der Basisfähigkeiten auch Tendenzen entstehen können, die deren weitere Entfaltung behindern, ihr Grenzen setzen oder diese Fähigkeiten auch rückbilden lassen. Parallel dazu steigt damit die Wahrscheinlichkeit von Ineffizienzen, und der weitere Netzwerkbestand kann gefährdet werden.

Bei mittelständischen Unternehmensnetzwerken handelt es sich um eine sehr variantenreiche zwischenbetriebliche Interaktions- bzw. Koordinationsform (Evers 1998, 243 f). Aus diesem Grund kann eine strategische Führung in unterschiedlicher Weise ausgestaltet sein. Es gibt wahrscheinlich kein Idealkonzept, sondern eine Vielfalt von möglichen Gestaltungsformen.

In vielen Fällen bildet sich eine gemeinsame strategische Führung erst nach einiger Zeit der Netzwerkexistenz heraus. Die vorhandene Form der strategischen Führung entwickelt sich aus dem gemeinsamen Zusammenwirken von bewussten und unbewussten Wirkungsfaktoren. Die strategische Führung übernimmt schrittweise einzelne Teilaufgaben im Netzwerk. Ihre Koordinationsarbeit wird erleichtert durch die Berücksichtigung der sog. **„lebensweltlichen Elemente"**. Es handelt sich dabei um

- „ein gemeinsames Regelverständnis (als Grundlage geteilter Interpretationen) und
- eine gemeinsame Sprache (als Grundlage einer sich gegenseitig ,verstehenden' Kommunikation zwischen den Akteuren)" (Evers 1998, 260). Habermas (1992, 422) hingegen hält eine mehr oder weniger einheitliche Umgangssprache für ausreichend.

Besteht eine weitreichende Übereinstimmung von Regelverständnis und Sprache, dann werden Erwartungen mit hoher Wahrscheinlichkeit stabilisiert und Entscheidungsunsicherheiten reduziert. Diese kooperationsfreundliche Atmosphäre begünstigt die Koordination von Entscheidungen und die Entwicklung des Netzwerks erhält auf dieses Weise eine gewisse Ordnung. Diesen Umstand kann die strategische Führung nutzen und gezielt versuchen, die Koordinationsprozesse zwischen den Netzwerkunternehmen über eine bewusste Entwicklung von lebensweltlichen Gemeinsamkeiten voranzutreiben (sog. „Inter-referenz"; Willke 1992, 379 f).

Eine Zentralisierung der strategischen Führungsfunktion auf eine Netzwerkstelle führt zur Ausbildung eines **strategischen Netzwerks**. In diesen Unternehmensverbünden erfolgt die Abstimmung der Zielvorgaben als auch die Koordination der Einzelaktivitäten durch eine zentrale Steuerung. Folgende **Koordinationsaufgaben** sind laut Wildemann (1997, 426 f) von dieser zentralen Stelle zu erfüllen:

- Weitergabe und Einholung von Informationen an bzw. von den einzelnen Unternehmen im Netzwerk (Zugestehen von Informationsrechten und Auferlegen von Informationspflichten)
- Herbeiführung eines Zielkonsens, um die miteinander vernetzen Unternehmen am Gesamtziel und an den Anforderungen des Wettbewerbes zu orientieren
- Vorgabe von Verhaltensnormen für die einzelnen Netzwerkunternehmen, etwa Festlegung von Prozessabläufen, Transporten etc. zur Minimierung von Unsicherheiten und Gewährleistung einer vertrauensvollen Zusammenarbeit
- grundlegende Abstimmung des Leistungsaustausches, beispielsweise Definition der Anforderungen an den Logistikservice, die gemeinsame Daten- und Informationsbasis sowie die Informationstechnik in den einzelnen Unternehmen; laterale Koordination der Liefer- und Leistungsbeziehungen zwischen den einzelnen Unternehmen auf Basis von durch ein gemeinsames Gremium festgelegten Informationsrechten und -pflichten

Eine besondere Bedeutung kommt der zentralen Stelle dabei zu, Konflikte im Netzwerk schon „im Keim zu ersticken" (Evers 1998, 326). Ein weiterer wichtiger Bereich ist die Gestaltung der Offenheit der Netzwerkgrenzen. In diesem Zusammenhang steht auch die Öffentlichkeitsarbeit für das Netzwerk als eine weitere wesentliche Aufgabenstellung einer zentralen Netzwerkstelle (Hasler/Schwarz 1998, 243).

8.5   Innovationsfunktion von Netzwerken

Die vernetze Zusammenarbeit von Unternehmen unter strategischer Führung fördert Innovationen auf betrieblicher Ebene (vgl. auch Haritz 2000, Arndt 2001, Weber 2001, Im Folgenden werden drei wichtige **Innovationsfunktionen** von Unternehmensnetzwerken näher erläutert: die Innovations-, die Entwicklungs- sowie die Diffusionsfunktion (Gemünden/Heydebreck 1994, 267 ff, Weber 2004, S. 15 ff).

8.5.1   Informationsfunktion von externen Beziehungen

Der Wert einer **Information** ist abhängig von ihrer „Zuverlässigkeit, Gültigkeit, Präzision, Relevanz, Vollständigkeit und dem Zeitpunkt ihres Vorliegens" (Gemünden/Heydebreck 1994, 267). Darüber hinaus ist von wesentlicher Bedeutung, dass die richtige Stelle im Unternehmen informiert wird. Durch die systematische Zusammenarbeit im Netzwerk wird die Informationssituation des einzelnen Unternehmens verbessert, was z.b. auch durch die Analyse des Wissenstransfers in Verwertungsnetzwerken bestätigt wird (Milchrahm/Hasler 2002, 277). Diese Verbesserung zeigt sich bei allen oben genannten **Qualitätskriterien** einer Information:

Informationen aus dauerhaften Netzwerkbeziehungen können aufgrund der vertrauensvollen und offenen Atmosphäre im Unternehmensverbund als zuverlässiger, präziser und aktueller eingestuft werden als Informationen, welche aus einer kurzfristigen Zusammenarbeit gewonnen werden (Gemünden/Heydebreck 1992).

Das Wissen über die Informationsbedürfnisse der Netzwerkpartner ermöglicht die Weitergabe von relevanter Information und vermindert auf diese Weise die Gefahr einer Informationsüberflutung.

Der intensive Informationsaustausch im Verbund erhöht den Grad der Vollständigkeit der unternehmenseigenen Informationsbasis.

Mitglieder im Netzwerk erhalten aufgrund der vertrauensvollen Atmosphäre Informationen häufig frühzeitig und bevor sie für Dritte freigegeben werden.

Der **Informationsaustausch** in Netzwerken kann durch folgende drei Grundtypen charakterisiert werden:

• Informationen über neue Bedürfnisse der Abnehmer erhalten die Unternehmen durch die Beziehungen mit vorhandenen und potenziellen Kunden, vor allem durch die Zusammenarbeit mit sog. „lead users", welche Marktbedürfnisse Monate oder Jahre vor der Marktmehrheit zum Ausdruck bringen (von Hippel 1986). Aber fortschrittliche Kunden tragen auch selbst zu Verbesserungsinnovationen bei (von Hippel 2005).

*   Informationen über die gesellschaftliche Meinungsbildung und über geplante Gesetze gewinnen die Entscheidungsträger von politischen Entscheidungsträgern und gesellschaftlichen Gruppierungen.
*   Informationen über technische Möglichkeiten vermitteln den Netzwerkmitgliedern Kontakte zu Kunden und Lieferanten, zu Anbietern komplementärer Technologien, zu Wettbewerbern und zu Universitäten und Forschungseinrichtungen.

Die Zusammenarbeit im Informationsbereich kann durch drei Formen von **Informationspartnerschaften** charakterisiert werden (Gumsheimer 1993, 4):

*   Outsourcing-Informationspartnerschaft
*   infrastrukturbasierte Informationspartnerschaft
*   datenbasierte Informationspartnerschaft

Unter einer **Outsourcing-Informationspartnerschaft** wird die Zusammenarbeit zwischen einem Unternehmen und einem professionellen Informationssystem-Serviceanbieter verstanden (Gumsheimer 1993, 87 ff). Sie ist gekennzeichnet durch die Auslagerung des betrieblichen Informationsmanagements. Das Outsourcing stellt hohe Anforderungen an Dienstleister und Leistungsabnehmer, weil die Zusammenarbeit im restlichen Unternehmen nicht beeinträchtigt werden darf. Der Serviceanbieter soll Kosten senken und Personal- und Sicherheitsengpässe überwinden helfen. Die Ausgestaltung des Outsourcings ist von vielen Faktoren abhängig, z.B. vom Unternehmen selbst, von der zwischenbetrieblichen Zusammenarbeit, von der Umwelt usw.

Bei der **infrastrukturbasierten Informationspartnerschaft** kommt es zur Kooperation zwischen mindestens zwei Unternehmen auf der Basis gemeinsam genutzter Ressourcen und gemeinsam durchgeführter Aufgaben des Informationsmanagements. Bei dieser Kooperationsform werden Finanzmittel, Know-how, Informationstechnik und Informationssysteme gebündelt. Die Infrastruktur wird von den beteiligten Unternehmen zur Verfügung gestellt, zum Beispiel in Form der wechselseitigen Nutzung von Rechenzentren. Durch den kooperativen Einsatz von Informationssystemen im Rahmen der Abwicklung ähnlicher Geschäftsvorgänge sollen Kosten- und Synergievorteilen erzielt werden. Kleinere Unternehmen, deren Informationsbereich nicht über eine breite finanzielle Ausstattung verfügt, können durch diese Partnerschaft am technologischen Fortschritt partizipieren. Durch die gemeinsame Entwicklung von kollektiv genutzten Informationssystemen werden Freiräume für die Entwicklung hauseigener Systeme geschaffen.

Bei der **datenbasierten Informationspartnerschaft** nutzen mindestens zwei Unternehmen gemeinsame Daten mittels informationstechnischer Integration, z.B. bei der Verwendung von Informationssystemen zur Intensivierung der Kunden-Lieferanten-Beziehungen. Dabei kann nicht von vornherein ein partnerschaftliches Verhältnis angenommen werden. In vielen Fällen müssen Unternehmen an einem solchen System teilnehmen, um nicht eine bestehende Geschäftsbeziehung zu riskieren (z.B. Zulieferunternehmen in der Automobilindustrie). Auf der anderen Seite kann die Autonomie der beteiligten Unternehmen in datenbasierten Informationspartnerschaften durch die Eröffnung möglicher neuer Vertriebswege positiv beeinflusst werden.

Im Rahmen der Implementierung einer Informationspartnerschaft ist ein Konzept für den Einsatz, die Entwicklung und den Betrieb eines zwischenbetrieblichen Informationssystems zu erstellen und umzusetzen.

In diesem Zusammenhang umfasst das zwischenbetriebliche Informationsmanagement die folgenden **strategischen Aufgabenstellungen**:

- Feststellung von Potenzialen zur Steigerung der Wettbewerbsfähigkeit
- Realisierung durch eine partnerschaftliche Gestaltung
- Planung der erforderlichen Informationssysteme
- Formulierung einer Informationssystem-Strategie
- Umsetzung in personeller, finanzieller und technischer Hinsicht

Auf **operativer Ebene** sind für den Aufbau einer Informationspartnerschaft folgende Punkte zu klären:

- Bestimmung der Hard- und Software
- Gewährleistung von Sicherheitsanforderungen
- Schulung der Anwender

Bei einer erfolgreichen Informationspartnerschaft können die vernetzten Unternehmen folgende **Vorteile** erwarten:

- Überwindung von Know-how-Defiziten
- Lösungen auf dem Stand der Technik
- Erhöhung der Unternehmensflexibilität und Reduzierung des Risikos
- Verbesserung der Kundenorientierung
- Erzielung von Kostensenkungspotenzialen

Für einen effektiven und effizienten Informationsaustausch sind **Informationssysteme** zwischen den Unternehmen von entscheidender Bedeutung. Ein Informationssystem dient der „strukturierten Beschaffung, Sammlung, Aufbereitung, Interpretation, Speicherung und Verteilung von Informationen, vor allem an Entscheidungsträger" (Evers 1998, 297). Von einem „Zwischenbetrieblichen Informationssystem" oder „Interorganisationssystem" (Klein 1996, 39) spricht man, wenn es in der Zusammenarbeit zwischen Unternehmen Anwendung findet, zum Beispiel zur Herstellung einer gemeinsamen Wissensbasis (Evers 1998, 297).

Zwischenbetriebliche Informationssysteme ermöglichen den direkten, die betrieblichen Grenzen überschreitenden Zugriff auf räumlich entfernte Ressourcen (z.b. Expertenwissen, Datenmaterial) (Perl 2006, S. 75 ff). Dieser wird aber noch kaum genutzt, weil Unsicherheiten im Umgang mit der Technik und Furcht vor Verlust der betrieblichen Autonomie bestehen. Andererseits ermöglicht die Informationstechnik im Allgemeinen erst ein effizientes Handeln (Sydow et al. 1995, 48).

Folgende **Aufgabenstellungen** können in der Regel zwischenbetrieblichen Informationssystemen zugeordnet werden (Schumann 1990, 309 ff):
- elektronischer Datenaustausch (EDI)
- Nutzung gemeinsamer Datenbestände
- Zusammenfassen oder Verlagern von Funktionen
- Automatisierung von Funktionen

Die Kommunikation erfolgt dabei mittels Anwendungen auf den Rechnersystemen über Telekommunikationsleitungen, die gegebenenfalls auch für die Übertragung großer Datenmengen, wie sie bei intensiver Kommunikation anfallen, geeignet sein müssen. Besser geeignet als herkömmliche Fernsprechleitungen sind Infrastrukturen wie ISDN- oder Glasfaserleitungen, die speziell für den Informations- und Datentransport zwischen Rechnersystemen entwickelt wurden. Im mobilen Telekommunikationsbereich ermöglicht der UMTS (Universal Mobile Telecommunication System) -Standard nicht nur die Übertragung von Sprache, Daten und Faxdokumenten, sondern zusätzlich von Multimediainhalten.

Ein Beispiel für eine intensive Kommunikation stellen Videokonferenzen dar, wo durch Transport von Bewegtbildern, Sprache und Daten große Datenmengen anfallen.

Mangelnde Verfügbarkeit einer leistungsfähigen und preiswerten öffentlichen Infrastruktur kann dabei unternehmensübergreifende Zusammenarbeit behindern oder gar unmöglich machen (Picot/Reichwald/Wigand 1996, 304).

Räumliche Entfernungen lassen sich vor allem unter Zuhilfenahme des Internet leicht, effizient und günstig überwinden – und unvergleichlich schneller als auf dem Postweg.

Der Nutzer kann sich viele Informationen zustellen lassen, aus denen er nach seinen Bedürfnissen auswählen und wieder Daten in das Informationssystem einspeisen kann.

Zu beachten ist, dass derartige Kommunikationsstrukturen zum Verlust der persönlichen Beziehung führen können. Diese ist in einem Großteil der Fälle Voraussetzung für den Aufbau einer Geschäftsbeziehung und von wesentlicher Bedeutung für den Datenaustausch zwischen den Nutzern (z.B. Nohira/Eccles 1992, 304).

Damit die Teilnehmer zwischenbetrieblicher Informationssysteme miteinander kommunizieren können, sind Schnittstellen erforderlich, die eine Angleichung der verschiedenen, auf betrieblicher Ebene existierenden Informationssysteme ermöglichen. Folgende **Schnittstellen** sind von Bedeutung (Picot/Reichwald/Wigand 1996, 300):

- Hardware-Schnittstellen (technische Geräte und Leitungen)
- Software-Schnittstellen (Transportregeln als Prozeduren)
- Daten-Schnittstellen (Formate, die eine Weiterverarbeitung in Anwendungssystemen ohne Medienbrüche und mit einem Minimum an menschlichen Eingriffen sicherstellen sollen)

Geschäftstransaktionen erfordern in der Regel einen umfangreichen Austausch von klar strukturierten Nachrichten. Um die Kommunikation über unterschiedliche Informationssysteme zu automatisieren, sind gemeinsame Daten-Schnittstellen erforderlich, die sicherstellen, dass Anwendungen auf unterschiedlichen Computersystemen miteinander kommunizieren können.

Aus diesem Grund sind für den Aufbau und Betrieb zwischenbetrieblicher informationstechnischer Vernetzungen folgende **Voraussetzungen** zu erfüllen:

- Die Daten müssen einem bestimmten Standardisierungsgrad und informationstechnischen Standard entsprechen.
- Netzwerkteilnehmer sollten nach Möglichkeit auf bereits existierende, zumeist internationale Datenstandards zurückgreifen.
- Innerhalb dieser Datenstandards ist nicht nur die Syntax von Nachrichten (z.B. Rechnungen) festzulegen, sondern auch die Semantik (d.h. welche Bedeutung den Zeichen in den durch die Syntax definierten Zahlenfeldern zukommt).

Die Verknüpfung unterschiedlicher Systeme wird beispielsweise in Form des **„Electronic Data Interchange"** (EDI) realisiert. EDI kennzeichnet den „zwischenbetrieblichen elektronischen Austausch standardisierter Geschäftsdokumente" (Klein 1996, 61). Nachrichten sind einer speziellen Standardisierung zu unterziehen, damit Programme in der Lage sind, diese reibungslos mit minimalem menschlichen Eingriff untereinander auszutauschen und zu verarbeiten (Klein 1996, 64 ff) Menschlicher Eingriff, der bei der manuellen Eingabe dieser Nachrichten notwendig würde, verlangsamt das Informationssystem erheblich und ist darüber hinaus feh-leranfällig.

Die Standardisierung der Nachrichten betrifft vor allem ihre Syntax (Sätze müssen etwa eine bestimmte Struktur aufweisen und Felder in einer Weise angeordnet sein, die in der Zugriffsprozedur der Anwendung programmiert wurde) sowie die Inhalte (Produkte sind einem Schlüssel zuzuordnen, den das Programm versteht).

Auch Datensicherheitsstandards werden mit einbezogen, indem Nach-richten eine eigene elektronische Unterschrift zugeordnet wird und sie ge-gebenenfalls nach kryptografischen Verfahren verschlüsselt werden.

Gemeinsame Nachrichtenstandards ermöglichen die Angleichung von Informations- und Kommunikationssystemen und sorgen auf diese Weise für eine Standardisierung, Automatisierung und Beschleunigung von Ge-schäftsabläufen. Unternehmen haben die Möglichkeit, interaktiv über diese Daten-Schnittstelle zu kommunizieren.

Eine typische EDI-Transaktion, z.B. im Beschaffungsbereich, ist durch fol-genden Ablauf gekennzeichnet: Das Bestellsystem eines Käufers generiert Bestellungen in einem firmeninternen Format. Diese werden dann durch ein Konvertierungsprogramm in das Datenaustauschformat übertragen und über einen Kommunikationsdienst zum Lieferanten transferiert. Die Bestell-nachricht wird dort mit Hilfe eines Konverters in das interne Datenformat umgewandelt und von einem Lagerverwaltungssystem weiterverarbeitet.

Die Verknüpfung der beiden betrieblichen Informationssysteme über eine EDI-Schnittstelle ermöglicht eine interaktive Form des Informations- und Datenaustausches und damit die Senkung von Kosten der Informa-tionsbeschaffung und Bestellabwicklung.

Eine fehlende Organisation von Datenaustauschformaten und Daten-schlüsseln in informationstechnischen Vernetzungen hat eine **„organisa-torische Lücke"** zur Folge (Sydow et al. 1995, 71). Um sie zu schließen, bedarf es des Handelns kompetenter Akteure. Sie legen beispielsweise fest, welche für den elektronischen Datenaustausch erforderlichen Standards und Formate auf Betriebsebene auch für den Datenaustausch auf öffent-licher Ebene einzusetzen sind (Sydow et al. 1995, 71 ff).

Eine **„institutionelle Lücke"** liegt vor, wenn kein Unternehmen, wel-ches notwendige kollektive Güter für den Aufbau und Betrieb eines infor-mationstechnischen Netzwerks bereitstellt, die Vorreiterrolle übernimmt. Andererseits können durch die Führungsarbeit eines Unternehmens für andere Netzwerkpartner Spannungen zwischen Autonomie und Abhän-gigkeit entstehen.

Beide Lücken können durch die Installation sog. **„Clearing-Stellen"** überbrückt werden. Ein Beispiel dafür stellt die Verknüpfung der informationstechnischen Netzwerke der unabhängigen Versicherungsvermittler mit denen der Versicherer dar. Durch die Einrichtung dieser Stellen kommt es zu einer starken Abnahme der Zahl an informationstechnischen Verknüpfungen. Weiter erleichtern diese Stellen aufgrund ihrer bereits existierenden informationstechnisch begründeten Geschäftsbeziehungen zu Versicherern und unabhängigen Vermittlern neben der Schließung der Organisationslücke auch die Überbrückung der institutionellen Lücke (Sydow et al. 1995, 74).

Die Clearing-Stelle, welche bereits über geeignete Kommunikationsstrukturen verfügt, übernimmt die Funktion einer Transformationsstelle im zwischenbetrieblichen Informationsaustausch und gewährleistet einen schnellen und reibungslosen Kommunikationsaufbau, indem sie u.a. den Unternehmen vorgefertigte Kommunikationslösungen (z.B. Standardanwendungspakete mit EDI-Schnittstellen) zur Verfügung stellt (Klein 1996, 51). Sie bietet u.a. Konvertierungs-, Sicherheits- und Abrechnungsdienste an und kann als Übergang („gateway") zu anderen Netzen dienen. Auf diese Weise kann das zwischenbetriebliche Informationssystem in seiner architektonischen und anwendungsorientierten Ausgestaltung für viele Teilnehmer offen gehalten werden.

Aus diesem Grund sowie aus Kosteneinsparungsgründen kann es vorteilhaft sein, das Management von Schnittstellen und andere Kommunikationsaufgaben an dafür spezialisierte Unternehmen auszulagern (Picot/ Reichwald/Wigand 1996, 300). Das ist vor allem dann der Fall, wenn die Kommunikationspartner unterschiedliche Übertragungsnetze, -protokolle oder -technologien einsetzen.

Zum Abschluss lassen sich folgende **Voraussetzungen** für informationstechnische Vernetzungen festhalten (Sydow et al. 1995, 71 ff):

- Erfüllung internationaler Standards
- Einbeziehung dezentraler Informationstechnikkonzepte
- Berücksichtigung von Standardanwendungsprogrammen

Der Aufbau eines zwischenbetrieblichen Informationssystems kann für die mitwirkenden Unternehmen folgende **Vorteile** mit sich bringen:
- Erhöhung der Anzahl zwischenbetrieblicher Abläufe
- Förderung interaktiver und intensiverer Kommunikation
- schnelle Übertragung gemeinsamer Arbeitsergebnisse
- rasche Datenaktualisierung
- starke Beschleunigung von Verwaltungsabläufen durch standardisierte Datenaustauschverfahren, welche die automatisierte und medienbruchfreie Übernahme in Informationssysteme gewährleisten

- effiziente Abwicklung von Geschäftstransaktionen und dadurch Senkung von Transaktionskosten
- gemeinsame Nutzung von Infrastruktur, wodurch Kosten für den Aufbau eigener Infrastruktur vermieden werden
- offener Ideen- und Ressourcenaustausch aufgrund von Regeln und Standards, welche Sicherheit gewährleisten und notwendiges Vertrauen schaffen
- Bereitstellung von Schnittstellen, über die Entscheidungsträger, die über unterschiedliche betriebliche Informationssysteme verfügen, miteinander kommunizieren können

Allerdings kann die informationstechnische Vernetzung auch mit **Nachteilen** verbunden sein:

- umfassende Abstimmung aller Informationssystem-Teilnehmer (z.B. bezüglich Datenaustauschmechanismen und -formaten, Übertragungskapazitäten usw.)
- zentrale Führung für eine effiziente Realisation und Kontrolle von Standards, wodurch die Autonomie einzelner Unternehmen beeinträchtigt wird
- Verlust der Ganzheitlichkeit realer Begegnungen zwischen zwei Kommunikationspartnern, welche bei der Anbahnung von Geschäften bzw. bei der Lösung schwieriger Probleme von großer Bedeutung ist

Zwischenbetriebliche Informationssysteme sollen in erster Linie die Kommunikation der beteiligten Unternehmen intensivieren und virtuelle Verbünde schaffen, sekundär die Kommunikation standardisieren und Freiräume schaffen, die den Aufbau engerer sozialer Kontakte sowie von Vertrauen ermöglichen, wodurch eine verbesserte Zusammenarbeit erreicht wird (Klein 1996, 170). Sie tragen dazu bei, die Risiken oder Nachteile von Netzwerken zu vermindern, bieten erweiterte Kontrollmöglichkeiten und fördern die präzise Definition von Zielen und Abläufen innerhalb von Netzwerken aufgrund der erforderlichen Formalisierung.

8.5.2   Entwicklungsfunktion

Eine weitere wichtige Innovationsfunktion wird in Netzwerken durch die technologieorientierte Zusammenarbeit zwischen den Unternehmen gefördert (Weber 2001, DS. 175 ff, Gemünden/Heydebreck 1994, 270 ff). Die vernetzen Unternehmen können durch die Nutzung externen technologischen Know-hows und die Ausschöpfung von Synergiepotenzialen folgende **Vorteile** durch die Entwicklungsfunktion erwarten:

- Verkürzung der Zeitspanne der Innovationsprozesse: Die vernetzen Unternehmen können durch gemeinsame Nutzung von Ressourcen und Verwendung von bereits bei den Partnern vorhandenen Wissens die Innovationsprozesse beschleunigen. Insbesondere die Abstimmung der einzelbetrieblichen Informationstechnologien unterstützt eine schnellere Abwicklung der Innovationsprozesse durch das bereits in Kap. 1.3.3 erwähnte „simultaneous engineering" (dazu z.b. Bullinger/Wasserloos 1990; Eversheim 1991; Gerpott/Wittkemper 1991 und Nonaka 1990).
- Verbesserung der Innovationsergebnisse: Wettbewerbsstarke Produkte können aus der Fusion von Betreiber-Know-how der Kunden und Produktions-Know-how der Anbieter entstehen. Vorteilhafte Synergiewirkungen ergeben sich aus der Kooperation verschiedener Hersteller mit komplementären Entwicklungs- und Produktions-Know-how.
- Förderung der Know-how-Generierung: Die Vernetzung einzelbetrieblicher Ressourcen erleichtert das Erreichen der für ein Innovationsprojekt erforderlichen kritischen Masse. Durch die Vereinigung von komplementärem Wissen können Multikompetenzeffekte erzielt werden. Das Poolen von Know-how im Netzwerk kann zum einen die Wahrscheinlichkeit für den erfolgreichen Abschluss eines Innovationsprojekts deutlich erhöhen. Zum anderen können die Projektpartner auf diese Weise für eine begrenzte Zeit unterschiedliche Wege zur Erreichung des gemeinsamen Innovationsziels verfolgen, um so ein breiteres Spektrum möglicher Lösungen abzudecken. Ist eine Vernetzung der Ressourcen nicht möglich oder erwünscht, so eröffnen Absprachen mit den Netzwerkpartnern die Möglichkeit, an neuen Technologien teilzuhaben.
- Verminderung des einzelbetrieblichen Innovationsaufwandes: Unternehmen können sich im Rahmen ihrer Innovationstätigkeit auf jene Kerntechnologien konzentrieren, welche ihnen einen Wettbewerbsvorteil gewährleisten, und beziehen in erheblichem Ausmaß technologisches Wissen und Nutzungsrechte aus dem Netzwerk.

Durch die langfristige Zusammenarbeit im Netzwerk müssen die Unternehmen bei der Weitergabe von technologischem Know-how innerhalb des Netzwerks nicht einen unkontrollierten Know-how-Abfluss befürchten.

Für die Nutzung von externem Know-how ist das Vorhandensein eigener Kompetenz von großer Bedeutung (Håkanson 1987, 5). Zusätzlich sichert sich das einzelne Unternehmen dadurch das Interesse der Netzwerkpartner an einer Zusammenarbeit.

8.5.3 Diffusionsfunktion

Die Verbreitung **von Innovationen** wird durch Netzwerke in mehrfacher Weise gefördert:

- Frühzeitiges Lernen durch Feedback: Durch die Zusammenarbeit mit lead users können Prototypen ausgetestet werden. Der Hersteller erhält durch die kostenlose Überlassung eines innovativen Produktes eine genaue Stärken-Schwächen-Analyse. Aufgrund der Bereitstellung eines Prototypen führen Produktmängel mit geringerer Wahrscheinlichkeit zu einer Rufschädigung des Produzenten.

- Erzielung von Kundenbindung: Eine vorhandene Kundenzufriedenheit erleichtert den Verkauf weiterer Produkte an den gleichen Kunden, insbesondere wenn es sich um Innovationen handelt, wodurch die Kunden-Hersteller-Bindung weiter intensiviert wird. Diese Bindung kann dadurch verstärkt werden, dass der Kunde vom Hersteller in die Entwicklungsphase eines neuen Produktes mit einbezogen wird oder zumindest frühzeitig über die Innovation ausreichend informiert wird.

- Referenzfunktion: Sind Meinungsführer im Kundennetzwerk des Herstellers vorhanden, so kann die Installation von Referenzanlagen bei diesen besonders wichtigen Kunden die Unsicherheit weiterer potenzieller Kunden auf entscheidende Weise reduzieren.

- Etablierung von Normen und Standards: Durch den Aufbau eines Netzwerks (z.B. durch die Vergabe von Lizenzen) mit anderen Anbietern, welche eine gute Reputation am Markt aufweisen, kann die Markeinführung eines neuen Produkts, beispielsweise eines Medikaments, beschleunigt werden. Diese Vorgehensweise erleichtert auch die Durchsetzung neuer Standards und Normen, wenn bei dem neuen Produkt die Kompatibilität mit anderen Produkten eine wichtige Rolle spielt.

Abb. 2 gibt einen Überblick über das Netzwerk, in welches ein Anbieter innovativer Produkte oder Dienstleistungen eingebunden ist und aus welchem er Informationen für seine Innovationsprozesse gewinnt.

Im den weiteren Ausführungen werden die einzelnen Erscheinungsformen von Innovations- und Technologienetzwerken näher beschrieben.

8.6 Innovation und Technologie als Anstöße zur Netzwerkentwicklung

In der Schnittmenge von Innovationsmanagement und Technologiemanagement (F&E) fördern beide gemeinsam die Netzwerkentwicklung

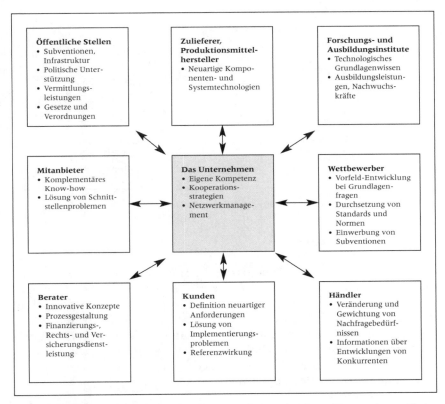

Abb. 2: Einbindung des innovativen Unternehmens in einem Netzwerk von Technologie- und Marktpartnern (Gemünden/Heydebreck 1994, 276)

und brauchen nicht getrennt betrachtet zu werden (auch Schröder 1999, 1000 ff). Die außerhalb dieser Schnittmenge liegenden Innovations- und Technologiemanagementbereiche sind hingegen nach ihren Effekten getrennt zu betrachten. Wir hätten damit theoretisch drei Netzwerktypen, nämlich

- Innovations- und Technologienetzwerke (danach gleichbedeutend mit F&E-Netzwerken),
- reine Innovationsnetzwerke und
- reine Technologienetzwerke.

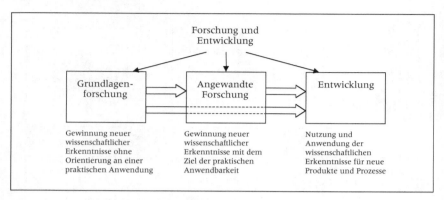

Abb. 3: Gliederung der Forschung und Entwicklung[1]

8.6.1   F&E-Netzwerke

Innovations- **und** Technologienetzwerke sind offenbar Unternehmensnetzwerke auf dem Gebiet der F&E. Diese F&E-Netzwerke erscheinen üblicherweise unter dem Begriff „Gemeinschaftsforschung" und sind auch in
der Betriebswirtschaftslehre seit langem bekannt. Hier arbeiten in der
Regel verschiedene Unternehmen gemeinsam jeweils an einem bestimmten Forschungs- oder Entwicklungsprojekt. Organisatorisch kann Gemein-
schafts-F&E recht unterschiedlich geregelt sein, entweder in einem gemeinsamen F&E-Betrieb oder Partner arbeiten in der eigenen F&E mit
anderen zusammen.

Gemeinschaftsforschung empfiehlt sich für solche Vorhaben, an deren
Erkenntnisse alle Beteiligten mehr oder weniger gleichmäßig interessiert
sind. Dies bedeutet, dass hier im Allgemeinen die markferne Forschung
dominiert, also etwa F&E über Materialeigenschaften, Produktionsprozesse, Anwendungsforschung für Erzeugnisstoffe und Rückstände, Rück-
standsbehandlungsverfahren u.ä. Allerdings gibt es hier auch Ausnahmen.
So wird in der Flugzeugindustrie gerade die marktferne Forschung vor-
zugsweise alleine betrieben, während man bei marktnaher F&E zusammenarbeiten muss. Dies liegt in der Komplexität des Produktes „Flugzeug",
etwa bei Verkehrsmaschinen, die von vielen Unternehmen nicht allein bewältigt werden kann. Man denke an das europäische Projekt „Airbus".
1992 haben etwa die Hälfte der Forschung treibenden Unternehmen in

---

1 Die in dieser Abbildung verwendeten Definitionen stützen sich größtenteils auf
   das Frascati Handbuch der OECD aus dem Jahre 1980 (OECD 1982).

Europa F&E-Projekte gemeinsam mit anderen Unternehmen oder wissenschaftlichen Einrichtungen durchgeführt (Licht 1994, 371 ff).

Bei einem solchen Netzwerk werden verschiedene Einzelpotenziale zur gemeinsamen Arbeit zusammengefügt. Damit erhöht sich eventuell die Chance zur Gewinnung einschlägigen neuen technischen Wissens, auch die Forschungszeit wird möglicherweise verkürzt.

Recht eindeutig folgt aus dem Zusammenfassen isolierter Potenziale die Reduktion der Investitionsvolumina und der F&E-Aufwendungen pro Teilnehmer.

Diese Merkmale der Gemeinschaftsforschung sind auch der Grund für den Umstand, dass Gemeinschaftsforschung vor allem für kleine Unternehmen empfohlen wird, die Einzelforschung schon aus wirtschaftlichen Gründen nicht intensiver betreiben können. Um auch die Forschungspotenziale kleiner Unternehmen auszuschöpfen, wird Gemeinschaftsforschung auch wirtschaftspolitisch favorisiert und öffentlich gefördert, so z.B. in Österreich durch den Forschungsförderungsfonds für die gewerbliche Wirtschaft. Speziell in der Steiermark gibt es ein eigenes F&E-Programm für Klein- und Mittelbetriebe (Rieger/Schmied 1996).

Trotz dieser mittelstandspolitischen Ausrichtung der Forschungsförderung sind größere Partner bei Gemeinschaftsforschung gegenüber kleineren Partnern oft im Vorteil (etwa Kropeit 1999, 277 ff).

Unternehmensgröße ist ein Ausdruck für das Produktionspotenzial eines Unternehmens (Betge 1993, Sp. 4273). Für den hier betrachteten Zusammenhang manifestiert sie sich zunächst in einer größeren Breite des Erzeugnisprogramms, also der Anzahl produzierter und zumeist auch angebotener Erzeugnisarten. Breiteres Erzeugnisprogramm bedeutet aber auch größeren Bestand an technischem Wissen, da dieses erst die Produktionsgrundlage für diese Erzeugnisarten bietet. Es ist daher bei einem größeren Unternehmen wahrscheinlicher, dass Ergebnisse aus der Gemeinschafts-F&E, auch an sich unbeabsichtigte Nebenergebnisse, eher diesen Wissensbestand ergänzen, also leichter verwertet werden können als bei einem kleineren Unternehmen mit engerem Wissensstand. Außerdem verfügen größere Unternehmen oft auch über mehr Finanzkraft, die zur erfolgreichen Innovation von wesentlicher Bedeutung ist.

Hier gibt es historische Beispiele. So hat das amerikanische Chemie-Unternehmen Dupont de Nemours zwischen 1920 und 1950 25 bedeutende Produktneuerungen eingeführt, die schließlich mit 45 % zum Umsatz beigetragen haben. Die meisten davon sind allerdings von fremden Unternehmen, die ihre Erfindungen nicht weiterentwickeln konnten oder wollten, erworben und dann zum Erfolg geführt worden (Mueller 1962).

Nachteile der Gemeinschaftsforschung, vor allem mit ungleich starken Partnern, sind:

- Bei Projektdefinition und Projektarbeit ist keine vollständige Anpassung an den speziellen Informationsbedarf des einzelnen Partners möglich. Allerdings sind auch hier wieder – wegen des schon vorher umfassenderen Wissensstandes – größere Partner im Vorteil.
- Beim Gewinnen neuen technischen Wissens gibt es keine Monopolstellung eines Partners, sondern alle sind zur Nutzung des Wissens berechtigt. Wie schon das obige Beispiel zeigt, sind auch hier große Partner eher zur Nutzung in der Lage.
- Es gibt keine vollständige Kontrolle des F&E-Prozesses.

Wie bei der Auftragsforschung lässt sich möglicherweise nicht das gesamte neu gewonnene Wissen in die Unternehmen der einzelnen Partner übertragen, da dieses zum Teil von den Mitarbeitern der gemeinsamen F&E nicht übermittelt wird oder technisch nicht übermittelt werden kann („tacit knowledge"; Rüdiger/Vanini 1998).

Die Kooperation in F&E-Netzwerken geht heute allerdings vielfach über die traditionelle Gemeinschaftsforschung hinaus. Sie besteht auch in Beziehungen zwischen Unternehmen, die man der Auftragsforschung zuweist. Bei Auftragsforschung erteilt ein Unternehmen (als Auftraggeber) einem anderen Unternehmen (als Auftragnehmer) einen F&E-Auftrag und erwartet von diesem die Übertragung entsprechender Resultate. Dabei werden die Projektziele gemeinsam – vor allem nach den Wünschen des Auftraggebers – festgelegt, was gegenüber der üblichen Gemeinschaftsforschung einen wesentlichen Unterschied ausmacht. Aber auch bei solchen Partnerschaften ist schon zur Übertragung von tacit knowledge intensive, auch persönliche Kooperation durch Mitwirken eigenen F&E-Personals erforderlich, so dass die Forschung auch hier Merkmale der Gemeinschaftsforschung aufweist. Wenn mehrere Unternehmen an einem größeren Projekt mit vorher vereinbarten F&E-Zielen kooperieren, besteht auch hier die Situation einer Gemeinschaftsforschung, weshalb sich dafür in der Literatur auch der Begriff „Joint Venture", inhaltlich also „Kooperation", findet. Auch solche Kooperationen geschehen zum Erwerb neuen technischen Wissens oft mit Zugang in neue Märkte und – wie bei Gemeinschaftsforschung – zur Kostenverteilung (Thomas/Ford 1995, 267).

Kooperationen im Rahmen der F&E werden regelmäßig durch vorbereitende Analysen potenzieller Kooperationspartner in die Wege geleitet. Dabei wird untersucht, welche Partner für eine projektbezogene Kooperation überhaupt in Frage kommen und dazu auch bereit sind. Im Übrigen werden möglicherweise schon mit solchen Partnern Voruntersuchungen zum einschlägigen Gegenstand betrieben, deren Informationsoutput die betriebliche Entscheidung für (oder gegen) ein solches Projekt und die Entscheidung für bestimmte Kooperationspartner erst ermöglichen. In der Praxis werden solche Vorhaben manchmal „Screening-Projekte" genannt.

An solchen Partnerschaften können Unternehmen ein und derselben Branche mitwirken. So ist etwa Gemeinschafts- und Auftragsforschung in der chemisch-pharmazeutischen Industrie recht verbreitet. Es können aber auch Unternehmen verschiedener Branchen zusammenwirken. So hat für die Automobilindustrie im Interesse der gewichtsoptimalen Karosseriegestaltung die Materialforschung wachsende Bedeutung (Ostendorf 2000, 198 ff). Das auf Porter zurückgehende Wertkettenmanagement (Porter 1996) betont die Vernetzung von Unternehmen innerhalb einer ganzen **Versorgungskette** („supply chain"). „Supply Chain Management beinhaltet die Planung, Steuerung und Kontrolle des gesamten Material- und Dienstleistungsflusses, einschließlich der damit verbundenen Informations- und Geldflüsse, innerhalb eines Netzwerks von Unternehmungen, die im Rahmen von aufeinander folgenden Stufen der Wertschöpfungskette an der Entwicklung, Erstellung und Verwertung von Sachgütern und/oder Dienstleistungen partnerschaftlich zusammenarbeiten" (Hahn 1999, 851; hierzu auch Corsten 2001, 189 ff). Entsprechend lässt sich eine **Entsorgungskette** definieren, die sich innerhalb der sog. Industriellen Verwertungsnetze findet (Kap. 6.6.4).

Vor dem Hintergrund solcher Verkettungen kommen ganz verschiedene Partner für eine technologieorientierte Kooperation in Frage (zum Folgenden Gemünden/Ritter 1999, Kirschten 2002, 60):

- Kunden sind nicht ausschließlich Käufer oder Mieter, sondern sie können bei der Entwicklung Innovationsziele vorgeben, die manchmal durchaus ins Detail gehen. So macht die Lufthansa AG ihren Lieferanten (Flugzeugherstellern) u.a. im Interesse der Treibstoffersparnis ganz konkrete Vorgaben für die Flugzeugentwicklung (Lufthansa 2002).Wie gerade Von Hippel immer wieder betont, kommen Ideen für F&E-Projekte vielfach – und in manchen Branchen fast ausschließlich – von den Kunden, die technische Probleme haben und Lösungen verlangen (z.B. Von Hippel 1986). Anderseits sieht Porter (1996) das Unternehmen als Technologiebündel, das wiederum die Produkt- und Prozesstechnologien seiner Kunden beeinflusst. So bilden diese auch aus dieser Sicht Bestandteile des Innovationsnetzwerkes.

- Zulieferer können den Innovationsprozess eines Unternehmens durch neue Maschinen und Ausrüstung und durch neue Produktkomponenten unterstützen, wodurch auch die Zusammenarbeit mit den Lieferanten im Rahmen von Netzwerken vorteilhaft ist.

- Forschungs- und Entwicklungseinrichtungen sind im Rahmen der Auftragsforschung bedeutende Informationsquellen. Hochschulen, Universitäten, Fachhochschulen, Forschungszentren sowie private und öffentlich Forschungsinstitute sind auf verschiedenen Gebieten Spezialisten und stehen für Aufträge und Beratungsaktivitäten bereit.

Berater außerhalb der F&E können über das Wissen anderer Unternehmen informieren, Beschaffungs- und Absatzmarktanalysen vornehmen und auch bei Schutzrechtsproblemen und -aktivitäten helfen.

8.6.2   Reine Innovationsnetzwerke

Reine Innovationsnetzwerke sind nach der o.a. Definition Netzwerke zur Planung und Durchsetzung von Innovationen nach Vorliegen entsprechender Resultate der Forschung und Entwicklung. Gerpott spricht hier vom „Innovationsprozess im engeren Sinne" (Gerpott2005, 48 f)). Dabei sind bei Produktinnovationen Marketingaktivitäten von großer Bedeutung, die allerdings schon rechtzeitig vor Abschluss der Entwicklung einsetzen ("Markterschließung"). Dabei müssen Innovationen gerade dann gemeinsam betrieben werden, wenn ein Partner allein eine solche Innovation nicht bewältigen kann. Dies gilt vor allem bei technisch komplexen Produkten. Ein Beispiel bietet wieder das Verkehrsflugzeug.

Hinzu kommen bei diesem Prozess Aktivitäten zum Schutz des technischen Wissens aus eigener F&E vor Imitation, die ebenfalls schon während der F&E einsetzen (siehe Kap. 1).

8.6.3   Reine Technologienetzwerke

Reine Technologienetzwerke beschäftigen sich mit Prüfung und Nutzung bekannter Technologien von Produkten (Produkttechnologien) und Prozessen (Prozesstechnologien). Produkttechnologien sind solche Technologien, welche einem Produkt erlauben, bestimmte Funktionen zu erfüllen. Sie sind also im Produkt integriert. Produktionstechnologien erlauben die Herstellung von Produkten mit solchen Funktionen. Der Hersteller eines bestimmten Erzeugnisses muss also gleichermaßen die Produkt- und die Prozesstechnologien beherrschen.

Aufgrund des Technologiebedarfs des Unternehmens, der sich im Wesentlichen aus seinem gegenwärtigen und künftigen Erzeugnisprogramm ergibt, muss man ermitteln, ob und wo gegebenenfalls geeignete Technologien verfügbar sind und welche rechtlichen Voraussetzungen für eine solche Nutzung bestehen. Dies ist eine Frage spezifischer Beschaffungsmarktforschung (hierzu etwa Hahn/Kaufmann, 1999).

Vielfach verfügt ein bestimmtes Unternehmen zunächst nicht über alle erforderlichen Produkt- und Prozesstechnologien. So mag der Entwickler eines neuen Produktes (einer neuen Produkttechnologie) zunächst nicht alle erforderlichen Produktionstechnologien besitzen und muss daher solche Technologien bereitstellen.

Soweit das Wissen über diese Technologien nicht frei zugänglich ist, müssen Partner gefunden werden, welche dieses Wissen über Know-how-Verträge, Lizenzen u.ä. zur Verfügung stellen. So kann ein technologisches Defizit beseitigt werden, weil das Unternehmen Zugang zu einer Technologie erhält, die ihm sonst rechtlich oder faktisch verschlossen wäre (Hauschildt 1997, 51). Dies kann etwa durch Lizenznahme erreicht werden. Lizenz ist die Befugnis, das patentierte Recht eines anderen gewerblich zu nutzen (§ 35 öst. PatG). Vielfach vereinbaren mehrere Unternehmen einer Branche den Lizenztausch. Dabei verpflichten sich die Partner gegenseitig zur wechselseitigen Vergabe von Lizenzen auf eigene Erfindungen. Solche Lizenzaustauschverträge zwischen mehreren Unternehmen sind also Ausdruck einer Vernetzung. Dieses Instrument ist besonders vorteilhaft und verbreitet, weil auch große Unternehmen, z.B. der chemischen Industrie, nicht alle Bereiche ihrer relevanten F&E abdecken und auf diese Weise selbst erarbeitete F&E-Ergebnisse vorteilhaft ergänzen können (etwa Hauschildt 1997).

Auch wenn ein bestimmtes technisches Wissen (eine bestimmte Technologie) nicht neu ist, also bereits zum Stand des technischen Wissens gehört, ist sein erstmaliger Einsatz in einem kooperierenden Unternehmen eine Innovation (Betriebsinnovation). Die hier verwendete Abgrenzung verschiedener Netzwerkarten ist also in der Realität kaum einzuhalten.

Die vorliegende Systematisierung der Netzwerke durch **ein** Merkmal erlaubt zwar die scharfe Abgrenzung von idealtypischen Netzwerken, in der Realität wird man aber die Verwendung mehrerer Merkmale nicht umgehen können und wird damit der wirklichen Typenvielfalt auch besser gerecht. Man nennt diese „kombinierte" Netzwerke.

8.6.4 Kombinierte Netzwerke

Vor dem Hintergrund des Anspruchs auf nachhaltige Wirtschaft ist der Umweltaspekt bei allen Netzwerken von hohem Gewicht. Es ist verständlich, dass in diesem Kontext vor allem die industriellen Verwertungsnetze heraus ragen (vgl. etwa Desrochers 2005, Posch u. a. 2005). Diese Konzepte sind inzwischen weltweit im Einsatz (vgl Espenhorst 2003, Strebel 2003, Ellring/Vermeulen 2004, Holländer u. a. 2004, Lowe 2004). Hübner verlangt hierbei ein "integratives Innovations- und Technologiemanagement: Design for sustainability" (Hübner 2002, 292): "Ziel ist die Optimierung der erwünschten und Minimierung der unerwünschten Wirkungen" (ebenda).

In kombinierten Netzwerken werden bekannte Technologien und gegebenenfalls auch neues technisches Wissen eingesetzt. Kombinierte Netzwerke sind also im Prinzip Technologie- **und** Innovationsnetzwerke.

Dies gilt für die bisher skizzierten Netzwerkbeziehungen, also auch für die schon erwähnten Versorgungsketten bzw. -netze (siehe Kap. 7.6.1). Es gilt aber auch für Entsorgungsketten und -netzwerke, die inzwischen unter dem Begriff industrielle Verwertungsnetze bekannt sind und im Folgenden noch näher gekennzeichnet werden sollen. Vorstufe dazu ist die Rückstandsbewältigung in Märkten. Rückstand ist eine Substanz, die zunächst aus dem Güterbestand ausgeschieden wird, weil sie als wertlos angesehen wird und daher keine Nachfrage findet. Es ist nun entscheidend, dass potenzielle Abnehmer den Einsatz angebotener Rückstände im eigenen Betrieb, etwa als Sekundärstoff, als nützlich empfinden und so diesen Rückständen wieder einen positiven Wert beimessen, der eine Nachfrage nach diesen Rückständen auslöst, sie also wieder zum Wirtschaftsgut macht (hierzu Gelbmann 2000, 57 ff).

Industrielle Verwertungsnetze sind Kooperationen zwischen produzierenden Unternehmen (und möglicherweise gewissen anderen Institutionen) zur (dauerhaften) netzinternen Verwertung produktionsbedingter Rückstände. Im Prinzip sollen keine Rückstände nach außerhalb des Netzwerkes und an die natürliche Umwelt abgegeben werden, und die natürliche Umwelt soll in ihrer Eigenschaft als Ressourcenlieferant möglichst weitgehend durch den Einsatz netzinterner Rückstände entlastet werden (Strebel 1996). Ideeller Hintergrund sind natürliche Kreisläufe. In der Natur werden alle durch biochemische Vorgänge natürlich entstehenden Stoffe über Nahrungsketten wieder verwertet, und „Abfall" kommt im Prinzip nicht vor. Dieses Konzept wird im Prinzip auch durch die industrielle Kreislaufwirtschaft vollzogen. Dabei gibt es aber im Gegensatz zu natürlichen Produktionssystemen keinen natürlichen Stoff- und Energiekreislauf. Der Mensch muss das System von außen steuern und die Produktion benötigt laufend Zufuhr an zusätzlichen, nicht im System enthaltenen Stoff- und Energiearten und -mengen. Anderseits erzeugt dieses System laufend stoffliche und energetische Rückstände, die es selbst nicht mehr verwertet. Damit hier dennoch zumindest ansatzweise eine Kreislaufwirtschaft stattfindet, müssen Rückstände eines Unternehmens, die nicht betriebsintern verwertet werden, durch andere Partner recycelt werden. Dies führt wieder zur Idee des Verwertungsnetzes (Strebel/ Schwarz 1998). Hierzu existieren inzwischen bereits gesetzliche Grundlagen, etwa in Form des deutschen Kreislaufwirtschafts- und Abfallgesetzes (KrW-/AbfG v. 27.9.1994, BGBl. I 2705, 2455). „Konstituierend für ein nachhaltiges Innovationsnetzwerk ist die Zusammenarbeit im Hinblick auf Innovationen, die sowohl eine technisch-ökonomische Neuerung darstellen als auch zu einer ökologischen Entlastung führen" (Kirschten 2002, 61; hierzu auch Schneidewind 1995). Dies gilt auch für Verwertungsnetze, die durchaus im Interesse nachhaltiger Entwicklung stehen (Strebel 2000). Man kann sie daher auch „nachhaltige Innovationsnetzwerke" nennen (so Kirschten 2002, 61). "... industrial eco-systems that apply the full range of intra-plant innovation and inter-plant cooperation will improve environmental and economic performance, individually and collectively" (Lowe 1997, 58).

Solche Verwertungsnetze bilden auch Technologienetzwerke, weil neben den zwischen Partnern installierten Stoff- und Energieströmen auch Informationen über Verwertungstechnologien fließen müssen. So ist das Vorhandensein passender Verwertungstechnologien eine Voraussetzung für die Bildung eines industriellen Verwertungsnetzes. Diese Informationen kommen prinzipiell auch von Quellen außerhalb des Netzwerkes, wie dies unter Kap. 7.6.1 schon bei F&E-Netzwerken erwähnt worden ist. Industrielle Verwertungsnetze können auch Elemente von F&E- bzw. Innovationsnetzwerken bekommen, wenn innerhalb des Verwertungsnetzes auch verwertungsorientierte F&E betrieben wird und man versucht, daraus resultierende Erkenntnisse innerhalb des Netzwerks in Innovationen umzusetzen. Diese Entwicklung kann immer dann einsetzen, wenn Verwertungstechnologien für vorhandene Rückstände im Netzwerk fehlen und nicht anderweitig beschafft werden können. Solche Verwertungstechnologien sind schon vor Jahren zur Verwertung von Kraftwerksgips (REA-Gips) entwickelt worden, der ursprünglich auch deponiert werden sollte. Beherrschte Verwertungstechnologien sind auch die Voraussetzung für den Eintritt weiterer Partner ins Netzwerk, die man eventuell zur Bereitstellung bestimmter im Netz fehlender Rückstandsarten oder zur Abnahme im Netz bisher nicht verwerteter Rückstände benötigt.

Die sog. Verwertungsnetze sind inzwischen von großem betriebswirtschaftlichem Interesse, was die zunehmende Bereitschaft von Unternehmen an der Mitarbeit in solchen Netzen zeigt. Sie sind aber auch im Zusammenhang mit gesellschaftlichen Entwicklungen von entscheidender Bedeutung, weil sie auch im Interesse der Nachhaltigkeit arbeiten (etwa Pento 2000).

Nachhaltigkeit ist bekanntlich im Brundtlandbericht gefordert worden (World Commission 1987), war aber als Anspruch z.b. schon im österreichischen Forstgesetz enthalten (§ 12 ForstG; inzwischen allerdings aufgehoben, BGBl I 2002/59). Nachhaltige Wirtschaft bedeutet in strenger Form: Verzicht auf nicht nachwachsende Rohstoffe bzw. Verbrauch nur in Höhe des Zuwachses an natürlichen Ressourcen (z.b. in der Waldwirtschaft), Umweltbelastung durch Output von Produktion und Konsum nur im Umfang der Regenerationsfähigkeit der Natur. Bei nicht nachwachsenden Rohstoffen kann nur eingeschränkte Nachhaltigkeit, also Hinausschieben der Erschöpfungszeitpunkte erreicht werden (hierzu Strebel 2002).

Nachhaltigkeit wird inzwischen geradezu als Überlebensprogramm für die Industriegesellschaft betrachtet. Nur „wenn wir alle Stoffflüsse unter Kontrolle halten, so dass die natürliche Umwelt nicht geschädigt wird, werden wir künftig Wirtschaftswachstum ohne Umweltzerstörung haben" (Fritsch 1990). Drastischer formuliert Konrad Lorenz: „Im Augenblick ist er (der Mensch, Anm.) im Begriffe, die Lebensgemeinschaft der Erde in der und von der er lebt, zu vernichten und damit Selbstmord zu begehen" (Lorenz 1983). Meadows u.a. sehen in Netzwerkstrukturen ein entscheidendes Element der Revolution zur nachhaltigen Gesellschaft (Meadows 1992, 265 ff). Auch der deutsche Rat von Sachverständigen für Umweltfragen verweist eindringlich auf die Irrationalität umweltschädlichen Verhaltens: „Eine nicht umweltverträgliche Form des Wirtschaftens handelt letztlich ihrer eigenen Vernunft zuwider, indem sie das zerstört, wovon sie lebt ... Soll die Wirtschaft zukunftsträchtig sein, muss sie als zirkuläre Ökonomie so angelegt sein, das die Produktionsprozesse von Anfang an in den natürlichen Kreislauf eingebunden bleiben" (Rat von Sachverständigen für Umweltfragen 1994, 9), und: „Als Fortschritt kann nur bezeichnet werden, was von den Bedingungen der Natur mitgetragen wird (ebenda, 11): Genau diese Idee konstituiert aber auch die industriellen Verwertungsnetze, obwohl sie praktisch im Wesentlichen aufgrund einzelwirtschaftlicher Überlegungen entstanden sind und entstehen (Schwarz 1994, 111 ff), was selbst für die bereits erwähnte Industriesymbiose Kalundborg zutrifft (Christensen 1998, 328). Vor dem Hintergrund des Anspruchs auf nachhaltige Wirtschaft ist der Umweltaspekt nicht nur bei Entsorgungs-, sondern auch bei Versorgungsnetzwerken von hohem Gewicht. Bei Technologie- wie bei Innovationsnetzwerken sollte daher der Aspekt der Nachhaltigkeit im Vordergrund stehen, was Hübner bekanntlich als „integratives" Management bezeichnet (vgl. S. 19) und in einem Buch zur Innovation besonders hervorhebt (Hübner 2002).

Abbildungsverzeichnis

Kapitel 3: Das Innovationssystem

Kapitel 4: Stategisches Innovationsmanagement

Kapitel 5: Management von Innovationsprojekten

Kapitel 6: Kreativitätsmanagement: Durch Kreativität zur Innovation

Kapitel 7: Instrumente in der Produkt- und Prozessentwicklung

Kapitel 8: Innovations- und Technologienetzwerke

Literaturverzeichnis

Adner, R., Levinthal, D. (2001): Demand Heterogeneity and technology evolution: implications for product and process innovation; in: Management Science, Vol. 47, 2001, No. 5, May 2001, 611–628

Afuah, A. N., Bahram, N. (1990): The hypercube of innovation; in: Research Policy 24. Jg., 1990, 51–76

Albers, S., Brockhoff, K., Hauschildt, J. (2000): Betriebswirtschaftslehre für Technologie und Innovation. Eine Leistungsbilanz, Kiel 2000

Allports, G. W. (1962): A Structuronomic Conception of Behavior: Individual and Collective; in: Journal of Abnormal and Social Psychology, Vol. 64, 1962, 3–30

Amabile, T. M. (1996): Creativity in Context, Colorado 1996

Amelingmeyer, J. (2002): Wissensmanagement: Analyse und Gestaltung der Wissensbasis von Unternehmen, 2. aktualisierte Auflage, Wiesbaden 2002

Anderson, P., Tushman, M. L. (1990): Technological Discontinuities and dominant Designs: A Cyclical model of technological change; in: Administrative Science Quarterly, Vol. 35, 1990, 604–633

Ansoff, I. H. (1966): Management-Strategie, München 1966

Ansoff, I. H., Steward, J. M. (1967): Strategies for a technology-based business; in: Harvard business review, Vol. 45, November-December 1967, 71–83

Baethge-Kinsky, V., Hardwig, Th. (1999): Ideenmanagement und KVP: Umgang mit Widerständen bei betrieblichen Veränderungsprozessen; in: QUEM-Bulletin, Heft 1, 1999, o.S.

Balling, R. (1998): Kooperation. Strategische Allianzen, Netzwerke, Joint Ventures und andere Organisationsformen zwischenbetrieblicher Zusammenarbeit in Theorie und Praxis, Frankfurt a. M. 1998.

Bauer, R. A. (1960): Consumer Behavior as Risk Taking; in: Hancock, Robert S. (Hrsg.): Dynamic Marketing for a Changing World, Proceeding of the 43th Conference of the American Marketing Association, Chicago 1960, 389–398

Bea, F.X. (1995): Strategisches Management, Stuttgart 1995

Becher, G. et al. (1989): FuE-Personalkostenzuschüsse: Strukturentwicklung. Beschäftigungswirkungen und Konsequenzen für die Innovationspolitik, Berlin 1989

Becker, J. (1998): Marketing-Konzeption. Grundlagen des strategischen Marketing-Managements, 6. Auflage, München 1998

Bellmann, K., Hippe, A. (1996): Kernthesen zur Konfiguration von Produktionsnetzwerken; in: Bellmann, K., Hippe, A. (Hrsg.): Management von Unternehmensnetzwerken. Interorganisatorische Konzepte und praktische Umsetzung, Wiesbaden 1996, 55–86

Benkenstein, M. (1989): Modelle technologischer Entwicklungen als Grundlage für das Technologiemanagement; in: DBW, 49. Jg., Heft 4, 1989, 497–512

Berekoven, L., Eckert, P., Ellenrieder, W. (2001): Marktforschung: methodische Grundlagen und praktische Anwendung, 9. Auflage, Wiesbaden 2001

Berger, Ch./Piller, F. (2003): Customers as Co-Designers, in: IEE Manufacturing Engineer, Heft 8/9 2003, 42–45

Betge, P. (1993): Unternehmens- und Betriebsgröße; in: Wittmann, W. et al. (Hrsg.): Handwörterbuch der Betriebswirtschaft, Bd. 3, 5. Auflage, Stuttgart 1993, Sp. 4271–4285

Bierfelder, W. (1994): Innovationsmanagement: prozessorientierte Einführung, 3. Auflage, München, Wien 1994

Biergans, B. (1992): Zur Entwicklung eines Marketingadäquaten Ansatzes und Instrumentariums für die Beschaffung, 4. Auflage, Köln 1992

Bleicher, K. (2004): Das Konzept Integriertes Management. Visionen – Missionen – Programme, 7. Auflage, Frankfurt am Main 2004

Böcker, F., Thomas, L. (1981): Marketing, Stuttgart/New York 1981

Böhler, H. (1989): Portfolio-Analysetechniken; in: Szyperski N. (Hrsg.) Handwörterbuch der Planung, Stuttgart 1989, Sp. 1548–1559

Booz-Allen & Hamilton (1982): New Products Management for the 1980s, New York 1982

Booz-Allen & Hamilton (1991): Integriertes Technologie- und Innovationsmanagement, Berlin 1991

Boutellier, R. (1998): Simultaneous Engineering; in: Tschirky, H., Koruna, S. (Hrsg.): Technologie-Management: Idee und Praxis, Zürich 1998, 179–192

Brockhoff, K. (1999): Forschung und Entwicklung: Planung und Kontrolle, 5. Auflage, München, Wien 1999

Brockhoff, K. (2000): Innovationswiderstände; in: Dold, E., Gentsch, P: Innovationsmanagement, Neuwied 2000, 115–125

Brockhoff, K. (2001): Innovationsmanagement als Technologiemanagement; in: Sönke, A., Brockhoff, K., Hauschildt, J. (Hrsg.): Technologie- und Innovationsmanagement: Leistungsbilanz des Kieler Graduiertenkollegs, Wiesbaden 2001

Brodbeck, K.-H. (1995): Entscheidung zur Kreativität, Darmstadt 1995

Bullinger, H.-J., Schlick, G. H. (2002): Wissenspool Innovation – Kompendium für Zukunftsgestalter, Frankfurt am Main 2002

Bullinger, H.-J., Wasserloos, G. (1990): Reduzierung der Produktentwicklungszeiten durch Simultaneous Engineering; in: CIM, 1990, Nr. 6, 4–30

Bundesgesetz über das Urheberrecht an Werken der Literatur und der Kunst und über verwandte Schutzrechte, BGBl. Nr. 111/1936 i.d.F. BGBl I Nr. 32/2003, und 22/2006

Bundesgesetz über den Schutz von Gebrauchsmustern (Gebrauchsmustergesetz – GMG) BGBl. Nr. 211/1994 idF BGBl. I Nr. 149/2004, 42/2005, 130/2005 und 151/2005

Bundesgesetz vom 7. Juni 1990 über den Schutz von Mustern (Musterschutzgesetz 1990 – MuSchG) BGBl. Nr. 497/1990 idF BGBl I Nr. 149/2004 und BGBl I 151/2005

Bundesministerium für Forschung und Technologie (Hrsg.) (1993): Deutscher Delphi-Bericht zur Entwicklung von Wissenschaft und Forschung, Bonn 1993

Bürgel, H.D., Haller, Ch., Binder, M. (1996): F&E-Management, München 1996

Burghardt, M. (2006): Projektmanagement, Leitfaden für die Planung, Überwachung und Steuerung von Entwicklungsprojekten, 7. Auflage, Erlangen/München 2006

Burnside, R. M. (1995): Ideas Dancing in the Human Being; in: Ford, C. M., Gioia, D. A. (Hrsg.): Creative Action in Organizations – Ivory Tower Visions and Real World Voices, London/New Delhi 1995, 302–307

Buzan, T., Buzan, B. (1999): Das Mind-Map Buch, 4. Auflage, Landsberg 1999

Carneiro, A. (2000): How does knowledge management influence innovation and competitiveness; in: Journal of Knowledge Management, Vol. 4/2000, Nr. 2, 87–98

Carroll, L. (1982): Alice in Wonderland, New York 1982

Chesbrough, H. (2006): Open Innovation. The New Imperative for Creating and Profiting from Technology, Boston MA.

Chmielewicz, K. (1979): Forschungskonzeptionen der Wirtschaftswissenschaften, 2. Auflage, Stuttgart 1979

Christensen, J. (1998): Die industrielle Symbiose in Kalundborg; in: Strebel, H., Schwarz, E. J. (Hrsg.): Kreislauforientierte Unternehmenskooperation, München, Wien 1998, 323–337

Chrobok, R. (1998): Netzwerk, Z. f. Führung und Organisation, 1998, Nr. 4, 242–243

Clark, K. B. (1985): The interaction of design hierarchies and market concepts in technological evolution; in: Research Policy, Vol. 14., 1985, 235–251

Coenenberg, A. G., Prillmann, M. (1995): Erfolgswirkungen der Variantenvielfalt und Variantenmanagement – Empirische Erkenntnisse aus der Elektroindustrie; in: ZfB, 65. Jg., 1995, Heft 11, 1231–1253

Cooper, R., Edgett, S., Kleinschmidt , E. (2002a): Optimizing the Stage-Gate Process: What Best-Practice Companies do II, in: Research Technology Management, Nov/Dec 2002, Vol. 45, Issue 6, 43–49

Cooper, R., Edgett, S., Kleinschmidt, E. (2002a): Optimizing the Stage-Gate Process: What Best-Practice Companies do I, in: Research Technology Management, Sep/Oct 2002, Vol. 45, Issue 5, 21–27

Corsten, H. (1995): Produktionswirtschaft, Einführung in das industrielle Produktionsmanagement; 5. Auflage, München/Wien 1995

Corsten, H. (2001): Unternehmungsnetzwerke, München/Wien 2001

Corsten, H.(2000): Projektmanagement, Einführung, München et al. 2000

Côté, R. P., Cohen-Rosenthal, E. : Designing eco-industrial parks: a synthetis of some experiences, in: Journal of Cleaner Production 6 (1998), 181–188

Cox, D. F. (1967): Risk Handling in Consumer Behavior – an intensive Study of two Cases, in: Cox, D. F. (Hrsg.): Risk Taking and Information Handling in Consumer Behavior, Boston 1967, 34–81

Csikszentmihalyi, M. (1999): Kreativität. Wie Sie das Unmögliche schaffen und Ihre Grenzen überwinden, 4. Aufl., Stuttgart 1999

Cyert, R. ; March, J. G. (1963): A behavioral theory of the firm, Englewood Cliffs 1963

Czichos, R. (2001): Profis managen sich selbst – Die Lifo-Methode für Ihr persönliches Stärkenmanagement, München/Basel 2001

de Bono, E. (1969): The Mechanism of Mind, Aylesbury 1969

de Bono, E. (1996): Serious Creativity – Die Entwicklung neuer Ideen durch die Kraft lateralen Denkens, Stuttgart 1996

DeBresson, C., Amesse, F. (1991): Networks of Innovators: A Review and Introduction to the Issue; in: Research Policy, 1991, Nr. 20, 363–370

Der Rat von Sachverständigen für Umweltfragen (1994): Umweltgutachten 1994, Mainz/Stuttgart 1994

Deters, R. (1989): Recycling bituminöser Baustoffe im Straßenbau; in: Collins, H.-J., Spillmann, P. (Hrsg.): Veröffentlichungen des Zentrums für Abfallforschung der Technischen Universität Braunschweig, 1989, Nr. 4, 255–266

Dichtl, E., Issing, O. (1998): Vahlens großes Wirtschaftslexikon, 2. Auflage, München 1994

Domsch, M., Gerpott, T.J., Gerpott, H. (1989): Technologische Gatekeeper in der industriellen F&E, Stuttgart 1989

Dosi, G. (1982): Technological paradigms and technological trajectories; in: Research Policy, Vol. 11, 1982, 147–162

Drosse, V. (1999): Investition. Intensivtraining, Wiesbaden 1999

Dyllick, Th. (1992): Management der Umweltbeziehungen, öffentliche Auseinandersetzungen als Herausforderung, Wiesbaden 1992

Eckerth, D. (1985): Risikostrukturen industrieller Forschung und Entwicklung, Berlin 1985

Ehrenfeld, J. R., Chertow, M. R.: Industrial symbiosis: the legacy of Kalundborg, in: Ayres, R. U., Ayres, L. H.: A Handbook of Industrial Ecology, Chettenham, Northampton 2001, 334–348

Ensthaler, J./Strübbe, K. (2006): Patentbewertung. Ein Praxisleitfaden zum Patentmanagement, Berlin, Heidelberg, New York

Eschenbach, R. (1990): Erfolgspotenzial Materialwirtschaft, Wien 1990

Esser, W. M. (1989): Die Wertkette als Instrument der strategischen Analyse; in: Riekhof, H. Ch. (Hrsg.): Strategieentwicklung. Konzepte und Erfahrungen, Stuttgart, 191–212

Esswein, W., Heinatz, G. (1999): Informationssysteme im Innovationsmanagement; in: Steinmeier, I. (Hrsg.): Innovationsmanagement, Berlin et al. 1999, 91–98

Evers, M. (1998): Strategische Führung mittelständischer Unternehmensnetzwerke, München/Mering 1998

Eversheim, W. (1991): Neue Produkte in kürzerer Zeit; in: Planung und Produktion, Jahrbuch 1991, 32–39

Eversheim, W./Schuh, G./Assmus, D. (2005): Integrierte Produkt- und Prozessgestaltung, in: Eversheim, W./Schuh, G. (Hrsg.): Integrierte Produkt- und Prozessgestaltung, Berlin u.a., 5–20

Ewert, R., Wagenhofer, A. (2005): Interne Unternehmensrechnung, 6., überarb. Auflage, Berlin 2005

Fink, A., Schlake, O., Siebe, A. (2001): Erfolg durch Szenariomanagement. Prinzip und Werkzeuge der strategischen Vorausschau, Frankfurt/Main 2001

Fischer, T. (1992): Rollentheorie; in: Frese E. (Hrsg.): Handwörterbuch der Organisation, 3. Auflage, Stuttgart 1992, Sp. 2224–2234

Fontanari, M. L. (1995): Voraussetzungen für den Kooperationserfolg – Eine empirische Analyse; in: Schertler, W. (Hrsg.): Management von Unternehmenskooperationen: braunchenspezifische Analysen, neueste Forschungsergebnisse, Wien 1995, 115–189

Forstgesetz 1975 (BGBl I 2002/5)

Foster, R. N. (1986): Innovation: The attackers advantage, New York 1986

Franke, J. (1985): Betriebliche Innovation als interdisziplinäres Problem, Stuttgart 1985

Frauenfelder, P. (2000): Strategisches Management von Technologie und Innovation: Tools und Principles, Zürich 2000

Freeman, R. E. (1984): Strategic Management – A Stakeholder Approach, Marshfield 1984

Freeman, R.E. (2004): The Stakeholder Approach Revisited, in: zfwu, 5. Jg. Heft 3/2004, 228–241

Friedag, H., Schmidt, W. (2002): Balanced Scorecard, Freiburg i. B. 2002

Fritsch, B. (1990): Mensch, Umwelt, Wissen. Evolutionsgeschichtliche Aspekte des Umweltproblems, Zürich, Stuttgart 1990

Gäfgen, G. (1968): Theorie der wirtschaftlichen Entscheidung, 2. Auflage, Tübingen 1968

Gassmann, O./ Enkel, E. (2006): Open Innovation. Die Öffnung des Innovationsprozesses erhöht das Innovationspotenzial, in: zfo, 75. Jg., Heft 3/2006, 132–138

Gassmann, O./Bader, E. (2006): Patentmanagement. Innovationen erfolgreich nutzen und schützen, Berlin, Heidelberg, New York 2007

Gassmann, O./Sandmeier, P./Wecht, C.H: (2004): Innovationsprozesse: Öffnung statt Alleingang, in: io new management Heft 1–2/2004, 22–28

Gaßner, R./Steinmüller, K. (2006): Narrative normative Szenarien in der Praxis, in: Wilms, F.E.P. (Hrsg.): Szenariotechnik. Vom Umgang mit der Zukunft, Bern, Stuttgart, Wien, 133–144

Gausemeier, J./Ebbesmeyer, P./Kallmeyer, F. (2001): Produktinnovation: strategische Planung und Entwicklung der Produkte von morgen, München

Gelbmann, U. (2001): Externe Abfallbewältigung im Business-to-Business-Bereich, Wiesbaden 2001

Gelbmann, U. (2006): „Nachhaltige" Forschungsprozesse und –strukturen, in: Steiner, G./Posch, A.: Innovative Forschung du Lehre für eine nachhaltige Entwicklung, Aachen 2006, 89–103

Gelbmann, U./Klampfl-Pernold, H. (2006): Die Entwicklung eines innovationsorientierten Phasemodells für die Abfallwirtschaft, in: Umweltwirtschaftsforum, 14. Jg., Heft4/2006, 85–90

Gemünden, H. G., Heydebreck, P. (1994): Geschäftsbeziehungen in Netzwerken: Instrumente der Stabilitätssicherung und Innovation; in: Kleinaltenkamp, M., Schubert, K. (Hrsg.): Netzwerkansätze im Business-to-Business-Marketing, Wiesbaden 1994, 251–283

Gemünden, H. G., Ritter, Th. (1999): Innovationskooperationen und Innovationserfolg: Ein Ost-West-Vergleich; in: Tintelnot, C., Meissner, D.; Steinmeier, I. (Hrsg.): Innovationsmanagement, Berlin (1999), 259–270

Gemünden, H. G., Walter, A. (1995): Der Beziehungspromotor – Schlüsselperson für inter-organisationale Innovationsprozesse; in: ZfB, Jg. 65, 1995, 971–986

Gemünden, H.G., Heydebreck, P. (1992): Die Bedeutung interorganisationaler persönlicher Beziehungen für die Akquisition externer technologischer Kompetenz, Wiesbaden 1992

Gentsch, P. (2001): Wissenserwerb in Innovationsprozessen. Methoden und Fallbeispiele für die informationstechnologische Unterstützung, 1. Auflage, Wiesbaden 2001

Gerpott, T. (1999): Strategisches Technologie- und Innovationsmanagement: Eine konzentrierte Einführung, Stuttgart 1999

Gerpott, T. (2005): Strategisches Technologie- und Innovationsmanagement, 2. überarb. u. erw. Auflage, Stuttgart 2005

Gerpott, T. J., Wittkemper, G. (1991): Verkürzung von Produktentwicklungszeiten: Vorgehensweise und Ansatzpunkte zum Erreichen technologischer Sprintfähigkeit, in: Booz-Allen & Hamilton (Hrsg.): Integriertes Technologie- und Innovationsmanagement. Konzepte zur Stärkung der Wettbewerbskraft von High-Tech-Unternehmen, Berlin 1991, 117–145

Gerybadze, A. (1995): Innovationsmanagement; in: Corsten, H., Reiss, M. (Hrsg.): Handbuch Unternehmensführung, Wiesbaden 1995, 829–845

Gerybadze, A. (2004): Technologie- und Innovationsmanagement, München

Geschka, H., Winckler, B. (1989): Szenarien als Grundlage strategischer Unternehmensplanung; in: Technologie und Management., Heft 4, 18

Getzels, J. W., Jackson, P. W. (1962): Creativity and Intelligence – Explorations with Gifted Students, New York 1962

Gogoll, A. (1994): Management-Werkzeuge der Qualität; in: Kamiske G. (Hrsg.), Die hohe Schule des Total Quality Management, Berlin et al. 1994

Gomez, P., Probst, G. (1999): Die Praxis des ganzheitlichen Problemlösens – Vernetzt denken, unternehmerisch handeln, persönlich überzeugen, 3. Auflage, Bern/Stuttgart/Wien 1999

Gordon, W. J. J. (1961): Synectics – The Development of Creative Capacity, New York 1961

Görgen, W. (1992): Strategische Wettbewerbsforschung, Bergisch-Gladbach/Köln 1992

Götze, U. (2006): Cross-Impact-Analyse zur Bildung und Auswertung von Szenarien, in Wilms, F.E.P. (Hrsg.): Szenariotechnik. Vom Umgang mit der Zukunft, Bern, Stuttgart, Wien, 145–182

Greiling, M. (1998): Das Innovationssystem: eine Analyse zur Innovationsfähigkeit von Unternehmungen, Frankfurt a. M. 1998

Grotz, R. E., Schätzl, L. (Hrsg.) (2001): Regionale Innovationsnetzwerke im internationalen Vergleich, Münster 2001

Grupp, H. (1995): Der Delphi-Report – Innovation für unsere Zukunft, Stuttgart 1995

Gumsheimer, T. (1993): Informationspartnerschaften: Konzeptionelle Grundlagen für die Gestaltung von Partnerschaften im Informationsmanagement, Frankfurt am Main 1993

Hage, J., Aiken, M. (1970): Social Change in Complex Organisations, New York 1970

Hahn, D. (1999): Thesen für die Zukunft des Beschaffungsmanagements in einem integrierten Supply Chain Management; in: Hahn, D., Kaufmann, L. (Hrsg.): Handbuch industrielles Beschaffungsmanagement, Wiesbaden 1999, 849–855

Håkanson, H. (1987): Industrial Technological Development: A Network Approach, London et al. 1987

Håkanson, H. (1989): Corporate Technical Behaviour – Co-operation and Networks, London 1989

Hammann, P., Erichson, B. (2000): Marktforschung, 4. Auflage, Stuttgart 2000

Hampden-Turner, C. (1996): Modelle des Menschen – Dem Rätsel des Bewusstseins auf der Spur, Hemsbach 1996

Handlbauer, G., Hinterhuber, H. H., Matzler, K. (1998): Kernkompetenzen; in: WISU, Heft 8–9, 1998, 911–916

Hansmann, K. W. (1995): Prognose und Prognoseverfahren; in: Betriebswirtschaftliche Forschung und Praxis, 47. Jg., Heft 3, 1995, 269–286

Haritz, A. (2000): Innovationsnetzwerke. Ein systemorientierter Ansatz, Wiesbaden 2000

Hasler, A., Hildebrandt, T., Nüske, C. (1998): Das Projekt Ressourcenschonung im Oldenburger Münsterland; in: Strebel, H., Schwarz, E. J. (Hrsg.): Kreislauforientierte Unternehmenskooperationen, München, Wien 1998, 305–323

Hasler, A., Schwarz, E. J. (1998): Organisation of Information Flow in a User Network; in: Proceedings of the 4th European Digital Cities Conference: Changing Patterns of Urban Life, Salzburg 1998

Hauschildt, J. (1977): Entscheidungsziele. Zielbildung in innovativen Entscheidungsprozessen; theoretische Ansätze und empirische Prüfung, Tübingen 1977

Hauschildt, J., Chakrabarti, A. K. (1988): Arbeitsteilung im Innovationsmanagement; in: zfo 6/1988, 378–388

Hauschildt, J., Salomo, S. (2007): Innovationsmanagement, 4. Auflage, München 2007

Heinecke, A. (2006): Die Anwendung induktiver Verfahren in der Szenariotechnik, in: Wilms, F.E.P. (Hrsg.): Szenariotechnik. Vom Umgang mit der Zukunft, Bern, Stuttgart, Wien, 183–214

Heinen, E. (1977): Grundfragen der entscheidungsorientierten Betriebswirtschaftslehre, Wiesbaden

Helm, R., Satzinger, M. (1999): Strategische Unternehmensplanung mittels Szenario-Analysen; in: WISU, 28.Jg, Heft 7, 961–964

Henderson, R.M., Clark, K.B. (1990): Architectural Innovation: The Reconfiguration of Existing Product Technologies and the Failure of Established Firms, in: Administrative Science Quarterly, 35 (1990), 9–30

Hering, E., Draeger, W. (1999): Handbuch Betriebswirtschaft für Ingenieure, 3., überarb. und erw. Auflage, Berlin 1999

Herstatt, C., Verworn, B. (2003): Management von frühen Innovationsphasen. Grundlagen – Methoden – Neue Ansätze, Wiesbaden 2003

Heyde, W. (1991): Innovationen in Industrieunternehmen: Prozesse, Entscheidungen und Methoden, Wiesbaden 1991

Higgins, J. M., Wiese G. G. (1998): Innovations-Strategien, Potenziale ausschöpfen, Ideen umsetzen, Marktchancen nutzen, Stuttgart 1998

Higgins, J. M., Wiese, G. G. (1996): Innovationsmanagement – Kreativitätstechniken für Unternehmen, Berlin/Heidelberg/New York 1996

Hill, W., Fehlbaum, R., Ulrich, P. (1996): Organisationslehre. Bd.1: Ziele, Instrumente und Bedingungen der Organisation sozialer Systeme, 5. Auflage, Bern 1996

Hinterhuber, H. H. (1996): Strategische Unternehmungsführung, Berlin 1996

Hinterhuber, H. H., Stahl, H. K. (1996): Unternehmensnetzwerke und Kernkompetenzen; in: Bellmann, K., Hippe, A. (1996): Management von Unternehmensnetzwerken, Wiesbaden 1996, 87–117

Hirschbiegel, U. (1998): Management technologischer Substitution; in: Tschirky, H., Koruna, S. (Hrsg.): Technologie-Management: Idee und Praxis, Zürich 1998, 501–524

Hondrich, K. O. (1983): Bedürfnisse, Ansprüche und Werte im sozialen Wandel. Eine theoretische Perspektive; in: Hondrich, K. O. (Hrsg.): Bedürfnisse im Wandel. Theorie, Zeitdiagnose, Forschungsergebnisse, Opladen 1983, 16–74

Hopfenbeck, W. (1992): Allgemeine Betriebswirtschafts- und Managementlehre, 6. Auflage, Landsberg am Lech 1992

Hórvath, P. (1994): Controlling, 5. Auflage, München 1994

Howell, J.M., Higgins, C.A. (1990): Champions of Technological Innovation, in: ASQ 35/1990, 317–341

Hsuan, J./Vepsäläinen, A. (1999): Strategisches Portfolio-Management von FuE-Projekten, in: Möhrle, M.G. (Hrsg.): Der richtige Projekt-Mix: erfolgsorientiertes Innovations- und FuE-Management, Berlin u.a., 53–72

Hübner, H. (2002): Integratives Innovationsmanagement. Nachhaltigkeit als Herausforderung für ganzheitliche Erneuerungsprozesse, Berlin 2002

Hübner, H., Jahnes St. (1998): Management-Technologie als strategischer Erfolgsfaktor: Ein Kompendium von Instrumenten für Innovations-, Technologie- und Unternehmensplanung unter Berücksichtigung ökologischer Anforderungen, Berlin 1998

Huxold, S. (1990): Marketingforschung und strategische Planung vom Produktinnovationen, Berlin 1990

Inglehart, R. (1989): Kultureller Umbruch, Wertwandel in der westlichen Welt, Frankfurt/Main/New York 1989

Jakob, H. (1980): Unternehmungsorganisation, Gestaltung und Entwicklung sozitechnischer Systeme, Stuttgart 1980

Jarillo, J. C. (1988): On Strategic Networks, Strategic Management Journal, 1988, 31–41

Jehle, E. (1970): Eine Kreativitätsstrategie für das Unternehmen; in: Zahn, E. (Hrsg.): Technologie- und Innovationsmanagement, Berlin 1970, 71–98

Jöbstl, O. (1999): Einsatz von Qualitätsinstrumenten und -methoden. Ein Anwendungsmodell für Dienstleistungen am Beispiel der Instandhaltung, Wiesbaden 1999

Kairies, P. (1997): So analysieren Sie Ihre Konkurrenz. Konkurrenzanalyse und Benchmarking in der Praxis, Renningen-Malmsheim 1997

Kaluza, B., Blecker, T. (1996): Management interindustrieller Entsorgungsnetzwerke; in: Bellmann, K., Hippe, A. (1996): Management von Unternehmensnetzwerken, Wiesbaden 1996, 379–417

Kaplan, R., Norton, D. (1996): Balanced Scorecard. Translating Strategy into Action, Boston 1996

Kern, E., Schröder, H. H. (1977): Forschung und Entwicklung in der Unternehmung, Reinbek b. Hamburg 1977

Kessler, H., Winkelhofer, G. A. (2004): Projektmanagement. Leitfaden zur Steuerung und Führung von Projekten, 4. Auflage, Berlin et al. 2004

Kieser, A. (1986): Unternehmenskultur und Innovation; in: Staudt E. (Hrsg.): Das Management von Innovationen, Frankfurt am Main 1986, 42–50

Kirn, S. (1997): Unternehmensnetzwerke, kooperative Software-Agenten und die Kooperation dezentraler Aktivitäten; in: Technische Hochschule Ilmenau (Hrsg.): Produktion als Dienstleistung, Ilmenau 1997

Kirschten, U. (2002): Innovationsnetzwerke für eine nachhaltige Entwicklung, Umweltwirtschaftsforum, 10. Jg., 2002, Nr. 2, 60–65

Klein, B. (1999): QFD – Quality function deployment: Konzept, Anwendung und Umsetzung für Produkte und Dienstleistungen, Renningen-Malmsheim 1999

Klein, S. (1995): Interorganisationssysteme und Unternehmensnetzwerke, Wiesbaden 1996

Kleinhückelskoten, H. D., Schnetkamp, G. (1989): Erfolgsfaktoren für Marketingstrategien; in: Bruhn, Manfred (Hrsg.): Handbuch des Marketing, München 1989, 257–276

Koestler, A. (1964): The Act of Creation, New York 1964

Koppelmann, U. (1995): Beschaffungsmarketing, 2. Auflage, Berlin/Heidelberg 1995

Koppelmann, U. (1997): Produktmarketing. Entscheidungsgrundlage für Produktmanager, 5. Auflage, Berlin/Heidelberg/New York 1997

Koppelmann, U. (1999): Marketing. Einführung in Entscheidungsprobleme des Absatzes und der Beschaffung, 6. Auflage, Düsseldorf 1999

Koschatzky, K. (1998): Innovationspotenziale und Innovationsnetzwerke in grenzüberschreitender Perspektive; in: Raumforschung und Raumordnung, 56. Jg. (1998) Nr. 4, 277–288

Kotler,, P., Bliemel, F. (2001): Marketing-Management: Analyse, Planung und Verwirklichung, Stuttgart 2001

Kowol, U. (1997): Innovationsnetzwerke, Wiesbaden 1997

Kramer, F. (1974): Die neuen Techniken der Produktinnovation, München 1974

Kraus, G., Westermann, R. (2004): Projektmanagement mit System – Organisation, Methoden, Steuerung, 3. Auflage, Nachdruck, Wiesbaden 2004

Kreikebaum, H. (1997): Strategische Unternehmensplanung. 6. Auflage, Stuttgart/Berlin/Köln 1997

Kropeit, G. (1999): Erfolgsfaktoren für die Gestaltung von F&E-Kooperationen; in: Tintelnot, C., Meißner, E, Steinmeier, I. (Hrsg.): Innovationsmanagement, Berlin/Heidelberg/New York 1999, 271–282

Küppers, B. O. (1993): Wenn das Ganze mehr ist ...; in: Geo Wissen – Chaos+Kreativität, Nr. 3, 1993, 28–31

Kupsch, P. U. (1979): Unternehmensziele, Stuttgart 1979

Kupsch, P. U., Marr, R., Picot, A. (1991): Innovationswirtschaft; in: Heinen, E. (Hrsg.): Industriebetriebslehre. Entscheidungen im Industriebetrieb, 9. Auflage, Wiesbaden 1991

Ladewig, D. (1995): Der Einsatz von F&E-Kooperationen in Innovationsmanagement kleiner und mittlerer Unternehmen – eine empirische Untersuchung; in: Bühner, R., Haase, K. D., Wilhelm, J. (Hrsg.): Die Dimensionierung des Unternehmens, Stuttgart 1995, 204–226

Lang, A. (1999): Innovationen durch Know-how-Transfer zwischen KMU auf der Basis von virtuellen Unternehmen, in: Tintelnot, C., Meißnern E., Steinmeier, I.: Innovationsmanagement, Berlin/Heidelberg/New York 1999, 301–310

Lawless, M. W., Price, L. L. (1992): An agency perspective on new technology champion; in: Organization Science, Vol. 3, 1992, 342–355

Lechner, K., Egger, A., Schauer, R. (2001): Einführung in die allgemeine Betriebswirtschaftslehre, 19. Auflage, Wien 2001

Leonard-Barton, D. (1992): Core Capabilities and core rigidities: A paradox in managing new product development; in: Strategic Management Journal, Vol. 13, 1992, 111–125

LexiROM Version 4.0 Edition 2000 © 1995–1999 Microsoft Corporation und Bibliographisches Institut & F.A. Brockhaus AG, Mannheim 1999

Licht, G. (1994): Gemeinsam forschen – Motive und Verbreitung strategischer Allianzen in Europa; in: ZEW Wirtschaftsanalysen, 1994, Nr. 2, 371–399

Lichtenthaler, E. (2005): Methoden der Technologiefrüherkennung und Kriterien zu ihrer Auswahl, in: Möhrle, M./Isenmann, R. (Hrsg.): Technologie-Roadmapping. Zukunftsstrategien für Technologieunternehmen, 2. Auflage, Berlin/Heidelberg/New York 2005, 55–80

Lindemann, U. (2005): Methodische Entwicklung technischer Produkte. Methoden flexibel und situationsgerecht anwenden, Berlin, Heidelberg

Linneweh, K. (1991): Kreatives Denken – Techniken und Organisation produktiver Kreativität – Kreative Denkprozesse, Problemlöseverhalten, Planungssystematik, Techniken der Ideenfindung, soziale Kreativität, 5. Auflage, Rheinzabern 1991

Lock, D. (1997): Projektmanagement, Wien 1997

Lorenz, K. (1983): Die Aufgabe des Menschlichen, Berlin 1983

Lowe, E. A. (1997): Creating by-product resource exchanges: strategies for eco-industrial parks, in: Journal of cleaner production 5 (1997) 1–2, 57–65

Lowe, E. A. (2001): Handbook for Asian Developing Countries, Oakland 2001

Lufthansa AG (2002): http://www.Lufthansa.de (17. 9. 02)

Macharzina, K. (1999): Unternehmensführung. Das internationale Managementwissen, Konzepte – Methoden – Praxis, 3. Auflage, Wiesbaden 1999

Mag, W. (1995): Unternehmensplanung, München 1995

Mansfield, E. (1985): How rapidly does new industrial technology leak out?; in: The Journal of industrial economics, Vol. 34, 1985, Heft 2, 217–223

March, J. G., Simon, H. (1958): Organizations, New York/London/Sydney 1958

Markenschutzgesetz 1970, MSchG, BGBl 260/1970 (WV) idF BGBl I 149/2004 und BGBl I 151/2005

Maslow, A. H. (1970): Motivation and Personality, 2. Auflage, New York/Evanston/London 1970

Mathieu, E., Brodbeck, H. (1998): Technologie-Management bei Leica; in: Tschirky, H., Koruna, S. (Hrsg.): Technologie-Management: Idee und Praxis, Zürich 1998, 667–680

Meadows, D. H. et al. (1993): Die neuen Grenzen des Wachstums, 3. Auflage, Stuttgart 1993

Meffert, H. (1998): Marketing. Grundlagen marktorientierter Unternehmensführung. Konzepte – Instrumente – Praxisbeispiele, 8. Auflage, Wiesbaden 1998

Meffert, H. et al. (1992): Marketing und Ökologie; in: Seidel, E., Strebel, H. (Hrsg.): Umwelt und Ökonomie. Reader zur ökologieorientierten Betriebswirtschaftslehre. Wiesbaden 1992, 435–450

Mehrwald, H. (1999): Das „Not Invented Here"-Syndrom (NIH) in Forschung und Entwicklung, Frankfurt am Main 1999

Meredith, J. R., Mantel, S. J.)2006): Project Management – A Managerial Approach, 6. Auflage, Hobocken NJ 2006

Michel, K. (1990): Technologie im strategischen Management, 2. Auflage, Berlin 1990

Micic, P. (2006): Das Zukunfts-Radar. Die wichtigsten Trends, Technologien und Themen für die Zukunft. Offenbach

Milchrahm, E., Hasler, A. (2002): Knowledge Transfer in Recycling Networks: Fostering Sustainable Development; in: Tochtermann, K., Maurer, H. (2002): Proceedings of I-KNOW ´02, 2nd International Conference on Knowledge Management, J.UCS, Graz 2002, 270–280

Miles, L. D. (1969): Value engineering. Wertanalyse, die praktische Methode zur Kostensenkung, 3. Auflage, München 1969

Milling, P., Maier, F. (1996): Invention, Innovation und Diffusion, Berlin 1996

Möller, L., Wilson, D. (1995): Business Marketing: An Interaction and Network Perspective, Boston/Dordrecht/London 1995

Mueller, W. F. (1962): The Origins of the Basic Inventions Underlying Du Pont's Major Product and Process Innovations 1920 to 1950; in: National Bureau of Economic Research (Ed.): The Rate and Direction of Inventive Activity: Economic and Social Factors, Princeton 1962

Myerson, J. (2001): IDEO: Masters of Innovation, New York 2001

Nieschlag, R., Dichtl, E., Hörschgen, H. (1997): Marketing, 18. Auflage, Berlin 1997

Nohr, K. (2004): Das Know-How der Kunden nutzen, in: Wissensmanagement, 6. Jg. Heft1/2004, 18–20

Nohria, N., Eccles, R. (1992): Face-to-Face – Making Network Organizations Work; in: Nohria, N., Eccles, R., Ibarra, H. (eds.): Networks and Organizations, Boston 1992, 288–308

Nonaka, I. (1990): Redundant, Overlapping Organization: A Japanese Approach to Managing the Innovation Process, California Management Review 32, 1990, 27–38

OECD (1982): Die Messung wissenschaftlicher und technischer Fähigkeiten – Frascati Handbuch 1980, Bonn 1982

OECD (2002): Frascati Manual – The Measurement of Scientific and Technological Activities, Proposed Standard Practice for Surveys on Research and Experimental Development, 6. Auflage, Paris 2002

Olfert, K. (1998): Investiton, 7. Auflage, Ludwigshafen 1998

Olschowy, W. (1990): Externe Einflussfaktoren im Innovationsmanagement. Auswirkungen externer Einflussgrößen auf den wirtschaftlichen Innovationserfolg sowie die unternehmerischen Anpassungsmaßnahmen, Berlin 1990

Orwat, C. (1996): Informationsinstrumente des Umweltmanagements, ökologische Bilanzierung und Controlling, Berlin 1996

Osborn, A. (1953): Applied Imagination, New York 1953

Ostendorf, R. J. (2000): Dynamische Ökologieführerschaft, Sternenfels 2000

Patentgesetz 1970 BGBl 1970/259 idF BGBl 1973/581, 1977/349, 1981/526, 1982/201, 1984/126, 1984/234, 1985/104, 1986/382, 1987/653, 1992/418, 1992/771, 1994/212, 1994/634, 1996/181, I 1998/175, I 1999/191, I 2001/143, I 2004/149, I 2005/42, I 2005/130 und I 2005/151

Patzak, G., Rattay, G. (2004): Projekt Management: Leitfaden zum Management von Projekten, Projektportfolios und projektorientierten Unternehmen, 4. Auflage, Wien 2004

Pento, T. (2000): Industrial Ecology and Material Flows, Helsinki 2000, http://www.jyu.fi/helsie/proceed.html, September 2000

Pepels, W. (1999): Innovationsmanagement, Berlin 1999

Perillieux, R. (1987): Der Zeitfaktor im strategischen Technologiemanagement. Früher oder später Einstieg bei technischen Produktinnovationen, Berlin 1987

Perl, E. (2006): Implementierung von Umweltinformationssystemen, Wiesbaden 2006

Pfeifer, T. (2001): Qualitätsmanagement. Strategien, Methoden, Techniken, 3. Auflage, München 2001

Pfeiffer, W., Metze, G., Schneider, W., Amler, R. (1987): Technologie-Portfolio zum Management strategischer Zukunftsgeschäfte, 5. Auflage, Göttingen 1987

Pfeiffer, W., Weiss, E. (1990): Zeitorientiertes Technologie-Management; in: Pfeiffer, W., Weiss, E. (Hrsg.): Technologiemanagement: Philosophie, Methodik, Erfahrungen, Göttingen 1990, 1–39

Pfeiffer, W., Weiß, E. (1995): Methoden zur Analyse und Bewertung technologischer Alternativen, in: Zahn, E. (Hrsg.): Handbuch Technologiemanagement, Stuttgart, 663–679

Pfnür, A. (1996): Informationsinstrumente und -systeme im betrieblichen Umweltschutz, Heidelberg 1996

Picot, A., Reichwald R., Wigand, R. T. (1996): Die grenzenlose Unternehmung: Information, Organisation und Management – Lehrbuch zur Unternehmensführung im Informationszeitalter, Wiesbaden 1996

Piller, F.T. (2003) Von Open Source zu Open Innovation, in: Harvard Business Manager, 25. Jg, Heft 25/2003, 114

Piller, F.T, Walcher, D. (2006): Toolkits for idea competitions: a novel method to integrate users in new product development, in: R&D Management, Vol. 36, Issue 3/2006, 307–318

Platz, J., Schmelzer, H. (1986): Projektmanagement in der industriellen Forschung und Entwicklung, Berlin u. a. 1986

Pleschak, F.; Sabisch H.: Innovationsmanagement, Stuttgart 1996

Poincaré, H. (1913): The foundations of science, New York 1913

Pölzl, A. (2002): Umweltorientiertes Innovationsmanagement: eine theoretische und empirische Analyse, Sternenfels 2002

Porter, M. E. (1996): Wettbewerbsvorteile, 4. Auflage, Frankfurt am Main 1996

Porter, M. E. (1999a): Wettbewerbsstrategie (Competitive Strategy), 10. Auflage, Frankfurt am Main 1999

Porter, M. E. (1999b): Wettbewerbsvorteile. Spitzenleistungen erreichen und behaupten, 5. Auflage, Frankfurt am Main 1999

Powell, W. W., Koput, K. W., Smith-Doerr, L. (1996): International Collaboration and the Locus of Innovation, Networks of Learning in Biotechnology, Administrative Science Quarterly, 1996, Nr. 41, 116–145

Prahalad, C. K., Hamel, G. (1990): The core competence of the corporation; in: Harvard business review, May-June 1990, 79–91

Prahalad, C. K., Hamel, G. (1991): Nur Kernkompetenzen sichern das Überleben, Harvard Manager, 13. Jg., 1991, Nr. 2, 66–78

Prisching, M. (1990): Teilnehmen am öffentlichen Leben. Über Bürgerinitiativen und neue soziale Bewegungen; in: Politicum, 10.Jg., Heft 45, 11–17

Ray, L. M., Myers, R. (2000): Creativity in Business, New York 2000

Reibnitz, U. V. (1989): Szenario-Planung; in: Szyperski, N. (Hrsg.): Handwörterbuch der Planung, Stuttgart 1989, Sp. 1980–1996

Reibnitz, U. v. (1992): Szenario-Technik: Instrumente für die unternehmerische und persönliche Erfolgsplanung, Wiesbaden 1992

Reichart, S. (2001): Kundenorientierung im Innovationsprozess. Die erfolgreiche Integration von Kunden in den frühen Phasen der Produktentwicklung. Wiesbaden

Reichwald, R./Piller, F. (2006): Interaktive Wertschöpfung. Open Innovation, Individualisierung und neue Formen der Arbeitsteilung. Wiesbaden

Reiß, M. (1999): Führung; in: Corsten, H., Reiß, M.: Betriebswirtschaftslehre, 3. Auflage, München/Wien 1999, 209–304

Rhyne, L. C. et al. (1997): Technology-based competitive strategy: An empirical test of an integrative model; in: The Journal of High Technology Management Research, Vol. 8, No. 2, 1997, 187–212

Rieger, H., Schmied, C. (1996): Handbuch EU-konformer Förderungen, 3. Auflage, Wien 1996

Rikli, E., Hirschbiegel, U. (1998): Technology-Concern. Technologiemanagement im Technologie – Konzern Sulzer; in: Tschirky, H., Koruna, S. (Hrsg.): Technologie-Management: Idee und Praxis, Zürich 1998, 727–744

Rinza, P. (1998): Projektmanagement. Planung, Überwachung und Steuerung von technischen und nichttechnischen Vorhaben, 4. Auflage, Berlin et al. 1998

Ritter, T. (1999): Innovationserfolg durch technologieorientierte Geschäftsbeziehungen; in: Tintelnot, C., Meißner, D., Steinmeier, I. (Hrsg.): Innovationsmanagement, Berlin/Heidelberg/New York 1999, 259–270

Rohrbach, B. (1972): Techniken des Lösens von Innovationsproblemen; in: Schriften für Unternehmensführung 15, Wiesbaden 1972

Roloff, J. (2002): Stakeholdermanagement: Ein monologisches oder dialogisches Verfahren? in: zfwu, 3. Jg. Heft 1/2002, 77–95

Ropohl, G. (2001): Das neue Technikverständnis; in: Ropohl, G. (Hrsg.): Erträge der interdisziplinären Technikforschung – Eine Bilanz nach 20 Jahren, Berlin 2001

Rosenstiel, L. (1992): Grundlagen der Organisationspsychologie: Basiswissen und Anwendungshinweise, 3. Auflage, Stuttgart 1992

Rotering, Ch. (1990): Forschungs- und Entwicklungs-Kooperationen zwischen Unternehmen, Stuttgart 1990

Rüdiger, M. (1998): Theoretische Grundmodelle zur Erklärung von F&E-Kooperationen; in: ZfB, 1998, Nr. 68, 25–48

Rüdiger, M., Vanini, S. (1998): Das Tacit knowledge Phänomen und seine Implikationen für das Innovationsmanagement; in: Die Betriebswirtschaft 58 (1998), 467–480

Runco, M. A. (1994a): Creative and Imaginative Thinking; in: Ramachandran, V. S. (Hrsg.): Encyclopedia of Human Behavior, Vol. 2, San Diego et al., 11–16

Runco, M. A. (1994b): Conclusions Concerning Problem Finding, Problem Solving, and Creativity; in: Runco, M. A. (Hrsg.): Problem Finding, Problem Solving, and Creativity, Norwood/New Jersey 1994, 271–290

Sabisch, H. (1991): Produktinnovationen, Stuttgart 1991

Sahal, D. (1981): Patterns of Technological Innovation, Reading 1981

Salomo, S. (2003): Konzept und Messung des Innovationsgrades – Ergebnisse einer empirischen Studie zu innovativen Entwicklungsvorhaben, in: Schwaiger, M., Harhoff, D. (Hrsg.): Empirie und Betriebswirtschaft: Entwicklungen und Perspektiven, Stuttgart 2003, 399–427

Schäfer S., Seibt, D. (1998); Benchmarking. Eine Methode zur Verbesserung von Unternehmensprozessen; in: BFuP, 50. Jg, Nr. 4, 365–380

Scherer, F. M. (1980): Industrial Market Structure and Economic Performance, Boston 1980

Schewe, G. (1992): Imitationsmanagement – Nachahmung als Option des Technologiemanagements, Stuttgart 1992

Schewe, G. (1994): Erfolg im Technologiemanagement – Eine empirische Untersuchung der Imitationsstrategie; in: ZfB, 64. Jg., 1994, Heft 8, 999–1026

Schlicksupp, H. (1993): Kreativ-Workshop. Ideenfindungs-, Problemlösungs- und Innovationskonferenzen planen und veranstalten, 1. Auflage, Würzburg 1993

Schlicksupp, H. (1999): Innovation, Kreativität und Ideenfindung, 5. Auflage, Würzburg 1999

Schlöder B. (1993): Soziale Werte und Werthaltungen. Eine sozialpsychologische Untersuchung des Konzepts sozialer Werte und des Wertwandels. Opladen 1993

Schmalen, H., Pechtl, H. (1996): Die Rolle der Innovationseigenschaften als Determinanten im Adoptionsverhalten; in: zfbf, 48. Jg., 1996, Heft 9, 816–836

Schmelzer, H. J. (1992): Organisation und Controlling von Produktentwicklungen: Praxis des wettbewerbsorientierten Entwicklungsmanagement, Stuttgart 1992

Schmiedel-Blumenthal P. (2001), Entwicklung eines ganzheitlichen Wissensmanagements zur erfolgreichen Umsetzung von industriellen Innovationen: eine systemisch-evolutorische Perspektive, Köln 2001

Schmookler, J. (1966): Invention and Economic Growth, Cambridge (Mass.) 1966

Schneider, U. (2001): Die 7 Todsünden im Wissensmanagement. Kardinaltugenden für die Wissensökonomie, Frankfurt am Main 2001

Schneidewind, U. (1995): Ökologisch orientierte Kooperationen aus betriebswirtschaftlicher Sicht; in: Umweltwirtschaftsforum, 3. Jg., 1995, Nr. 4, 16–21

Schrader, S. (1993): Kooperation; in: Hauschildt, J.; Grün, O. (Hrsg.): Ergebnisse empirischer betriebswirtschaftlicher Forschung: Zu einer Realtheorie der Unternehmung, Stuttgart 1993, 331–254

Schramm, R./Ludwig, J./Töpfer, B. (1997): Patentanalyse und Patentstrategie, in: PATINFO 97. Innovationsstimulierung durch Patentinformation, 19.Kolloquium über Patentinformation, Ilmenau, 5.–6.6.1997, Ilmenau, 47–104

Schreyögg, G. (2006): Organisation: Grundlagen moderner Organisationsgestaltung, 4. Auflage, Nachdruck, Wiesbaden 2006

Schröder, H. H. (1979): Forschung und Entwicklung; in: Kern, W. (Hrsg.): Handwörterbuch der Produktionswirtschaft, Enzyklopädie der Betriebswirtschaft, Band 7, Stuttgart 1979, 627–651

Schröder, H. H. (1999): Technologie- und Innovationsplanung; in: Corsten, H., Reiß, M. (Hrsg.): Betriebswirtschaftslehre, 3.Auflage, München/Wien 1999

Schröder, H. H. (2002): Paradigmen für das Management von Innovationen – eine kritische Analyse; in: Strebel, H. (Hrsg.): Innovation und Umwelt, Graz/Wien 2002, 23–76

Schumpeter, J. (1980): Kapitalismus, Sozialismus und Demokratie, 5.Auflage, Bern 1980

Schumpeter, J. A. (1912): Theorie der wirtschaftlichen Entwicklung – Eine Untersuchung über Unternehmensgewinn, Kapital, Kredit, Zins und den Konjunkturzyklus, Leizig 1912

Schumpeter, J. A. (1997): Theorie der wirtschaftlichen Entwicklung, 9. Auflage, unveränd. Nachdruck d. 1934 ersch. 4. Auflage, Berlin 1997

Schwarz, E. (1994): Unternehmensnetzwerke im Recyclingbereich. Wiesbaden 1994

Schwarz, E. J. (1994): Unternehmensnetzwerke im Recyclingbereich, Wiesbaden 1994

Schwarz, E. J. (1998): Ökonomische Aspekte regionaler Verwertungsnetze; in: Strebel, H.; Schwarz, E. J. (Hrsg.): Kreislauforientierte Unternehmenskooperationen, München/Wien 1998, 11–25

Schwarz, E. J., Hasler, A. (2000): Recycling Networks in Denmark and Upper Styria. Proceedings of the EXPO 2000 Symposium Efficiency through Management of Resources: Green Productivity Programs in SMEs, Hannover/Magdeburg 2000, 229–248

Seibert, S. (1998): Technisches Management, Stuttgart/Leipzig 1998

Seicht, G. (2001): Investition und Finanzierung, 10. Auflage, Wien 2001

Servatius, H. G. (1986): Methodik des strategischen Technologiemanagements: Grundlage für erfolgreiche Innovationen, 2. Auflage, Berlin 1986

Sheridan, D. D. (1998): ABB and Technology Management: Managing technology through strategy, structure and company culture; in: Tschirky, H., Koruna, S. (Hrsg.): Technologie-Management: Idee und Praxis, Zürich 1998, 581–594

Sommerlatte, T., Deschamps, J. P. (1985): Der strategische Einsatz von Technologien – Konzepte und Methoden zur Einbeziehung von Technologien in die Strategieentwicklung des Unternehmens; in: Little A. D. Internat. (Hrsg.): Management im Zeitalter der strategischen Führung, Wiesbaden 1985

Spath, D., Renz, K.C. (2005): Technologiemanagement, in: Albers, S., Gassmann, O. (Hrsg.): Handbuch Technologie- und Innovationsmanagement, Wiesbaden 2005

Specht, G. (2001): Einführung in die Betriebswirtschaftslehre, 3. Auflage, Stuttgart 2001

Specht, G., Beckmann, G., Amelingmayer, J. (2002): F&E-Management, 2. Auflage, Stuttgart 2002

Staehle, H.W. (1999): Management: eine verhaltenswissenschaftliche Perspektive, 8. Auflage/überarb. von Peter Conrad München 1999

Staudt, E. (1986): Innovation durch Partizipation, Möglichkeiten und Grenzen von Qualitätszirkeln, in: Staudt E. (Hrsg.): Das Management von Innovationen. Frankfurt/Main, 469–481

Staudt, E., Schmeisser, W. (1986): Invention, Kreativität und Erfinder; in: Staudt, E. (Hrsg.): Das Management von Innovationen, Frankfurter Allgemeine Zeitung, Frankfurt am Main 1986, 289–294

Staw, B. M. (1995): Why No One Really Wants Creativity; in: Ford, C. M., Gioia, D. A. (Hrsg.): Creative Action in Organizations – Ivory Tower Visions and Real World Voices, London/New Delhi 1995, 161–166

Steffens, F. (1974): Technologie und Produktion; in: Grochla, E., Wittmann, W. (Hrsg.): Handwörterbuch der Betriebswirtschaft, 4. Auflage, Bd. 3, Stuttgart 1974

Steiner, G. (2002): Dynamic Creativity Management as a Tool for Sustainability – A Constructivist Point of View; in: Rebernik, M., Mulej, M. (Hrsg.): STIQE 2002 – Proceedings of the 6th International Conference on Linking Systems Thinking, Innovation, Quality, Entrepreneurship and Environment, Maribor 2002, 145–152

Steiner, G. (2005): Organizational Creativity Management, in: Schwarz, E., Harms, R. (Hrsg.): Integriertes Ideenmanagement, Wiesbaden 2005, 156–188

Steiner, G. (2007): Kreativitätsmanagement für Innovationen, aktualisierte und überarbeitete Ausgabe der 2004 erschienenen Dissertation, Wiesbaden 2007

Steiner, G. (2008): Supporting Sustainable Innovation through Stakeholder Management, in: International Journal of Innovation and Learning, 2008 (forthcoming)

Steiner, G., Posch, A. (2002): Trans- und Interdisziplinäre Leitbildentwicklung als Ausgangspunkt zur Bewältigung von Nutzungskonflikten; in: Kramer, M., Brauweiler H. Ch. (Hrsg.), Internationales Umweltrecht. Naturschutzrecht und Nutzungskonflikte. Ein Vergleich zwischen Deutschland, Polen und Tschechien, Wiesbaden, 211–232

Steinmann, H., Schreyögg, G. (1997): Management, 4. Auflage, Wiesbaden 1997

Stern, T., Jaberg, H. (2003): Erfolgreiches Innovationsmanagement. Erfolgsfaktoren – Grundmuster – Fallbeispiele, Wiesbaden 2003

Stockbauer, H. (1989): F&E Controlling, Wien 1989

Stockbauer, H. (1991): F&E-Budgetierung aus der Sicht des Controlling; in: Controlling, 3, 1991, 136–143

Strebel, H. (1974): Relevanzbaumanalyse als Planungsinstrument; in: BFuP, 26. Jg., 34–52

Strebel, H. (1975): Forschungsplanung mit Scoring-Modellen, Baden-Baden 1975

Strebel, H. (1978): Scoring-Modelle im Lichte neuer Gesichtspunkte zur Konstruktion praxisorientierter Entscheidungsmodelle; in: Der Betrieb, 31. Jg., Heft 46, 2181–2186

Strebel, H. (1981): Zielsysteme und Zielforschung; in: DBW, 41. Jg., Heft 3, 457–475

Strebel, H. (1983): Unternehmenskooperation bei Innovationen; in: Wirtschafts-Wissenschaftliches Studium 12, 1983, 59–65, 102–103

Strebel, H. (1986): Scoring-Methoden; in: Staudt E. (Hrsg.): Das Management von Innovationen, Frankfurt/Main 1986, 171–183

Strebel, H. (1992): Gründe und Möglichkeiten betriebswirtschaftlicher Umweltpolitik; in: Seidel, E., Strebel, H. (Hrsg.): Umwelt und Ökonomie. Reader zur ökologieorientierten Betriebswirtschaftslehre, Wiesbaden, 209–222

Strebel, H. (1994): Industrie und Umwelt; in: Schweitzer, M.: (Hrsg.): Industriebetriebslehre. Das Wirtschaften in Industrieunternehmungen. 2. Auflage, München 1994, 747–848

Strebel, H. (1996): Umweltorientiertes Stoffflussmanagement in Industriebetrieben; in: Malinsky, H. A. (Hrsg.): Betriebliche Umweltwirtschaft, Wiesbaden 1996, 142–157

Strebel, H. (2002): Nachhaltigkeit, Möglichkeiten und Grenzen nachhaltiger Wirtschaft im Unternehmen; in: Keuper, F. (Hrsg.): Produktion und Controlling – Aktuelle Planungsprobleme und Lösungsansätze. Festschrift für Manfred Layer, Wiesbaden 2002, 105–125

Strebel, H. (2005): Industrial Recycling Networks as an Entrance into Circular Economy, in: Oehme, I., Seebacher, U. (Eds.): Corporate Sustainability, München, Wien 2005, 387–437

Strebel, H., Schwarz, E. J., Schwarz, M. (1996): Externes Recycling im Produktionsbetrieb, Wien 1996

Stummer, C., Günther, M., Köck, A.M. (2006): Gründzüge des Innovations- und Technologiemanagements, Wien 2006

Sydow, J. (1992): Strategische Netzwerke, Wiesbaden 1992

Sydow, J. (2006): Management von Netzwerkorganisationen – Zum Stand der Forschung, in: Sydow (Hrsg.): Management von Netzwerkorganisationen, 4. Auflage, Wiesbaden 2006, 387–437

Sydow, J. et al. (1995): Organisation von Netzwerken, Opladen 1995

Sydow, J., Windeler, A. (1999): Über Netzwerke, virtuelle Integration und Interorganisationsbeziehungen, in: Sydow, J., Windeler, A. (Hrsg.): Management interorganisationaler Beziehungen, Vertrauen, Kontrolle und Informationstechnik, Wiesbaden 1999, 279–314

Teece, D. J. (1986): Profiting from technological innovation: implications for integration, collaboration, licensing and public policy; in: Research Policy, Vol. 15, 1986, 285–305

Teece, D. J., Pisano, G., Shuen, A. (1997): Dynamic Capabilities And Strategic Management; in: Strategic Management Journal, Vol. 18, No. 7, 1997, 509–533

Thom, N. (1980): Grundlagen des betrieblichen Innovationsmanagements, 2. Auflage, Königstein 1980

Thom, N. (1986): Das betriebliche Vorschlagswesen, in: Staudt E. (Hrsg.): Das Management von Innovationen, Frankfurt/Main, 445–456

Thom, N. (1992): Die Orientierung: Innovationsmanagement., Bern 1992

Thom, N. (1996): Vorschlags- und Verbesserungswesen, in: Kern, W., Schröder, H. H., Weber, J.: Handwörterbuch der Produktionswirtschaft, 2.Auflage, Stuttgart, Sp.2226–2238

Thoma, W. (1989): Beurteilung von F&E-Projekten. Möglichkeiten und Grenzen quantitativer Verfahren; in: Controlling, 1989, Nr. 3, 166–171

Thomas, R., Ford, D. (1995): Technology and Networks; in: Möller, K., Wilson, D.: Business Marketing: An Interaction and Network Perspective, Norwell (Mass.) 1995, 263–290

Thommen, J.P. (2000): Allgemeine Betriebswirtschaftslehre. Umfassende Einführung aus managementorientierter Sicht. 2. Auflage, Wiesbaden 2000

Treffinger, D. J., Isaksen, S. G., Dorval, K. B. (1994): Creative Problem Solving – An Overview; in: Runco, M. A. (Hrsg.): Problem Finding, Problem Solving, and Creativity, Norwood 1994, 223–236

Tripsas, M. (1997): Unraveling the process of creative destruction: Complementary assets and incumbent survival in the typesetter industry; in: Strategic Management Journal, Vol. 18, 1997, 119–142

Tschirky, H. (1998a): Technologie-Management: Schließung der Lücke zwischen Management-Theorie und Technologie-Realität, in Tschirky, H., Koruna, S. (Hrsg.): Technologie-Management: Idee und Praxis, Zürich 1998, 1–32

Tschirky, H. (1998b): Konzept und Aufgaben des integrierten Technologiemanagments, in Tschirky, H., Koruna, S. (Hrsg.): Technologie-Management: Idee und Praxis, Zürich 1998, 193–394

Tyll, A. (1989): Forschung und Entwicklung im strategischen Management industrieller Unternehmen, Berlin

Ulrich, H. (1970): Die Unternehmung als produktives soziales System. Grundlagen der allgemeinen Unternehmungslehre, 2. Auflage, Bern/Stuttgart 1970

Ulrich, P., Fluri, E. (1992): Management, 6. Auflage, Bern 1992

Utterback, J. M. (1994): Mastering the Dynamics of Innovation; in: Boston: Harvard Business School Press, 1994

Utterback, J. M., Abernathy, W. J. (1975): A Dynamic Model of Process and Product Innovation; in: Omega, The international Journal of Management Science, Vol. 3 (1975), No. 6, 639–656

Vahs, D. (2005): Organisation, Einführung in die Organisationstheorie und -praxis, 5. Auflage, Stuttgart 2005

Vahs, D., Burmester, R. (2005): Innovationsmanagement: Von der Produktidee zur erfolgreichen Vermarktung, 3. Auflage, Stuttgart 2005

Verworn, B. (2005): Die frühen Phasen der Produktentwicklung. Eine empirische Analyse in der Mess-, Steuer- und Regelungstechnik, WiesbadenAbernathy, W. J., Townsend, P. L. (1975): Technology, Productivity, and Process Change; in: Journal of Technological Forecasting and Social Change, Vol. 7, 1975, 379–396

Vidal, M. (1995): Strategische Pioniervorteile; in: Effizienzsteigerung im Innovationsprozess, ZfB-Ergänzungsheft 1/95, 43–58

von Glasersfeld, E. (1996): Radikaler Konstruktivismus – Ideen, Ergebnisse, Probleme, Frankfurt am Main 1996

von Glasersfeld, E. (1998): Konstruktion der Wirklichkeit und des Begriffs der Objektivität; in: Schriften der Carl Friedrich von Siemens Stiftung: Einführung in den Konstruktivismus, Bd. 5, München/Zürich 1998, 9–39

von Guretzky, B. (2002): Schritte zur Einführung des Wissensmanagements. Wissen erwerben und entwickeln, in: http://www.community-of-knowledge.de/cp_ artikel.htm?artikel_id=44 (Stand: 30. Juli 2002)

von Hippel, E. (1980): The Dominant Role of the User in Semiconductor and Electronic Subassembly Process Innovation; in: IEEE Transactions on Engineering Management, 49. Jg., 1980, 161–168

von Hippel, E. (1986): Lead Users: A Source of Novel Product Concepts; in: Management Science, 1986, Nr. 7, 791–805

von Hippel, E. (1988): The Sources of Innovation, New York 1988

von Hippel, E. (2005): Democratizing Innovation. Cambridge MA

von Hippel, E. (2005a): Democratizing Innovation: The evolving phenomenon of user innovation, in: Journal of Business (2005), 63–78

Wallas, G. (1926): The art of thought, New York 1926

Weiber, R. (1992): Diffusion von Telekommunikation, Wiesbaden 1992

Weiber, R. (1995): Systemgüter und klassische Diffusionstheorie – Elemente einer Diffusionstheorie für kritische Masse-Systeme; in: Stoetzer, M. W. (Hrsg.): Die Diffusion von Innovationen in der Telekommunikation, Berlin 1995, 39–70

Weiber, R., Pohl, A. (1996): Das Phänomen der Nachfrageverschiebung. Informationssucher, Kostenreagierer und Leapfrogger; in: ZfB, 66. Jg., H. 6, 1996, 675–696

Weick, K. E. (1985): Der Prozess des Organisierens, Frankfurt 1985

Weidermann, P. H. (1984): Das Management des Organizational Slack, Wiesbaden 1984

Welters, K. (1989): Delphi-Technik, in: Szyperski, N. (Hrsg.): Handwörterbuch der Planung, Stuttgart 1989, Sp. 262–269

Wicke, J.M. (1995): Controlling von Forschungs- und Innovationsprojekten, Aachen 1995

Wild, J. (1973): Organisation und Hierarchie; in: ZfO, 42. Jg., 45–54

Wild, J. (1982): Grundlagen der Unternehmensplanung, 3. Auflage, Reinbek bei Hamburg 1982

Wildemann, H. (1997): Koordination von Unternehmensnetzwerken; in: Zeitschrift für Betriebswirtschaft, 67. Jg. (1997), 417–439

Willfort, R. (2001): Wissensmanagement mit Innovationsdienstleistungen, Dissertation, Wiesbaden 2001

Willke, H. (1992): Societal Guidance Through Law?; in: Teubner, G., Febrajo, A. (Hrsg.): State, Law, Economy as Autopoetic Systems: Regulation and Autonomy in a New Perspective, Mailand 1992, 353–387

Wilms, F.E.P. (2006): Szenarien sind Systeme, in: Wilms, F.E.P. (Hrsg.): Szenariotechnik. Vom Umgang mit der Zukunft, Bern, Stuttgart, Wien, 39–60

Wilson, J. Q. (1966): Innovation in Organisation. Notes toward a Theory; in: Thompson, J. D. (Hrsg.): Approaches to Organisational Design. Pittsburgh 1966, 193–218

Witte, E. (1973): Organisation für Innovationsentscheidungen, Göttingen 1973

Wohinz, J. W. (1983): Wertanalyse-Innovationsmanagement, Würzburg 1983

Wolfrum, B. (1991): Strategisches Technologiemanagement, Wiesbaden 1991

World Commission on Environment and Development (1987): Our Common Future, Oxford 1987

Wörndl-Aichrieder, J. (1996): Das Wechselspiel zwischen Ökonomie und Technologie; in: Hammer, R. M. et al. (Hrsg.): Technologie- und Innovationsmanagement, Wien 1996

Zahn, E. (1986): Innovations- und Technologiemanagement: Eine strategische Schlüsselaufgabe der Unternehmen; in: Zahn, E. (Hrsg.): Technologie- und Innovationsmanagement, Berlin 1986

Zahn, E. (1995): Grundlagen des Technologiemanagements; in: Zahn, E. (Hrsg.): Handbuch Technologiemanagement, Stuttgart 1995, 3–32

Zimbardo, P. (1995): Psychologie, 6.Auflage, Berlin/Heidelberg/New York 1995

Stichwortverzeichnis

facultas.wuv bei UTB – Reihe „Europa kompakt"

Johannes Pollak, Peter Slominski

Das politische System der EU

Reihe „Europa kompakt", Bd. 1

facultas.wuv: UTB 2006
246 Seiten, broschiert
ISBN 978-3-8252-2852-1
EUR 18,90 (D) / 19,50 (A) / sFr 33,–

Der Band bietet eine umfassende Einführung in das politische System der Europäischen Union. Ausgehend von den Anfängen des Integrationsprozesses, der Darstellung einschlägiger Theorien, zentraler Institutionen und der Grundprinzipien europäischen Regierens, konzentriert sich die Publikation auf den Willensbildungs- und Entscheidungsprozess auf europäischer Ebene.
Vermittelt wird zum einen das komplexe Zusammenspiel der verschiedenen nationalen und supranationalen Institutionen, aber auch sein organisatorischer Unterbau in Form zahlloser Ausschüsse.
Das Buch enthält nebst einem Überblick über die zentralen Politikbereiche der EU ein Glossar der wichtigsten Fachbegriffe sowie eine Fülle von praktischen Beispielen, Lernfragen, weiterführende Literatur und Verweise auf einschlägige Websites.

www.facultas.at   **facultas.wuv**

facultas.wuv bei UTB – Reihe „Europa kompakt"

Irina Michalowitz

Lobbying in der EU

Reihe „Europa kompakt", Bd. 2

facultas.wuv: UTB 2007
234 Seiten, broschiert
ISBN 978-3-8252-2898-9
EUR 18,90 (D) / 19,50 (A) / sFr 33,–

Der vorliegende Band ist das erste deutschsprachige Lehrbuch, das sich mit dem hochbrisanten Thema Lobbying in der EU auseinandersetzt. Ausgehend von den aktuellen politikwissenschaftlichen Theorien zur Interessenvermittlung beschreibt die Autorin die Vielzahl der verschiedenen Akteure (In-House-Lobbyisten, Public-Affairs-Agenturen, nationale Wirtschaftsverbände, NGOs) sowie die Verbindung einiger Politikfelder (Handel, Landwirtschaft, Umwelt- und Forschungspolitik) mit unterschiedlichen Formen und Prozessen des Lobbyismus. Am Beispiel Deutschlands und Österreichs bzw. im Vergleich mit dem politischen System der USA werden darüber hinaus die institutionellen Bedingungen zunehmender Europäisierung präzise erläutert.

www.facultas.at   **facultas.wuv**

facultas.wuv bei UTB – Reihe „Europa kompakt"

Uwe Puetter

Die Wirtschafts- und Sozialpolitik der EU

Reihe „Europa kompakt", Bd. 3

facultas.wuv: UTB 2007
ca. 220 Seiten, broschiert
ISBN 978-3-8252-2968-9
ca. EUR 18,90 (D) / 19,50 (A) / sFr 33,–

Dieser Band stellt erstmals die beiden europäischen Politikfelder Wirtschafts- und Sozialpolitik in ihrer Entwicklung gemeinsam dar und zeigt so ihre zunehmende Verflechtung. Das Spektrum reicht von der Begründung europäischer Sozialgesetzgebung über die Einführung des Euro und deren hohen Reformdruck auf die einzelnen Volkswirtschaften bis hin zur Diskussion um den Stabilitäts- und Wachstumspakt, den Lissabon Prozess sowie Forderungen nach einer stärkeren Rolle der Union bei der Bekämpfung von Arbeitslosigkeit und sozialen Härten. Besondere Aufmerksamkeit gilt dem komplexen Institutionengefüge und der stetig wachsenden Bedeutung intergouvernementaler Koordinierungsmechanismen.

Erscheint im Februar 2008!